지역경제학

지역경제학

박추환 지음

한국학술정보[주]

본 교재는 저자가 영남대학교에 부임하여 지역경제학을 강의하면서, 학생들에게 현실적인 지역문제를 이해시키기 위한 기초자료를 제공하기 위해 작성된 수업자료들을 중심으로 작성하였다. 지역과 경제학이란 키워드를 어떻게 현실에 부합되도록 할 것인가에 대한 답을 찾기 위해 노력한 결과라고 생각된다.

지역경제학은 지역과 경제학이란 개념이 조화롭게 섞여있는 학문을 지칭한다. 여기서 지역이란, 같은 행정구역이나 하나 또는 두 개 이상의 동질성을 가지고 영향력을 미치는 공간을 의미하고, 경제학은 잘 알고 있듯이, 가시적 또는 비가시적으로 경제활동에 영향을 미치는 현상 및 재화, 서비스 등에 대하여 분석하고, 무엇보다도 경제활동에 참여하는 사람들이 풍요롭게 살아가기 위해 원활한 경제활동이 이루어지도록 하게 하는 학문을 의미한다. 따라서, 지역경제학은 특정지역 또는 재화나 서비스가 물리적 공간에 미치는 경제적 파급효과, 경제활동의 긍정적 효과, 부정적 효과 등을 분석하여 지역발전에 기여하기 위한 목적으로 연구되는 학문을 의미한다.

이러한 지역경제학은 1960년대에 비로서 학문적 조류를 형성하면서 관심을 갖기 시작했고, 특히 거시경제학적 관점에서 불균형 성장으로 인한 부작용이 지역적 또는 국가적 관점에서 관심을 가지면서 특정지역에 대한 경제활동과 그로 인한 결과에 대응하기 시작하였다. 학문적인 기조로는 특별히 한 부류에서 시작되었다고 하기 보다는 여러 학문적 가지에서 뻗어 나와서 융합과 조화를 이루면서, 현대 경제학의 한 조류를 담당하고 있는 학문이다.

특히, 우리나라에서는 지역에 대한 관심이 경제정책적 관점에서 중요한 위치를 점하고 있고, 이로 인해 지역 간 소득 격차로 인한 불균형 성장의 원인이 되는 바

국가균형발전차원에서 지역경제에 대한 관심이 커지고 있다. 최근의 경제 환경은 경제분석에서 '공간'을 명시적으로 고려해야 할 필요성을 강하게 제기한다. 이 책에서는 신고전학파 경제학의 틀 속에 공간의 개념을 성공적으로 도입함으로써 지역경제의 분석에 관한 체계적인 공간경제학적 토대를 제공한다. 특히 지역경제학 분야를 통합적인 시각에서 다룸으로써 '경제와 지리간의 관계'에 대한 광범위한 이해를 돕고자 하고 있다. 또한 다양한 스펙트럼을 지닌 수많은 공간적 경제문제들을 각각 독립적인 시각에서 분석하는 동시에 개별적 문제간의 상호 연관성을 모색함으로서 한 편의 체계적인 교재로서의 모습을 갖추고 있다.

본 교재를 작성하면서 많은 사람들의 도움을 받았다. 무엇보다도, 헌신적인 가족의 사랑으로 인해 더욱더 열심히 살아야겠다는 희망과 용기를 준 가족에게 감사하고, 내 방에서 함께 동고동락하면서 나를 도와준 석 왕헌 조교에게 깊은 감사를 전하고 싶다. 그 외에도 함께 일하면서 많은 학문적 도움을 주신 영남대학교 동료교수님들께도 감사를 드리고, 관련 분야에서 조언과 귀중한 코멘트를 주신 여러 교수님들께도 감사를 드리고 싶다. 마지막으로 이 책이 출판되기 까지 물심양면으로 도와주신 (주)한국학술정보 출판팀의 적극적인 도움에 감사를 표하면서, 아무쪼록 이 책이 지역과 경제학을 이해하고 이를 기반으로 보다 심층적인 지역문제를 공부할 학생들에게 많은 도움이 되기를 기대한다.

영남대 연구실에서
2008년 8월
저 자

II. 16개 광역시도별 지역경제 분석 / 235

Ⅰ │ 서 론

본 교재는 지역경제학 분야에 있어서 일관적이면서 통합적인 이론적 틀을 제공하고자 노력하였고, 특히 경제분석에서 지리적 및 공간적 요소의 중요성을 강조하였다. 즉, 논의되고 있는 다양한 주제들을 경제모형에 기초한 기본 원리와 광범위한 그래프를 이용하여 설명함으로써 지역경제학을 이해하는데 도움이 되도록 하였다. 또한, 다양한 공간경제학적 주제들을 전통적인 접근은 물론 아주 최근의 이론에 입각하여 설명함으로써 독자들로 하여금 이 분야에 관한 기본적인 분석방법과 함께 객관적 사고를 유도하도록 하였다. 또한 본 교재는 지역경제학의 영역과 접근방법을 명시하고 그 한계를 제시한 교재로써, 주요 내용으로는 제 1부에서는 지역경제학의 영역을 기초로 입지이론, 집적경제와 공업단지 유형, 토지이용과 정책 등을 설명했고, 또한 지역경제 성장이론, 지역경제활동의 측정, 토지경제와 주택경제를 포함한 광범위한 지역경제 문제를 기술했다. 그리고 제 2부에서는 우리나라 16개 광역시도별 최근의 경제현황을 거시 지표적 관점에서 기술하여 국가균형발전계획적 관점에서 우리나라의 지역경제를 이해할 수 있도록 노력하였다.

구체적으로 살펴보면, 1부 제 1장에서는 지역경제학의 일반적인 개요를 중심으로 지역경제학의 등장배경, 목적, 학문적 영역 등을 중심으로 기술하였고, 제 2장에서는 지역경제학 이론에서 중요한 위치를 점하고 있는 입지이론을 기술하고 있다. 특히, 현실적인 입장에서 입지이론을 재해석하기 위해 노력하였다. 산업입지이론을 중점으로 기술하고, 산업특성에 따른 입지유형을 원료지향적, 소비지향적, 노동지향적, 자유입지형으로 구분하여 기술하였다. 제3장 기업입지이론(II)에서는 농업입지이론, 공업입지이론, 상업입지이론, 그리고 서비스산업입지이론으로 구분하여 각각 기술하였다. 제4장에서는 지역 간 교역과 요소이동을 중심으로 기술하고 있다. 특히, 지역 간 교역의 의의, 발생원인, 관련 이론을 살펴보고, 지역 간 인구이동과 자본이동의 의의 및 성격을 기술하였다. 제5장에서는 지역경제성장에 관해 기술하고 있다. 즉, 지역주의와 지역불균형에 기인하여 지역경제성장을 여러 시각으로 해석하는 학파간의 주장을 기술하고, 성장이론의 접근체계를 다양한 이론을 중심으로 기술하였다. 제6장 지역 경제분석에서는 지역경제를 분석하는 다양한 모형에 대하여 기술하였다. 즉, 경제기반분석, 변화할당분석, 그리고 지역소득계정분석과 격차분석을 중심으로 지역의 성장특성을 파악하는데 주력하였다. 제7장에서는 지역 경제분석 중 지역산업연관분석에 대하여 기술하였다. 즉, 산업연관분석에 대한 일반적인 개요 및 원리를 중심으로 우리나라의 예를 들어 설명한 다음, 지역적 차원에서 지역 간 산업을 분석하는 데 사용하는 지역산업연관분석의 특징 및 성격에 대하여 기술하였다. 제8장 토지경제에서는 생산요소로써의 토지에 대한 개념 및 특성을 기술하고, 특히 지대이론을 통하여 입지와 지대, 지대와 지가 등의 관계를 중점으로 기술하였으며, 마지막으로 토지시장에 대한 개념 그리고 토지의 수요와 공급에 관하여 기술하였다. 제9장 주택경제에서는 주택의 개념 및 특성에 대하여 기술 한 다음, 주택시장에서의 시장의 기능, 그리고 주택의 수요와 공급 등에 대하여 기술하였다. 제10장에서는 지역경제 활동에 대한 정책평가에 대하여 기술하였다. 특히. 지역경제정책 평가가 가지는 의미가 무엇인지, 그리고 지역경제정책을 계획 및 수립 그리고 집행을 통한 평가의 과정을 통하여 일반적인 평가의 기준 등에 대하여 기술하였다. 제 2부에서는 우리나라 16개 광역시도별 최근의 경제현황을 거시 지표를 중심으로 각 지역별 일반현황, 산업구조 추이, 산업집적현황, 연구개발 및 혁신활동, 그리고 일반적인 관점에서 문제점 및 향후 발전방안을 국가균형발전계획적 관점에서 우리나라의 지역경제를 이해할 수 있도록 노력하였다.

제1장 지역경제학의 개요

1) 개념 및 필요성

가. 정의

지역경제학은 국민경제를 구성하고 있는 지리적 단위의 공간경제를 연구하는 학문분야로써 단위 공간 내의 생산, 소비, 교환, 분배 등의 경제활동을 파악 및 분석하는 학문이다. 이런 단위 공간 내의 생산, 소비, 교환, 분배 등은 그 단위 공간이 자생적으로 가졌던 부존자원에 의해 형성되기도 하지만 수출이나 수입을 통해 그 경제의 규모가 달라지기도 한다. 이런 순환과정은 우리가 거시경제학에서 배운 경제순환을 지역적 단위로 내려(Top-Down)보았을 때, 단위 공간 간의 경제교역활동에 대한 연구로 말할 수도 있다. 게다가 지역 간 공간경제의 상호작용뿐만이 아니라 지역 내의 문제인 교통, 주택, 환경, 토지 등을 종합적으로 분석 및 해석하는 종합사회과학으로써 독립사회과학으로 여겨지고 있다. 이런 독립사회과학으로써 지역경제학은 공간적 차원에서 자원의 합리적 배분문제를 연구하는 학문분야이기도 하다.

나. 필요성

오랫동안 경제학자들과 경제정책 담당자들은 공간적 문제의 중요성을 간과해 왔던 것이 사실이다. 이는 경제학 교육이 지닌 가정의 문제점에 기인한다고 볼 수 있다. 즉 대부분의 교과서적 논의에서는 전체 경제시스템이 공간상의 한 점에서 형성되고 작동하는 것으로 가정하기 때문이다.[1] 이러한 이유로 오랫동안 많은 도시경제

---

[1] Isard, W.(1956), "Location and the Space Economy", John Wiley, New York

학자, 지역학자 및 경제 지리학자들이 경제현상의 공간적 측면에 대해 관심을 기울여왔으나 대부분의 지리적 이슈들은 비교우위와 국제무역에 관한 리카디안적 이론 (Ricardian theories)정도로 치부되었다. 이런 배경은 제2차 세계대전 이후 브레턴 우즈체제가 국가 간 폐쇄적인 환경으로 전개됨에 따라 많은 경제학자들은 그러한 가정을 수용 가능한 것으로 생각하였다. 그러나 최근에는 국가 및 지역 간 무역자유화, 새로운 IT기술의 발전, 화폐의 교환성 및 자본과 노동의 이동성 증가 등으로 인해 대부분의 전통적인 가정들은 수용 곤란하게 된 것이다.

이런 지역경제는 지역자체에 내재해 있는 여러 경제 및 사회적 요소에 의해서 영향을 받을 뿐만 아니라 인근지역경제나 국제경제에 영향을 주고받게 된다는 것이다. 즉 최근 들어 국가 내의 지역 간 경쟁이 국가 간 경쟁에 못지않게 중요하면서도 복합적이라는 사실이 부각되고 있고, 나아가 많은 경우에 있어서 국제적 경쟁은 실제로는 국가들 간의 경쟁이 아니라 서로 다른 국가에 소속된 지역들 간의 경쟁이 기때문이다. 따라서 이런 국가 내부 또는 초국가적 지역 간 경쟁의 성격은 산업 활동의 공간적 분포에 의해 영향을 받게 되어 있으며, 지역경제문제는 단순한 일반경제이론으로 해결할 수 없다는 것을 의미하는 바, 지역경제를 연구하는 동기와 정당성은 경제에 있어서 지리의 역할과 지역적 경제행위의 중요성으로부터 확인할 수 있다는 것이다.

다. 지역경제학의 목적

본 교재를 통해 우리는 지역경제학에서 추구하고자 하는 목적을 다음과 같이 달성할 수 있으리라 기대해본다. 먼저 지역 내의 경제현상을 분석하여 문제점을 도출하고 그 발전방향을 모색하는 것이다. 그리고 지역 내의 경제활동을 토대로 지역 간 경제 환경의 상호관계를 규명하여 그 보완성과 균형성이 보장된 발전기반조성을 추구하거나, 지역경제 활성화를 위한 정책을 수단으로 하여 지역경제행위를 파악하는 능력을 배양시켜주는 것이다. 즉 본 교재를 통해 독자들이 경제와 지리 간의 광범위한 관계를 이해할 수 있도록 지역경제학에 대한 통합된 접근을 시도하는 것에 그 목적을 두는 바이다.

경제와 지리 간의 관계에 대한 이해는 우리가 흔히 들어볼 수 있는 국가 간 경제 통합의 장기적 효과에 대한 정보를 제공받을 수 있을 것이며, 이런 이해를 통해 미래의 경제정책 담당자들이 경제정책이 지닌 공간적 측면을 명시적으로 고려하도록 유도할 수 있게 되는 것이다. 최근의 신속한 의사소통 기술, 무역장벽의 감소, 국가 간 노동력 이동의 증대, 화폐 통합 등을 고려할 때 경제와 지리는 반드시 동시에 다루어져야 한다는 점에서, 그리고 통합적인 접근을 시도하고 있다는 점에서 다른 학부 수준의 지역경제학 교재와는 차별성을 가지고 있다고 볼 수 있다.

즉 도시경제학에서는 도시의 토지시장을 분석하려는 목적 하에 보통 그 논의를 개별도시지역의 수준에 국한하고 있고 그에 따라 미시적 방법을 채택하고 있는 반면, 지역경제학 교재들은 경제적 행위의 공간적 측면을 다루며 거시경제적인 접근을 채택한다. 이러한 개별적 접근은 도시경제학으로 하여금 개별도시에서 발생하는 경제적 현상이 다른 도시와 지역에 미치는 영향을 무시하게 되고, 지역경제학으로 하여금 지역적 행위의 미시 공간 경제적 기초를 무시하거나 도시의 경제적 행위가 광범위한 지역경제에 미치는 영향을 무시한다는 맹점을 가지게 된다는 것이다. 따라서 필자는 미시 및 거시 경제적 접근을 동시에 채택함으로써 기존 교재들이 가지는 한계점을 극복하려고 한다.

2) 지역경제학의 대두

가. 역사적 배경

지역경제의 문제는 지역 간의 고용과 소득의 불균형에 대한 경제학적 접근으로부터 태동되었다. 이는 제2차 세계대전으로 거슬러 올라가 전쟁이후 전후복구 사업의 일환으로 개발정책의 지역화가 진행됨으로써 지역경제학이 본격적으로 관심의 대상이 되었다. 대개 국가에 의해 주도적으로 이루어지는 산업화는 생산요소를 특정지역으로 의도적으로 집중시켜 규모의 경제 또는 집적경제 등의 효과를 통해 생산성을 높이고, 그로 인해 해당지역의 소득이 타 지역에 비해 높아짐에 따라 소득불균형 및 고용 등의 문제를 야기 시킬 수밖에 없는 효과를 가져왔던 것이다. 따라서 이런 비효율적인 전후복구사업이 낙후지역의 실업문제, 저소득문제 등 저개발지역에 대한 문제를 동반하였고, 따라서 현실적 과제에 해결을 필요로 하였다. 이는 지역문제의 공간 경제적 고찰이라는 측면에서 지역경제학에 대한 관심을 고조시켰다.

나. 학문적 배경

지역문제에 대한 학문적 관심은 1920년대로 거슬러 올라간다. 독일경제학자들을 중심으로[2] 전통적인 고전학파 경제이론에 대한 반론으로서 경제성장에 따른 공간경제의 분화과정을 규명하는 것에 이론적 배경을 두는 공간경제이론이 전개되었다. 그러나 이 시기의 연구는 지속적이지 못했고, 지역문제에 대한 직접적인 연구 및 분석이 되지 못하였다. 이런 지역경제학이 독립된 학문으로써 본격적으로 연구되고 정립되기 시작한 것은 1950년대 말로 공간경제변화와 구조를 이해하는 데 중요한 학문으로 발전되었다. 이후 1960년대 말에 접어들어 집적경제개념이 도입되어 지역경제구조의 변화를 설명하는 연구가 진행되었고, 최근에는 도시화의 진전으로 말미암아 지역문제가 변질됨으로써 지역경제학은 지역 내외의 문제를 다루면서 주택, 교통, 토지이용, 환경 등의 도시문제를 취급하는 지역 및 도시경제학으로써 학문 간의 구별이 줄어들고 있는 실정이다.

한편 지난 10년간 공간경제 문제에 대한 관심은 크게 증대되었다. 이는 부분적으로 경제적 문제에 관한 논의에서 공간을 명시적으로 고려할 필요를 제기했던 새로운 제도와 기술의 진보에 기인했기 때문이다. 더불어 Krugman, P.(1991)[3]과 Porter,

---

2) Thünnen, V. and Lösch, A.를 중심으로 함.

M.(1990)[4]의 연구는 국제경제학, 비즈니스 및 경영학 분야 등의 학자들에게 공간적 경제이슈의 중요성을 인식시키는 계기를 제공하기도 했다. 이 두 학자의 연구는 공간과 경제 간의 관계를 한층 진보시켰으나 공간 경제분석 분야에서 이들의 연구보다 훨씬 앞서서 폭 넓은 연구가 진행되어 온 것이 사실이다. Weber(1909)[5], Marshall (1920)[6], Hoover(1948)[7], Losch(1954)[8], Moses(1958)[9], Isard(1956), Vernon(1960)[10], Christaller(1966)[11], Alonso(1964)[12] 등의 독창적인 연구에 더하여 수많은 학자들이 복잡한 성격을 지닌 지리와 경제 간의 관계에 대한 중요한 통찰을 제공하였다. 우리는 이러한 통찰과 분석기법들을 살펴봄으로써 국가경제의 본질과 움직임을 전반적으로 이해할 수 있을 것이다.

3) 지역경제의 학문영역

가. 이론

지역경제학의 연구대상은 지역 내의 생산, 소비, 분배, 교환은 물론이고 산업, 토

---

3) Krugman, P.(1991), "Geography and Trade", MIT Press, Cambridge, Mass.
4) Porter, M. E.(1990), "The Competitive Advantage of nations", Free Press, New York.
5) Weber, A.(1909), "Über den Standort der Industrien", trans. by C. J. Friedrich(1929), "Alfred Weber's Theory of the Location of industries", University of Chicago Press, Chicago.
6) Marshall, A.(1920), "Principles of Economics(8th edn.), macmillan, London.
7) Hoover, E. M.(1948), "The Location of Economic Activity", McGraw-Hill, New york.
8) Losch, A.(1954), "The Economic of Location", Yale University Press, New Haven.
9) Moses, L. N.(1958), "Location and the Theory of Production", Quarterly Journal of Economics, 78: 259-72.
10) Vernon, R.(1960), "Metropolis 1985", Harvard University Press, Cambridge, Mass.
11) Christaller, W.(1933), "Die Zentralen Orte in Süddeutschland", Fisher, jena, trans. by C. W. Baskin,(1966), "Central Place in Southern Germany", Prentice-Hall, Englewood-Cliffs, NJ.
12) Alonso, W.(1964), "Location and Land Use", Harvard University Press, Cambridge, Mass.

지, 주택, 교통, 환경 등 지역을 둘러싸고 있는 환경적 요소를 모두 포함하고 있다. 이런 지역경제학의 연구분야는 크게 나누어 지역경제활동에 대한 공간경제적 이론과 분석방법, 그리고 지역정책분야로 구분할 수 있다. 이를 위해 지역경제학은 인접과학과 밀접한 관계를 가지고 있는데 [그림 1-1]과 같다.

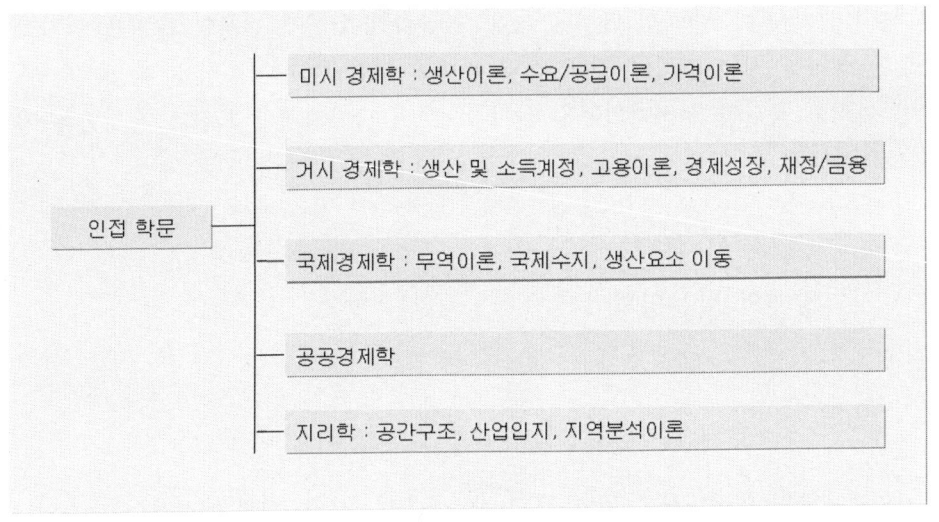

[그림 1-1] 지역경제학의 인접과학

그림에서 보면 지역경제의 인접과학으로써 미시경제학, 거시경제학, 국제경제학, 후생경제학, 지리학 등으로 구성되어 있다. 미시경제학에서는 기업의 입지선정을 통해 비용을 최소화하는 형태로 발전되어지며, 거시경제학에서는 한 지역의 생산 및 소득계정, 고용, 경제성장 등을 설명하기 위해 이용되어 진다. 그리고 국제경제학에서는 지역 간의 생산요소의 이동, 재화의 수출입 등을 설명하기 위해 적용되며 지리학은 공간경제를 설명하기 위해 사용되어진다. 이처럼 지역경제학은 하나의 독립적 사회학문임과 동시에 여러 학문으로부터 영향을 받을 수밖에 없다는 사실을 인지해야 할 것이다.

나. 주요내용

지역경제학의 주요 내용은 나라와 학자에 따라 다르지만 문제의 영역에 있어서 토지, 주택, 환경, 재정 등을 문제의 요인으로 삼아 이론적 배경 하에 분석 및 검증을 하고, 그를 통해 정책적 방향을 제시하는 과정을 말한다. 이론에는 공간경제이론, 지역성장, 입지이론, 지역교역, 지역노동시장을 중심으로 이루어져 있고, 분석은 지역계정, 투입·산출, 전이·할당, 지역수지, 자금순환 등으로 이론을 검증한다. 이 과정에서 정책은 지역경제학 연구를 위한 자료를 제공하며, 이로 인한 연구 결과는 정책의 수립과 평가에 대한 방향을 제시하는 역할을 하게 된다.

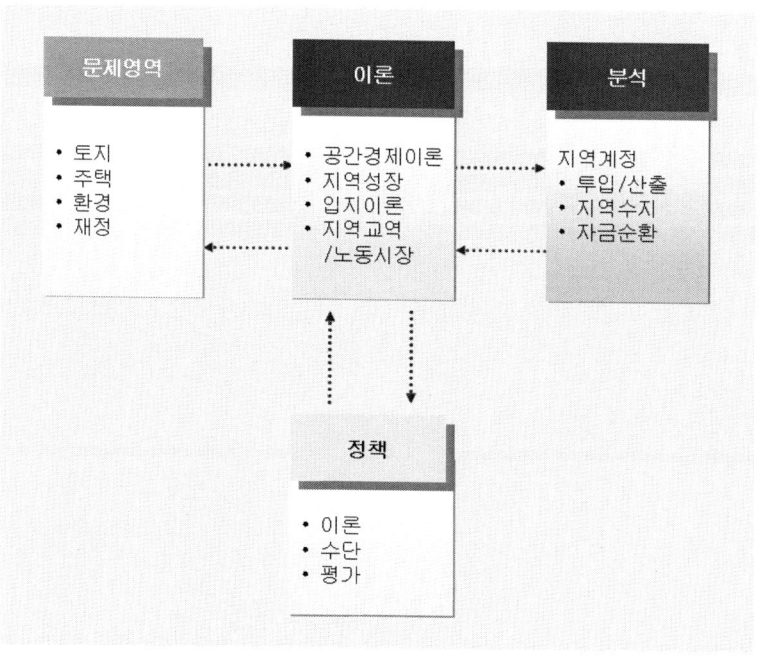

[그림 1-2] 지역경제학의 모형

4) 측정지표

지역의 계정은 크게 생산과 소득계정으로 구분된다. 생산계정에는 생산규모를 나타내는 지역총생산, 지역순생산, 노동생산성으로 구성되어 있으며, 고정자산은 공공자산액, 민간자산액으로 구성되어 있다. 소득계정에는 지역소득유입, 지역소득, 담세액으로 구성되어 있으며, 지역소득유입에는 산업별 유입량, 취업자당 유입량으로 나뉘어진다. 그리고 지역소득에는 농가소득, 비농가소득, 지역개인소득, 가처분소득으로 구성되어 있으며, 담세액은 세목별, 지역별 담세액으로 구분지어 진다. 이를 그림으로 나타내면 아래와 같다.

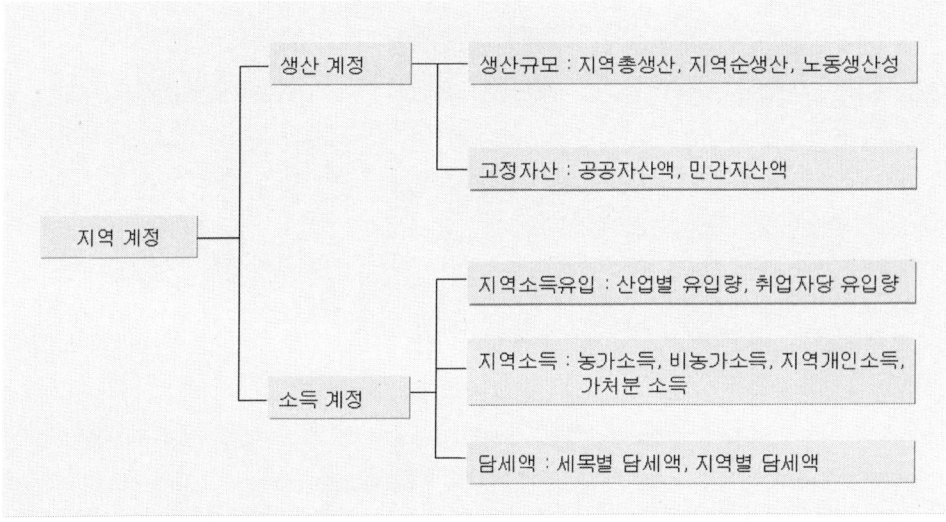

[그림 1-3] 지역계정

1장 연습문제

1. 지역경제학의 의의와 학문적 태동의 배경을 설명하라.

2. 지역경제학이 미시 및 거시경제학과의 차별성이 무엇인지를 설명하라.

3. 지역경제학에 대한 관심배경(필요성)은 무엇인지 설명하라.

4. 지역경제학을 공부하는 목적이 무엇인지 설명하라.

5. 지역경제학에서 주로 다루고 있는 내용에 대하여 설명하라.

6. 지역 간 경제활동을 측정할 수 있는 지표에 대하여 설명하라.

제2장 기업입지 이론

1) 개요

가. 입지의 의의

입지(Location)란 경제활동의 공간적 영역을 말하며, 여기에는 생산 활동과 소비 활동으로 나누어진다. 공간적 생산 활동에는 원료산지와 공장의 위치가 포함되며, 공간적 소비활동에는 시장의 위치가 포함된다. 그리고 입지는 경제활동의 조건에 따라 유동적이거나, 토지의 속성에 기인하여 부동적이기도 한다. 따라서 공간경제에 있어서 경제활동은 입지선정과 직접적인 관계를 가지며, 우리가 익히 들어 알고 있는 기본적인 경제문제인 '무엇을 생산할 것인가?', '어떤 방법으로 생산할 것인가?', '누구에게 판매하기 위해 생산할 것인가?'의 문제와 더불어 공간경제문제를 포함한 '어디에서 생산하느냐?'에 대한 해답을 요구한다. 이러한 입지의 개념은 기업측면에서 강하게 작용하는 하나의 경제적 행위로써 이윤극대화를 추구하기 위한 기업활동으로 작용하게 된다. 즉 생산자의 궁극적 목표가 이윤극대화를 추구하는 것으로, 생산자의 입지는 가격이나 산출량과 같이 중요하게 여겨지는 요소라는 것이다. 쉽게 설명해보자면 같은 가격과 산출량을 가지는 기업이 2개가 존재할 경우 이 기업이 실제로 시장에 판매하기 위해 거리가 더 가까운 가 혹은 더 멀리 떨어져 있는가에 따라 수송비의 차이를 발생시키고, 더 멀리 떨어져 있는 기업은 어떠한 방향으로든 더 낮은 이윤을 가질 수밖에 없게 된다. 결국 산업입지는 어디에 입지하는 것이 가장 많은 수익을 얻을 수 있는가에 대한 이론을 전개하는 것으로 볼 수 있다.

나. 가계소비량과 입지와의 관계

입지의 중요성은 앞서 언급한 내용에서처럼 입지 그 자체로써 발생되어질 비용이 존재하기 때문에 이 비용을 최소화함으로써 이윤극대화를 한다고 설명하였다. 우리는 미시경제학에서 자주 사용되는 가계수요곡선을 이용하여 입지가 왜 중요하게 작용하는 가를 알아보도록 하겠다.

[그림 1-4]를 보면 수요곡선은 가격변화에 대응하는 가계의 수요량을 나타내고 있다. 만약 가격이 OP라고 한다면 소비자는 OQ만큼 구매할 것이다. 그러나 소비자는 판매지점을 중심으로 동일 공간 상에서 동일한 분포를 가지지 못하는 게 현실적이라고 할 때, 소비자가 판매지점으로부터 멀어지게 되면 그만큼 수송비가 발생하게 된다. 이는 주어진 가격으로 소비자가 구매하려는 양을 줄이게 할 것이다. 따라서 소비자가 판매지점으로부터 K킬로 떨어져 있다면, 수송비를 T라고 할 때, 가격은 OP+KT가 되어 소비자는 OU단위 밖에 구입하지 않을 것이다.

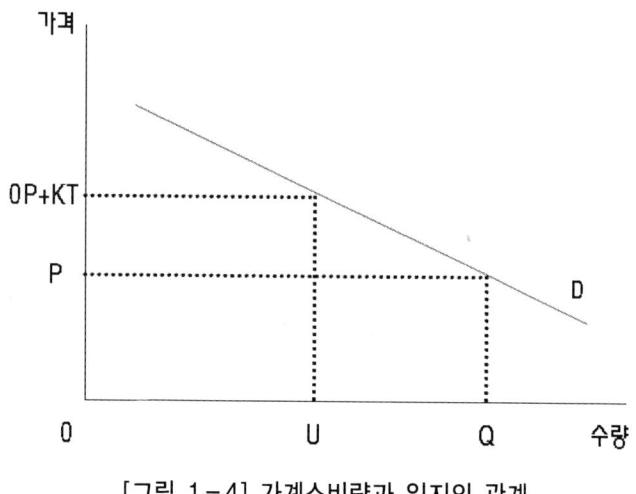

[그림 1-4] 가계소비량과 입지의 관계

그러나 또 다른 가정으로 대부분의 소비자들이 생산지역으로부터 멀리 떨어져 있게 되어, 기업이 판매량을 높이기 위해 배달서비스(delivery service)를 하게 되었을 경우를 생각해보자. 이렇게 되면 배달서비스는 전적으로 기업이 생산물을 운반하는 수송비를 자사가 부담하게 되는 꼴이 되기 때문에 이때에는 소비자가 받아들이게 되는 가격은 수송비를 제한 OP의 수준에서 OQ만큼의 구매를 하게 될 것이다. 이러한 이유로 종합해보면 생산자는 가격결정의 외생적 요인, 예컨대 수송비 등이 누구에게 전가되는 가에 따라 수익에 차이가 발생하게 된다.

다. 최적입지의 조건

소비자가 지리적 입지공간에 균등하게 분포되어 있고, 입지에 따라 투입가격이 불변이라고 한다면 입지문제는 발생되지 않는다. 따라서 수입곡선도 비용곡선도 공장의 입지점이 변화함에 따라 이동하는 일은 없을 것이다. 이런 상황에서 기업이 직면한 문제점은 경쟁상대로부터 떨어진 생산지점을 선정하는 일과 이윤을 극대화하는 가격과 산출량을 결정하는 경영전략을 수립하는 일이 될 것이다. 먼저 소비자가 지리적 공간에 균등하게 분포되어 있지 않다면 공장(기업)의 입지점은 인구가 조밀한 중심지로부터 멀어짐에 따라 수입곡선은 하방으로 이동할 것이다. 예를 들어 제조업의 경우 인구가 조밀한 중심지에 위치하게 되면 높은 지대를 지불해야 함과 더불어 제품의 수송에 따르는 비용이 높은 지대보다 낮다고 한다면 중심지에 위치함으로써 오히려 수입곡선이 더욱 하방이동하게 되고, 그러한 차이를 감안했을 때, 외각 지역으로 이동하게 되는 것이 비용을 최소화하는 방법이 된다. 그러나 투입가격이 어디에서도 같다고 하면 가장 유리한 공장의 입지점은 인구가 가장 조밀한 시장중심지가 될 것이다. 그 곳에서는 여러 가지 산출율에 따른 수입의 변화폭이 보다 크기 때문이다. 따라서 요소가격, 규모, 수입 등이 모두 생산지점에 따라 변화하는 경우의 입지 결정에 있어서 최소비용규모의 경제 및 최대수요를 함께 설명하는 어려운 문제에 직면할 것이다.

만약 어떤 제품을 생산하기 위해 투입되는 원료가 시장의 위치로부터 멀리 떨어져 있다고 가정하자. 그리고 이 원료를 운반하는 수송비보다 최종생산물을 운반하는 수송비가 더 적게 든다는 가정을 추가시키면 이 기업은 원료지에 입지하는 것이 최적의 입지가 될 것이다. 그리고 이 경우에 원료지에서는 시장에서보다도 많은 원료를 사용할 수 있게 되며, 보다 적은 노동을 사용하게 될 것이다. 그 이유는 원료지에서는 시장에서보다도 원료비는 적게, 노동에 대한 지불임금은 많이 들기 때문이다. 이런 가정을 통한 최소비용의 해는 각 입지점에 있어서 각각의 산출율에 따른 최소비용투입조합을 결정하므로 각 지점에서 각각의 산출율의 비용은 최소로 될 것이다. 따라서 실제의 생산지점은 최소비용에 의하기 보다는 그 입지점의 편리성에 의해 좌우된다고 볼 수 있다.

한편 입지점으로부터 멀어짐에 따라 구매자의 밀도가 낮아지는 경우에는 소비자에 대한 수송비가 증가하고, 투입요소가격은 생산입지에 따라 다르며 임금이나 원료가격에 의하기 보다는 오히려 지대에 좌우된다. 이런 최적입지를 변화시키는 요인으로는 다음과 같다.

최적입지 변화요인= F(투입요소가격, 생산입지점에 투입물을 운반하는 수송비, 입지비용곡선의 특성 등)

그리고 기업의 총수입은 소비자의 수요, 수송비 및 시장에서 시장까지의 거리에 좌우되며 최적입지의 결정요인이 된다. 생산자는 생산입지점, 가격 및 산출량을 경제적으로 분석함으로써 가장 유리한 입지를 찾아가는 합리적 인간으로 고찰 할 수 있다. 그리고 생산자는 결정된 산출율에 가장 효과적인 방법으로 투입을 조합시켜 이윤극대화를 추구한다.

2) 산업입지 이론

한 지역의 산출량과 경제활동 수준은 그 지역에 투입된 생산요소의 총 투입량에 의존한다. 그리고 지역의 부(富)는 그러한 요소들이 받는 보수 총액에 의해 결정된다. 어떤 지역은 인구가 많고 투자수준이 높으며 생산요소가 조밀하게 집중되어 있는 반면, 다른 지역은 인구가 적고 투자수준도 낮다. 또 임금수준도 지역에 따라 차이가 나고 지가 역시 다양하다. 그러므로 어떤 지역의 경제상황을 이해하기 위해서는 그 지역에서 왜 특정한 양의 생산요소가 사용되었는지, 그러한 생산요소가 받는 보수 수준이 어떻게 결정되는지 이해할 필요가 있다.

생산요소는 크게 자본, 노동 그리고 토지 등 세 가지로 구분될 수 있고, 생산과정에서 이러한 요소들이 받는 보수를 각각 이윤, 임금, 지대라고 한다. 우선 임금과 지대의 차이를 배제한다고 가정할 때, 자본투자의 공간적 차이를 결정하는 요인은 무엇일까? 이 물음에 답하기 위해 산업입지 이론을 이용할 것이다.

가. 역사적 배경

지역경제학에 있어서 산업입지 이론은 가장 오래된 한 부분으로써 경제지리학자와 일부 경제학자들에 의해서 논의되어 왔으나, 그 근원은 농업지대이론에서 찾을 수 있다. 19세기 중엽 독일의 경제학자인 웨버(Weber, A.)를 중심으로 시작된 입지이론(location theory)은 지역경제학의 발전에 큰 기여를 하였으며, 그 후 후버(Hoover, E.), 뢰쉬(Lösch, A.), 그리고 아이사드(Isard, W.) 등에 의하여 신고전학파적 생산이론의 한 분야로서 발전되어 왔다. 이런 생산이론은 미시경제학적 분석에 있어서 가장 기본적인 단위는 기업에 투자된 자본이고, 어떤 지역에 있어서 투자의 수준과 유형이 왜 지금의 상태를 나타내는 가에 대한 물음에 화답하기 위해 산업입지 이론은 여러 학자에 의해 발전되어 왔던 것이다.

나. 산업입지 결정요인

산업입지이론은 경제활동의 효율성 제고를 위하여 기업 및 공공기관이 추구하는 목적달성을 위하여 공간구조상의 합리적인 입지를 설정하는 이론으로써 주로 산업입지에 대한 연구에서 비롯되어 있다. 산업입지에서 산업은 기업이 직종별로 분류된 것이며 산업 내에는 기업이 존재하고 있기 때문에 기업의 입지를 대변할 수 있다.

이런 기업이 일정한 장소에 입지하기를 원하는 까닭은 생산자가 고려중인 입지 중에서 입지선호(location preference)를 갖기 때문이며, 그 이유는 생산자의 이윤 때문이다. 단기적으로 단기이윤의 극대화가 입지선호의 결정요인이며, 장기적으로는 기업이나 시설물에 투하된 자본이나 노력에 대한 대가로서의 투자수익률(rate of returns on investment)이 입지선호의 결정요인이 된다.[13]

기존의 정태적 미시경제분석에서 입지 문제를 다루기에는 공간개념이 없었던 탓에 많은 어려움이 있었다. 따라서 이런 공간개념이 도입됨에 따라 무슨 이유로 개별생산자들은 노동력, 시장, 원료 등을 쉽게 얻을 수 있는 곳에 입지하려고 할까? 기업 활동은 기업의 투입과 산출물간의 공간적 경제 행위의 결과이며, 기업의 생산목적이 비용의 극소화를 통한 이윤극대에 있다고 할 때, 기업 입지는 작게는 지역 간 크게는 전체 국토 내 자원의 효율적 배분을 이룰 수 있는 필수적 요소로 그 중요성이 크다고 하겠다.

산업입지란 생산투입재의 유용성을 높이며 부가가치가 높은 산출물을 생산하며 소비시장에 공급하는 행위로서 생산을 하기 위해서는 무엇을 생산할 것인가? 얼마나 많은 양을 생산하여 가격은 얼마로 결정할 것인가? 그리고 마지막으로 어디에서 생산하여야 하는가를 결정해야 한다.

이런 결정에 있어서 생산규모의 선정은 원료와 에너지, 자본, 노동력 등 생산요소의 접근성과 소비시장과의 접근성에 큰 영향을 미치게 되며, 그로 인해 생산비용도 달라지기 때문에 입지 선정 시에는 입지요소들도 함께 고려되어야 한다. 특히 입지

---

13) 최재선(1978), '생산경제론', 법문사, pp.22−29

이론의 실제로서 산업입지에 기초적 조건인 용수, 도로망구축, 도시접근성, 양질의 인력과 입지정책은 입지선택요인으로써 가장 중요하게 작용하겠으나, 이러한 요인들은 생산기반시설로써 모든 지역에 유사하게 산재한다는 가정 하에서 논리가 전개된다. 따라서 산업입지요인이란 입지결정에 영향을 주는 생산요소들을 말하며 이들 입지요인을 요약하면 아래와 같이 나타낼 수 있다.

산업입지 결정요인= F(원료, 노동, 자본 등의 내생변수; 시장, 집적경제, 정부정책 및 환경요인 등의 외생변수)

(1) 생산요소와 입지

가) 토지

산업입지에 있어서 토지는 단위면적당 지가, 토지구입의 용이성, 도로의 접근성, 공장의 구성비 등의 속성을 지니고 있어서 기업경영자의 입지결정에 중요한 영향을 미치는 조건을 제공한다. 이들 중에서 지가는 공장설립단계에 있어서 경영자의 입지선택에 영향을 미치게 된다. 그러나 그것은 시간이 경과함에 따라 초기에 지녔던 의미는 약화되고 오히려 총투입요소비용 중 지대형식으로 취급되어 그 중요성이 점점 작아지게 된다. 비록 지대가 총생산비중에서 차지하는 몫이 크지 않더라도 현실적으로나 이론적으로 지가의 중요성을 간과하지 않을 수 없다. 즉 상대적으로 평균수준의 토지에 입지하고 있는 기업은 그 곳의 지가가 현저하게 변한다고 하더라도 토지 이외의 투입요소를 줄임으로써 상호 대체성을 높이게 되는 것이다. 반면 고비용입지는 희소한 투입자원을 확보하는데 유리한 조건이 수반된 경우가 많다. 이는 도시 중심지의 경우로 토지비용이 높은 만큼 기타 투입요소가 집중되어 있기 때문에 가격이 교외지역보다 싸고 이는 투입자원의 확보에 유리한 조건으로 작용한다.

그러나 이런 토지수요가 큰 입지와 고지가의 토지생산성과는 역설적인 관계를 갖는 경우도 있다. 이런 현상은 일반적으로 도시중심지에 있는 지가가 가장 높은 지점을 제조업이 상업입지에 양보하게 되는 경우를 들 수 있다. 이러한 점을 볼 때, 지대는 그 자체에 기회비용을 포함하고 있기 때문에, 산업입지결정에 지대한 영향을 미칠 수밖에 없다.

나) 원료와 동력

일반적으로 입지선정은 원료를 쉽게 구할 수 있는 장소를 선호한다. 또한 원료를 그대로 사용 하는가 혹은 가공하여 사용하는가에 따라 입지가 달라진다. 예를 들어 서비스산업의 경우 도심지 중심에 위치하게 되는데, 이는 도심의 서비스에 대한 수요가 높고, 그 수요의 변동 폭이 크기 때문에 이에 유연히 대처하기 위해 도심지 중심에 위치하게 되는 경향을 가진다. 반면 원료산업의 경우 원료산지에 입지함으로써 발생하는 비용으로 채광비와 그 원료를 가공하는 지점까지의 원료수송비가 들게 되는데 만약 이런 원료수송비가 가공된 최종생산물의 운송비보다 비싸다면, 즉 무게나 부피가 훨씬 크다면, 원료산지에 입지하는 것이 비용을 축소화시키는데 유리하게 작용하게 된다.

한편 동력의 경우 값싸고 쉽게 공급받을 수 있는 가능성 자체만으로도 공업입지에 큰 영향을 미친다. 예를 들어 많은 양의 값싼 동력을 필요로 하는 산업, 즉 중화학공업, 알루미늄제련소, 비료공업 등은 산업입지결정요인으로써 동력이 매우 중요한 변수가 된다. 이런 동력은 과거에 수력발전 혹은 화력발전의 형태를 빌어 발생되었으며 그 수가 매우 적었기 때문에 그 지역 근간에 위치하는 등의 동력수요에 대한 지리학적 유형을 일반화하기는 어려운 일이 아니었다. 그러나 최근 들어 발전기술이 높아지고 송전기술이 발달함에 따라 지리적 부동성에 의한 동력자원의 역할이 산업입지결정에 있어서 주요성이 점점 낮아지고 있는 추세이다.

다) 노동력

노동은 생산기업을 운영하기 위해서는 필수적인 요소이다. 그러나 이 노동에 대한 수요의 정도는 산업간, 기업 간마다 다르기 마련이다. 어떤 산업은 고도의 숙련된 노동력을 요하는 경우가 있는 반면 어떤 산업에서는 비숙련 단순 노동자를 요한다. 그리고 어떤 기업은 현장직을 요하는 경우가 있는 반면 어떤 기업은 많은 사무직원을 필요로 하기도 한다. 그리고 어떤 산업에서는 자본에 대한 수요보다 노동에 대한 수요를 더 필요로 하는 경우도 있다. 이때는 노동투입비용이 전체 요소투입비용의 반 이상을 차지하기도 하며, 이때 노동력의 확보가 용이한 지역으로 입지하려고 할 것이다. 이와 같이 산업의 성격과 내용에 따라 노동수요 양상도 달라지며 노동이나 임금수준이 지역에 따라 다르므로 노동력이 기업의 입지에 미치는 영향은 높다고 할 수 있다.

노동은 기업의 생산 활동에 있어 매우 중요한 생산요소이며, 기업의 생산기술 향상으로 인해 보다 양질의 노동력을 요구하고 있다. 따라서 지역간 임금격차, 기술집약적 산업과 노동집약적인 산업간에 노동력이 입지선정에 미치는 영향이 서로 다를 수밖에 없다. 그리고 농촌보다도 도시에서 양질의 노동력을 쉽게 구할 수 있으며, 그것은 경영능력과도 밀접한 관계를 가지고 있어서 입지선정에서 노동은 점점 중요한 요인이 되고 있다. 이런 노동력은 정규 및 비정규교육기관에서 양성되고 있으나 노동의 지역간 이동은 취업기회나 임금격차에 의해 결정된다고 보는 것이 통설이다.

한편 도시에 입지하고 있는 제조업은 대부분 노동집약적 산업이 많으며 제조과정에서 부가가치가 높은 산업은 고급노동력이 대부분 중요한 입지요인으로 작용한다. 노동력 정도에 따라서 공장규모의 크기가 결정되는 산업은 노동집약적 산업이다. 예를 들어 맥주, 아이스크림 및 건설업 등은 도시에 입지하는 노동집약적 산업이며, 이러한 비교적 값싼 노동력을 많이 이용하고 있는 산업은 기존입지에서 쉽게 타 지역으로 옮길 수 없을 것이다. 반면에 고급노동력을 필요로 하는 첨단기술산업은 특성 분과에 따라 높은 훈련정도를 가지는 대학이나 연구소 부근에 입지하는 경향을 가진다. 이런 고급 노동집약적 산업이 밀집된 공업단지를 테크노폴리스(Technopolis)라고 불리며, 영국의 M4코리도(Corrido)와 미국의 실리콘벨트(Silicon belt)가 좋은 예이다.

라) 자본과 기타요인

산업입지와 관련된 자본을 크게 금융자본과 고정자본으로 구분된다. 금융자본이란 토지나 다른 투입요소에 충당되기 이전에 필요로 하는 자본을 말한다. 일반적으로 대기업에서 내부적으로 이런 자본의 충당을 사내유보나 감가상각충당금에서 조달하며, 외부적으로 증권 및 채권시장을 통해 충당한다. 이 방법을 대기업 입장에서 본다면 지방의 자본시장을 공급원으로 할 경우 입지적 영향정도는 미미하다. 그러나 소기업이나 창업기업에 있어서는 운영자본, 유가증권 등의 자본공급원을 지방에 의존하는 것이 매우 중요한 사항이라 할 수 있다.

한편 토지자원과 금융자본의 규정에 대한 중요한 차이점은 그들의 이동성 여부와 관련이 있다. 자금은 항상 유동적이어서 위험에 대한 공간적 차이가 이자율의 차이를 가져오게 된다. 이와 반대로 토지의 부동성으로 인해 자본은 항상 토지에 귀착되는 경향이 있다. 따라서 공업입지결정에 있어서 자본조달의 용이성은 입지결정에 영향을 미치는 조건이 된다. 그러나 금융시장의 자율성이 보장되어 개별기업의 신용에 따라 이자를 지불할 경우에는 높은 이자를 지불할 수 있는 기업이 지닌 자본조달의 용이성은 입지와 별로 상관이 없다는 점을 유의해야 한다.

원료, 토지, 노동력 및 자본 이외의 생산요소로써 입지에 영향을 미치는 요인에는 용수, 전력 등을 들 수 있다. 용소나 전력의 경우 생산에 있어 필수적인 생산요소이기 때문에 동력이 많이 필요한 제련업이나 비료생산업은 값싼 전력을 쉽게 공급받을 수 있는 지역에 입지하게 될 것이다. 지가 역시 생산비에서 차지하는 비중이 크므로 입지결정에 한 요인으로 작용하고 있다.

(2) 시장

많은 산업에서 시장의 중요성은 임금, 원료가격과 같이 입지결정에 중요한 요인으로 강조되고 있다. 시장이 대도시에 입지함으로써 얻게 되는 경제적 이익으로는 대규모 도시자본의 시장집중과 함께 도시 내의 대규모 최종소비자의 집중현상일 것이다. 그리고 상대적으로 풍부한 고소득집단이 도시지역에서 급속한 산업성장의 주요한 견인차 역할을 맡게 된다. 따라서 시장의 관점에서 본 입지결정에 영향을 미치는 요소는 시장의 특성, 공급비용, 가격 등 세 가지로 나눌 수 있다.[14]

일반적으로 시장은 주거분포에 따라 지리적으로 산재되어 있으며, 시장은 생활권이나 정주권역과도 밀접한 권역을 가지고 있어서 규모로 볼 때 비슷한 개념으로 해석된다. 그리고 시장은 그 지역 내의 수요를 충당함과 동시에 타 지역의 수요도 충족시켜야 하는 양면성을 지닌다. 즉 시장의 입지 원리는 최소생산비와 이윤극대화의 이론에 따라 입지하게 된다. 비용을 줄이고 이윤을 극대화할 수 있는 입지란 대부분 도시중심에서 혼잡을 피할 수 있고 지대가 비교적 저렴한 도시근교 지역이 될 것이다. 후진국의 산업입지는 대부분 도심지에 입지하고 있으나, 선진국에서는 시장은 교통 혼잡과 토지이용규제 및 높은 지가로 인해 교외에 입지하고 있는 경향을 볼 수 있다. 그러나 특수시장의 적정입지는 외부효과를 지니고 있으며, 소규모 기업들이 집결되어 있는 원료생산지와 소비지의 중간지점이 될 수도 있다.

도시규모가 크고 소비자가 도시인구에 제한된 산업은 대부분 한 곳에 입지하는 경향을 보인다. 지역은 일정규모에 도달할 때까지는 규모의 영세성 때문에 재화나 용역을 다른 지역으로부터 수입하지만, 지역규모가 커짐에 따라 지역 내 산업이 크게 발전되고 나중에는 주변지역까지 재화를 공급, 수출하게 되고 또한 지역산업은 성장하게 됨으로써 입지 선호성을 가지게 된다. 이런 과정에서 새로운 산업이 설립되고 지역경제활동이 활발하여 특정 생산물의 수요가 늘어남에 따라 시장권역의 크기는 달라지지만, 시장의 규모에 따라 모든 경제활동의 범위가 결정되어 지는 것은 아니다.

한편 제품의 특성에 따라 입지가 결정되는 경우도 많다. 예를 들면 우유나 신문 배달과 같은 산업은 지역중심지에서 멀면 멀수록 분배비용과 시간이 많이 들게 된다. 이런 산업은 생산단가가 비교적 저렴하기 때문에 수송비를 최소한으로 줄이며, 시간 내에 신속히 배달해야 하는 조건을 만족시켜야 한다. 대부분 이러한 산업은

---

14) Smith, D.M.(1981) "Industrial Location; An Economic Geographical Analysis," New York, John Willey & Sons.

그것이 갖는 특성 때문에 지역중심에 입지하려고 한다. 이는 대규모시장에 입지할 경우 구매력이 크기 때문에 기업성장에 유리할 뿐만 아니라 숙련된 노동력도 쉽게 구할 수 있으며 정보 및 통신시설 발달로 인해 항상 새로운 정보를 얻을 수 있어서 시장지향적 입지성향을 갖는다.

(3) 집적경제

한 지역에 여러 종류의 산업이 입지함으로써 경제행위의 공간집중을 통하여 서로 많은 혜택을 누리게 되는 즉, 집적경제가 많은 곳에 산업은 입지하려고 한다. 유사 산업이 특정 지역에 같이 입지하여 얻을 수 있는 이점은 노동력과 원료를 용이하고 저렴하게 공급받을 수 있으며 생산에 필요한 각종 서비스를 저렴하게 공급받을 수 있다는 이점이 있기 때문이다. 아울러 유사기업들이 같은 지역에 집적하게 되면 시장판매 효과도 높일 수 있어서 구매행위도 촉진된다. 또한 집적이 높은 지역은 기술혁신의 효과도 높기 때문에 생산비용이 절감되는 효과를 동반하기도 한다. 이런 집적이익은 경제적 효율성을 증대시키기 때문에 경제행위의 또 다른 공간적 집중을 일으켜 집적이 입지선호에 미치는 영향력은 커지게 된다.

한편 집적이익에 대한 연구는 웨버(Weber)에 의해 처음 제안되었으며, 그 후 후버(Hoover)와 아이사드(Isard)에 의해 기초가 이루어졌다. 그리고 알론소(Alonso)[15]와 로(Lo)[16] 등에 의해 구체화 되었다. 이들은 산업활동이 특정 지역에 집중하는 현상은 지역간 집적이익의 상대적인 크기에 의해서 결정된다고 하였다. 일반적으로 이들의 이론을 분류해보면 집적이익은 공간규모경제, 지역특화경제 및 도시화경제로 구분된다.

---

15) Alonso, W.(1971), "The Economics of Urban Size," papers of the Regional Science Association 26.
16) Lo, F.C. and Alik, K.S.(1978), "Growth Pole Strategy and Regional Development Policy," London, Pergamon Press.

(4) 수송비

공간이라는 개념의 도입으로 인해 산업입지결정요인 가운데 수송비가 차지하는 비중은 매우 높아지게 된다. 즉 원료나 제품의 중량이 큰 산업일수록, 시장까지의 거리가 멀어질수록 상대적으로 수송비의 비중은 커지게 되는 것이다. 이런 산업에서는 공장설치 시 총 수송비가 최소화되는 곳에 입지하는 것에 대한 문제를 풀어내야 한다. 그리고 총 수송비가 최소화되는 곳에 입지하는 것이 최적입지점이 되게 된다. 수송비가 중요하게 여겨지는 이유에 대해서는 앞으로 입지유형분석에서 논의되게 될 것이다.

(5) 환경요인

정부정책과 관련을 깊게 가지고 있는 입지요인으로써 산업생산에 따른 환경규제는 입지선정에 상당히 큰 영향력을 미치고 있다. 환경규제가 강화됨에 따른 입지성향을 보면 몇 가지 유형으로 나눌 수 있다.

첫째, 생산업체는 새로운 기업에 투자하려 할 때 다른 지역에 입지를 선정하기보다는 기존지역에 입지함으로써 기존설비를 이용하여 부가적인 비용을 줄일 수 있다.

둘째, 환경규제가 강화되면서 입지선정 시 환경요인을 비교분석하여 적정입지를 선정하는 경향이 높아지고 있다. 즉 환경규제에 따른 법적 및 환경정화시설비용과 환경에 관계된 환경부담금을 검토하여 산업입지가 선정되어야 한다.

(6) 정부정책

정부의 산업진흥정책은 입지 결정에 있어서 크게 영향을 미친다. 산업정책은 기존 지역에 있어서 미래의 산업입지 가능성을 제시한 것으로써 집행수단으로 규제법, 세제 및 보조금정책 등을 들 수 있다. 구체적인 정책수단은 각종 정보시설의 제공으로부터 금융대부 등에 이르기까지 다양하다. 특히, 토지규제법이 시행되고 있는 지역에서 산업체를 설립하기 위해서는 반드시 정부당국으로부터 허가를 용인 받아야 하고, 그 규제법에 따라 자금대부도 적용 받게 된다.

다. 산업특성과 입지유형분석

산업이 가지는 특징은 각 산업마다 다르기 마련이다. 이는 그 산업에 투입되는 요소의 차이가 다르기 때문이며, 이런 투입요소의 특성에 기인한다고도 볼 수 있겠다. 이 투입요소가 최종생산물로 제조되는 과정에서 부피의 감소로 수송에 용이해질 경우 수송비는 줄어들게 될 것이며, 반대로 부피의 증가로 수송이 용이해지지 못하게 되면 오히려 수송비는 증가하게 된다. 예를 들어 합판공장은 원목이 무겁고 부피가 크기 때문에 원목을 소비시장까지 운반하기보다는 원목생산지에 입지하려고 한다. 그러나 가구산업은 일반적으로 도시근교에 입지하고 있는 것을 볼 수 있다. 왜냐하면 가구산업은 비교적 소규모산업으로써 특수기술이 필요할 뿐 아니라 제작후에는 오히려 원목 자체의 부피보다 커지기 때문에 더 많은 수송비가 부가된다. 이렇듯 산업특성, 제조과정에서 투입원료와 생산물간의 수송비의 차이에 따라 산업입지의 유형이 달라진다고 할 수 있겠다. 이런 점을 감안하여 제조과정에서 원료투입과 생산물의 특성별로 산업을 분류해보면 원료지향적 산업, 노동시장지향적 산업, 소비지향적 산업 및 자유입지형 산업으로 구분되어 지며, 각각의 입지유형에 대해 설명해보려고 한다.

(1) 원료지향적 산업입지

원료지향적산업(material oriented industries)은 원료산지로부터 가장 가까운 곳에 입지하려는 선호를 가진다. 즉 원료지향적산업은 대개 원료산지에서 최종생산물단위당 총 수송비가 최소가 됨을 발견하게 된다. 이러한 이유로 원료지향산업은 다음과 같은 특성을 가지게 된다.

먼저 전반적인 수송비가 다른 비용보다 지역에 따라 크게 변하는 경향을 가지는 산업이다. 이는 지역에 따라 생산비나 시설비보다는 제품 및 원료수송비가 더 크게 변화하므로 산업의 입지가 입지지점과 관계없이 수송비에 의해서 영향을 받는 경우이다. 다음으로는 제품의 제조과정에서 원료의 중량을 감소시키는 경향이 강하게 드러난다. 시멘트 및 코크스생산, 기타 석탄이나 목재를 원료로 하는 산업, 그리고 농산물과 같이 많은 부피나 중량의 원료를 사용하는 산업 중 제조과정에서 그 중량을 감소시키는 산업들은 원료를 공장으로 수송해 오는 경우 보다 원료산지에서 1차적으로 가공하거나 혹은 최종가공을 함으로써 제품의 부피나 중량을 감량하여 수송비를 절감시킬 수 있다.

마지막으로 단위당 원료의 수송비가 단위당 최종생산물의 수송비보다 크거나 같은 경우이다. 이 경우 산업은 원료산지에 입지함으로써 최종생산물 단위당 총수송비(단위당 원료수송비+단위당 최종생산물 수송비)를 극소화 시킬 수 있는 것이다. 이에 대해 다음 [그림 1-5]를 통해 좀 더 자세히 설명해 보고자 한다.

[그림 1-5]에서 보면 세로축은 수송비를 나타내고 있으며, 횡축에서 좌측은 원료생산지, 우측은 소비시장 간의 거리를 나타내고 있다. 여기서 산업이 원료생산지에 위치하는 것이 소비시장에 위치하는 것보다 총수송비를 낮출 수 있음을 보여준다. 이 그림에 의해 원료생산지로부터 원료를 소비시장까지 수송하는데 소요되는 원료 단위당 수송비 곡선은 CD이다. 그리고 만일 공장이 소비시장에서 생산하고 제품을 원료시장까지 공급하는 것을 가정한다면, 최종생산물 단위당 수송비 곡선은 EF로 표시될 것이다. 여기서 CD곡선과 EF곡선 간 기울기의 차이를 확인할 수 있을 것이다. 즉 CD곡선의 기울기가 EF곡선의 기울기보다 크며, 이는 CD와 EF의 합인 최종생산물 단위당 총수송비곡선 IK로 하여금 우상향의 기울기를 갖게 하는 결과를 초래한다. 그리고 최종생산물 단위당 총수송비곡선은 원료단위당 수송비와 최종생산물 단위당 수송비의 합으로 표현할 수 있기 때문에 원료생산지에서는 최종생산물 단위당 총수송비가 AI=(AC+AE)로 나타나며, 소비시장에서는 BK=(BF+BD)로 나타난다.

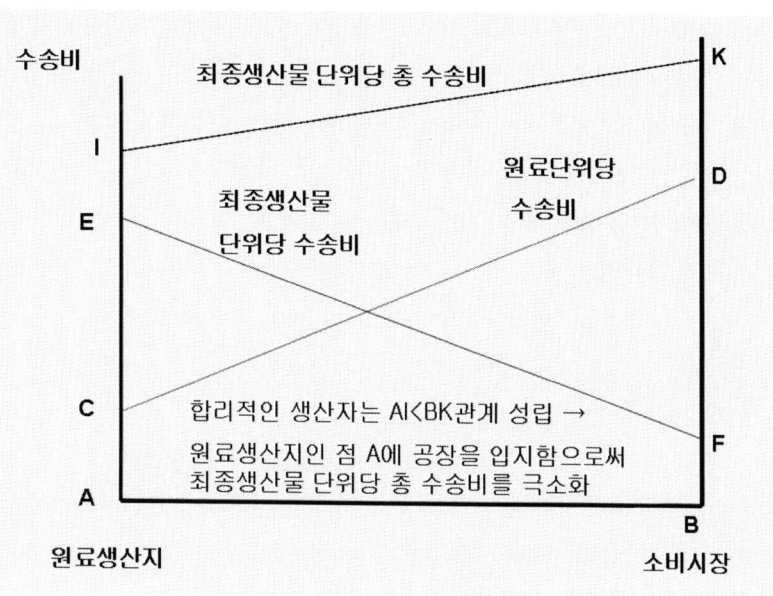

[그림 1-5] 원료지향적 산업입지

따라서 합리적 생산자는 원료생산지에서의 수송에 드는 총비용 AI가 소비시장에서 드는 수송비용 BK보다 작기 때문에 원료생산지인 점 A에 공장을 입지함으로써 최종생산물 단위당 총수송비 극소화를 통한 이윤극대화를 추구할 것이다.

(2) 시장지향적 산업입지

시장지향적산업(market oriented industries)은 언제나 소비시장에의 입지를 선호하여 소비시장으로부터 가까운 곳에 입지하게 된다. 소비시장지향적 산업은 일반적으로 소비시장에서 최종생산물 단위당 총 수송비가 가장 적기 때문에 그 곳에 입지하게 된다. 그 이유는 소비시장지향적 산업이 일반적으로 다음과 같은 특성 중 하나, 혹은 그 이상의 특성을 가지기 때문이다.

첫째, 최종생산물이 부패성재화(perishable goods)이어서 소비시장까지 장거리 수송이 불가능한 경우이다. 물론 오늘날처럼 고속도로나 냉동수송장비가 갖추어졌다고 하더라도 그 비용이 많이 들기 때문에 현실적으로 부패성재화의 장거리 수송은 비경제적인 경우가 많다. 예를 들어 도시성고등채소나 어패류 등을 들 수 있겠다. 둘째로 제품에 대한 수요량이 수시로 큰 변동을 보임에 따라 생산자가 소비시장 근처에서 커다란 재고량을 확보해 놓아야 하는 경우이다. 그리고 기업의 판매과정에서 소비자와 가까이 접촉함으로써 판매고를 높일 수 있다고 판단되는 경우이다. 셋째로는 원료 단위당 수송비가 최종생산물 단위당 수송비보다 적거나 같을 경우이다. 이런 경우 산업은 소비시장에 입지함으로써 최종생산물 단위당 총 수송비를 극소화할 수 있기 때문이다.

[그림 1-6]에서 보는 바와 같이 원료단위당 수송비가 최종생산물 단위당 수송비보다 적은 경우에는 소비시장에서 제품을 생산함으로써 최종생산물 단위당 총 수송비를 극소화시킬 수 있게 된다. 원료지향적 산업입지와 반대로 원료생산지에서 최종생산물 단위당 총 수송비 AI가 소비시장에서의 총 수송비 BK보다 크기 때문에 소비시장에 입지함으로써 수송비의 극소화를 추구하려고 할 것이다. 이러한 이유에는 원료단위당 수송비를 나타내는 곡선 CD의 기울기보다 최종생산물 단위당 수송비를 나타내는 곡선 EF의 기울기가 더욱 크기 때문에 나타난 결과이다. 따라서 합리적 생산자는 원료생산지와 소비시장 간 총 수송비용이 AI > BK라는 관계를 알고 있기 때문에 소비시장에 위치하게 된다.

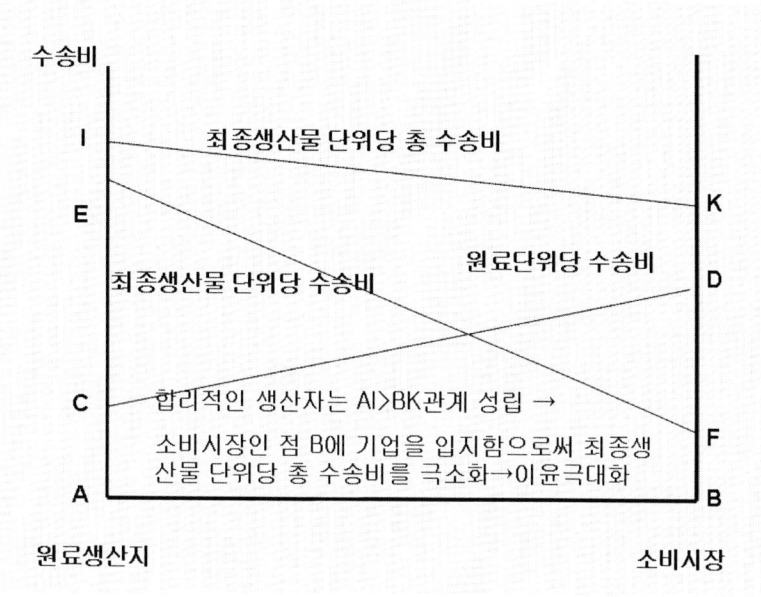

[그림 1-6] 시장지향적 산업입지

(3) 중간지점지향적 산업입지

중간지점지향적산업(transshipment oriented industries)은 소비시장과 원료시장 사이에 이적 지점(Transshipment point)이 있을 경우에 나타난다. 가령, 원료시장(A)에서 소비시장(B)에 이르는 구간에 이적 지점(X)에서 화물을 배로부터 트럭, 트럭으로부터 기차, 기차로부터 배 등으로 바꿔 실어야 한다면, 그 이적 지점에서 비용이 급격히 증가하거나 감소하게 될 것이다.

그림에서 보는 바와 같이 이적지점이 존재치 않았더라면 소비시장에서 적정입지를 발견할 수 있을 것이다. 그러나 이적지점 X에서 화물을 이적함으로써 최종생산물 수송비의 감소분(IH)이 원료수송비 감소분(ED)보다 크게 나타나기 때문에 이적지점 X에서 단위당 총 수송비 XL은 원료시장에서의 AK와 소비시장에서의 BM보다 낮게 나타난다. 이러한 경우 기업은 중간이적지점에 입지함으로써 최종생산물 단위당 총 수송비를 극소화시킬 수 있으므로 점 X에서 입지하게 된다.

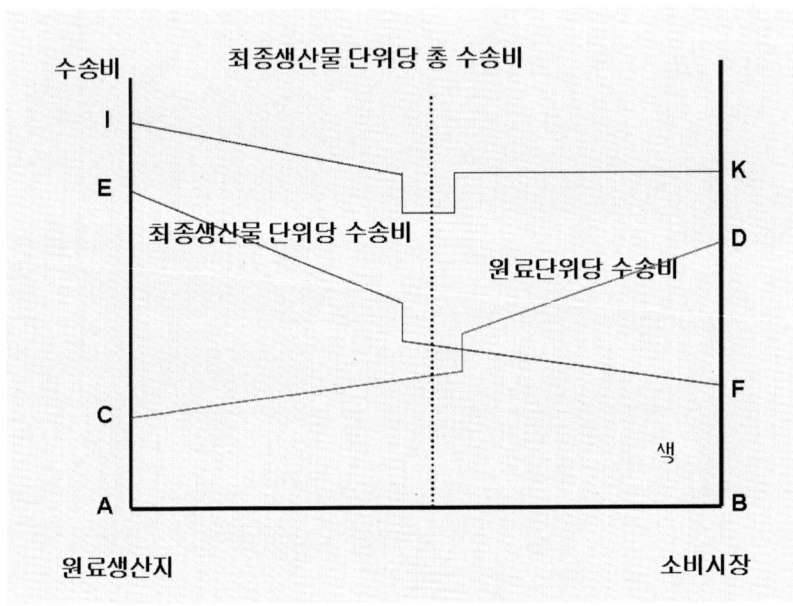

[그림 1-7] 중간지향적 산업입지

(4) 노동지향적 산업입지

입지선정에 있어서 노동의 양과 질이 지역 간 편재되어 있다는 가정 하에 생산 중 임금이 큰 비중을 차지하고 있는 산업을 말한다. 특히, 숙련노동력이 필요하고 부가가치가 큰 전자, 인쇄, 출판업 등은 이러한 범주에 속하는 산업이다. 또한 섬유, 신발, 합판업 등은 대표적인 노동 지향적 산업이다.

노동력이 지역 간 편재되어 있다면 임금 정도에 따라서 지역별 임금등고선을 그릴 수 있으며, 총 수송비 역시 그러한 등고선처럼 그릴 수 있을 것이다. 그러나 노동력은 임금율에 따라 쉽게 이동 가능하기 때문에 다른 생산요소나 생산물수송비에 비하여 덜 중요하게 취급되고 있다. 더욱이 새로운 노동절약적인 생산기술의 발달로 임금이 차지하는 비중이 적어지는 경향이 있기 때문이다. 여하튼 노동력이나 임금이 지역에 따라 다름으로써 산업체의 수익에 미치는 영향은 지대한 것이다. 또한 임금과 수송비는 지역에 따라 다르기 때문에 두 변수 간에 상호대체가 가능할 수도 있다. 특히 산업에 의한 인구분포의 지역 간 불균등은 자원배분의 비효율성을 초래하여 지역경제성장의 저해요인이 된다.

(5) 자유입지형 산업입지

자유입지형산업(footloose industry)이란 제조과정에서 제품수송비가 차지하는 비중이 극히 작아서 수송비가 입지선정에 거의 작용하지 않는 산업을 말한다. 이런 산업은 고도의 기술 집약적 산업으로써 자동차, 항공기, 전자산업 등이 있다. 이런 종류의 산업은 숙련된 고급 노동력을 용이하게 얻을 수 있는 지역을 선택하고 있으며, 일반적으로 높은 임금과 생활시설을 제공해 주고 있어서 비교적 자유로운 입지특성을 지니고 있다. 그러나 제품이 제조과정에 들어가면 반숙련 노동이 많이 필요하기 때문에 여성노동력을 쉽게 구입할 수 있는 곳에 입지하려는 경향을 보이고 있다.

자유입지형산업으로의 변화는 다음과 같은 유형으로 발전된다. 먼저 저개발국가 및 개발도상국은 도심지 중심에 제조업 및 기반산업이 근간하여 발전을 꾀한다. 이때 노동집약적 산업이 발전하게 됨에 따라 타 지역보다 높은 경제적 파급효과를 지니는 산업이 도심지에 위치함에 따라 노동 및 자본이 도심지로 집중화된다. 그리고 성장에 따라 기업의 토지에 대한 수요는 일정한 반면 주거공간 및 상업공간에 대한 수요는 급수적으로 늘어남에 따라 토지에 대한 지불용의는 지속적으로 올라가게 되고, 제조업과 같이 노동집약적 산업에서 토지에 대한 비용이 상승함에 따라 대부분의 제조업은 도심외곽지역으로 벗어나게 된다. 이후 외곽지역에서는 중심지에 비해 노동집약적이지 않기 때문에 자본으로 대체하려는 경향이 높아지게 되고, 이 과정 중 기술의 개발이 이루어져 몇몇 산업을 제외한 대부분의 산업은 자본집약적 산업으로 변모하게 된다. 이런 자본집약적 산업 간 유사 산업에서 공동의 기술개발을 비롯한 집적이익을 향유하게 되고, 이는 정보, 지식, 기술이 축적으로 인해 고도의 기술집약적 산업으로 변모하게 되는 것이다.

(6) 수송비절약형 산업입지

원료지향적 산업입지와 시장 지향적 산업입지의 궁극적 목적은 수송비용의 절감에 있다고 할 수 있다. 공장에서 제품이 생산되어 시장에 판매될 때까지의 총수송비를 나타내는 방정식은 다음과 같이 정의될 수 있다.

$$T = tMd + tc(D - d) \qquad\qquad (2-1)$$

T = 총수송비

tM = 최종생산물 1단위 생산에 필요한 원료 1단위를 1km 수송에 드는 수송요율

tc = 최종생산물 1단위를 소비시장까지 수송하는데 필요한 수송요율

M = 원료산지(M)에서 시장(C)까지의 거리

d = 원료산지에서 공장까지의 거리

$D - d$ = 공장에서 소비시장까지의 거리

식 (2-1)에서 T는 총수송비를 나타내며 우측에 첫째항은 최종생산물 1단위 생산에 필요한 원료수송비, 둘째 항은 최종생산물의 단위당 수송비를 나타난다. 그리고 tM은 최종생산물 1단위 생산에 필요한 원료 1단위를 1km 수송에 드는 수송요율을 나타내며 tc는 최종생산물 1단위를 소비시장까지 수송하는데 필요한 수송요율을 나타낸다. 위 식이 의미하는 바는 1kg의 원료를 수송하는데 km당 원료수송률(tM)이 1kg의 최종제품을 수송하는 kg당 수송요율(tc)보다 높다고 한다면, 공장입지는 d를 최소화 할 수 있는 것이다. 즉 공장의 입지점은 D가 최대화 되는 곳인 원료중심지에 입지하게 될 것이다. 반면 1kg의 원료를 수송하는데 km당 원료수송률(tM)이 1kg의 최종제품을 수송하는 kg당 수송요율(tc)보다 낮다고 한다면, 공장입지는 d를 최대화 할 수 있다는 것이다. 즉 공장의 입지점은 D가 최소화 되는 곳인 시장중심지에

입지하게 된다. 그리고 원료운반에 드는 원료수송요율과 제품을 운반하는데 드는 수송요율이 같다면 원료와 시장 지점 어느 곳에나 입지가 가능한 자유입지형태가 된다.

종합해보면 총 수송비는 원료를 원료지에서 공장이 입지한 곳까지 운반하는 수송비와 그 입지점에서 생산된 최종제품을 시장까지 운반하는데 드는 수송비의 합이 최소가 되는 점에 입지점이 정해지게 된다는 것이다. 따라서 아래의 [그림 1-8]에서 원료에서 입지로의 수송비 tMd와 입지점에서 시장까지 드는 수송비 tc(D-d)간 비교를 통해 입지점은 총 수송비가 최소화되는 점에 위치하게 되는 것이다.

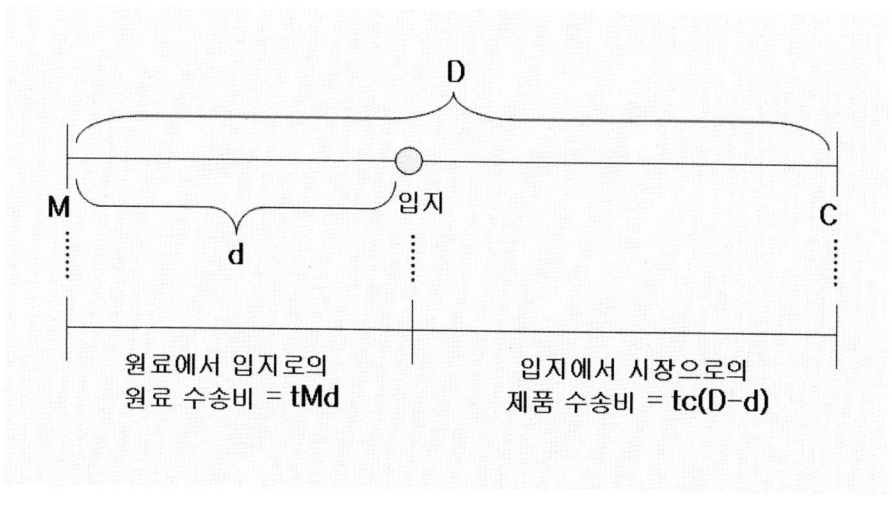

[그림 1-8] 수송비 절약적 산업입지

2장 연습문제

1. 지역경제에서 입지란 무엇인지? 그리고 입지가 가지는 경제적 시사점이 무엇인지 설명하라.

2. 가계소비량과 입지와의 관계를 가계수요곡선을 이용하여 설명하라.

3. 최적 입지 조건은 무엇이며, 최적입지를 변화시키는 요인은 무엇인지 설명하라.

4. 산업입지 이론의 역사적 배경을 설명하고, 산업입지를 결정하는 요인들을 설명하라.

5. 생산요소와 입지와의 관계를 토지, 원료와 동력, 노동력 그리고 자본과 기타요인으로 나누어 설명하라.

6. 산업입지와 입지특성과의 관계를 설명하라.

7. 입지유형별 특성을 설명하고, 현실적 적용 측면에서의 장단점을 설명하라

제3장 기업입지 이론(Ⅱ)

1) 농업입지이론

농업입지론 연구는 당초 농학자들에 의해 시작되었으며, 이 분야에서 획기적인 업적을 남긴 학자는 튀넨(Von Ttünnen, J.H.)이다. 그는 농업적 토지이용패턴을 연구하여 1826년에 「고립국」을 출판하였다. 그는 농업입지이론을 통해 농업활동의 공간 조직을 고찰한 최초의 경제모델이라는 평가를 받고 있다. 즉 스미스(Smith, A.)의 지대원리를 결합시킨 사람으로 소비시장을 중심으로 6개의 다른 농업경영지대를 동심원으로 배열시켜 그 매개요인을 지대의 지역차로 설명하고 있다.

이런 튀넨의 농업입지론은 다음과 같은 가정을 통해 분석을 한다. 이 전제조건을 살펴보면 먼저 고립국은 중앙에 하나의 대도시를 갖고 있으며, 원형으로 되어 있고, 폐쇄경제라고 가정한다. 그리고 고립국 내부지역은 동질적인 평원으로 환경적인 요인인 비옥도, 지형, 기후 등이 동질적이라는 점이다. 또한 고립국내에서 어느 방향으로도 이동의 용이성에 차이가 없으며, 운송비는 거리에 비례하고, 운송수단은 직선코스의 도로로 마차를 이용한다. 더불어 농산물가격은 중심소비도시에서 결정되며 안정되어 있다. 마지막으로 농부는 완전한 정보를 가지고, 합리적인 경제인이다.

이런 전제조건을 토대로 튀넨은 일반화된 토지이용원리를 제시하는데, 첫째로 입지지대와 수송비는 서로 역비례의 관계에 있다는 점이다. 즉 중심지에서 멀어질수록 입지에 대한 지불대가는 낮아지는 반면 중심지로의 판매를 위한 수송비는 증가하게 되므로 역비례 관계에 놓이게 되는 것이다. 둘째로 토지의 가치와 토지이용의 집약도는 중심도시에 가까울수록 증가된다. 셋째로 여러 종류의 작물은 수송비의 절감을 위해 중심지에 가까이 입지하려고 경쟁하지만 최대유효이용의 원칙에 입각하여 가장 많은 지대를 지불할 능력이 있는 작물이 선정되어 동심원적 형태의 토지이용체계가 형성된다는 것이다. 예를 들어 모든 지역이 동등하게 벼를 재배하여 시장에 판매하려고 한다고 하자. 이때 중심지에 위치할수록 더 낮은 수송비를 가지기 때문에 가격 경쟁력을 가질 수 있다. 따라서 그 보다 더 먼 지역에서 쌀 재배를 하던 농부들은 중심지로 모여들게 되고, 토지에 대한 수요가 증가하게 되므로 지대는 증가하게 된다. 이때 상승된 지대를 상쇄하고도 남을 만한 고부가가치의 농작물을 재배한다면 그 토지는 여전히 높은 지대를 요구하게 되며, 쌀농사 짓기를 희망하는 농부들은 자연스럽게 중심지역보다 먼 지역에서 재배할 수밖에 없게 되는 것이다.

이런 튀넨의 모델은 과학적 접근방법에 의해 농업생산의 공간적 분화를 밝혔으며, 오늘날 농업생산의 공간조직을 이해하고 설명하는 데 큰 공헌을 하였다. 그리고 이 농업입지이론은 공업입지론의 기반이 되었다고 할 수 있기 때문에 짧게나마 언급을 하고 넘어가는 것이다.

2) 공업입지이론

농업입지이론은 일정토지에 이윤극대화를 위한 경작물의 종류를 결정하는 원리라고 한다면 공업입지이론은 이윤극대화를 위해서 생산 활동을 어디에서 할 것인가를 결정하는 공간상의 입지결정원리를 말한다. 이 공업입지이론은 독일의 경제학자인 웨버(Weber, A)를 중심으로 후버, 뢰쉬, 아이사드 등의 학자들에 의해 발전해 왔다. 웨버에 의해 제안된 웨버의 입지-생산 모형은 19세기 독일의 수학자 Laundhart (1985)가 처음 제안하였으며, 이를 구체화하여 산업입지 분석방법으로 진화시켰다. 여기서 기업은 공간상의 특정 지점에 위치한 단일의 시설로 간주된다. 또한 기업의 목적은 이윤극대화라는 미시경제학의 일반적 가정을 수용한다. 이윤극대화가 기업의 합리적 목표라고 한다면 '기업이 어디에 입지할 것인가?'에 대한 문제는 '기업이 어느 입지에서 이윤을 극대화할 수 있는가?'라는 문제가 될 것이다. 이 문제를 해결하기 위하여 우선 2차원 공간의 가장 간단한 형태로써 삼각형 공간을 활용 할 것이다. 이러한 단순한 접근방법은 점차 보다 보편적인 공간 형태로 확장될 수 있다.

[그림 1-9]에서 나타난 모형은 흔히 웨버의 입지-생산 삼각형[17](Weber location

−production triangle)이라 일컬어진다. 여기서 기업은 두 가지 생산요소를 투입하여 한 종류의 제품을 생산한다. 앞으로 나올 그래프에 기호를 다음과 같이 정의하도록 하겠다.

m_1, m_2 기업이 생산에 투입한 원료 1과 2의 무게(톤)

m_3 기업이 생산한 제품 3의 무게(톤)

p_1, p_2 원료산지에서 투입 원료 1과 2의 단위 무게(톤)당 가격

p_3 시장에서 생산제품 3의 단위 무게(톤)당 가격

M_1, M_2 투입원료 1과 2의 산지

M_3 제품 3을 판매하는 시장의 위치

t_1, t_2 투입원료 1과 2를 운송하는 데 드는 톤−마일(혹은 km)당 운송비

t_3 제품 3을 운송하는 데 드는 톤−마일(혹은 km)당 운송비

K 기업의 위치

생산제품 3이 판매되는 시장을 M_3라고 하고, 원료 1과 2의 산지를 각각 M_1과 M_2라고 한다. 원료산지 M_1과 M_2에서 원료 1과 2의 톤당 가격은 각각 p_1, p_2로, 그리고 시장 M_3에서 제품 3의 톤당 가격은 p_3로 주어지며, 이는 기업이 가격수용자로 간주됨을 뜻한다. 또한 기업은 완전경쟁 하에서 주어진 가격 p_3에서 제품 3을 무한히 공급할 수 있다고 가정한다. 운송비는 t_1, t_2과 t_3로 표시되는데, 이는 각각 재화 1,2,3을 1톤당 1마일(혹은 km) 운반하는데 드는 비용을 의미한다. 마지막으로 거리 d_1, d_2 및 d_3는 각각 재화 1,2,3의 운송거리를 나타낸다.

---

17) 최병호 외, <공간적 접근법을 이용한 도시 및 지역 경제학> 제1장 참조, 시그마프레스 (2006)

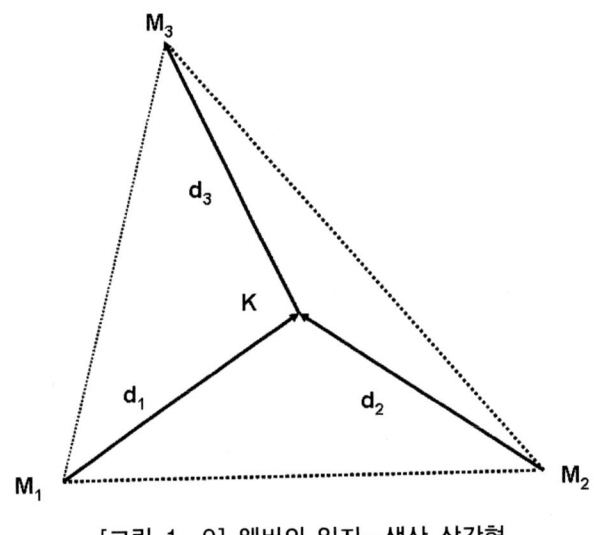

[그림 1-9] 웨버의 입지-생산 삼각형

어떤 기업이 원료 1과 2를 투입하여 제품 3을 생산한다고 할 때, 웨버의 입지-생산모형에서는 생산계수들이 고정되어 있다고 가정하므로 이 제품 한 단위를 생산하기 위해 필요한 각 투입원료의 양자 간에는 일정한 관계가 존재하게 된다. 따라서 생산함수는 다음 식(3-1)과 같이 정의 될 수 있다.

$$m_3 = f(k_1 m_1, k_2 m_2) \qquad\qquad (3-1)$$

식 (3-1)에서 k는 생산계수로써 고정되어 있다고 가정하므로 $k_1 = k_2 = 1$로 둘 수 있으며, 이 때 가장 간단한 경우의 생산함수는 식(3-2)로 나타낼 수 있다.

$$m_3 = f(m_1, m_2) \qquad\qquad (3-2)$$

이 때, 만약 생산된 제품 3의 무게가 투입된 원료 1과 2의 무게를 합한 값과 같다면 식(3-2)는 식(3-3)으로 바꾸어 쓸 수 있다.

$$m_3 = m_1 + m_2 \qquad\qquad\qquad\qquad (3-3)$$

한편 생산요소인 노동과 자본은 어느 지역에서나 동일한 가격으로 이용할 수 있고, 토지에 대한 지대 역시 지역마다 동일하다고 가정한다. 다시 말하자면 노동, 자본, 토지의 가격과 질은 지역에 관계없이 일정하며, 따라서 모든 지역은 생산요소의 이용가능성 측면에서 동일한 특성을 지닌다. 즉 공간은 동질적이라고 가정한다.

만약 기업이 어느 곳에나 입지할 수 있고 합리적으로 행동한다면 기업은 최대 이윤을 얻을 수 있는 곳에 입지하려 할 것이다. 그런데 투입되거나 생산되는 모든 재화의 가격이 외생적으로 주어지고 생산요소 가격이 지역에 관계없이 항상 동일하다면, 기업의 수익을 변화시키는 유일한 변수는 원료산지 및 제품시장으로부터 기업까지의 거리가 된다. 왜냐하면 기업의 입지에 따라 원료산지에서 기업으로 투입원료를 운송하는 비용과 기업에서 시장으로 제품을 운송하는 비용이 달라지기 때문이다.

제품 3의 단위당 가격 p_3가 고정되어 있고 다른 모든 조건이 일정하다면, 기업이 최대 이윤을 얻을 수 있는 입지는 원료 운송비와 제품 운송비의 합이 최소가 되는 지점이 된다. 이 지점이 바로 웨버의 최적입지(Weber optimum location)이다. 웨버의 최적입지는 각 입지에서의 투입원료 및 제품의 운송비를 모두 합한 후 서로 비교함으로써 구할 수 있는데, 이런 비용의 합계가 최소화되는 지점이 된다. 웨버의 최적입지를 결정하는 비용조건은 식 (3-4)와 같이 나타낼 수 있다.

$$TC = Min \sum_{i=1}^{3} m_i t_i d_i \qquad\qquad\qquad (3-4)$$

식 (3-4)에서 i는 K(기업의 입지지점)로 운송되거나 K로부터 운송되는 각 재화를 나타낸다. 공간적 및 비공간적 파라미터의 실제 값들이 주어진다면 기업이 임의의 지점인 K에 입지할 때 발생하는 생산비와 운송비를 구할 수 있다. 기업이 이윤을 극대화하려 한다는 가정을 수용한다면 기업은 최소의 비용을 발생시키는 지점에 입지할 것이다.

웨버는 처음 자신의 분석에서 최적입지 문제를 기계적 유추를 통해 접근하였다. 그는 베리그논 프레임(Varignon Frame)이라는 추가 달린 2차원의 삼각형 도르래 시스템을 제안하였다. 이 시스템에서 도르래를 원료산지와 제품시장 지점에 위치시키고, 하나의 매듭에 묶인 세 가닥의 줄을 각각의 도르래 위를 지나게 하여 늘어뜨린 후 추를 매단다. 이때 추의 무게는 각 지점에서의 단위당 운송비에 대응시킨다. 여기서 추의 무게에 따라 매듭의 위치가 변하게 되는데, 최종적으로 매듭이 위치하는 지점이 기업의 최적입지를 나타내게 되는 것이다. 이 매듭은 대체로 삼각형 내의 한 지점에 위치하지만 간혹 삼각형의 한 모퉁이에 위치하기도 한다. 이는 최적입지가 웨버의 삼각형 내에 있을 수도 있지만 모퉁이 한 곳이 최적 입지가 될 수도 있음을 의미한다. 오늘날에는 이 같은 기계적 장치 대신에 컴퓨터를 이용하여 최적입지를 산출할 수 있다. 더욱 흥미로운 사실은 각 변수의 수준과 변화에 따라 최적입지가 어떻게 영향을 받는 지 이해할 수 있다는 점이다. 가상적인 예를 이용하여 이에 대해 살펴보도록 하자.

가. 원료운송비가 입지에 미치는 영향

보다 분석을 용이하게 하기 위하여 다음과 같은 가정을 해보도록 하자. 우선 자동차를 생산함에 있어서 철강(1)과 플라스틱(2)을 투입원료로 하는 기업을 있다고 하자. 그렇다면 생산제품(3)은 자동차가 될 것이고, 이 제품은 시장 M_3에서 판매된다. 투입원료 1과 2는 각각 철강과 플라스틱으로써 각각 M_1과 M_2지점에서 생산된다. 이 기업이 1톤의 철강과 1톤의 플라스틱으로 2톤의 무게를 지닌 자동차를 생산한다고 할 때, 만약 철강의 단위당 운송비 t_1이 플라스틱의 단위당 운송비 t_2의 절반이라면, 이 기업은 상대적으로 플라스틱 산지인 M_2지점에 가까운 곳에 입지할 것이다. 다른 조건이 일정하다면 기업은 철강 운송비에 비해 상대적으로 높은 플라스틱의 운송비를 낮추려 할 것이며, 그것은 d_1에 비해 d_2를 상대적으로 감소시킴으로써 가능하기 때문이다.

한편 기업의 생산함수가 위와는 다른 경우를 가정해보자. 만약 이 기업이 1.5톤의 철강과 0.5톤의 플라스틱으로 2톤의 무게가 나가는 자동차를 생산하는데, 단위당 운송비 t_1과 t_2가 이전의 경우와 동일하다면 철강의 수송에 보다 많은 운송비가 들 것이다. 왜냐하면 플라스틱의 운송비는 킬로미터당 철강의 운송비보다 두 배가 높지만 운송하는 철강의 총량이 플라스틱의 세 배가 되기 때문이다. 그 결과 기업은 d_2에 비해 d_1의 값을 상대적으로 감소시킴으로써 총 운송비를 절감하고자 할 것이다. 이 경우 이 기업의 최적입지는 철강의 생산지점인 M_1방향으로 이동하게 된다.

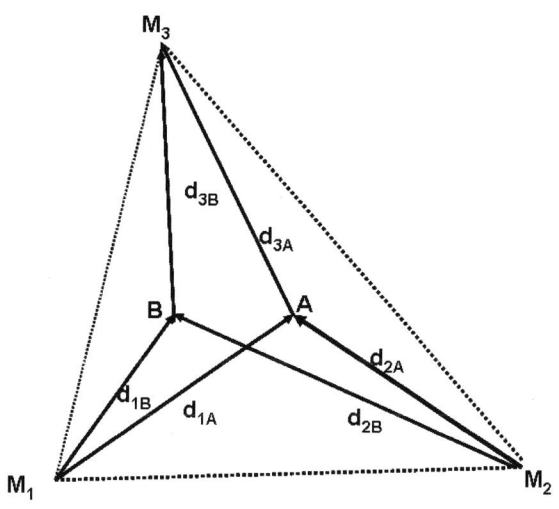

[그림 1-10] 투입원료의 상대적 운송비와 입지

이러한 웨버의 분석방법을 이용한다면 기업의 입지에 있어 다양한 생산함수의 영향을 고찰할 수 있다. 위에서 예로 든 두 가지의 경우를 살펴보자. 첫 번째는 생산함수가 상대적으로 플라스틱 집약적인 기업의 경우인데 이를 A기업이라고 한다면

[그림 1-10]에서 보는 것처럼 기업 A는 플라스틱 산지인 M_2에 상대적으로 가깝게 위치하게 된다. 이는 철강 산지와 플라스틱 산지가 기업 A로부터 동일한 거리에 위치할 경우, 즉 $d_{1A} = d_{2A}$라면 플라스틱의 운송비가 철강의 운송비보다 더 많이 들기 때문이다. 따라서 기업 A는 플라스틱 운송비용을 줄이기 위하여 d_{1A}를 증가시킬 것이다. 두 번째로 생산함수가 상대적으로 철강 집약적인 기업의 경우를 B라고 하면, 기업 B는 철강 산지인 M_1에 가깝게 위치하게 될 것이다. 이는 플라스틱 집약적 기업인 A의 경우와 반대로 생각할 수 있을 것이다. 즉, 기업 B가 직면하는 두 원료의 운송거리가 동일할 경우($d_{1B} = d_{2B}$)에는 철강의 운송비가 플라스틱의 운송비보다 더 많을 것이다. 그러므로 d_{1B}을 감소시키는 반면 d_{2B}를 증가시킴으로써 철강 운송비를 절감할 필요가 있다.

나. 생산제품의 운송비가 입지에 미치는 영향

지금까지 기업의 입지결정에 있어 원료조달에 드는 운송비용만을 고려하여 분석해보았다. 그러나 생산제품의 판매시장 또한 기업의 입지에 영향을 미친다. 우선 원료산지 M_1과 M_2에서 석탄과 코크스를 가져와서 전기를 생산하는 발전소의 경우를 생각해보자. 발전소에서 생산된 제품인 전기의 무게와 부피는 극단적으로 0이라고 간주한다. 전기를 송전하는데 드는 비용이 0이고 거리와 관련된 비용이 승압중계소와 관련된 아주 적은 비용뿐이라면 발전소의 입지는 전기의 소비지에 영향을 받지 않게 된다. 따라서 발전소의 최적입지는 M_1과 M_2를 연결하는 선상의 어떤 지점이 될 것이며, 최적입지 문제는 1차원 직선상의 입지문제가 된다.

그러나 대부분의 경우 생산제품의 수송에는 그것의 무게와 부피로 인해 상당한 운송비가 소요된다. 생산제품의 무게와 부피는 시장 및 원료산지의 위치와 관련하여 기업의 입지에 영향을 미친다. 철강과 플라스틱을 투입원료로 하는 두 자동차 회사 A와 B의 경우를 통해 이를 설명해보자. 이번에는 두 기업의 생산함수가 동일하다고 가정한다. 즉 두 기업은 투입원료의 결합 비율(m_1/m_2)이 동일하다. 만약 두 기업의 원료 운송비가 각각 t_1과 t_2로서 동일하다면 각 원료산지의 상대적 입지 견인력은 두 기업에 대해 똑같이 작용할 것이다. 그런데 만약 기업들의 기술적 효율성이 달라서 기업 A는 생산과정에서 투입원료의 70%를 소모하는 반면 기업 B는 40%만을 소모한다고 가정해보자. 결과적으로 기업 B의 생산제품의 무게 m_3는 기업 A의 생산제품의 무게에 비해 2배가 될 것이다. 이처럼 제품의 무게가 보다 무거운 기업 B는 기업 A에 비해 시장에 더 근접하여 입지하며, 원료산지로부터는 더 멀리 떨어져서 입지한다. 그러므로 [그림 1-11]에서 보듯 기업 B는 기업 A에 비해 보다 시장지향적인 입지형태를 가지게 된다.

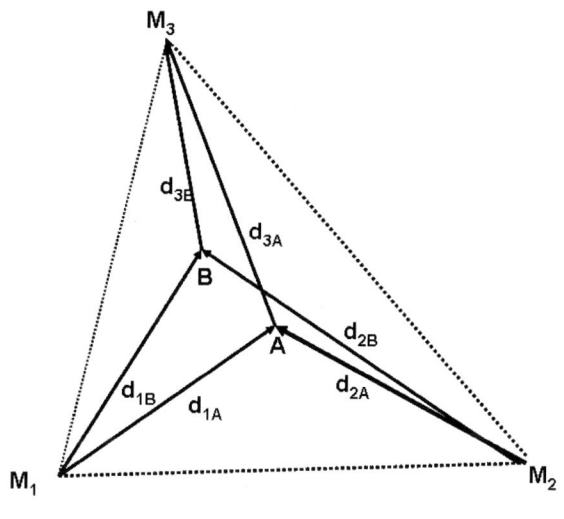

[그림 1-11] 상대적 제품 운송비와 입지

기업들이 상이한 입지형태를 나타내는 보다 일반적인 상황은 생산과정에서 제품의 밀도가 달라지는 경우이다. 예를 들어 동일한 원료를 이용하여 동일한 생산함수를 통해 동일한 무게의 제품을 생산하는 자동차회사 A와 B의 경우를 고려해보자.

기업 A는 도시에 맞는 소형차를 주로 생산하는 반면 기업 B는 교외지역에 적합한 대형 4륜구동 자동차를 생산한다. 이미 살펴보았듯이 운송비는 제품의 부피에 영향을 받게 되는데, 고밀도 제품은 저밀도 제품에 비해 단위당 운송비가 낮다. 기업 B는 부피가 큰 제품을 생산하는 반면 기업 A는 상대적으로 밀도가 높은 제품을 생산하므로 기업 B의 제품 운송비는 기업 A에 비해 높다. 따라서 기업 B는 기업 A에 비해 시장에 보다 가깝게 위치하게 된다. 이를 [그림 1-11]에서 나타내면, 기업 B는 기업 A에 비해 M_3에 위치한 시장지향적 입지형태를 나타낼 수 있다.

다. 요소가격변화가 입지에 미치는 영향

이제까지는 모든 지역에서 생산요소의 가격이 동일하다는 전제 하에서 기업의 입지문제를 다루었다. 그러나 현실적으로는 지역에 따라 노동과 토지의 가격은 현저하게 차이가 날 수밖에 없다. 예를 들어 시가지 한복판(Town-Hall)에 위치한 기업과 시가지에서 떨어진 시골(Rural-Area)에 위치한 기업이 지불하는 지대와 임대료는 차이가 극명하게 나는 것이 당연하다는 것을 알고 있을 것이다. 이제 우리는 웨버의 분석방법을 이용하여 지역 간 생산요소 가격의 차이가 기업의 입지 형태에 미치는 영향을 파악할 수 있다. 이를 위해 우선 기업이 대체 입지를 찾게 되는 요소가격 조건이 무엇인가를 알아볼 필요가 있을 것이다.

앞서 다루었던 가정을 그대로 적용해보면 어떤 기업이 원료산지 M_1과 M_2에서 생산된 원료를 투입하여 시장 M_3에서 판매되는 제품을 생산함과 같다고 한다. 이러한 조건 하에서 웨버의 최적점 K는 기업의 운송비가 최소화 되는 지점이 될 것이다. 만약 생산요소 가격이 모든 곳에서 동일하다면 기업의 최적입지점은 K가 될 것이다. 이때, 요소가격이 공간상 다를 경우 웨버의 최적입지점 K가 이동할 것인가에 대해 검토해 볼 것이다.

[그림 1-12]에서는 웨버의 삼각형 위에 등고선 지도가 그려져 있는데, 이 등고선을 등가격선(isodapane)이라 한다. 일반적인 지도에서 등고선은 동일한 고도에 위치

한 모든 지점을 연결한다는 것을 적용해 볼 때, 웨버 지도에서 등가격선은 최적점 K와 비교하여 투입원료와 제품의 총 운송비가 동일하게 증가하는 위치들을 연결한 선이 된다. 따라서 등가격선이 K로부터 멀어질수록 제품(m_3) 한 단위 생산에 필요한 투입원료와 제품의 총 운송비는 올라가게 된다. 기업의 입지가 웨버의 최적점으로부터 멀어질수록 운송비가 증가하게 되므로 효율성과 기업의 이윤은 점차 감소하게 된다. 즉 다른 조건이 일정하다면 웨버의 최적입지에서 멀어질수록 기업의 기회비용은 점점 더 높아진다는 것이다. 만약 생산요소 가격이 모든 곳에서 동일하다고 하면 최적입지점보다 밖에 위치하지 않을 것이다. 따라서 기업이 웨버의 최적입지 K를 떠나 다른 입지로 이동하기 위해서는 그 지역의 생산요소 가격이 얼마나 낮아야 하는지를 알아볼 필요가 있다.

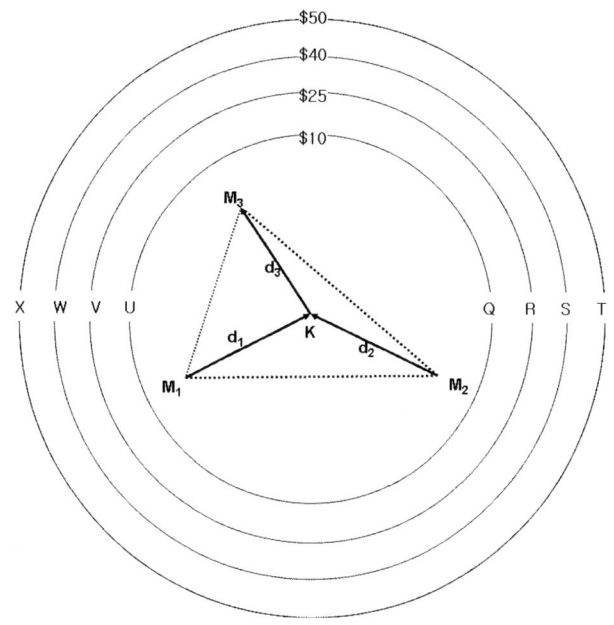

[그림 1-12] 등가격선 분석

우선 웨버의 최적입지 K에 위치한 기업이 R로 옮겨가기 위해서는 R에서의 생산요소가격은 얼마나 낮아야 할까? 우선 K점에서 총 수송비용이 20달러라고 가정하자. 이때 K점에서 R로의 이동은 최종판매지역 m_3에서 멀어짐을 뜻하기 때문에 10달러가 추가적으로 들어간다고 할 경우 보다시피 R지역의 요소가격은 K지점에 비해 25달러만큼 적게 든다고 하면, 이 기업은 K에서 R로 입지 이동을 하지 않을 것이다. 왜냐하면 K에서 R로 옮김으로써 제품 한단위당 이윤은 5달러 줄어들기 때문에 전보다 비용이 더욱 증가하게 된다. 이는 이윤극대화추구가 기업의 목표라고 할 때 충분히 합리적 선택이 아니기 때문이다. 한편 R점에서 요소가격이 K점보다 35달러 낮은 경우를 생각해 보자. 그렇다면 이 기업은 K점에 R로의 이동을 고려해볼 만하다. 위에서 분석한 바와 같이 총 수송비용은 30달러가 드는 반면 요소가격이 -35달러로써 생산을 위해 최종적으로 드는 비용은 제품 한 단위당 -5달러가 되기 때문에, 이는 곳 제품 한 단위당 5달러씩 이윤이 증가하게 되기 때문이다. 이러한 분석은 어떤 기업이 현재입지로부터 이전해야 할 것인지, 이전한다면 어느 지역으로 이전할 것인지를 결정하기 위해 Q, R, S, T와 같은 다른 대안적 입지들에도 적용될 수 있음을 시사한다.

이제 보다 포괄적인 예를 들어보자. Q는 10달러 등가격선 상에 위치하며, R은 25달러, S는 40달러, T는 50달러 등가격선에 위치한다고 가정하자. 그리고 Q, R, S, T에서 제품 한 단위를 생산하는데 필요한 노동과 토지비용 등의 생산요소 가격이 K에 비해 각각 12, 20, 35, 55달러씩 적다고 가정하자. 이때 대안적 입지는 Q와 T가 R과 S에 비해 더 우월한 대안이 될 것이다. 이 우월한 대안 중에서도 T가 Q보다 나은 입지가 되는데, 이유는 Q에서 제품 한 단위당 이윤을 2달러 높일 수 있는 반면 T에서는 5달러 더 높일 수 있기 때문이다. 이와 같이 노동 및 토지가격 등의 차이로 인해 T는 이 기업에 있어서 최적입지이며 K에서 T로 이동하게 되는 것이다.

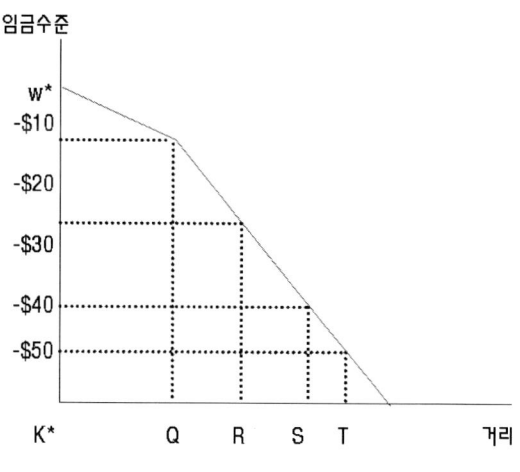

[그림 1-13] 균형 노동가격의 등가격선

이러한 접근은 또한 '기업이 모든 지역에서 동일한 이윤을 얻도록 하기 위해서 임금과 지가가 지역별로 어떻게 차별화되어야 하는 가?'하는 중요한 문제를 제기한다. 이는 [그림 1-12]를 [그림 1-13]으로 수정하여 설명할 수 있다. [그림 1-13]에서 가로축은 지리적 거리를 나타내며, 즉 K에서 Q, R, S, 그리고 T까지의 거리가 나타나 있고, 세로축은 최초 균형임금 수준아래 더욱 낮아지는 임금수준을 나타낸다.[18]

위의 예에서 입지 Q는 10달러, R은 25달러, S는 40달러, T는 50달러 등가격선 상에 위치해 있다. 이때 각 입지에서 노동과 토지의 가격이 총 운송비의 증가를 모두 보상하는, 즉 어떤 지역에 위치하여도 K와 같은 수준의 최적입지를 만족하는 감소한 생산요소가격을 가지는 지역이라고 할 때, 기업의 이윤은 모든 위치에서 같아질 것이다.

따라서 [그림 1-13]의 K점에서 임금을 w^*라고 할 때, K의 오른쪽에 위치한 모든 입지에서 동일한 이윤이 발생하도록 노동과 토지의 가격을 점차 변화시킬 수 있

---

18) 대표적으로 임금수준을 세로축의 변수로 잡고 있으나, 본문에서 언급하는 바와 같이 이는 토지사용에 대한 대가인 지대가 될 수도 있다는 점을 짚고 넘어간다.

게 된다. 이제 K에서 왼쪽으로 U, V, W, X를 지나는 선을 긋고, K에서 발생한 이윤과 동일한 이윤이 발생하도록 각 지역의 요소가격을 조정한다. 이러한 방법으로 모든 곳에서 동일한 이윤이 보장되는 지역 간 요소가격곡선(inter-regional factor price curve)을 구할 수 있다. 이는 [그림 1-14]에 나타나있다.

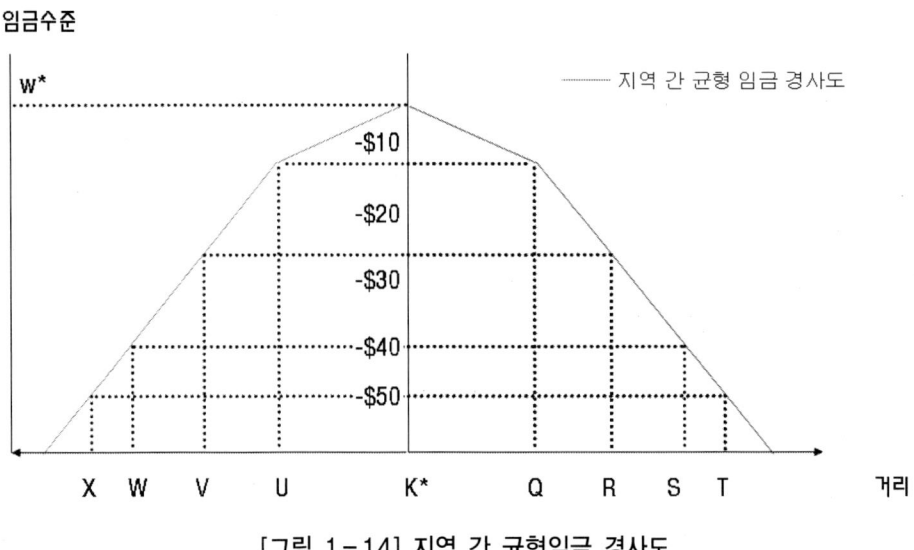

[그림 1-14] 지역 간 균형임금 경사도

이 선의 기울기는 특정 기업의 지역 간 균형 요소가격의 경사(gradient)를 나타낸다. 균형 요소가격의 경사는 모든 입지에서 기업이 동일한 이윤을 얻도록 해주는 요소가격의 변화를 나타낸다. 수평축 위에 위치한 모든 입지에서 기업은 동일한 이윤을 얻기 때문에, 이 선 위의 지점 어디에 입지하든 이윤 면에서는 차이가 없다. 이러한 관점에서 이 선상의 모든 입지는 서로 간에 완벽한 대체 입지가 된다는 것이다.

기업의 수익성이란 관점에서 볼 때, 이들 입지가 서로 완벽하게 대체될 수 있다는 것은 기업 투자의 공간적 패턴을 이해하는데 있어서 매우 중요하다. 예를 들어 다국적 기업이 사업을 확장하기 위해 새로운 입지를 모색하는 경우 어떤 특정 지역을 선택할 가능성은 그 지역에서 얻을 수 있는 예상 이윤에 좌우될 것이다. 웨버의 입지-생산모형에서는 등가격선 분석을 통해 지역 간 수익성 차이를 파악할 수 있는데, 다른 조건이 동일하다면 웨버의 최적입지가 가장 수익성이 높은 지점이 될 것이다. 따라서 웨버의 최적입지가 아닌 다른 지역이 투자 적격지가 되기 위해서는 그곳의 요소가격이 웨버의 최적입지에 비해 낮아야 한다. 어느 측정 입지가 새로운 투자 적격지로 기업의 관심을 끌 수 있을지는 그 곳의 지리적 위치로 인해 발생되는 운송비용증가를 하락된 지역적 요소가격이 얼마나 상쇄할 수 있는 가에 따라 결정되는 것이다. [그림 1-14]에서처럼 모든 지역의 요소가격이 지역 간 균형가격에 해당한다면 기업은 입지선택에 있어서 무차별적이게 된다. 이런 상황은 기업으로 하여금 새로운 생산시설을 입지하는데 있어서 모든 지역에 대한 선호가 무차별적이게 되고, 투자의 가능성은 모든 지역에 걸쳐 균등하게 나타나게 될 것이다. 즉 투입요소 조건과 제품시장의 동일한 다수의 기업들이 있다면 이 기업들의 투자 가능성은 모든 입지에서 같을 것이다. 한편 임금이 지역마다 균등하지 않게 되어 있다면, 어떤 지역은 앞서 본 바와 같이 자동적으로 투자에 있어서 우월지역으로 부각될 것이며, 그 지역은 다른 지역에 비해 불균형적으로 발전하게 될 수 있음을 또한 시사한다.

웨버의 입지-생산이론을 통해 보았을 때, 지역이 지닌 지리적 조건으로 인해 각 지역들은 상이한 비교우위를 가지게 되는데, 이러한 비교우위의 차이는 요소가격의 차이에 의해서만 상쇄될 수 있다고 본다. 위의 예에서는 특정기업을 상대로 지역 간 요소가격 경사도를 산출했기 때문에 지역적 요소가격과 거리 간의 균형관계는 그 기업에 대해서만 적용된다. 지금까지 살펴보았듯이 웨버의 최적입지는 기업마다 다르게 나타난다. 이는 운송비와 생산함수, 원료산지와 시장 등이 서로 다른 기업들은 각기 다른 요소가격 경사도를 가질 것임을 의미한다.

라. 새로운 원료산지와 시장이 입지에 미치는 영향

앞에서 운송비 및 생산함수의 차이가 입지에 미치는 영향, 운송비 및 생산함수의 변화가 입지에 미치는 영향, 그리고 기업이 다른 곳으로 이전하게 되는 조건 등에 대해 검토하였다. 여기서는 다수의 원료산지와 시장이 존재하는 상황에서 기업이 대체 입지를 찾게 되는 조건을 살펴볼 수 있도록 한다. 위의 요소가격 변화가 기업의 입지를 이동하게 되는 조건을 살펴보기 우해 등가격선 분석을 이용하였으나, 원료산지나 시장이 다수인 상황에서는 기업의 이전 자체가 원료산지와 제품시장의 변화를 가져올 수 있다.

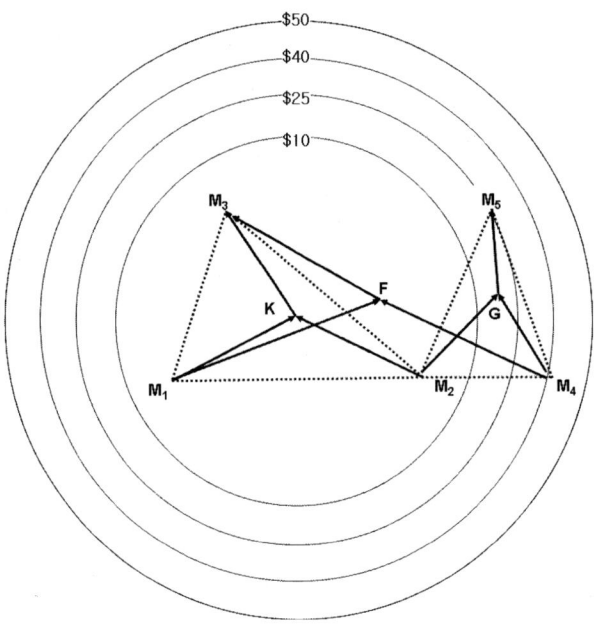

[그림 1-15] 새로운 공급자와 시장

[그림 1-15]에서는 철강 및 플라스틱의 원료산지가 각각 M_1, M_2이고 시장이 M_3인 상황에서, 입지 F가 K에 비해 운송비는 약간 높지만 요소가격이 낮아서 운송비 차이를 충분히 상쇄하고 있는 경우를 나타내고 있다. 따라서 기업은 K에서 F로의 이전을 고려할 것이다. 따라서 F는 새로운 최적입지점이 된다. 그런데 기업이

K에서 F로 이전할 경우 동일한 원료를 공급받는 다른 공급자가 존재할 가능성이 생긴다. 예를 들어 M_4에 위치한 원료 공급업자는 M_1에 있는 공급자와 같이 철강을 공급하는데, M_4에서 F까지 거리 d_4가 M_1에서 F까지 거리인 d_1보다 짧다고 하자. M_4에서 생산될 철강을 F까지 운반하는 가격이 M_1에서 생산된 철강을 F까지 운반하는 가격보다 저렴하다면, 즉 $(p_1 + t_1 d_1) > (p_4 + t_4 d_4)$이라면, 기업은 M_1 대신에 M_4를 원료공급지로 이용할 것이다. 그 결과 M_4, M_2, 그리고 M_3의 공간상의 세 지점에 대해 최적입지를 분석하는 새로운 웨버의 입지－생산 문제가 발생한다. 이러한 원료 공급지의 변화는 웨버의 최적입지를 변경시키며, 새로운 웨버의 최적입지에 따라 지역 간 균형 요소가격 역시 새롭게 계산되어야 한다.

M_4, M_2, 그리고 M_5의 세 지점을 고려할 때, 새로운 웨버의 최적입지는 G로 나타나 있는데 이는 M_3에 위치한 시장보다 M_5에 위치한 시장에 제품을 판매하는 것이 더 유리하기 때문이다. 여기서 M_5는 M_3보다 G에 더 가깝게 위치해있다고 가정할 때, $(p_5 - t_5 d_5) > (p_3 - t_3 d_3)$의 조건이 성립하므로 M_5에 위치한 시장에 자동차를 판매함으로써 M_3에 판매할 때보다 더 많은 이윤을 올릴 수 있기 때문이다. 이때 기업은 시장을 M_3에서 M_5로 완전히 바꾸거나 혹은 M_3와 M_5 두 시장에 모두 자동차를 공급할 수 있게 된다. 만약 두 시장에 모두 자동차를 공급할 경우에는 자동차시장에 대응하여 철강을 충분히 확보하기 위해, 기업은 M_1과 M_4에서 철강을 구매하고 M_2에서 플라스틱을 구매할 수 있다. 이때 웨버의 입지－생산 문제에서 고려해야 할 지점은 M_1, M_2, M_3, M_4, 그리고 M_5 다섯 개가 된다. 이는 웨버의 최적입지인 G를 다른 곳으로 이동시킬 것이며, 또한 지역 간 균형임금 경사 역시 변화될 것이다.

이런 분석을 통해 한 개 기업의 다수 원료 공급지와 시장이 가지는 상황을 토대로 어느 곳에 입지할 것인가를 선택하는 과정을 보여주었다. 여기서는 2개의 원료산지와 1개의 제품시장으로 구성된 삼각형을 사용하고 있는데 이는 그것이 설명을 용이하게 하기 때문이다. 그리고 이 웨버의 입지－생산모형은 특정 지역이 투자지로 선택되는 지리적 이점을 이해하는데 큰 도움을 주는 것 또한 사실이다. 이런 분석의 과정을 통해서 우리는 다음과 같은 사항들을 파악할 수 있다. 먼저 어떤 지역이 다른 지역보다 투자 대상지로써 더욱 매력적이게 하는 요소가격 조건에 대한 고찰을 할 수 있게 한다는 것이다. 두 번째로, 여기 모형은 입지를 진화적 과정(evolutionary process)으로 볼 수 있게 하는데, 이는 요소가격 변화가 입지 형태를 변화시키고 입지 형태의 변화가 다시 원료공급자, 생산기업, 그리고 시장 간의 공급연계를 변화시킬 수 있기 때문이다. 산업 입지 문제는 속성상 진화적인데, 그것은 새로운 시장과 제품에 대응하여 기업은 입지를 변경하고 공급업자 및 구매자를 바꾸기 때문이다.

마. 웨버 입지 – 생산모형에 대한 비판

웨버의 분석에 의하면, 기업은 원료와 제품의 가격 변화에 대응하는 과정에서 원료 공급자와 시장을 바꾸며, 이러한 변화 때문에 기업의 최적입지가 계속해서 바뀌게 된다고 한다. 그러나 실제로 현실에서는 기업들은 입지의 이동이 그리 자주 일어나지 않는다. 이는 웨버의 모형이 산업 입지 형태를 설명하는 데 과연 유용한 분석도구인가라는 근본적인 의문을 갖게 만든다. 기업이 자주 이전하지 않는 이유는 입지를 재선정하여 이전하는 과정에서 생산설비의 철거, 종업원의 이동, 신규직원 채용, 옮기는 과정상 발생되는 생산 차질 부분 등 매우 많은 비용이 들기 때문이다.
그리고 이런 입지선정에 있어서 국가의 역할(산업정책)에 의하여 영향을 받고 있는 현실에 비추어 이런 현상을 반영하지 못하며, 입지에 따라 다른 가격을 가질 수 있음을 설명하지만 실제는 거리의 차에 따라 판매가격을 달리하지 않고 동일한 가격으로 판매가 된다는 점이다. 또한 대부분의 산업입지는 원료산지나 소비지의 중간에 위치하지 않고 두 지역을 선택하여 어느 한곳에 입지하는 경향을 보인다는 점을 설명하지 못한다. 마지막으로 집적이익은 소규모 산업체가 크게 보는 반면, 큰 산업체는 집적이익을 많이 보지 못한다.

3) 최대수요이론

여러 기업들이 다양한 재화를 생산하는 경제에서 뢰쉬(Lösch, A.)는 이상적인 경제적 경관(ideal economic landscape)을 도출하려고 시도하였다. 여기서 이상적이라는 의미는 '산업 활동의 가장 효율적인 공간적 배치'라고 할 수 있으며, 경쟁적인 경제에서 자연적으로 발생하는 것이다. 따라서 현실경제가 경쟁적이라는 가정을 수용한다면, 이러한 이상적인 경관은 모든 경제가 궁극적으로 수렴되는 공간형태가 될 것이다.

뢰쉬는 최대수요이론을 통해 기업의 입지는 수요에 따라 달라진다고 주장한다. 이는 웨버의 최소비용이론을 비판하며 수요권역에 의한 시장영역을 주장함으로써, 산업은 비용을 극소화하고, 수요를 극대화 할 수 있는 곳에 입지한다고 주장한다. 이런 수요극대화를 위해서는 기업은 집적경제이익이 있는 시장중심지에 근접하여야 한다.

뢰쉬의 이론적 틀을 살펴보기 위해서 우선 웨버 모형과 유사한 가정을 세워보자. 토지는 모두 동질적이고 모든 방향으로 운송이 가능하다. 소비자는 모든 지역에 동등하게 분포하고 있으며, 각 기업의 생산품에 대한 수요는 다소의 가격탄력성을 가지는 것으로 가정한다. 이러한 뢰쉬모형의 가정은 기업의 수요가 매우 탄력적인 웨버의 모형에서의 가정과 대비된다. 각 기업의 생산품에 대한 약간의 수요의 탄력성을 가정한다면, 운송거리(d)에 따라 제품의 인도가격이 상승하고 거리가 d만큼 떨어진 지역의 제품 수요는 Qd가 될 것이다.

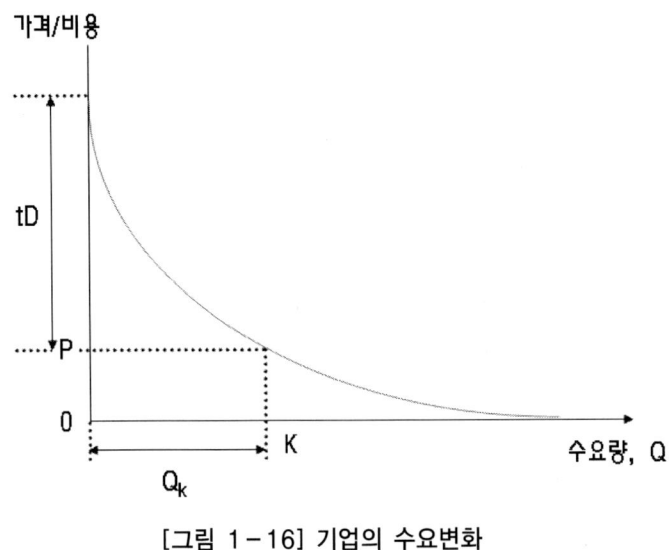

[그림 1-16] 기업의 수요변화

[그림 1-16]에서 기업이 입지한 곳인 K에서 생산된 제품의 생산지 가격이 P로 주어져 있다면 K의 인근지역 수요량은 Q_k가 될 것이다. 그러나 제품의 인도가격 $(p+td)$가 상승함에 따라 수요량은 감소할 것이다. 운송가리가 D인 곳에서의 인도 가격은 $(p+tD)$가 되며, 수요량은 0이 될 것이다. [그림 1-17]에서는 이러한 내용을 3차원으로 나타낸 것으로, 즉 중심지에서 수요량을 OQ로 하여 세로축으로 두고, 이 수요량에 따른 거리의 변화를 나타내는 D를 가로축으로 둘 경우, 이를 공간 전체로 확대하여 OQ를 중심축으로 $\triangle OQD$를 360° 회전시킨 입방체를 공간수요 원추형 모델이라 한다.

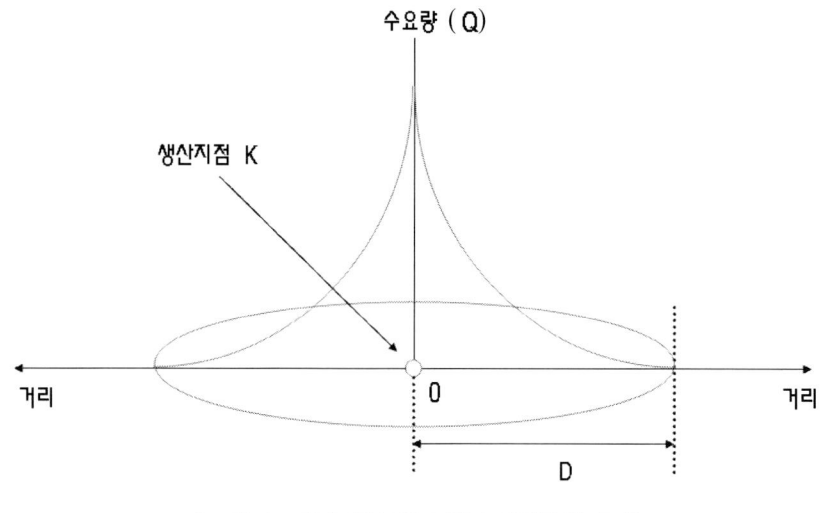

수요량 (Q)

생산지점 K

거리

거리

0

D

[그림 1-17] 뢰쉬의 공간수요원추형 모델

그러나 이런 뢰쉬의 모형에도 수요시장이 중복될 수 있다는 문제점을 내포한다. 이는 중심지 이론의 전형적인 문제로써 여러 개의 상권이 중복됨에 따라 기업의 입지가 중심지에 위치하는 것보다 오히려 중복되는 지점에 위치하는 것이 판매에 유리하게 작용될 수 있는 점을 내포하기 때문이다. 그리고 많은 기업이 공간적으로 균일하게 입지하는 것이 아니므로 입지균형점을 찾기가 어려운 문제점을 가진다.

4) 상업입지 이론

가. 상권의 정의

상권(trading area)이란 어떤 중심지에서 공급하는 재화가 상거래에 의해 형성된 지역적 범위를 말하며 대부분의 고객이 흡인되는 지리적 공간의 범위를 말한다. 상권은 고객의 밀도에 따라 1차 상권, 2차 상권, 3차 상권으로 구분된다. 1차 상권은 상점 고객의 60~70%를 포함하는 상권범위를 말한다. 2차 상권이란 고객의 12~25%를 포함하는 상권 범위이며, 3차 상권이란 1, 2차 상권에 포함되는 고객 이외의 고객을 포함하는 지역을 일컫는다.

나. 상업입지 인자와 조건

일반적으로 상권을 규정짓는 인자는 비용인자와 시간인자이다. 비용인자는 생산비, 운송비, 판매가격이며, 세비용의 통합이 상대적으로 저렴할수록 상권은 확대되는 경향을 가진다. 그리고 시간인자는 상품가치를 좌우하는 보존성이 강한 재화일수록 오랜 운송시간에 견딜수 있어서 이러한 재화는 상권이 확대되는 경향을 보인다. 예를 들어 보존성이 약한 야채나 생선, 그리고 우유 등과 같은 재화의 상권은 매우 좁은 편이다. 그러나 근래에 들어 냉동기술의 발달로 인해 냉동식품의 경우에 상권이 비교적 넓다. 그리고 입지조건에는 자연조건과 인문조건이 있다. 자연조건은 지세, 지질, 지형, 기후, 온도, 경관 등을 말하며, 인문조건은 사회적, 경제적, 행정적 제요소를 말한다.

다. 상업입지 요인

상업입지요인은 크게 나누어 ① 인구규모, ② 소비자접근성, ③ 경쟁우위성, ④비용 등으로 분류된다. 상업입지에서 상권의 규모가 클수록 그 판매에 대한 가능성이 높아져 입지하는데 유리하게 작용하는 것이 일반적이다. 즉 인구규모가 클수록, 소비자접근성이 높을수록, 경쟁력이 높을수록, 비용이 적게 들수록 상업입지를 높이는 요인으로 작용하게 된다.

한편 상업입지요인에 대한 분석은 대개 수요와 공급요인 분석으로 분류된다. 수요요인으로 가구소득수준, 가구의 연령분포, 가구규모, 지역경제환경, 인구밀도 및 인구이동성을 들 수 있다. 그리고 공급요인으로는 상점규모, 고용인당매장면적, 상점성장정도, 경쟁정도, 공급밀도 등에 의해 결정된다고 본다.

라. 상권의 측정

(1) 레일리의 소매인력 법칙

레일리(Reilly, W.J.)[19]의 소매인력법칙은 상업지의 상권의 범위를 설명하기 위해서 이론적으로 법칙화한 것을 말한다. 가령 도시 A와 도시 B의 중간지점에 C라는 도시가 있는 경우, C에 거주하고 있는 소비자가 어느 정도의 비율로 A, B의 도시에 구매를 위해 출향의도를 가질 것인가에 대해, 이 A와 B 두 도시로 유출되는 지역의 소매판매량의 비율은 A와 B도시의 인구의 비율에 비례하고 C로부터 각각 A와 B도시까지의 거리 제곱에 반비례한다는 것을 경험적으로 분석하여 법칙화 한 것을 말한다.

레일리 법칙의 공식은 다음 식 (3−5)와 같다.

$$(\frac{B_a}{B_b}) = (\frac{P_a}{P_b}) = (\frac{D_b}{D_a})^2 \qquad\qquad (3-5)$$

B_a = A시가 중간의 도시를 C로부터 흡인하는 소매판매액

B_b = B시가 중간의 도시를 C로부터 흡인하는 소매판매액

P_a = A시의 인구

P_b = B시의 인구

D_a = A시와 C도시까지의 거리

D_b = B시와 C도시까지의 거리

---

19) Reilly, W.J.(1929),'Methods for the Study of Retail Relationships', University of Texas Press, Austin, Tex.

쉽게 예를 들어 설명해보자. A지역의 상주인구가 423,000명이고 B지역은 92,000명이라고 하자. 이 중간이 C도시는 13,000명이 살고 있으며, C도시에서 A와 B도시까지의 거리는 각각 80.4km와 61.8km가 된다면 위 식을 이용하여 풀어보면 아래와 같이 나타낼 수 있다.

$$(\frac{B_a}{B_b}) = \frac{42.3}{9.2} \times (\frac{61.8}{80.4})^2 \fallingdotseq \frac{25.0}{9.2} \fallingdotseq \frac{2.7}{1}$$

즉, C도시에서 B도시로의 매물출향 비율은 A시에로의 출향비율의 1/2.7이 된다. 결국 중간지점에서 볼 때, 양 도시의 영향력이 어느 지역이 큰가에 따라 상권의 경계는 달라지며, 상권이 경계가 큰 쪽으로 수요를 하기 위한 출향의도를 높이게 하는 원인으로 제공된다고 설명할 수 있는 것이다.

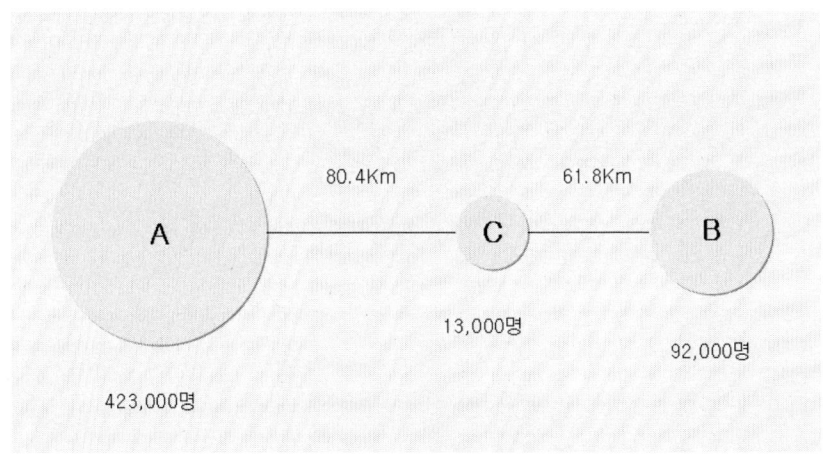

[그림 1-18] 소매인력법칙 응용(Ⅰ)

한편 소매인력법칙은 2개의 경합도시 A와 B 중에 어느 정도로 소비자가 구매행위를 하러 가느냐에 대한 무찰별적인 경계지점을 공식화하여 보여줄 수도 있다. 즉 앞서본 경우 중간도시 C가 A와 B도시에 어느 정도 소매행위를 위한 출향의도를 보이는 가에 주력한 반면 A와 B도시 사이의 영향력이 어디에서 결정되는가를 알 수 있다는 것이다. [그림 1-19]를 보면 A와 B도시간의 거리와 인구의 규모가 정해지게 되면, A와 B도시의 상권의 영향력을 나타내는 범위를 보여줄 수 있다는 것을 나타내고 있다. 여기에서 점선으로 나타난 부분이 무차별적인 경합경계지점이라고 할 수 있다.

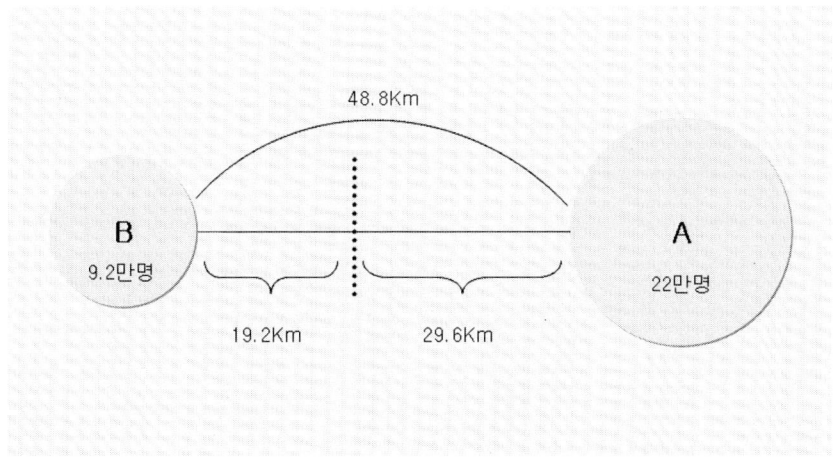

[그림 1-19] 소매인력법칙의 응용(Ⅱ)

이런 그림을 다음과 같은 식으로 나타낼 수 있다.

$$D_a = \frac{D_{ab}}{1 + \sqrt{\dfrac{P_b}{P_a}}} \quad \text{또는} \quad D_b = \frac{D_{ab}}{1 + \sqrt{\dfrac{P_a}{P_b}}} \tag{3-7}$$

식 (3-7)에서 D_a와 D_b는 각각 A와 B도시로부터의 상권 분기점까지의 거리를 나타내며, D_{ab}는 A와 B도시간의 거리, P_a와 P_b는 A도시와 B도시에 상주하는 인구를 나타낸다.

보다 쉽게 이해를 높이기 위해 예를 들어보자.

공간상 A와 B라는 두 도시가 존재하고 있다고 가정하자. A도시와 B도시간의 총 거리는 48.8km이고, 각각 A와 B도시에 상주하고 있는 인구가 9.2만 명, 22만 명이라고 한다면 과연 A와 B도시의 상권 분기점은 어디가 될까? 위 식을 그대로 적용해보면, A도시의 상권 영향력은 19.2km가 되고 B도시는 29.6km의 지점까지 상권의 영향력을 가진다고 할 수 있다. 따라서 상권의 경계지점은 A도시로부터 19.2km이거나 혹은 B도시로부터 29.6km가 된다고 할 수 있다.

(2) 컨버스의 신소매인력법칙

컨버스(Converse, P.D.)[20]는 소비자가 소매점포에서 지출하는 금액 가운데 선매품에 대하여 소비자가 거주하는 도시에 잔류하는 부류가 경쟁자 지역에 흡인되는 부분에 대해 다음과 같은 공식을 발표하였다.

$$\frac{B_a}{B_b} = (\frac{P_a}{H_b})(\frac{4}{d})^2 \text{ 또는 } B_b = \frac{1}{(\frac{P_a}{H_b})(\frac{4}{d})^2 + 1} \tag{3-8}$$

식 (3-8)에서 B_a는 외부의 대도시 A로 유출되는 중소도시 B의 유출량을 말하며, B_b는 중소도시 B에 잔류하는 부분, 그리고 P_a는 외부 대도시 A의 인구를 나타낸다. H_b는 중소도시 B의 인구를 나타내고, d는 A와 B도시간의 거리를 나타낸다. 또한 4는 관성인자로 적용평균치로써 4마일로 나타내지는데 우리나라의 단위(km)로 환산하면 6.4km가 된다. 이를 통해 컨버스는 레일리의 법칙을 발전시켜 대도시와 중소도시 간의 매물에 있어서 중소도시에서 소비되는 부분과 대도시로의 유출되는

---

20) Converse, P.D.(1949), "New Laws of Retail Gravitation," Journal of Marketing, Vol.14, No.3, pp.379-384.

부문의 관계에 대해 설명하였다.

　한편 컨버스는 상권의 경계에 있어서 레일리의 소매인력법칙을 검토한 후 소매력은 거대도시와 소도시의 경우 두 도시 사이의 거리비의 3승에 반비례하는 것이 더 현실적이라고 하여 레일리의 소매인력법칙을 다음과 같이 수정하였다.

$$D_a = \frac{D_{ab}}{1 + \sqrt[3]{\dfrac{P_b}{P_a}}} \quad \text{또는} \quad D_b = \frac{D_{ab}}{1 + \sqrt[3]{\dfrac{P_a}{P_b}}} \qquad (3-9)$$

(3) 바움의 법칙

　바움(Baums, A.)는 레일리 및 컨버스 공식에서의 거리가 두 도시 사이의 공간거리를 시간적 개념을 적용한다. 시간적 개념의 적용은 바로 자동차의 주행시간으로 거리가 대체됨을 뜻한다. 그리고 인구를 소매점의 매장면적[21]으로 적용하여 계산하였다. 이를 식으로 표현하면 아래와 같다.

$$D_a(X) = \frac{\sqrt{D_{ab}}}{1 + \dfrac{M_b}{M_a}} \quad \text{또는} \quad D_b(Y) = \frac{\sqrt{D_{ab}}}{1 + \dfrac{M_a}{M_a}} \qquad (3-10)$$

　식 (3-10)에서 $D_a(X)$와 $D_b(Y)$는 각각 A와 B도시로부터 자동차 주행시간을 나타내며, M_a와 M_b는 A와 B도시의 소매업 매장면적이며, D_{ab}는 A와 B도시 간의 자동차 탑승시간을 나타낸다.

---

21) 여기에서 매장면적은 매장 내 통로를 포함한 매장부분의 면적을 뜻한다. 미국은 GLA(Gross Leaseable Area), 즉 총임대면적을 기준으로 적용하여 계산한다.(매장면적은 m^2, 시간은 분)

(4) 허프의 확률모델

상권의 범위를 정하는 법칙은 일반적으로 레일리를 시작으로 컨버스의 신소매인력법칙을 거쳐 허프(Huff, D.L.)[22]의 확률모델로 발전되어 왔다. 허프는 레일리와 컨버스가 상권 범위의 산출에 사용한 인구와 거리를 추가하여 도시 내외에 있는 상업집적의 소매점포 면적규모를 포함시킴으로써, 각 상업지 간의 흡인력의 강약 또는 물건을 사러가는 비율을 확률모델 이론으로 발전시킨 것이다. 즉, 소비자가 특정소매점을 이용할 확률은 경쟁소매점의 수, 소매점과의 거리 및 소매점의 면적(크기)에 의해 결정된다고 본 것이다. 이를 수식화 하면 아래와 같다.

$$P_{ij} = \frac{S_i / T^{\lambda_{ij}}}{\sum_{i=1}^{n} \frac{S_i}{T^{\lambda_{ij}}}} = \left(\frac{U_{ij}}{\sum_{i=1}^{n} U_{ij}} \right) \tag{3-11}$$

식 (3-11)에서 U_{ij}는 상점가 j가 i지역에 있는 소비자에 대해 갖는 흡인력으로 말할 수 있고, P_{ij}는 소비자매물출향비율을 말하는데 이는 i지점의 소비자가 상점가 j에 물건을 사러가는 확률을 말한다. 그리고 S_i는 상점가 j의 매장면적규모를 나타내며, T_{ij}는 소비자가 주거지역 i로부터 상점가 j에 쇼핑하러 가기 위해 걸리는 시간거리를 말한다. 마지막으로 λ는 소비자가 거주하고 있는 지점 I에서 상점가 j까지 가는데 있어서 도로의 폭, 하천폭, 횡단도로, 경사가 급한 언덕, 위험지대 등 매물을 하기 위함에 있어 장애가 되는 저항요인의 파라메타(Parameter)를 의미하며 대개는 2를 적용한다.

예를 통해 쉽게 접근할 수 있도록 해보자. i지역에 인구가 100,000명이라고 하자. 그리고 i지역 근처에 쇼핑센터가 총 3개가 위치해있는데, 각각 면적은 $300m^2$, $400m^2$,

---

22) Huff, D.L.(1964), "Defining and Estmating a Trading Area", Journal of Marketing, Vol.28, pp.34-39.

$500\,m^2$이며, 이 세 곳 각각 걸리는 시간은 5분, 10분, 15분이 걸린다고 할때, 쇼핑센터 1을 방문하는 쇼핑고객의 수는 얼마가 될까? 위의 식 (3-11)에 그대로 적용하여 대입해보면 아래와 같다.

$$P_1 = \frac{300/5^2}{\dfrac{300}{5^2} + \dfrac{400}{10^2} + \dfrac{500}{15^2}} = 0.66 \qquad\qquad (3-12)$$

식 (3-12)를 통해 쇼핑센터 1로 출향확률이 0.66으로 나타나기 때문에 이를 인구에 곱하면 출향가능한 인구를 구할 수 있다. 따라서 $0.66 \times 100,000 = 66,000$(명)이 된다.

마. 서비스 산업입지이론

서비스 산업은 3차 산업활동으로 사람들에게 각종 서비스를 제공하며 소비자 수요에 기초한 소비지향적 산업을 말한다. 산업이 고도화되고 현대 생활이 복잡해짐에 따라 서비스업의 종류가 다양화되고 있고 3차 산업에 종사하고 있는 인구비율이 급소도로 성장하고 있는 추세이다.

이런 서비스 산업의 일반적 특징을 살펴보면 유형적인 재화와 달리 무형적 성격이 강하다. 똑같은 서비스의 제공과정에서도 그 공급자에 따라 소비자에게 주어지는 서비스가 다르므로 표준화가 어렵고 대량생산의 가능성이 적다. 반면에 소비의 다양화 및 개성화가 더욱 촉진되며 소비자에 따라 가격이 다양화될 수도 있다.

1960년대 이후 도시에서의 제조업 퇴조에 따라 서비스 산업이 지역경제의 주요산업으로 등장하였다. 이런 서비스 산업은 지역 간 불균형하게 입지함에 따라 지역불균형의 한 요인으로 작용되어 이에 대한 관심이 고조되었고 생산자 서비스의 연구가 서비스 산업 연구의 중요한 계기가 되었다.

(1) 입지성향

우선 서비스 산업의 변화성향이 다른 산업입지에 영향을 주고 있다는 것이다. 제조업은 판매, 디자인, 연구, 컴퓨터 산업 등의 서비스 산업의 의존도가 높아짐에 따라 서비스 산업에 따른 입지성향을 보이고 있으며, 컴퓨터의 등장으로 서비스 산업은 지식집약적·자본집약적으로 변화되었다. 기능, 기술, 연구, 디자인, 경영 등이 서비스 산업의 중심 업종으로 자리매김 하고 있다는 것만 보더라도 쉽게 알 수 있으리라 판단된다. 그리고 국제금융시장의 개방으로 인해 서비스 산업은 국제화 되고 있으며, 대형화 및 전문화되는 경향을 보이고 있다. 이런 변화는 소비시장의 규모, 조직, 소비자의 취향이 제각각 나타나기 때문에 이에 대해 탄력적으로 반응한 결과물이라 할 수 있다. 즉 각 지역별 서비스산업의 입지는 소비자의 구매력, 소득에 영향을 받기 때문에 그로 인해 지역 간 불균형적 입지의 형태를 보이는 것이다. 이런 입지의 특성으로써 특정계층도시와 특정지역 내 불균형으로 존재한다는 것이다.

한편 서비스 산업에 대한 수요급증으로 높은 고용증가를 보이고 있다. 비영리산업의 고용증대율이 높아지고 있으며, 기술자문, 금융, 재정, 법률상담 등의 전문생산자서비스는 높은 성장률을 보이고 있다. 그리고 정보 및 지식 등을 기반으로 한 생산방식의 전환을 이끌어냄에 따라 생산수단의 로봇화, 정보기술의 도입으로 인한 직접적 생산분야의 고용인구가 감소하는 반면 기술 활용이 용이한 고용자는 증가하고 있는 추세이다.

입지변화를 살펴보면 서비스 산업입지는 소비자의 구매력, 소득에 의해 영향을 받으며, 대형슈퍼마켓은 교통여건이 양호한 곳에 입지한다. 전자상거래, 대형할인점의 등장으로 산업입지의 변화를 가져 오고 있다. 관광위락시설의 입지는 역사성과 자연특성을 지니며, 연관서비스 시설인 호텔, 운동시설, 박물관, 음식점, 소매점 등에 영향을 받는다.

서비스 산업을 수요에 따라 크게 소비자 서비스와 생산자 서비스로 구분한다. 소비자 서비스 업종으로는 금융, 보험, 부동산, 사업 서비스(회계, 법률, 광고, 마케팅 등), 연구활동 등이 있고 생산자 서비스는 산업연계효과가 높으며, 고용, 소득, 조세

수입 등에 의해서 지역경제에 직·간접적으로 공헌한다. 즉 생산자 서비스의 입지는 연관산업의 집적을 유도하며, 관련 산업의 생산성을 높여 기술혁신을 유도하는 것이다. 최근 성장산업인 금융, 보험, 전문직, 컴퓨터 산업, 부동산 산업은 도시 중심에 위치하는 입지성향을 보이며, 대면 접촉이 많은 정보산업은 도시 집중현상을 보이고 있다.

3장 연습문제

1. 튀넨의 농업입지론 특성을 설명하고, 분석내용에 대한 현실적 적용 측면에서의 장단점을 설명하라.

2. 웨버의 공업입지이론을 입지-생산모형을 통해 원료수송비와 입지, 생산제품의 운송비와 입지, 요소가격변화와 입지, 그리고 새로운 원료산지 및 시장과 입지 면에서 주요내용을 설명하라.

3. 웨버의 입지-생산모형에 대한 장단점을 설명하라.

4. 로쉬의 최대수요이론의 주요 내용을 설명하고, 장단점을 설명하라.

5. 상업입지 이론의 정의, 입지요인, 그리고 레일리의 소매인력법칙을 설명하라.

6. 서비스 산업입지이론의 특성 및 입지성향을 설명하라.

제4장 지역 간 교역과 요소이동

1) 지역 간 교역의 의의

(1) 지역 간 교역의 성격

지역 간 거래는 국제경제에 있어서 수출과 수입의 개념을 축소하여 국내로 적용하는 것을 말한다. 즉 한 나라에는 여러 개의 지역을 포함하고 있으며, 분리된 지역 간의 교역을 통해 그 지역이 생산하지 못하거나 열위에 놓인 상품을 더욱 싼 가격에 다른 지역과 사고파는 형태를 취한다. 이런 지역 간 교역은 국가 간 교역에 비해 거래장벽이 없다는 특징을 가지고 있다. 우리가 흔히 이해하고 있는 관세나 할당제(쿼터제: the quota system)와 같은 국가 간 무역에 있어서 국내 산업을 보호하기 위한 인위적 제한이 한 나라 안에서 이루어지는 지역 간 교역에는 적용되지 않는다는 특징을 가지고 있다. 그리고 지역 간 공통된 화폐를 사용하기 때문에 환율 변동에 따른 위험이 적용되지 않는다. 환율 변동은 국가 간 교역에 상당한 위험으로 작용하는데 그 이유는 시간의 변화에 따라 지불대금에 대한 시차가 존재함에 따라 보다 더 많거나 혹은 더 적은 교역액으로 나타날 수 있기 때문이다. 한편 국가 간 거래에 비해 지역 간 거래는 수송망체계가 용이하거나 거리상 훨씬 가까이 존재하기 때문에 교역이 활발하다고 할 수 있다는 장점을 가지고 있다. 그리고 사회문화적 혹은 역사적 측면 등에서 동질성과 개방성이 국제간에 비해 국내 지역 간에 상대적으로 더 높다고 할 수 있다. 게다가 지역 간 요소이동과 같은 지역경제에 있어서 아주 중요한 변수들과 지역 간 상품 또는 서비스의 거래는 경제적으로 지역 간에 상호 밀접하게 관련되어 있다.

(2) 지역 간 교역 발생원인

지역 간 교역이 이루어지는 원인은 첫째로 부존자원들이 지역 간에 불균형하게 배분되어 있기 때문이다. 그리고 둘째로 지역 간 생산기술이나 생산성의 차이 때문에 자본·노동·기술 등이 이동되고 있는 경향을 볼 수 있다. 즉 지역 간 교역은 이런 요인들 간 절대적 및 상대적 우위성 때문에 이루어진다. 이런 개념은 리카도(Ricardo, D.)[23]가 주장하는 지역생산의 비교우위성에 의해 보다 쉽게 설명되어진다. 즉, 지역 간 생산기술 및 생산성의 차이와 생산요소들의 부존정도가 다르기 때문에 발생한다는 것이다.

한편 다른 요인으로는 지역 간의 수요와 공급의 불균형에 기인하지만 기술 정도나 제도 등의 차이에서 그 원인을 찾을 수 있다. 예를 들어 자본장비율, 요소가격비, 그리고 상대적인 재화가격비 등의 차이에 의해서 지역전문화가 이루어져 지역 간 교역이 이루어지게 된다는 것이다. 그리고 지역 간 교역의 대상은 불균형하게 편재되어 있는 자원·생산물·생산요소 및 기술수준 등이 교역 대상이 될 수 있을 것이다.

(3) 지역 간 교역이론

지역 간 교역은 여러 생산요소들의 비교우위성에 의해서 이루어진다. 지역 간 교역요인은 여러 가지가 있으나 리카도는 두 지역 간 노동생산성의 차이로써 설명하고 있다. 즉 노동생산성에 의한 비교우위성에 기초하여 지역 간 교역이 이루어진다는 것이다. 교역을 통해 양 당사국은 모두 후생증대를 경험하게 되는데, 교역이 달성될 경우 상품의 이동을 통해 양국 간 상품의 상대가격은 일치하게 된다. 만약 i국과 j국이 동시에 x, y재화를 생산함에 있어서 i국과 j국의 노동생산성이 차이가 날 경우를 가정해보자. 만약 i국 x재화의 상대적 노동생산성 $(MP_x/MP_y)^i$이 j국 x재의

---

23) Ricardo, D.(1921) "Principles of political Economy and Taxation," republished by John Murray, London

상대적 노동생산성 $(MP_x/MP_y)^j$ 보다 크다면 $(MC_x/MC_y)^i<(MC_x/MC_y)^j$를 의미하고, 이것은 다시 $(P_x/P_y)^i<(P_x/P_y)^j$를 나타내는 것이다. 이 경우 i국은 x재, j국은 y재를 특화하여 생산하고 상대방 국가에게 수출하며, 비교열위가 있는 상품을 수입하는 것이 양국에 모두 이익을 증대시켜 준다는 것이다. 반대로 i국 x재화의 상대적 노동생산성이 j국 x재의 상대적 노동생산성보다 낮다면, i국이 x재를 생산함에 있어 j국 보다 더 높은 한계비용을 가지고 있음을 말하며, 이는 결국 x재화의 가격이 i국 보다 j국이 더 비싸다고 할 수 있다. 따라서 i국은 j국으로부터 x재화를 수입해오고 y재화를 수출하는 선택을 하는 것이 양국 모두에게 이익이 되는 행위임을 알게 되는 것이다. 마지막으로 이런 양국 간 상품의 상대가격이 일치하게 되는 점은, 즉 교역이 중단되는 점은 양국의 재화 생산에 있어서 노동생산성이 같아질 때 중단될 것이다. 이는 따로 말하지 않더라도 위의 관계를 도식화 해보면 쉽게 알 수 있을 것이고, 독자들의 몫으로 남겨두겠다.

2) 지역 간 교역과 공간가격균형

상품과 서비스의 교역이 지역내부에서 이루어지는가? 또는 지역 간에 이루어지는가? 하는 문제를 분석하기 위해 우선적으로 공간변수를 포함할 필요가 있다. 이런 공간변수에는 수송비를 대표적으로 들 수 있다. 아이사드(Isard, W.)는 '지역 간 교역과 입지는 동일한 주화의 양면과 같다'고 하며 공간이라는 변수를 가격결정과 산출량 결정과정에 도입하게 되면 동질재의 가격이 수송비 때문에 공간상에서 다양하게 나타난다고 하였다. 그러나 이런 동질재의 가격이 다양하게 변화함은 결국 공간상의 교역에 의해 균형가격을 가지게 된다는 것이다. 왜냐하면 재화에 대한 탄력성이 서로 다른 지역 간의 교역은 궁극적으로 수송비가 반영된 상태에서 자연스럽게 공간가격균형이 달성되기 때문이다.

이를 수요공급의 법칙으로 설명해보도록 하겠다. 아래 그림을 보면 초기 i지역과

j지역에서 x재화에 대해 서로 다른 가격을 가지고 있다. 즉 i지역에서 x재화가격이 j 가격보다 저렴하다고 가정해보자. 한 나라 안에서 x재화가 서로 다른 가격을 가지고 있기 때문에 상인들에 의해 차익거래(arbitrage)를 하려고 할 것이다. 따라서 i지역의 x를 사다가 j지역에 가져와서 비싸게 팔아 차익을 냄에 따라 i지역의 x재화의 수량을 줄어들게 되고, 이는 공급곡선을 좌측으로 이동시키게 한다. 그리고 공급곡선의 이동으로 가격은 점차 상승하게 되며, i지역의 x재화에 대한 수요량은 줄어들게 된다. 반대로 j지역에서는 i지역으로부터 x재화가 수입됨에 따라 j지역 내 x재화의 공급수준은 증가하게 되고, 이는 공급곡선을 우측으로 이동시키게 한다. 그로 인해 j지역 내 x재화 가격은 점차 낮아지게 된다.

그렇다면 과연 이런 재화의 이동은 언제까지 지속될까? 결론적으로 재화의 이동은 i지역의 가격과 수량이 j지역의 가격과 수량이 일치하는 점에서 균형을 이루게 되고, 그 순간 교역은 중단되게 되어 균제상태에 놓이게 된다. 결국 공간가격균형의 조건은 지역 간 교역의 흐름이 전체적인 시스템에서 균형을 이루는 것이라고 할 수 있을 것이다.

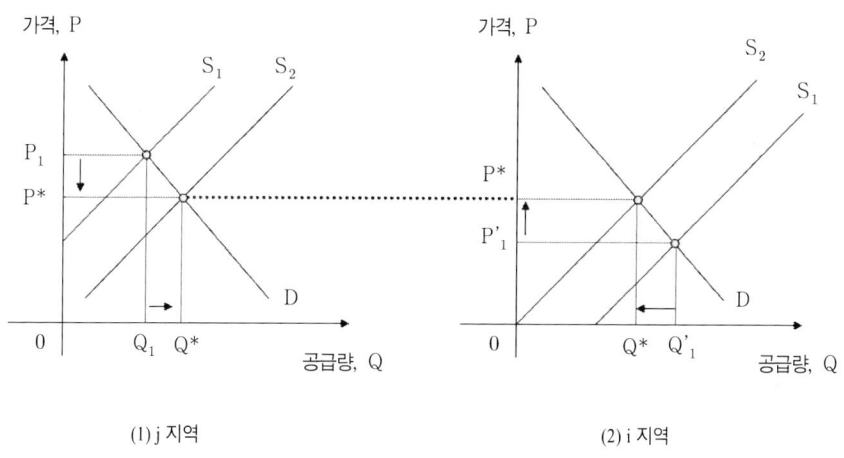

(1) j 지역   (2) i 지역

[그림 1-20] 공간가격균형

3) 수송비와 가격균형

지역 간 교역은 지역수익차이에 의한 지역 간 생산량의 과부족에 기인한다. 이런 생산량의 과부족 현상은 소비지까지의 거리에 따른 수송비의 차이 때문에 발생한다. 그렇다면 먼저 수송비를 고려하지 않는 경우 지역 간 교역은 무엇에 의해 결정되는 것일까? 앞서 비교우위에 의한 지역 간 교역조건을 인지하고 있는 독자라면 그 해답을 바로 찾을 수 있을 것이다. 결론적으로 수송비를 고려하지 않는 지역 간 교역을 발생시키는 원인은 생산비의 차이에 있다고 할 수 있겠다. 즉 2개의 지역 i, j지역이 있고 x재화에 대한 생산가격을 P_{ix}, P_{jx}라고 한다면, 생산비가 높은 지역이 x재화를 수입하는 지역, 생산비가 낮은 지역이 x재화를 수출하는 지역이 될 것이다. 보다 자세히 말하자면, 먼저 $P_{ix} - P_{jx}$가 0보다 클 경우는 j지역이 i지역으로 x재화를 수출한다. 두 번째로 $P_{ix} - P_{jx}$가 0보다 작을 경우 i지역이 j지역으로 x재화를 수출하게 된다. 마지막으로 $P_{ix} - P_{jx}$가 0과 같은 경우는 균형 상태를 나타내며, 이는 교역에 의해 장기적으로 한 재화가 양 지역에서 하나의 가격을 가지는 장기적 균형 상태를 일컫는다. 즉 생산비간 기회비용이 어디가 적은지에 따라 교역의 위치가 변한다고 할 수 있다.

이제 두 지역 i와 j지역에 대해 수송비를 고려해보도록 하겠다. 수송비는 i지역에서 j지역까지 이동할 경우 T_i로 표시하며, 반대로 j지역에서 i지역으로 이동할 경우 T_j로 표시한다. 이때 두 지역의 수송비차이에 의해 교역조건이 달라질 수 있을 것이다. 이런 수송의 차이는 $T_i - T_j$로 나타낼 수 있는데, 이를 적용하기 위해 다음과 같은 가정을 해보도록 하겠다. 먼저 두 지역 간 생산비가 일정($P_{ix} - P_{jx} = 0$)하다고 고려해보자. 이때는 생산비가 어떤 영향을 미치지 못하고 수송비가 어느 지역이 더 크고, 어느 지역이 더 작은 가에 따라 교역조건이 달라지게 나타난다. 즉 $T_i - T_j$가 0보다 클 경우는 j지역이 i지역으로 x재화를 수출한다. 두 번째로 $T_i - T_j$가 0보다 작을 경우 i지역이 j지역으로 x재화를 수출하게 된다. 마지막으로 $T_i - T_j$가 0과 같은 경우는 균형 상태를 나타낸다.

이제 생산비가 일정하지 않고($P_{ix} \neq P_{jx}$) 서로 다를 경우를 가정해보자. 이 경우는 수송비의 차이뿐만 아니라 생산비의 차이까지 고려해야 하기 때문에 분석이 조금 달라진다. 즉 i지역에서 x재화를 생산해내는 생산비와 j지역까지 운송하는데 드는 수송비용을 합한 비용이 j지역에서 x재화를 생산해내는 생산비와 i지역으로 운송하는데 드는 수송비용간의 관계에 따라 교역조건이 다르게 된다. 보다 자세히 설명하면, 먼저 i지역에서 x재화를 생산하기 위한 비용과 j지역으로 운송하기 위한 수송비의 합이 j지역보다 클 경우, $T_i + P_{ix} > T_j + P_{jx}$일 경우, j지역은 수출지역이 되고 i지역은 수입지역이 된다. 두 번째로 i지역에서 x재화를 생산하기 위한 비용과 j지역으로 운송하기 위한 수송비의 합이 j지역보다 작을 경우, $T_i + P_{ix} < T_j + P_{jx}$인 경우, j지역은 수입지역이 되고 i지역이 수출지역이 된다. 그리고 마지막으로 i지역과 j지역의 생산비와 수송비가 같을 경우. $T_i + P_{ix} = T_j + P_{jx}$인 경우, 장기적 균형 상태에 놓이게 된다. 이 균형은 앞 단원에서 설명한 공간가격균형과 같은 개념이라 할 수 있겠다.

이런 교역조건은 상대적 우위성에 그 원인을 찾을 수 있는데, 상대적 우위성은 자원의 비이동성이라는 가정 하에서 이론이 전개되는 것이지만 지역경제학에서는 지역자원의 완전한 이동을 가정하고, 전개하기 때문이다. 즉 생산요소는 그 대가를 높이 지불하는 지역으로 이동하게 되고, 서로 다른 두 지역 간 요소가격은 자유로운 이동에 의하여 단일 균형가격이 결정되며, 또한 여기서 말하는 균형은 앞 단원에서 설명한 공간가격균형과 같은 개념이라 할 수 있겠다.

4) 공간독점과 가격차별

앞서 배운 내용은 시장을 단순히 공간상의 한 점으로 가정하고 있고, 현실적 기업의 행태를 배제한 순수한 완전경쟁시장을 가정하고 있다는 문제점을 가지기 때문에 설명력이 떨어진다. 즉 공간가격균형이 현실적으로 존재하는가에 대한 의문에 대한 어떤 설명력도 가질 수 없음을 내포하고 있는 것이다. 이제 기업의 행태모형을 통해 지리와 공간을 보다 정확하게 이해하고, 또한 기업 행태에 따라 현실적으로 어떤 유의미를 가지는지 알아보도록 하겠다.

지역에는 다양한 성격의 상권이 존재하고 이는 인구밀도의 차이, 소득분포의 차이, 소비자 기호의 다양성에 따른 소비자 수요의 차이 등에 기인한다. 그런데 인구밀도, 소득분포, 소비자 수요 패턴 등의 측면에서 공간적 차이가 없다고 하더라도, 공간은 여전히 문제가 된다. 그 이유는 지리와 공간이 기업들에게 독점력(monopoly power)를 제공하기 때문인데, 기업들은 입지행위를 통해 독점력을 얻으려고 하고, 이는 공간적 경쟁(spatial competition)을 하게 한다. 이를 살펴보기 위해 팰랜더(Palander, T.)[24]가 처음 사용한 접근방법을 사용해보자.

[그림 1-21]에는 OL로 정의되는 1차원 시장영역을 따라 A와 B점에 위치한 두 기업이 존재한다. 이 두 기업은 동일한 제품을 생산한다고 가정하자. A에 위치한 기업 A의 생산비용 P_a는 수직거리 a로 표시하고, B에 위치한 기업의 생산비용 P_b는 수직거리 b로 표시한다. 그림에서 보듯이 기업 A는 동일한 제품을 기업 B보다 낮은 가격으로 생산하기 때문에 기업 A가 보다 효율적이다. 운송비 함수의 기울기는 각 기업이 부담할 운송비를 나타낸다. 여기서 두 회사의 운송비는 $t_a = t_b$로 같다. 기업 A에서 거리 d_a만큼 떨어진 곳에서 상품인도가격은 $(p_a + t_a d_a)$가 되고, 기업 b의 상품인도가격은 $(p_b + t_b d_b)$가 된다.

24) Palander, T.(1935), "Beiträge zur Standortstheorie," Almqvist & Wiksells, Uppsaia, Sweden.

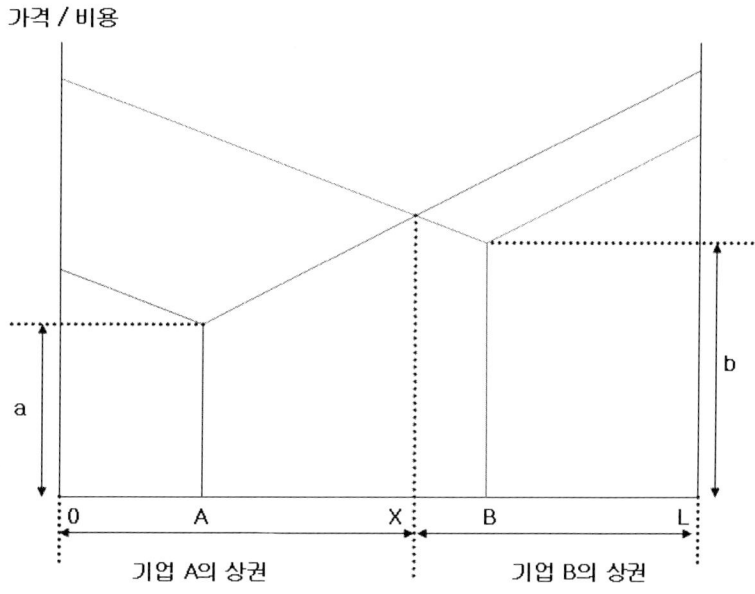

[그림 1-21] 팰린더 공간 모형

소비자들은 선 OL을 따라 균등하게 분포하는데, 각 소비자가 인도가격이 가장 저렴한 기업의 제품을 구입한다고 가정한다면, 전체 상권은 2개의 부분 OX와 XL로 나누어진다. 이는 O와 X사이에서는 기업 A의 인도가격이 기업 B의 인도가격보다 낮은 반면, X와 L 사이에서는 기업 B의 인도가격이 기업 A에 비해 더 낮기 때문이다. 비록 기업 A가 기업 B보다 효율성이 높고, 두 기업이 똑같은 제품을 생산한다고 하더라도 기업 A가 전체 시장을 다 차지하지 못한다. 그 이유는 각 기업은 자신이 입지한 곳의 주변 영역에서 어느 정도 독점력을 가질 수 있기 때문이다. 기업 A가 기업 B보다 더 효율적이라도 기업 B에 가까운 시장으로 상품을 운송하는데 드는 운송비용으로 인해 기업 A는 기업 B의 시장 전부를 차지하지 못하게 된다. 즉 기업 B는 비록 생산성 측면에서 덜 효율적이지만 좋은 위치에 있다는 이유만으로 자신이 입지한 인근 지역을 자신의 상권으로 확보할 수 있다.

여기서 말하는 공간에 대한 독점력은 상품의 생산가격을 인상하더라도 시장점유율을 유지할 수 있는 기업의 능력을 의미한다. 일반적으로 기업의 독점력이 클수록 기업의 수요곡선은 더 가파르게 된다. 독점이나 독점력에 관해 설명하고 있는 경제학 교재들에서는 기업 수요곡선의 기울기는 광고나 마케팅과 연관된 상표에 대한 충성도(brand loyalty)에 좌우되는 것으로 설명되고 있다. 그러나 입지 역시 독점력을 획득할 수 있는 중요한 수단이 된다. 왜냐하면 운송비용은 거래비용의 한 형태이고, 기업이론에 의하면 관세와 같은 세금과 같은 거래비용은 비효율적 기업을 위한 보호막이 되기 때문이다.

이런 공간에 대한 독점력은 가격책정 시 지역별 다른 가격을 적용함으로써 기업의 이윤을 높이려는 행태를 가진다. 대개 근거리 구매자들에게 불리한 가격을 책정하는 반면 원거리에 있는 구매자들에게 유리한 가격을 책정하는 3차 가격차별의 형태를 보이는데 이는 어느 지역에 있는가에 따라 수송비가 다르기 때문이다. 즉 가까운 지역에 사는 사람이 먼 지역에 사는 사람이 내야할 수송비용을 대신 지불함으로써 원거리에 있는 사람은 상대적으로 싸게 느끼게 된다. 또한 이런 가격차별의 전략은 공간상의 독점력을 높이기 위한 하나의 방편이 될 수 있다. 이는 기업이 인근 고객들에 대해서 독점력을 보유하고 있으므로, 원거리 고객들에게 부과되는 가격을 낮추기 위해서 지역 고객들에게 부과되는 인도 가격을 높임으로써, 상권의 확장을 높일 수 있다는 것이다. 그리고 이런 가격차별은 다음과 같은 범위를 가진다. 다른 공급업체와의 경쟁성이 약하면 약할수록 독점력은 확대되며, 가격에 대한 고정비용의 비율이 높으면 높을수록 확대된다.

5) 지역간 생산요소 이동

지리적 공간에 있어서 생산요소들의 분포상태는 불균등하고 불연속적일 뿐만 아니라 끊임없이 유동한다. 그리고 공간상에서 사람, 재화 그리고 정보 등이 끊임없이 움직이고 있고 또한 서로 상호작용을 하는데, 앞서 수송비와 마찰비용이 발생되지 않는다는 가정 하에 지역이 자원의 적절한 지역배분을 달성하기 위해서 다음 세가지 조건을 만족해야 한다. 첫째, 지역 간 생산요소가격이 같아야한다. 둘째, 지역별·생산요소별 한계생산성이 같아야 한다. 그리고 마지막으로 모든 지역에서 동일 생산품의 가격은 같아야한다. 그런데 각 생산요소들의 가격이 그 한계생산성과 같기 위해서는 생산요소시장이 완전경쟁상태에 있어야하며, 두 번째와 세 번째 조건을 만족시키기 위해서는 지역별 생산요소의 한계생산성이 같아야 한다.

그러나 생산요소의 지역 간 이동에 따른 요소가격의 균형점을 찾기란 용이하지 않는데 그 이유로는 첫째 토지나 광산 등과 같은 생산요소들은 고정적 요소로 이동이 불가능하고, 둘째 이동 가능한 요소들 역시 수송비용과 사회적·심리적 장벽 때문에 이동에는 한계가 존재하며, 마지막으로 수송거리가 멀면 멀수록 불안전성과 위험이 따르고 지역별 잠재수익성에 대한 정보가 불완전하기 때문이다.

한편 모든 지역은 공간적 마찰이 없으며 고정적이고 어떤 측면에서는 지역 간 경제체계는 국제간의 경제체계보다는 더 경쟁적이기 때문에 자원의 지역 간 배분은 효율에 의해서만 이루어지지 않는다. 아울러 지역 간의 자원의 이동성 역시 수익이 더 많은 곳으로도 쉽게 이동되지 않는다. 따라서 자원의 효율적인 배분을 위해서는 다음과 같은 가정이 성립되어야 한다. 대체성에 따른 수익체감, 규모에 대한 수익불변 또는 수익체감, 생산요소의 가변성, 외부경제가 존재하지 않는다는 가정을 충족시켜야 한다는 것이다. 이런 가정들은 매우 비현실적 조건이며, 따라서 집적경제나 공간상의 마찰비용이 존재하는 일반적인 현실에서 지역 간 생산요소의 적절한 배분은 달성된다고 보기 어렵다.

(1) 인구이동

가) 인구이동의 성격

공간상의 다양한 흐름 중 가장 가시성이 높고 그 결과를 추적하기가 좋은 요소 중 대표적인 것이 바로 인구의 이동이다. 이런 인구의 이동은 산업화가 진행되면 될수록 삶의 한 방식으로 나타났으며, 근린 수준에서건 대도시 수준에서건 또는 대도시권 내지 지역적인 수준에서건 인구이동의 이해는 공간상의 성장과 변화를 이해하는데 핵심적인 관건이라 할 수 있다.

나) 이동의 이유

먼저 라벤스타인(Ravenstein, E.G.)[25]은 양질의 교육기회에 대한 접근성의 제고, 보다 친숙한 지역문화에 대한 선호, 기타 사회적 기회의 추구 등이 인구이동을 하게하는 경제적 사유로 들고 있으며, 기후나 지형 역시 인구이동의 이유라고 지적하고 있다. 그리고 토다로(Todaro, M.)는 개발도상국가에서 두드러지게 나타나고 있는 대도시지향적 인구이동 현상을 설명하기 위한 연구에서 대도시 지향적인 인구이동은 도농 간 실질소득의 격차 때문이라기보다는 오히려 도농 간 기대소득의 차이 때문이라고 밝히고 있다. 한편 인구이동상의 출발지와 목적지를 설정하고 그 사이에 장애요인을 포함시켜서 논의를 진전하는 인구이동상의 흡인과 압출이론(Pull and Push Theory)에 의해 설명되기도 한다.

다) 인구이동의 모형

① 인적자본 이동모형

베커(Becker, G.S.)는 인구이동을 인적자본의 개념에서 다루었다. 인적 자본모형의 기본적인 주장은 합리적인 충분한 정보를 보유한 개인은 일생동안의 소득과 직업에 대한 만족도로 정의되는 평생의 기대효용을 극대화하기 위해서, 인적자본으로 정의되는 기술의 스톡을 증가시키기 위한 개별적 교육과 훈련에 투자한다는 것이다. 이런 교육과 훈련은 주로 고용이 이루어지기 전에 행해지므로 이러한 활동에 필요한 비용은 각 개인의 경력이 시작되는 초기단계에 부담해야 되는데 비해, 고용으로 인한 수익은 각 개인의 전체 경력에 걸쳐 얻게 된다. 동시에 직업에 따라 평생 소득은 달라지며 교육비용도 직업에 따라 달라진다.

---

25) Ravenstein, E.G.(1885),"The Laws of Migration," Journal of the statistical society of London, Vol.48, No.2, pp.167-235.

이런 직업을 탐색하기 위해서는, 즉 이동을 위해서 자신들에게 들어간 비용을 상쇄하기 위해 어떤 일정한 기대소득을 현재가치로 환산하여, 그에 대한 이주비용을 제한 값이 0보다 큰 값을 가질 때 인구는 이동하게 된다는 것이다. 이는 이주자들이 이주에 관련된 비용요소와 함께 여러 예정 입지장소들 간의 실질소득에 있어서의 차이에 반응하기 때문인데, 인구이동의 형태는 비용과 편익을 동시에 고려해서 이루어진다는 점에서 그 이론적 근거가 경제적인 것이라 할 수 있다. 결론적으로 인적자본 이동모형에서는 통상적으로 이주자들이 이주를 위한 투자의 순현재가치를 고려해서 인구이동을 결정하는 것이다. 그리고 이동에 따른 순현재가치가 극대화되는 지역으로 이동하게 된다고 한다.

② 토다로의 기대소득 모형

개발도상국가에서 이촌향도적인 인구 이동을 설명하기 위해 다소 추상적인 기대소득의 개념을 사용한 토다로의 기대소득모형은 농촌과 도시간의 인구이동이 발생되는 원인이 두 지역 간 기대임금의 차이 때문이라고 한다. 여기서 기대임금은 어떤 지역에서 일자리를 얻음으로서 받게 되는 임금에 실제 고용될 수 있는 확률을 곱한 것이다. 인구이동에서 독보적인 이론적 토대를 제공하고 있는 토다로 가설에서는 도시의 산업임금이 정부에 의해 고정되어 있는 최저임금제 가정 하에서 농촌과 도시의 임금이 동일할 때까지 인구이동이 이루어진다. 이는 농촌과 도시의 인구이동의 결정적인 요인이 경제적 요인인 두 지역 간 기대임금의 차이라는 것이다. 이는 인구이동에 따르는 비용과 편익(비경제적요인까지 포함)을 고려해 보고 난 후 사람들은 인구이동의 결정을 내리며, 실제소득보다는 기대소득차이가 인구이동의 결정에 중요한 변수로 작용하며 그리고 도시취업기회가 별로 높지 않다고 하더라고 도농 간 기대소득차이가 있는 한 이촌향도적인 인구이동은 계속된다는 것이다. 이를 도식화하면 아래와 같다.

$$V(o)/\delta = (V(c) - V(r))/\delta \qquad\qquad (4-1)$$

$V(o)$: 기대소득차이

$V(c)$: 도시에서의 기대소득

$V(r)$: 농촌에서의 기대소득

δ : 시간할인 인자(현재의 이자율)

식 (4-1)에서 좌변항의 $V(o)/\delta$는 기대소득차이의 순현재가치를 나타내며 이것이 0보다 클 경우 이동의 유인이 발생한다고 보는 것이다. 반대로 0보다 작은 값을 가진다면 이동의 유인이 없게 된다. 마지막으로 0과 같을 경우 인구 이동은 중단되게 되는데 이는 지역 간 순이동은 기대임금이 지역 간에 일치할게 될 때까지 계속됨을 의미한다. 이런 요소의 이동은 지역 간 요소분배를 불균형적으로 만들게 된다. 왜냐하면 인구의 이동은 실질구매력을 동반한 상태로 나타나기 때문에 인구가 유입된 지역으로 하여금 소비가 증대되고, 이는 기업의 투자를 높임으로써 생산성이 증가되며, 따라서 투입된 생산요소의 수익성이 유출된 지역에 비해 높은 보장을 가져오기 때문이다. 즉 특히 인구의 이동은 사람마다 가지는 각자의 기대소득이 다른 이상 계속될 수밖에 없음을 시사하며, 지역 간 순이동이 0이 되는 현상은 실제로 찾아보기 어렵다.

(2) 자본의 이동

가) 자본이동의 의의

노동과 함께 생산요소로써의 자본은 보다 많은 부를 생산하기 위한 과정에서 이용되기 위하여 사회가 인위적으로 이룩해 놓은 모든 가치 있는 것들을 통칭하는 말이며, 여기서 말하는 자본은 실물자본으로써 빌딩, 기계, 자재 등이 있다. 그리고 자본형태에 따라 실물자본은 크게 고정자본, 특정자본, 비특정자본으로 나뉘어진다. 고정자본의 경우 공장과 건물 그리고 기계장비와 같이 비교적 장소에 고정되어 있는 실물자본을 말하며, 이동이 전혀 불가능한 경우가 아니더라도 한 장소에서 다른 장소로 옮기는데 경비가 지나치게 많이 들지만 원자재나 원료와 같이 한 장소에서 다른 장소로 비교적 쉽게 옮길 수 있는 경우도 있다. 둘째 특정자본은 원래 설계되고 만들어진 용도 이외에는 통상적으로 사용될 수 없는 기계장비를 말하는데, 이역시 비교적 장소에 고정될 수밖에 없다. 마지막으로 비특정자본의 경우 다양한 생산과정에서 활용될 수 있고 탄력적인 이용이 가능한 특성을 지니는 기계장비로써 생산활동을 시작하기 위하여 필요한 투입물을 구입하기 위한 형태로써의 화폐나 유가증권 등과 같은 유형으로 비교적 쉽게 이동할 수 있는 특성을 가진다.

종합해보면, 자본의 이동 종류는 첫째는 화폐자금으로써 지역 간 자본의 흐름을 자본의 이동으로 보는 것이며, 둘째는 이동의 한계는 있겠으나 생산을 위한 투입요소로써 공장 등과 같은 물리적 시설의 지역 간 이동이 있고, 셋째는 경제환경의 변화에 따라 물리적 자본의 가치변화로써 간접적 자본이동효과가 있다.

나) 자본이동의 원인

이런 자본 또한 노동과 마찬가지로 지역 간 자본이동이 일어나는데, 자본의 한계생산성이 낮은 지역에서 높은 지역으로 이동하게 된다. 이런 자본의 이동은 기본적으로 지역별 수익률 차이에 의해 발생되는데, 자본이란 낮은 수익상태에서 높은 수익상태로 옮겨 나아가는 것을 원칙으로 한다. 예를 들어 같은 위험도를 가지는 투자행위를 가정해보자. 그리고 일정한 양의 화폐를 가진 투자자가 채권에 투자하거나 임대사업에 투자할 수 있다고 하자. 이 채권과 임대사업이 가지는 위험성은 동일하다고 할 때, 만약 기대수익률이 임대사업이 채권보다 크다면 당연히 이 투자자는 임대사업에 투자할 것이다.

즉, 자본은 더 많은 부를 축적하기 위해 투자되어지며, 이를 결정하는 투자자는 선택이라는 문제에 직면하게 되고, 이 선택의 결과는 자본의 지역 간 이동과 무관하지 않다. 그러나 이런 자본의 이동은 대부분 유동성이 높은 비특정자본에 그 무게가 더 크게 실린다. 왜냐하면 고정자본이나 특정자본의 경우 이동성이 상당히 결여되어 있기 때문이다. 그럼에도 불구하고 이런 비특정자본 역시 이동성이 결여될 수밖에 없다는 사실은 부인할 수 없다. 왜냐하면 고정자본이나 특정자본을 형성하기 위해 비특정자본이 연계되어 있기 때문이다.

다) 자본이동의 제약요인

앞서 자본의 이동성의 종류와 원인을 살펴보았지만 자본의 이동에는 한계를 가진다. 먼저 지역의 자본스톡은 지역 노동투입과 혼합된 입지 특수적이고 내구성 높은 물리적 자본의 하부구조로 구성되어 있다는 점인데, 이는 기업이 선택한 입지에서 수행하는 기계 등에 대한 고정된 설비투자와 기업이 사용하는 기술 등으로 자본이 구성되어 있기 때문이다. 이런 유형의 투자는 지역의 사적자본으로 표현할 수 있으며, 지역의 사적자본스톡의 증가 혹은 감소율은 기본적으로 새로운 투자, 공장의 축소, 폐쇄 혹은 확장 등의 결정에 따라 한 지역으로 진입 또는 퇴출하는 기업의 의사결정에 따른다. 이런 특수한 형태의 지역 고정자본은 단기적으로 고정되어 있다는 점에서 이동이 용이하지 않다는 것이다. 그러나 기업들은 여러 입지 가운데 보다 높은 이윤을 보장하는 곳으로 이동할 수 있으므로 이런 형태의 고정자본은 중·장기적으로는 부분적으로 유동적일 수 있다.

반면 지역의 자본스톡에 사적자본 뿐만 아니라 건물, 교량, 도로, 항만 및 공항과 같은 이동할 수 없는 자산도 있다. 이런 유형의 자본은 지역의 공공자본으로 표현할 수 있다. 대부분의 지역 공공 자본스톡은 입지가 고정적이고 내구성이 강한 기반자산이다. 이런 고정 기반자본을 조정하거나 다른 용도로 바꾸는 데에는 시간이 오래 걸리며, 매우 높은 거래비용이 든다. 따라서 공공자본의 경우 단·중·장기적으로 고정되어 있다고 할 수 있다. 그리고 이런 공공 투자는 투자의 수익성과는 다른 기준에 의해 지역적 배분이 이루어지는 경우가 많다.

한편 Putty clay 모형(Stoneman, 1983)에 따르면 이행의 초기단계에서 자본은 유동적이고, 유연하지만, 생산적인 용도에 일단 투입된 후에는 매우 특별하고 유연성이 없는 형태로 변화한다고 한다. 즉 한번 한 지역에 자본이 투자되면 그것을 대체하는 투자와 확장하기 위한 투자 등이 자동적으로 동일지역, 동일한 장소에 뒤 따르게 된다는 것이다. 이런 자산은 오직 아주 장기간에 걸쳐서만 조정되므로, 장기적으로 자본 자산은 고정된 것으로 간주하고 있다.

두 번째로 첫 번째의 특징과 연관하여 지역자본은 생산으로부터 즉각 회수할 수 있지만 즉각적으로 확대할 수 없다는 것이다. 즉 부분적으로 유동적인 사적 지역자본과 고정적인 공공지역자본 등 두 부분으로 구성된 지역자본은 단기, 중기 및 장기에 걸쳐 스톡이 매우 천천히 확장되지만, 그 축소는 급격히 이루어질 수 있다는 것이다. 만약 지역 노동임금이 급격하게 하락하는 환경적 변화가 이루어졌을 경우, 강한 부시의 소득-지출효과가 나타났다면 기업은 임금 하락에 따른 고용 증가를 하지 않고[26], 오히려 자본 활용수준을 떨어뜨림으로 임금하락에 대응하여 자본을 재빠르게 회수할 것이기 때문이다. 이런 기업의 투자 감소가 의미하는 바는 수행 중인 유일한 형태의 투자가 현존하는 물적 자본의 감가상각에 대한 지출뿐임을 말한다. 그러나 수요 감소가 단기에 국한된 것이 아니라고 기업이 인지하면 감가상각에 대한 투자조차 감축될 것이고, 자본은 생산 공정으로부터 영구적으로 철회될 것이다. 이때 기업의 생산은 낮은 생산능력을 나타내는 지역생산함수로 이동하게 된다.

마지막으로 이런 과정을 통해 자본이 회수된 지역은 부시의 지역외부효과(negative regional externalities)를 야기하게 되어 자본의 이동을 더욱 어렵게 만들게 된다. 즉 자본의 급격한 회수 행위는 지역의 급격한 쇠퇴를 가져오고 유기된 자본 자산으로 물리적 환경 문제를 초래한다. 이는 미래의 투자를 위한 입지로써 지역경제의 단점으로 작용함으로써 자본의 이동을 제약하는 요인이 된다.

한편 자본이동성의 제약조건을 다음과 같은 측면으로 이해할 수도 있다. 첫째로 대부분의 지역 간 자본이동은 계열기업 간에 이루어지고 있다. 둘째로, 특정지역의 자본이동의 결여는 정책에 의한 것일 수도 있다. 셋째, 새로운 투자는 기술혁신, 정보의 흐름, 그리고 위험성과 불확실성과 같은 동태적인 요인에 의해 크게 영향을 받는다. 넷째는 이윤극대화 보다 현 상태를 유지하려는 이른바 만족모형에 입각해서 투자결정이 이루어지는 경우를 고려할 수 있다. 마지막으로 비경제적 요인(개인적 연고관계, 사회적 분위기, 기후, 환경, 판매극대화, 교육문화시설의 입지유무 등)

---

26) 왜냐하면 소득수준의 감소가 소비수준의 감소로 이어지기 때문이다.

이 투자결정에 상당부분 영향을 미치기 때문에 자본의 이동을 저해할 수 있다고 본다.

(3) 기업가의 이동

경영간부 및 전문직 고급인력을 포함하여 기업가의 능력은 불확실성이 높은 현대사회에서 지역경제성장에 더욱 중요한 의미를 가진다. 즉 기업이 최고관리층에서 이루어지는 의사결정의 질은 상황자체가 불확실하면 할수록 그 중요성이 더욱 크다는 것이다. 이는 불확실성의 조건하에서 의사결정의 질은 지역경제성장에 중요한 영향을 끼치게 될 뿐만 아니라 한 지역 내의 기업가 수와 질은 외부로부터 유입되는 혁신의 수용률을 결정하기 때문이다. 이런 기업가적 능력을 갖춘 인재가 지역적으로 균일하게 분포되어 있지 않다는 점에서 기업가의 이동은 중요하다는 것이다.

그렇다면 기업가의 이동은 어떤 원리에 의해 이루어질 까? 기업인의 지역 간 이동원리를 살펴보면 첫째, 기업가도 한계효용이 높고 수요가 많은 지역으로 이동한다는 것이다. 여기서 말하는 한계효용은 기업가의 주관적인 행태로써 예를 들면 친숙한 환경과 심리적 만족도 등을 들 수 있겠다. 둘째, 높은 입지적 유리성이다. 셋째는 새로운 사업 환경에 대한 안정성이다. 이런 조건이 충족되어야만 지역 간 이동이 이루어진다는 것이다. 반면 기업가나 관리자는 단순히 높은 수요가 있다고 해서 공간상에서 자유스럽게 움직이지 않는 특징을 가진다. 이는 기업가인 반면 일반소비자로써 느끼는 효용을 그 지역이 얼마만큼 충족시켜 줄 수 있는가하는 주관적 성향이 내포되어 있기 때문이다.

한편 경영자 및 기업인의 이동에 영향을 끼치는 중요한 요인으로는 지역 간의 이동경로를 들 수 있다. 기업 내의 이동으로는 전국적인 규모가 큰 기업이 몇몇 지역에 기업의 지점을 개설하는 경우에 있어서 지역 간 경영능력을 확산시키기 위함이다. 또한 개인접촉과 같은 사회적 연락망도 중요한 통로가 될 수 있는데 이것은 계층구조적 확산을 뒷받침하게 된다. 직업광고와 같은 정보매체의 순환 역시 중요한데 이것은 경영자들이 대부분 특정한 직종으로 이동하는 경향을 나타내기 때문이다. 기업가는 경영자들에 비해 이동성이 낮은 것으로 나타나는데 이는 현재 운영중인

회사가 통제상태에 있는 경우에 더욱 그러하다.

4장 연습문제

1. 지역 간 교역의 성격과 발생 원인을 설명하라.

2. 리카도의 비교우위이론을 통한 지역 간 교역이론을 설명하라.

3. 지역 간 교역과 공간가격의 균형이 가지는 의미를 설명하라.

4. 수송비와 가격균형과의 관계를 공간가격균형 관점에서 설명하라.

5. 공간독점과 가격차별을 팰랜더의 접근방법을 통하여 설명하라.

6. 지역 간 생산요소의 이동의 의의 및 원인이 무엇인지 설명하라.

7. 인구이동의 이유를 인적자본 모형과 토다로의 모형을 통해 상호비교 설명하라.

8. 자본이동의 원인을 설명하고, 자본이동의 제약요인이 무엇인지 설명하라.

제5장 지역경제 성장이론

1) 지역경제성장의 개념

(1) 지역경제성장의 정의

지역성장은 일반적으로 지역의 경제적 및 비경제적 구성요소의 양적 또는 질적인 성장으로 정의할 수 있는데, 이는 지역경제성장보다 광의의 개념이다. 여기에서 지역경제 외적 요인, 사회구조변화, 가치 및 태도의 변화 등 질적 성장은 많은 시간에 걸쳐 형성 및 발전을 이루고, 또한 측정하는데 용의하지 않기 때문에 지역성장이란 주로 지역경제성장만을 뜻하는 협의의 개념으로 사용되고 있다. 이러한 지역경제성장(regional economic growth)란 지역이 가지고 있는 활용 가능한 여러 가지 부존자원을 생산 활동에 투입하여 고용창출과 소득증대를 유발시키는 지속적인 경제활동을 의미한다. 즉 지역이 지니고 있는 여러 가지 사회, 경제 및 정치적 요소들의 상호작용으로 생산된 산물을 의미한다고 할 수 있다. 이런 지역경제성장을 유발하는 요인으로써는 지역산업구조, 노동력, 자본투자, 기업가정신, 사회간접자본 등을 들 수 있다.

이러한 성장이 양적인 증대, 즉 국민총소득(총생산)의 지속적인 증대를 나타내는 데 반해 발전은 이런 성장과 함께 구조적 변화의 의미를 내포한다. 한편 개발은 후진국에서 선진국으로 가는 경우에 국한하며, 최소한의 발전된 상태로 가는 과정을 의미한다. 따라서 지역경제성장은 지역발전과 다른 개념으로써 지역경제의 양적 팽창을 뜻하며, 결국에는 지역발전의 근간이 되는 지역의 사회, 문화 및 정치발전에 크게 영향을 미치게 된다.

한편 지역이란 국가와는 달리 지역 간에는 항상 개방체제를 유지하고 있어서 일반적인 경제성장이론을 그대로 지역에 적용할 수 없으며, 지역의 공간경제체제를 바탕으로 이런 개념을 다시 정리 및 응용해야할 필요성이 있다.

(2) 지역주의와 지역불균형

한 국가는 여러 지역으로 구성된 지역공동체라 할 수 있다. 그러나 각 지역은 물리적, 사회적, 경제적, 역사적, 지리적 조건 등이 서로 다르기 때문에 각각 다른 특성을 갖게 되는데, 지역주의(regionalism)란 지역의 특성에 따른 차이를 인정하고 시장기구(market mechanism)를 통하여 서로 다른 지역성장을 도모하는 공간적 분화현상을 의미하는 것이다. 이러한 공간경제의 분화는 지역 내에는 물론이고 국가 전체적으로 조화를 이루고, 이를 통해 지역성장과 국가발전으로 연결되어야함을 말한다. 여기서 각 지역은 정치·경제·사회·문화적으로 독특한 특성을 가지고, 지역분화과정을 거치는 동안 발생하는 부존자원과 경제환경의 차이로 인해 필연적으로 공간적 분균형을 이루게 된다.

지역불균형은 지역주의가 주원인이지만 국가정책의 결과로 나타나는 경우도 있다. 즉 국가경제 전체의 발전을 우선시 하는 정책은 흔히 지역에서 원하는 지역정책과 부합되지 않을 수 있고, 또한 제한된 자원으로 최대의 정책효과를 얻기 위하여 자본의 공간적 집중화를 추구하는 경우 지역 간 불균형을 야기하게 된다. 근래에 들어 주요 개발도상국들이 일정한 수준으로 경제성장을 하게 된 원동력은 이와 같은 국가주도개발형태에 속한다고 볼 수 있다. 즉 인위적으로 특정지역에 생산요소의 투입을 가중화시킴으로써 총생산의 지역적 비중이 차이가 나게 되고, 특정지역의 지역내총생산이 높아짐에 따라 소득격차를 유발하고, 이러한 사실에 입각하여 지역적 배분에 대한 문제가 최근 들어 중요한 정책적 이슈로 작용하고 있는 것이다. 이러한 과정에서 소득이 낮은 지역은 자기 지역의 성장을 위한 지역주의를 행사 할려는 유인을 가지게 되고, 지역분권화 또는 지방자치제를 강조하게 되는 것도 이러한 차원에서 이해될 수 있을 것이다.

한편 지역경제학에서 보는 지역성장과정은 크게 두 가지로 나뉘어 볼 수 있는데, 이는 균형성장이론과 불균형성장이론이다. 지역균형성장이론이란 지역 간 불균형이 장기적으로 시장의 기능, 즉 재화와 용역의 지역 간 이동을 통해서 자연스럽게 지역 간 균형을 이루게 된다고 보는 견해이다. 반면 불균형성장이론은 지역 간 차이가 더욱 심화된다고 보는 견해이다. 균형성장이론의 대표자인 넉시(Nurkse)는 모든 산업에 골고루 투자하여 각 산업의 제품을 서로 구매하도록 주장하였으며, 이로 인해 경제의 모든 부분이 골고루 성장하여 상호 수요 또는 보완적 수요를 일으킴으로써 판로 부족 때문에 산업별로 과부족이 발생하는 비효율을 제거하고 시장수요능력과 공급능력의 균형을 유지한다는 것이다. 이러한 신고전학파 경제학자들에 의해 균형성장이론이 주장되어 왔으나, 1950년대 들어서 이론과 현실간의 괴리가 나타남으로써 문제가 제기되었다. 즉 시장의 자동조절기능이 당초에 기대했던 대로 작용하지 않아 지역 간 균형으로의 전환이 이루어지지 않았던 것이다. 이로 인해 1960년대 이후에는 지역계획 및 지역개발을 통한 지역 간 균형정책에 대한 요구가 급증하였고, 이를 뒷받침하는 지역불균형이론이 지역경제학의 주류를 이루게 되었다.

지역불균형을 바라보는 시각은 크게 두 가지로 나뉘어 볼 수 잇는데, 마르크스적 접근방법과 지역구조적 접근방법이 바로 그것이다. 마르크스적 접근방법은 1960~1970년대 중남미 국가에서 풍미하였던 국제적 종속이론을 지역에 적용한 것으로 중심지역의 발전은 자본·자원·노동력 등을 주변지역으로부터 흡수하게 되고, 이는 주변지역으로 하여금 중심지역에 종속화 되는 현상을 초래한다는 것이며, 결국 그로 인해 지역불균형이 발생하게 된다는 것이다. 한편 지역구조적 접근방법은 지역이 여러 번의 생산주기를 거듭하는 동안 각 지역에 노동의 공간적 분화와 지역의 발전·축적 과정에서 지역개발능력도 상이하게 되어 불균형을 초래한다는 것이다.

(3) 지역경제성장이론의 접근체계

지역경제성장이론은 접근방법에 따라 다양하게 분류될 수 있는 특징을 지닌다. 먼저 공급 혹은 수요측면에 중점을 두는 이론으로 신고전학파에 의한 경제기반이론과 케인즈 이론으로 크게 나뉜다. 공급측면을 중시하는 신고전학파적 견지에 의하면 생산요소의 공간적 배분과 생산요소의 배분 및 기술변화 간에 존재하는 상호관계에 관련된 문제들에 주목하며, 이는 지역성장 분석에 있어서 가장 일반적인 접근이다. 다음으로 수요측면에 무게를 두는 케인즈적 견해인데, 지역 간 소득흐름에 관련된 문제들에 초점을 맞추고 수지 균형의 틀 속에서 지역성장을 논의한다. 개념적으로 이 두 가지 접근은 지역성장의 본질, 원인 및 결과에 있어서 상당히 다른 결론을 도출하므로 근본적으로 다르다. 즉 각 접근은 지역성장 과정의 본질에 대해 서로 다른 특별한 측면을 강조한다. 그러나 이 두 가지 접근은 지역성장 과정의 본질에 대한 폭넓은 시각을 제공한다는 측면에서 여러 가지 일치하는 부분이 존재한다.

다음으로 지역성장을 설명하는 중요한 이론으로는 수요와 공급측면 모두를 고려한 수요와 공급의 통합모형을 들 수 있다. 크게 고용인구 상호작용모형과 누적적 인과모형이 바로 그 것이다. 고용인구 상호작용 모형에 의하면 지역인구의 증가가 산업활동을 활성화시키고 고용을 증대시키는데, 고용기회의 확대는 또 다시 새로운 인구유입을 불러온다. 이는 결과론적인 의미로써 어떻게 지역이 성장할 것인지에 대한 명확한 해답은 주지 못하고, 다만 지역이 성장하는 과정상에 대한 내용만 포함하고 있다. 한편 누적적 인과모형은 미르달(Myrdal, G)의 누적적 순환관계 가설에 근거한다. 그에 따르면 지역소득이 높은 지역은 상대적으로 구매력도 높아서 생산요소의 수익을 증가시킬 것이며, 이에 따라 그 지역은 더 많은 집적력이 형성되어, 높은 성장속도를 나타낸다는 것이다. 반대로 지역소득이 낮은 지역은 저소득 및 저구매력으로 인해 산업 활동이 더욱 침체되고 실업률이 높아짐에 따라 자본 및 노동과 같은 생산요소가 수익성을 보장하는 지역으로 이동하게 되어 저소득지역의 낙후성을 더욱 가중시키게 됨으로써 지역불균형성장이 나타난다는 것이다. 이런 누적적 인과모형에 따르면 지역산업의 생산성이 높아지면 산출량이 증대하고 수출이 확대됨에 따라 규모의 경제 및 집적이익이 발생하고, 이로 인해 높아진 생산성은 다시 공급측면에서 생산비를 떨어뜨리게 되며, 감소한 생산비는 다시 수출수요를 증대시킨다는 누적적 인과관계를 말한다.

2) 지역실업

인구와 산업분포는 지리적으로 어느 특정지역에 편중되어 있는 경우가 대다수이기 때문에 지역 간 고용과 실업 역시 이런 상황에 부응하듯 이분화 되어있다. 특히 지역노동시장은 정보의 불완전으로 인해 일자리와 노동배분이 원활하지 못한 마찰적 현상을 볼 수 있으며 산업의 성장과 쇠퇴에 따라 실업이 발생되고 노동절약기술의 개발은 노동에 대한 수요를 감퇴시키고 있는 실정이다.

그리고 이런 실업에 의한 차이는 각 지역이 가지고 있는 취업경쟁력과 기능정도에 따라 달라지며 광역경제권에서 갖는 지역노동시장의 역할에 달려 있다고 볼 수 있다. 또한 광역노동시장 내에서의 지역노동시장은 그 지역산업분포와 주거구조 및 주거분포와 밀접한 관계를 갖는다. 이는 그 광역시 내에서 경쟁력을 가지는 지역적 산업분포와 더불어 이로 인한 인구유입을 얼마만큼 수용가능한가의 측면이라고 볼 수 있다. 한편 단기적으로 한 지역실업은 다른 주변지역에서의 실업을 의미하기도 한다. 예컨대 첨단산업의 지방이전은 그 지역고용에 크게 이바지하지 못하고 있는 것이 이를 반증하고 있다. 즉 이전지역의 산업이전으로 인해 발생되는 실업과 더불어 지역에서 수용이 가능한 노동시장의 교육정도의 차이로 인해 확연히 나타나는 취업성과가 나타나지 못하는 구조적 실업현상을 동반한다는 것이다.

(1) 경기순환

경기순환은 경제적 활동수준에 있어서의 순환적인 변동 상황을 말하는 것으로, 이 순환적 변동에는 4가지 유형을 가진다. 이 4가지 유형은 각각 후퇴기, 침체기, 회복기, 호황기로 대변되며, 각각이 의미하는 바는 시간적 흐름에 있어서 서로 연결되어 있다고 볼 수 있다. 먼저 후퇴기는 호황기의 정점으로부터 경제적 활동이 지속적으로 떨어지는 시기이다. [그림 1-22]에서 볼 때, A구간에 해당한다. 다음으로 침체기는 실업이 증가하고 경제적 활동수준은 경제의 장기적인 평균선 이하로 떨어지는 시기로 B구간에 해당한다. 침체기 이후에는 회복기로써 기업의 생산 활동이

다시 활기를 되찾게 되고 경제적 활동수준은 그 장기적인 추세로 다시 복귀하게 되는 시기로써 C의 구간이다. 마지막으로 호황기는 경제적 팽창이 계속되는 시기이지만 조만간 경기후퇴의 조짐이 발생하는 시기로써 D구간과 같다. 이렇게 순환적 변동은 4가지 유형이 서로 이어진 시간적 개념으로써 영원히 경제가 성장하지도, 후퇴하지도 않는 법칙을 나타내고 있다.

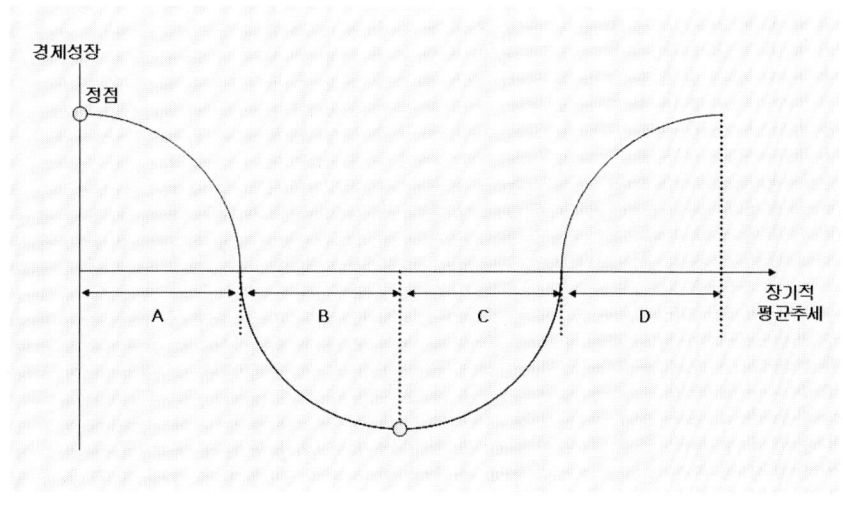

[그림 1-22] 경기순환

(2) 지역실업의 원인

실업은 일할 능력과 의사를 가지고 있으나 일할 곳을 갖지 못한 상태를 말한다. 이런 실업이 발생하는 원인으로 경기요인, 구조요인, 기술요인, 마찰요인을 대표적으로 꼽는다. 이 요인들에 따라 나타나는 실업을 경기적 실업, 구조적 실업, 기술적 실업, 마찰적 실업이라 하며, 경기적, 구조적, 기술적 실업을 비자발적 실업이라 한다. 그리고 마찰적 실업을 자발적 실업으로 분류한다. 이런 분류에 따른 명칭이 무슨 의미를 가지고 왜 발생되었는가에 대해 알아보도록 하겠다.

가) 경기적 실업

위에서 본 경기순환과 밀접한 관련이 있는 실업으로써 경기적 실업은 경기의 불황으로 인해 제품에 대한 수요가 부족함에 따라 기업은 자연스럽게 생산량을 감축시키려 하고, 이 생산에 동원되는 노동자를 퇴출시킴에 따라 발생하게 되는 실업이라고 한다. 이런 경기적 실업은 계절적 실업과 유사하며, 계절적 실업은 계절이 가지는 특성에 의해 발생되는 실업으로 볼 수 있고, 일정한 주기를 가진다는 점에서 경기적 실업과 유사하다고 할 수 있겠다. 그리고 이 경기적 실업은 동태적인 노동시장에서는 거의 언제나 발생할 수밖에 없다.

나) 구조적 실업

구조적 실업이란 사회가 발전됨에 따라 산업간 그리고 지역 간 불균형발전이 이루어져 노동의 편재현상이 일어나 발생된 것을 말한다. 구조적 실업은 노동시장에서 수요공급의 구조적 모순에서 기인되고 있기 때문에 경제에 미치는 영향은 매우 크다. 각 산업에 따른 노동의 직능과 노동의 질적 차이 때문에 어떤 특수한 종류의 노동에 대한 수급불균형으로 인하여 발생되는 실업은 총수요가 증가하더라도 해결되지 않기 때문이다. 그리고 직종 간 또는 지역 간 노동력의 이동성이 낮으면 낮을수록 더 심화되기도 한다. 이러한 실업은 산업구조의 변화와 지역 간 임금조정 및 직업정보공급 등을 통한 노동이동이 이루어져야만 해결될 수 있다.

다) 기술적 실업

기술적 실업이란 새로운 기술의 도입으로 노동수요가 감퇴되어 발생된다. 특히 산업간 노동력수급의 불균형은 기술혁신과 노동절약적 신기술 도입을 유도케 하는 성향을 가지고 있기 때문에 기술혁신 중심지인 개발지역에서 이러한 현상이 빠르게 나타난다. 이런 기술적 실업을 해소하기 위해서는 직업교육이나 기술훈련이 필요하다.

라) 마찰적 실업

마찰적 실업은 노동시장의 마찰에 의해서 노동력수급의 불균형이 발생하여 초래되는 것으로 고전적 실업으로 불리어지기도 한다. 여기에서의 마찰이란 기업의 입장에선 새로운 일자리를 채우지 못하고 있는 상태를 말하며, 노동자의 입장에선 일할 빈자리가 있는지를 알지 못하여 취업하지 못하는 경우를 말한다. 마찰적 실업은 자발적이고 불가피한 실업이기 때문에 실업의 근본문제에 접근하는데 한계성을 보이고 있다. 또한 마찰적 실업은 노동시장이 마치 상품시장과 똑같은 방식으로 움직이는 곳에서 발생하며, 노동력 수요에 비해서 공급이 과잉한 형태라고 볼 수 있겠다. 이런 마찰적 실업은 단기적으로는 구직과 구인에 관한 직업소개소의 역할만 강조되는 자발적 실업이기 때문에 사회적으로 문제가 되지 않는다고 본다.

마) 비자발적 실업

비자발적 실업은 케인지안 실업이라고도 불리며, 노동시장에서 실업이 발생하는 등의 불균형이 생기는 것은 상품시장에서의 불균형과 연계되어서 발생된다고 보는 것이다. 즉 해당 상품시장에서 가지는 상품에 대한 수요가 충분하지 못해서 기업이 그만큼 생산을 못하게 되고, 그로 인해 기업투자의 감소가 바로 노동자의 퇴출로 이어진다고 보는 견해이다. 따라서 이런 비자발적 실업을 해소하기 위해서는 정부에 의해 총수요를 증가시킬 수 있는 정책이 필요하다고 본다. 총수요를 증가시키는 정책으로는 재정, 금융정책을 수립하여 해소시켜야할 필요성이 있다고 한다.

(3) 지역실업의 특징

지역실업에 있어서 공통적으로 나타나는 특징은 크게 ① 기술수준의 문제, ② 기술 유형의 문제, ③ 산업 차이의 문제, ④ 연령과 건강의 문제, ⑤ 차별의 문제로 나눌 수 있다. 우선 기술수준의 문제는 여러 지역 간에 공통적 발현된 산업일지라도 그 지역마다 가지는 기술수준이 다르기 때문에 노동자에 대한 임금수준이 틀리고, 따라서 수익성이 높은 지역으로의 이동은 해당지역의 실업이 될 뿐만 아니라 이전한 지역에서 대기 실업으로 존재하게 된다는 특징이다. 두 번째로 기술유형의 문제는 기술수준의 문제보다 심각하다. 왜냐하면 기술의 유형에는 그 기술을 획득하기 위해 필요한 시간과 비용이 다르기 때문에 단순히 기업에서 인력을 확보하려고 하여도 그 수요를 충분히 공급하지 못하기 때문에 발생하게 되는 것이다. 예를 들어 컴퓨터 소프트웨어 개발자가 컴퓨터 하드웨어를 만들 수 없는 이치라고 볼 수 있겠다. 세 번째로 산업 차이의 문제이다. 이는 기술유형의 문제와 비슷하지만 조금 더 큰 개념으로 볼 수 있다. 이는 지역 내 뿐만 아니라 지역 간에 서로 다른 산업이 존재함에 따라 노동공급자가 그 산업으로 진입하기 위해 필요한 교육조건이 전부 틀림에 따라 발생되는 실업적 특징을 가진다. 극단적인 예를 들면 농사를 짓던 농부가 돈을 많이 벌기 위해 도심으로 이전을 한다고 해도 해당 지역의 산업적 차이로 인해 당장 고용되지 않을 뿐만 아니라 심하면 실업을 당연한 것으로 받아들임에 따라 비자발적 실업에서 자발적 실업으로 변화할 수 있다는 점이다.

네 번째로 연령과 건강의 문제인데, 각 지역마다 가지는 노동력의 연령구조에 따라 발생되는 것으로써 연령이 비교적 낮은 20~30대의 경우 그 생산성이 매우 높고, 건강에 있어서 어떤 장애요인이 없지만, 어떤 다른 지역에서 연령구조가 대부분 50~60대라고 한다면 이들이 노동시장에 참여할 수 있는 기회는 적을 뿐만 아니라 건강상의 문제로 인해 시장에 접근조차 할 수 없게 될 수도 있다. 마지막으로 차별의 문제이다. 이는 연령, 성별, 지역, 교육 정도에 따른 차별로 나눌 수 있다. 서비스업이 발달한 지역에서는 비교적 낮은 연령대 노동자를 우대하며, 제조업과 같은 힘이 많이 드는 직종에서는 여자보다 건장한 남자를 선호하게 된다. 그리고 자신의 연고지 출신일 경우 우대하는 경우가 있으며, 교육은 어느 수준까지 받았는가에 따른 차별도 존재한다.

3) 수출기반이론

(1) 수출기반이론의 의의

수출기반이론(export base theory)은 와이머(Weimer, M.A.)와 호이트(Hoyt, H)에 의하여 제시된 이론으로 지역경제성장을 가장 쉽게 측정할 수 있으며, 일명 경제기반이론(economic base theory)이라고도 한다. 경제기반이론은 국민경제에서 수출기반이론 혹은 국민경제의 소득결정모형인 케인즈 모형을 지역경제에 응용한 이론으로 지역의 고용수준 및 소득수준에 대한 모형이다. 이 이론의 핵심은 한 지역에서 생산한 재화와 용역 중 지역에서 소비하고 남은 잉여물(생산물)을 다른 지역에 수출함으로써 그 지역의 소득을 증대시켜 소비를 촉진시킨다는 것이다. 이때 한계소비성향의 원리에 의해 소득의 일부는 저축을 하게 되어 다시 그 지역에 재투자가 유발되고, 그 결과 그 지역의 고용을 증대시킨다. 또한 증대된 지역소득은 지역 내 관련산업에 파급효과를 불러일으켜 지역산업은 물론 지역경제에도 영향을 미치게 된다.

그러므로 지역소득의 증가는 근원적으로 지역 외 시장에 수출하게 될 재화와 용역의 생산량이 총생산량에서 차지하는 비율에 의존하고 된다. 투자승수이론에 의하면 지역의 수출산업에 투자된 자본의 증가가 소득 증대의 효과를 가져 오고, 나아가서는 지역 내 소비산업(residental consumer business)의 발전까지도 가져오게 된다. 따라서 지역 외 수출산업의 투자수요의 증가가 지역성장의 중요한 결정요인이 된다. 이때 투자승수는 케인즈 경제학에서 정립된 투자승수와 같은 논리에 입각하며 $g = 1$ $(1 - MPC)$의 형태로 표현된다. 여기서 한계소비성향(MPC)는 총생산물을 수출기반생산물로 나눈 것과 같다. 비수출기반생산은 지역서비스산업 또는 지역 내 소비산업부문이라 불리며, 이것은 수출산업의 확대가 승수효과를 거쳐 생성되는 유발된 산업(induced industry)이라고 한다.

이 이론에 의하면 투자승수의 크기가 소비성향의 크기에 의존하기 때문에 수출기반산업이 전체 산업에서 차지하고 있는 구성비를 소비성향 대신으로 사용한다는 사실과도 같은 뜻이다. 따라서 이 구성비는 지역의 1인당 소득수준을 결정하는데 커다란 역할을 담당한다. 수출산업의 발전이 지역발전에 미치는 영향은 다양하다. 즉 수출산업에 고용된 생산요소에 대한 보수가 지역주민의 후생을 결정하는 척도가 된다고 보는 반면, 지역 내 소비산업부문에 파급되는 간접적 효과도 또한 중요하다. 이는 지역 내 소비산업부문이 지역 내 소비수요에 전적으로 의존하고 있기 때문에 그들의 소득증대효과는 수출산업 부문에서 발생하는 소득의 크기에 따라 결정되는 것이다. 그리고 수출기반산업은 도시화 결정형성에 중요한 역할을 담당한다. 수출산업에 있어서 도시나 지역의 전문화와 상호의존성은 여러 지역의 규모의 경제를 확대시킨다. 이와 같이 수출기반이론의 응용범위는 대단히 넓으나 이 이론은 단순히 케인즈의 소득이론을 개방체제와 장기균형이론에 적용한 것에 불과하며 소득증대에 영향을 미치는 외생적 요인을 전혀 고려하고 있지 않다는 점에서 비판을 받고 있다. 그리고 지역 간 성장의 폭이 확대될 것인가 혹은 축소될 것인가라는 질문에 관하여 해답을 주지 못한다. 그 이유는 개방경제 체제하에서는 지역 외 수출에 대한 의존도가 일반적으로 높기 때문에 지역의 수출을 확대시킴으로써 지역생산구조의 개선을 가능케 하며, 나아가서는 지역소득증대에 기여하기 때문이다.

가) 경제기반모형

우선 경제기반모형의 기본적 가정은 다음과 같이 요약할 수 있다. 즉 지역산업은 크게 기반산업과 비기반산업으로 이분되며, 그리고 지역의 성장은 기반산업에 의해서만 이루어진다. 기반부문의 수출활동은 비기반부문의 생산활동에 영향을 미치며, 기반부문에 의해서 생산된 재화와 용역은 당해 지역에서는 소비되지 않는다. 아울러 추계기간 동안 독립변수와 관계하는 파라메타(parameter)와 승수의 값들은 불변이다. 이런 가정과 더불어 케인즈의 소득결정모형을 이용하여 지역성장을 설명하는 경제기반모형은 너스(Nourse, H.O.)에 의해 보다 쉽게 설명되어 진다. 너스는 수출의 증가가 지역소득을 증가시키는데 그 소득의 발생비율이 한계소비성향(e)에서 한계수입성형(m)을 뺀 차이인(e-m)에 의해서 결정되며 수출증가로 증가된 소득은 다시 소비지출의 증가를 통해서 순차적으로 소득의 증가를 가져온다고 하였다. 이를 수식으로 표현하면 다음과 같다.

$$Y = (E - M) + X \qquad (5-1)$$

Y : 지역소득

E : 지역소비지출

M : 수입

X : 수출

식 (5-1)은 지역전체의 균형소득수준을 결정하는 방정식으로, (E+X)는 지역의 총소득이 되며, 지역의 순소득 Y는 총소득(E+X)에서 수입(M)을 뺀 나머지가 된다. 여기서 E는 지역자체의 소비지출이므로 비기반부문에 해당하며, X는 기반부분에 해당한다. 한편 지역소비와 수입은 다음과 같이 내생변수로 처리될 수 있다.

$$E = a + e\,Y \qquad (5-2)$$
$$M = b + m\,Y \qquad (5-3)$$

식 (5-2)와 (5-3)에서 a와 b는 Y=0일 때의 최소 소비지출수준과 수입수준을 각각 나타낸다. 즉 소득에 영향을 받지 않고 최소한 사용되어지는 소지지출 수준과 수입수준을 말한다. 그리고 E의 크기는 지역의 순소득의 크기에 비례한다는 가정을 도입하고 있음을 말한다. 가령 지역의 순소득이 커질수록 지역의 소비지출도 커짐을 보여주고 있다. 또한 순소득과 수입사이에도 비슷한 비례관계가 있음을 식 (5-3)이 보여주고 있다.

이제 위 식 (5-2)와 (5-3)을 식 (5-1)에 대입 및 정리를 하고 이를 다시 미분하면 다음의 식을 구할 수 있다.

$$Y = E + X - M$$
$$= a + e\,Y - b - m\,Y + X$$

$$= \frac{1}{1-e+m}(a-b+X) \tag{5-4}$$

$$dY = \frac{1}{1-e+m}dX \tag{5-5}$$

위 식 (5-4)에서 $1/(1-e+m)$은 지역소득승수로써 외부 지역으로 수출이 한 단위 증가했을 때 지역순소득의 증가량을 나타낸다. 다시 말해 지역소득의 증가(dY)는 지역소득승수와 지역수출증가(dX)에 의해서 결정된다는 것이다. 따라서 지역소득승수가 변하지 않는다는 전제하에 경제기반모형을 다음과 같이 지역성장률(Y_i)는 지역수출증가율(X_i)로 표현할 수 있다.

$$Y_i = f(X_i) \tag{5-6}$$

위의 내용을 종합해보면 지역의 성장을 유도하는 것은 해당지역의 기반산업에 의해 생산되는 산물이 그 지역에 소비되지 않고 수출되는 부분에 따른 소득의 증가에 기인한다는 것이다. 그리고 그 지역의 한계소비성향이 높을 경우 이는 기업의 높은 이윤을 유발하고, 또한 그에 따른 투자활동을 높임으로써 고용 및 설비투자 등을 가져오고 이는 곧 노동을 공급하는 입장에서 소득의 증가를 가져오기 때문에 해당 지역 전체 소득이 증가하게 되는 것이다. 반면 한계수입성향이 높다는 것은 해당지역의 기반부분이 취약하여 생산하는 것보다 수입에 의존하는 경향이 높음을 의미하므로, 이때의 소비는 해당지역의 기업의 이윤을 높이지 못하기 때문에 지역소득이 감소하여 경제성장이 어려움을 의미한다. 즉 한 지역의 지역경제성장을 높이기 위해서는 지역 내 소비를 늘리고, 수입을 줄이면(수출을 늘리면) 순소득이 증가하게 됨을 이 모형을 통해 알 수 있다.

한편 이 모형의 장점은 계산이 용이하고 쉬워 실무자나 정책결정자들에게 설득력이 강하며, 통계자료가 부족한 경우에도 기반비율(base ratio)인 Y_X/Y_N의 값만 알면 승수효과를 쉽게 측정할 수 있어 적용이 쉽다. 여기서 Y_X는 기반부문의 고용자

수, Y_N은 비기반부문의 고용자수를 나타낸다. 게다가 생산 및 소득의 흐름에 관한 자료를 구할 수 없을 경우에도 고용예측을 통해서 지역의 경제예측이 가능하고, 산업연관표의 작성이 어려운 상황하에서도 산업간 연관성에 의해 생산 또는 고용의 예측이 가능하다.

그리고 도시, 지역, 국가에 이르기까지 다양한 공간적 범역에 적용이 가능하다. 또한 지역성장에 수출 및 수입에 관한 개념의 도입은 공간상의 상호의존성을 바탕으로 한다는 점에서 보다 현실적이라고 할 수 있다. 즉 한 나라의 다양한 공간구역 사이의 상호의존성과 한 지역에서 발생하는 것이 그 지역의 경계를 넘어서서 발생하는 것에 아주 크게 의존한다는 원칙 등을 단순한 모형을 통해서 밝혔다는 점이다.

반면 이 모형은 공급측면을 무시하고 있다는 한계점을 가진다. 경제의 성장이 외생수요(수출)의 증가에 의해 이루어지며 외부의 수출수요가 증가했을 때 지역 내부의 공급측 문제가 전혀 없음을 가정한다. 즉, 이 모형은 단기에 유휴설비가 존재하고 유휴노동력이 대량으로 존재하여 외부의 수요증가가 존재할 경우 즉각적으로 생산능력의 팽창이 가능하다는 것이다. 그러나 단기에서조차 호황의 경우에는 유휴생산요소가 적으므로 이 이론의 적용에 문제가 생긴다. 게다가 지역의 개방성을 강조하고 있기는 하지만 지역 간 이동은 언제나 불완전하기 때문에 지역의 생산능력에 한계가 또한 존재한다. 결국 이 모형은 지역의 성장에서 공급측면을 고려하지 않는 수요측 성장이론이라 할 수 있으며, 지역소득결정에 관한 장기모형에 지나지 않는다는 비난을 면치 못한다.

기술적 측면에서는 기반부문과 비기반부문간의 분류가 이 접근방법의 출발점이 되는 것이지만 이를 정확하게 분류하는데 어려움이 따르고 아직까지도 일반화된 완전한 분류방법이 제시되지 않고 있으며 기반비율도 현실적으로 불안정적이다. 뿐만 아니라 비기반산업도 기반산업에 비해 그 중요성이 뒤떨어지지 않으며 비기반산업으로부터 기반산업으로의 성장확대를 통하여 수출산업이 성장할 수 있다는 역의 인과관계가 배제되고 있다.

그리고 이 모형은 외생소득 발생의 원천이 될 수 있는 내생적 요인의 역할이 무시되고 있으며, 그 외생소득의 환류를 전혀 고려하고 있지 않다. 예를 들어 내생적 요인으로써 SOC투자의 경우 직접적으로 고용 및 소득창출 효과가 있으며 간접적으로는 기반부문 종사자의 생활안정을 통하여 수출산업의 요소비용을 상대적으로 낮출 수 있어 타 지역시장과 비교했을 때 이 지역의 경쟁력을 높일 수 있게 되기 때문이다. 또한 기술의 진보나 자원의 부문 간 적정배분과 같은 구조적 개선을 그 자체만으로도 지역경제의 성장을 가져올 수 있는 요인이 될 수 있다는 점도 설명하지 못한다.

또한 장기적으로 지역 간 소득이 균등화될 것인가? 아니면 격차가 확대될 것인가에 대한 해답을 주지 못한다. 즉 기역의 수출을 확대시킴으로써 그 지역소득의 증가에 기여하고 지역성장을 실현시킨다는 사실만 강조하고 있다. 예를 들어 낙후되어 있는 지역의 경우 지역의 수출 비중이 낮기 때문에 지역 간 개발격차가 확대될 것인지 아니면 축소될 것인지의 문제에 대해 대답하지 못하는 것이다. 이에 더하여 지역소득의 소비유형, 지역자원의 부존도, 정부의 개발투자의 영향을 포함하지 못하는 단점을 가진다.

(2) 신고전학파 모형

지역성장이론으로써 신고전학파모형은 1960년대에 신고전학파의 국가경제성장이론을 지역의성장이론에 도입한 것이다. 보츠(Borts, G.H)와 스타인(Stein, J.H.)에 의해 소개된 이 모형은 지역의 개방성을 고려하여 생산요소인 노동과 자본 등의 지역 간 자유로운 이동을 전제로 하였으며, 이것이 지역성장의 주요인으로 보았다는 점에서 총량적 경제성장이론과 차이가 난다. 이 모형의 특징은 경제기반모형에서 간과되었던 부분인 공급측면을 모형 내에 도입하고 있다는 점이며, 장기적으로 지역 간의 1인당 소득격차가 축소됨을 주장하고 있다. 즉 지역경제 성장의 원동력이 해당지역의 공급능력에 있다고 이해하고 이러한 공급능력을 결정하는 핵심적인 생산요소인 자본 및 노동의 부존량 및 생산성 확보에 의해 지역성장이 결정된다고 보는 공급중시 이론이다. 이 이론의 핵심은 지역 간 요소가격의 차이는 자유로운 생산요소의 이동을 유발하고, 해당지역으로 요소의 유입이 요소생산성을 증대시킴에 따라 생산능력이 증대되며, 결국 생산의 증가가 지역경제성장을 유발한다는 것이다.

이 이론을 설명하기 위해 전제되어야 할 기본적인 가정들은 완전고용과 완전경쟁, 동일적 재화와 지역 간 수송비가 없고, 규모에 대한 수익불변의 생산함수와 지역별 동일 생산함수 등이다. 이런 기본적 가정 하에서 노동의 한계생산성으로 나타나는 임금은 자본/노동비율에 대한 직접적인 정(+)의 함수이며 자본의 한계생산성으로 표시되는 자본에 대한 수익률은 자본장비율(자본/노동)과 역함수 관계를 갖게 된다.[27] 따라서 높은 임금은 낮은 자본수익률을 뜻하며 높은 수익률은 저임금지역에서 얻어지게 된다. 빈곤한 저임금 지역은 비록 자본의 평균생산이 부유한 지역의 평균생산보다 낮더라도 현 상태의 낮은 자본/노동비율에서 보다 높은 자본의 한계수익을 얻을 수 있을 것이다. 생산함수가 모든 지역에서 동일하다고 하면 노동력은 저임금지역에서 고임금지역으로 이동하게 되며, 자본의 이동은 임금이 높은 지역에서 낮은 지역으로 향하게 될 것이다. 그리고 이러한 흐름은 모든 지역에서 생산요소의 수익률이 같아질 때까지 계속될 것이다. 지역 간 노동참여율이 동일하며 재산소득이 지역 간 인구수에 비례하여 분포된다는 등의 부가적인 가정이 주어진다면 지역성장과정은 지역 간 1인당 소득의 수렴과 관계가 있을 것이다.

한 지역에서 생산해내는 생산물은 그 지역이 가지는 생산요소의 상대적 공급량에 의한다고 볼 때, 그 지역의 생산함수는 다음과 같이 나타낼 수 있다.

$$Y_i = f(K_i,\ L_i) \qquad\qquad\qquad (5-7)$$

그리고 각 생산요소는 한계자본생산(자본수익)과 한계노동생산(임금)에 영향을 미쳐 보다 높은 수익을 얻을 수 있는 지역으로 생산요소는 이동하게 된다. 여기에 해당 지역은 규모에 대한 수익불변이라고 가정하였으므로, 콥-더글라스(Cobb-Duouglas) 생산함수를 다음과 같이 표현할 수 있다.

---

27) 이에 대한 자세한 논의는 이장의 후반부에 나타나 있다.

$$Y_i = A \cdot K_i^{\alpha} \cdot L_i^{1-\alpha} \tag{5-8}$$

식 (5-8)에서 Y는 생산량이고 K와 L은 각각 자본과 노동을 나타내며, A는 기술수준을 나타낸다. 한편 여기서 또 시간이라는 개념을 포함시킬 필요가 있다. 시간이 경과함에 따라 총 산출량과 총 투입량과의 관계는 변화한다. 즉 새로운 생산기법들과 기술들을 통해 생산과정의 효율성을 증대시킬 수 있다. 이러한 새로운 생산기법들과 기술들을 적용하고 수행하는 것은 혁신(innovation)이라고 알려져 있다. 그리고 이러한 혁신의 과정은 시간이 경과함에 따라 주어진 생산요소 투입량에 대해 산출량 수준이 증가됨을 의미한다. 따라서 시간이 경과함에 따라 기술수준이 향상된다고 가정한다면, t기간에 걸친 기술수준의 향상을 나타내기 위해 간단한 기술적 궤도(technological trajectory)를 나타내는 $e^{\varphi t}$를 콥-더글라스 생산함수에 포함시킬 수 있으며 다시 표현하면 아래와 같다.

$$Y_t = A \cdot e^{\varphi t} \cdot K_t^{\alpha} \cdot L_t^{1-\alpha} \tag{5-9}$$

이제 지역의 산출량 증가가 생산과정에서 다양한 생산요소 투입량의 변화와 어떤 관계에 있는지 알아보자. 먼저 지역생산함수를 지역성장 모습으로 변화시키기 위해 식 (5-9)에 자연대수를 취하고 시간에 대하여 미분한다.

$$\frac{1}{Y} \cdot \frac{dY}{dt} = \varphi + \frac{\alpha}{K} \cdot \frac{dK}{dt} + \frac{1-\alpha}{L} \cdot \frac{dL}{dt} \tag{5-10}$$

식 (5-10)은 다시 식 (5-11)과 같이 쓸 수 있다.

$$\dot{Y}_t = \varphi + \alpha \dot{K} + (1-\alpha)\dot{L} \tag{5-11}$$

식 (5−11)에서 $\dot{Y}_t$, $\dot{K}$, 그리고 $\dot{L}$은 각각 산출물, 노동 및 자본의 증가율을 나타내고, α와 $(1-\alpha)$는 각각 자본과 노동에 대한 기여도인 생산성을 나타낸다. 이런 신고전학파의 성장식은 다음과 같은 의미를 가지는데 t시점에서의 지역의 산출량 증가율은 경제에서 개별적 기여도에 의해 가중된 투입요소(자본과 노동) 증가율의 합에 기술수준 φ를 합한 값임을 보여준다. 그리고 기술수준은 자본과 노동의 최적 결합비율을 변화시키는 방식에 의해서는 달성할 수 없는 경제성장에 대한 기여도를 나타낸다.

한편 시간의 변화에 따른 생산요소 수익성에 영향을 미치는 것은 과연 무엇일까? 우선 노동에 대한 수익성을 대변하는 임금은 노동생산성에 따라 결정되기 때문에 임금의 증가율은 노동생산성의 증가율과 관련이 있음을 주시해야 한다. 이 관계를 정확히 살펴보기 위해 식 (5−11)의 양변에 노동의 (투입량에 대한)증가율을 각각 빼주면 아래와 같이 나타낼 수 있다.

$$\dot{Y}_t - \dot{L}_t = \varphi + \alpha\dot{K} + (1-\alpha)\dot{L} - \dot{L}_t \qquad (5-12)$$

식 (5−12)를 풀어보면 아래와 같이 다시 나타낼 수 있다.

$$\dot{Y}_t - \dot{L}_t = \varphi + \alpha(\dot{K}_t - \dot{L}_t) \qquad (5-13)$$

식 (5−13)의 좌변은 시점 t에서 노동생산성의 증가율을 나타낸 것인데, 이것은 기술수준과 자본/노동 비율의 증가율의 합으로 주어진다. 즉 임금의 증가율에 영향을 미치는 것은 기술수준과 자본/노동비율의 증가율인 것이다. 즉 생산요소인 노동의 이동은 보다 임금을 높이 주는 지역으로 이동하게 됨을 뜻한다.

한편 이윤의 성장을 발생시키는 원천에 관해서도 우리는 유사하게 접근 가능하다. 위에서 말한 바와 같이 이윤증가율은 결국 자본생산성에 의존한다고 볼 때, 이를 식으로 표현하면 아래와 같이 나타난다.

$$\dot{Y}_t - \dot{K}_t = \varphi + (1-\alpha)(\dot{L}_t - \dot{K}_t) \qquad (5-14)$$

식 (5−14)에서 좌변은 시점 t에서 자본생산성의 성장률을 나타내는데, 그것은 기술수준과 노동/자본비율의 성장률의 합에 따른다. 즉 이윤의 성장정도에 영향을 미치는 것은 기술수준과 노동/자본비율의 증가율인 것이다. 이는 생산요소인 자본의 수익성은 노동에 대한 수익성이 높은 지역에서 낮은 지역으로 이동하게 됨을 말한다.

한편 이윤의 성장률이 0이 되는 균제상태에서 성장의 잠재적 원천을 살펴보기 위해 산출량/자본 비율의 성장률이 0일 때 이윤의 성장률을 0으로 두자. 이를 식으로 표현하면 아래 식(5−15)와 같다.

$$\dot{Y}_t = \dot{K}_t \qquad (5-15)$$

이러한 조건을 식 (5−14)에 대입하면 다시 식 (5−16)으로 고쳐쓸 수 있다.

$$0 = \varphi + (1-\alpha)(\dot{L}_t - \dot{Q}_t) \qquad (5-16)$$

식 (5−16)을 풀어보면 다시 식 (5−17)로 나타낼 수 있다.

$$\dot{w}_t = \dot{Q}_t - \dot{L}_t = \frac{\varphi}{(1-\alpha)} \qquad (5-17)$$

식 (5−17)은 이윤의 성장률이 0이 되는 균제상태(steady−state situation)에서는 노동생산성 및 임금의 성장률은 단순히 기술수준과 경제의 생산요소 투입에서 노동이 차지하는 비율에 의존함을 뜻한다.

이러한 신고전학파에 의한 지역성장모형이 의미하는 바를 종합해보면 먼저 다른 지역으로부터 투입을 유인할 수 있는 요인이 고성장을 가져오게 하는 열쇠라는 점이며, 노동과 자본은 수익률의 차이에 따라 이동한다는 사실을 나타내고 있다는 것이다. 즉 해당 지역의 총생산 증가는 기본적으로 생산요소의 양적 투입 증가로 이루어지며, 이때 지역생산의 요소탄력성이 상대적으로 높은 생산요소를 투입하는 것이 지역성장을 위해 보다 바람직하다는 것이다. 이런 생산요소의 투입 증가는 주로 해당 지역내에서 추가적인 투입뿐만 아니라 생산요소의 지역 간 이동을 통해 이루어진다는 것이다. 결론적으로 지역 간 생산요소의 자유로운 이동이 해당 지역의 요소생산성을 증가시키며, 지역생산력의 증대는 지역경제성장을 유도한다는 것이다. 따라서 신고전학파성장모형에 지역의 지속적인 성장을 위해서는 지역 간 생산요소의 자유로운 이동을 방해하는 각종 장벽을 철폐하는 것이다.

이 모형은 공급측면에서 지역성장의 문제를 다루었으며, 국가성장이론에서 제시된 이념을 지역경제의 분석에 쉽게 도입 및 적용을 할 수 있다는 장점이 있다. 그리고 지역경제성장을 지역 간 생산요소이동과 함께 설명하고 있으며, 정확한 예측 결과를 도출할 수 있게 해준다.

이러한 장점에도 불구하고 신고전학파모형은 여러 문제점을 가진다. 먼저 기본적인 가정에 현실성이 결여되어 있다. 우선 동태적인 지역경제에서 완전고용과 완전경쟁이라는 가정이 그것인데, 그 이유는 지역경제에서는 공간과 거리가 중요한 개념으로 대두되며 그것들이 경쟁을 제한하여 독점력을 부과한다는 점에서 모순된다. 게다가 지역별 존재하는 산업구조가 다름에도 불구하고 이러한 가정으로 인해 분석에 포함이 되지 못하게 되는 비현실성을 여실히 드러내고 있다. 또한 수송비가 들지 않는다는 가정과 공간적 마찰이 없다는 가정은 분석의 편의를 위한 것일 뿐 지역경제문제를 다룰 때 고려될 수 있는 것이 아니다.

다음으로 모형의 틀 내부에 존재하는 자본과 노동에 대한 생산성 뿐만 아니라 지역성장을 유도하는데 크게 기여를 하는 것 중의 하나가 기술수준의 향상임에도 불구하고 그에 대한 분석이 없다는 것이다. 즉 기술혁신이 투자환경과 노동시장조건에 미칠 효과도 이론 속에 포함하고 있지 못하다는 것이다. 그리고 분석의 결과가 자유로운 요소의 이동으로 인한 지역경제성장을 유도한다는 것인데 실제로 한 지역만을 대상으로 이론을 전개하여 각 지역 간의 경제적 상호작용이 실제로는 배제되는 점을 들 수도 있다. 게다가 생산요소에 대한 수요요인을 고려하고 있지 않아 역의 인과관계가 존재할 가능성도 있다. 즉 생산요소 공급 증대로 고성장이 이루어진 것이 아니라 고성장의 결과로 인해 생산요소공급이 증대되었을 경우에 대해 신고전학파의 지역경제성장이론은 설명력을 잃게 되는 한계를 가진다.

(3) 누적성장모형

누적성장이론(cumulative growth theory)은 화폐소득의 순환 및 누적원리에 의하여 평균소득이 높은 지역은 상대적으로 구매력도 높으며 이에 따른 요소 소득도 많아지게 되고 그 지역은 더욱더 많은 집적력이 형성되어 더 높은 성장을 이룩한다는 것이다. 반면 평균소득이 낮은 지역은 구매력이 낮다는 의미에서 점차 실업이 발생하게 되고, 이는 저소득 및 저구매력으로 이어져 산업활동의 침체를 계속 경험하게 되며, 이런 침체가 누적된다는 것으로 성장지역과 침체지역의 격차가 계속 증가하게 된다는 것이다. 이 이론의 출발은 수요측면의 지역성장이론으로써 안정적 균형성장을 이룬다는 신고전학파모형과는 달리 지역 간 1인당 소득격차가 해소되지 않고 오히려 증가한다고 가정함을 그 근원으로 둔다. 뮈르달(Myrdal, G.)에 의하면, 그는 "시장에 존재하는 여러 가지 힘의 작용은 대개 지역 간 불균형을 완화시키기 보다는 격차를 심화시키는 경향이 있다"고 말한다. 그리고 이 같은 지역의 성장 및 쇠퇴의 상반되는 경향을 파급효과(spread effect)와 역류효과(backwash effect)라는 상반된 힘이 누적적으로 상향 혹은 하향운동을 일으킴으로써 지역 간 불균형을 심화시킨다고 주장한다. 여기서 파급효과는 자본과 노동력이 유입된 지역은 배후지역의 역류효과에 영향을 입어 수요의 증대로 성장효과를 가져오는데, 이러한 성장효과는 배후지역에 파급되어 그 지역에 대한 새로운 투자가 이루어져 배후지역성장도 동시에 이루어지게 되는 것을 말한다. 역류효과란 배후지역의 사회, 경제활동의 악화로 자본, 노동력에 대한 수요가 상대적으로 악화되어 모든 생산요소다 중심지로 다시 집중되는 효과를 말한다. 예를 들어 역사적 지리적 조건들이 중심지역의 비교우위를 누적적으로 확대시켜 중심지역에는 생산요소가 유입되는 것이 계속적으로 나타나는데 반해 중심지역에 생산요소를 공급하는 배후지역은 역류효과로 인해 누적적으로 침체를 경험하게 된다는 것이다. 지역성장이론의 개념을 소개하는 도입부분에 말한 바와 같이 이러한 의미에서 누적성장모형은 불균형성장이론이라고 할 수 있다.

한편 누적성장모형은 변화할당모형과 함께 수요공급 혼합의 대표적인 모형이다. 즉 도시지역에서 생산되는 산출물에 대한 외부수요의 증가는 생산요소의 생산성을 증대시킴으로써 도시의 공급능력을 확대시키고 이로 인한 산출물의 대량생산은 생산비를 떨어뜨려 재화의 수출가격을 낮추며, 그 결과 외부수요가 더욱 확대된다는 것이다. 수출에 대한 외부수요의 발생은 바로 수출기반이론(혹은 경제기반이론)을 그 이론적 근거로 하고 있기 때문이다. 그리고 지역의 성장을 지역수출에 연관하여 중심지역과 배후지역 사이의 생산, 투자, 요소이동 등의 공급측면과 상호연관하여 잘 설명하고 있다. 이런 누적성장모형은 개발도상국들의 불균형과정을 비교적 잘 표현하고 있다는 점에서 그 의의를 가진다고 할 수 있다.

이런 누적성장모형의 또 다른 대표학자로는 리차드슨(Richardson, H.W.)과 허쉬만 (Hirshman, A.)이 있다. 허쉬만은 여러 가지 생산기술 단계에서 산업간의 상호복합성을 강조하면서, 이를 전방연관효과(forward linkage effects)와 후방연관효과(backward linkage effects)로 구분하였는데, 배후지역은 개발지역에 비해 지역 간 상호의존성이나 상호연계가 약하고 배후지역에 비교적 많이 입지해 있는 자원지향적 산업들은 두 연관효과가 모두 약하다고 한다. 즉 배후지역의 낙후화의 원인을 수요의 부족에서 찾고 이것이 전후방연쇄효과의 미흡과 지역 간 상호연계의 취약성을 불러온다고 주장하면서 장기적으로 중심지역이 제공하는 연관효과를 통해 배후지역의 경제도 성장하게 될 것이라고 전망한다.

이런 지역의 누적적 성장에 대해 리차드슨은 누적인과모형(cumulative causation model)을 다음과 같은 특성을 전제로 하여 설정하였다. 이 모형의 특징은 선형함수를 응용하여, 지역의 규모와 집적경제의 상관관계를 설명하고자 하였으며 나아가 집적의 효과와 규모의 경제가 발생시키는 이익을 측정하고자 함에 그 목적을 두고 있다.

우선 리차드슨은 생산성 증가율(r)은 지역의 산출수준(y)의 증가율의 함수라고 생각하였는데, 이는 집적경제와 규모에 대한 수확체증에 기인한다고 보았다.

$$r = a + by \qquad\qquad (5-18)$$

여기서 b는 버돈계수(Verdoorn coefficient)라 하며 효율성임금을 나타내는 의미로 사용되고 있는데, 이는 화폐임금지수를 생산성지수로 나눈 값이다. 따라서 효율성임금(w: efficiency wages)의 증가율은 기술진보의 성장률(d)와 역의 관계에 있다. 이는 새로운 기술의 진보로 생산효율성이 높게 되면 구조조정이 일어나게 되고 실업이 발생하여 효율성임금 증가율은 낮아지게 된다는 것이다. 이를 식으로 나타내면 식 (5-19)와 같다.

$$w = c - dr \qquad\qquad (5-19)$$

d : 기술진보율

c : 상수

한편 효율성임금 성장률이 낮으면 낮을수록 기술진보율이 높다는 것이고 이는 생산수준에 대한 성장률은 높아질 것임을 의미한다. 이를 식으로 나타내면 아래와 같다.

$$y = e - fw \qquad\qquad (5-20)$$

식 (5-20)을 식 (5-18)과 (5-19)에 대입하고, 시간개념을 도입하면 식 (5-21)과 (5-22)와 같은 차분방정식(difference equation)을 얻는다.

$$y_{t+1} = e + f(ad - c) + bdfy_t \qquad\qquad (5-21)$$
$$y_{t+1} = gy_t + h \qquad\qquad (5-22)$$

식 (5-22)는 식 (5-21)에서 $g = bdf$이고, $h = e + f(ad - c)$라고 한다면, $g > 0$이다. 균형성장률(y_e)은 $y_e = y_t = y_{t+1}$라고 둠으로써 구할 수 있으며, 이것을 y_e에 관해 풀면 다음과 같이 나타낼 수 있다.

$$y_t = \frac{h}{(1-g)} = \frac{e+f(ad-c)}{1-bdf} \qquad (5-23)$$

따라서 식 (5-23)의 1차 선형방정식의 해를 구하면 다음과 같다.

$$y_t = (y_o - y_e)g^t + y_e \qquad (5-24)$$

식 (5-24)에서 우변의 y_0는 초기의 성장률을 나타낸다. 만약 어떤 지역이 누적성장을 하고 있다면 $g > 1$이거나, $y_0 > y_e$가 되어야 한다. 만약 $y_e > 0$이라면 $g > 1$이고, $h < 0$이든지 $g < 1$이고, $h > 0$여야 한다. 그러나 만일 $y_0 < y_e$이고 $g < 1$이면 성장과정상 누적현상이 일어나지 않고 오히려 균형성장률을 향한 수렴현상이 일어나게 될 것이다. 물론 이와 같은 경우에도 파라메타 값이 지역 간에 차이가 난다면 지역 간 성장률의 격차는 계속될 것이다. 그 결과 만약 $g < 1$되어, $y_0 < y_e$이면 성장과정은 상향으로 수렴할 것이다.

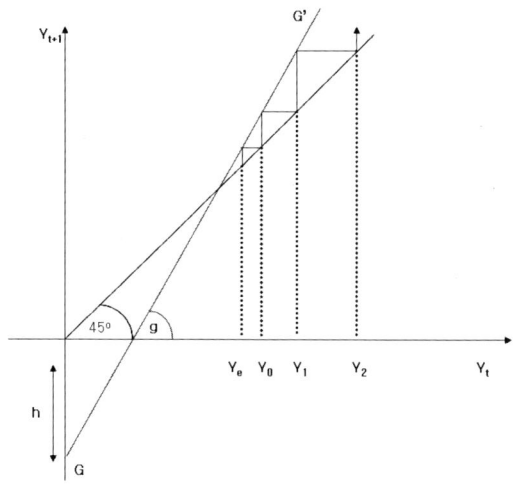

[그림 1-23] 시간에 따른 균형성장률

균형성장률은 $y_e = y_t = y_{t+1}$를 나타내는 45°선으로 표시되어 있으며, CG'선은 식 (5-22)의 $y_{t+1} = gy_t + h$로서, $g > 1$이고 $h < 0$의 경우를 나타낸다. [그림 1-23]에서 최초의 성장률이 균형성장률보다 큰 경우인 $y_0 > y_e$의 조건에서는 $y_0, y_1, \ldots, y_n$으로 확장하며 성장률은 누적적으로 증가하게 된다. 만약 최초의 성장률이 균형성장률보다 낮은 $y_0 < y_e$의 조건에서는 지역성장이 아닌 지역침체가 누적적으로 증가하게 된다.

종합해보면 누적성장은 기술혁신과 노동자 1인당 자본장비율, 또는 효율임금에 의해 결정된다고 본다. 그리고 기술혁신은 연구투자의 정도에 의해서 결정되며, 자본투자는 생산요소수익률과 그 가격에 의해 결정된다. 누적성장은 기술혁신이 일어나고 새로운 수출산업에 대한 투자가 증가하면 생산요소의 생산성이 증대되어 지역산업의 수출경쟁력이 높아지며 그로 인해 또 새로운 생산요소의 이동이 일어남에 따른 일련의 과정이 인과관계처럼 나타나면서 누적적으로 성장이 일어난다고 본다. 이 누적성장모형은 수요와 공급측면을 모두 아우르는 점에서 높은 평가를 받는 반면에 다음과 같은 한계점을 가진다.

먼저 누적성장모형은 어떤 지역에서 높은 성장률이 어떻게 지속되는 가를 설명하고 있지만 그 지역이 왜 높은 성장률을 나타나는지 그 근원에 대한 해답을 제시하고 있지 못하다는 것이다. 이는 그 지역이 가지는 산업구조상 특징, 정치적, 사회적 환경을 고려하지 못하고 있다는 점에서 무엇이 지역 간의 격차가 확대되도록 하는지에 대한 설명이 어렵다는 것이다. 그리고 생산성의 증가가 높은 지역성장을 유도하는지에 대한 설명을 위해 효율임금이라는 개념을 사용하고 있는데, 만약 급격히 성장한 지역에서 화폐임금이 빠르게 성장할 수 있다는 점에서 급격한 임금의 상승이 높은 생산성에 기인하지 않을 경우도 존재한다는 것이다. 그리고 효율임금이 하락하지 않는 것이 이들 지역에 있어서 성장을 지체시킨다는 의미로 연결되어야 하나, 성장에 따른 물가의 상승이 효율임금을 하락되지 못하도록 할 수도 있다는 문제점을 지닌다. 그리고 이 효율임금을 측정하기 위한 지표의 개발이 이루어져 있지 않음에 따른 자료를 구하기 어려운 문제가 역시 존재한다.

(4) 지역경제성장모델의 적용상 한계

우리는 지금까지 지역성장을 설명하는 모델을 살펴보았다. 지역성장은 크게 균형성장과 불균형성장으로 설명되며, 균형성장이론에 비해 불균형성장이론으로 무게가 실리고 있다. 균형성장은 지역 간 불균형이 장기적으로 시장의 기능, 즉 재화와 용역의 지역 간 이동을 통해서 자연스럽게 지역 간 균형을 이루게 된다고 하나 이는 현실을 설명하는데 설명력이 매우 떨어진다.

한편 불균형성장이론은 크게 수요측면, 공급측면, 그리고 혼합측면으로 설명되어진다. 수요측면은 케인즈의 승수이론을 이용한 경제기반모형으로 나타나는데, 이는 오로지 지역의 경제는 어떤 지역에서 외부적 수출수요가 존재할 경우 지속적인 지역성장이 가능해짐을 설명하고 있다. 이는 그 지역에서 어떤 부분이 수출주도 산업인가에 대한 분석을 시도하게 하는데, 그 해당지역은 복합적인 산업구조를 가지고 있기 때문에 이를 분석하기 용이하지 않다. 한편 공급측면을 강조한 신고전학파 모형은 그 지역이 가진 노동과 자본의 한계생산성과 그 총량의 변화에 주목한다. 이런 점은 규모의 수익불변을 가정함에 따라 가능한 것인데, 이는 또한 현실에서 발생하는 수 많은 규모의 경제에 대해 적용하기 용이하지 못하다는 단점을 보여준다. 그리고 이 두 모형은 각기 하나의 측면만을 강조하고 있다는 것에서 지역경제성장을 설명하는 요인 모두를 설명하지 못하는 한계점을 가지게 된다.

마지막으로 수요와 공급을 모두 고려한 혼합측면에서의 모형인 누적성장 모형이 있다. 이는 위에서도 밝힌 바와 같이 그 성장의 근원이 어디에서 시작되는 가에 대한 어떤 대답도 주지 못하고, 이는 단지 어떤 지역의 높은 성장에 대한 현상을 분석한 모형이라 할 수 있다. 따라서 지역성장을 설명하기 위해서는 각각의 분석모형에 대한 심도 있는 연구와 더불어 때로는 이런 각 부분들이 어떻게 연관 지어 설명할 수 있을 것인가에 대한 생각을 해봐야 할 것이다.

5장 연습문제

1. 지역경제성장의 개념을 지역주의와 지역불균형 관점에서 설명하라.

2. 균형성장이론과 불균형성장이론을 상호비교 검토하고 장단점을 설명하라.

3. 지역경제성장이론의 접근체계를 설명하라.

4. 수출기반이론의 의의를 경제기반모형을 통하여 설명하라.

5. 경제기반모형의 주요 내용과 경제적 시사점이 무엇인지 설명하라.

6. 신고전학파 모형을 나열하고, 모형의 장단점을 설명하라.

7. 누적성장모형의 주요 내용과 경제적 시사점을 설명하라.

8. 지역경제성장 모형을 적용하는 데 따른 한계점이 무엇인지 설명하라.

제6장 지역 경제분석(I)

1) 지역 경제분석의 개요

앞 절에서 우리는 지역경제학의 태동, 공간적 개념을 도입한 기업의 이윤극대화 조건에 수송비를 추가하여 비용을 최소화할 수 있는 최적화된 입지를 찾아내는 방법, 그리고 지역 간의 교역과 요소이동이 일어나는 배경, 또한 이런 이동의 개념을 사용한 지역의 성장에 대한 설명을 하였다. 그렇다면 우리가 지역경제학을 배우는 궁극적인 목표가 바로 지역경제에 대한 분석을 할 수 있는 힘을 배양하는 것에 있다고 한다면, 이번 장에서는 많이 사용되고 있는 분석모형에 대해 기술하려고 한다. 분석모형에는 크게 경제기반분석, 변화할당분석, 지역산업연관분석, 지역소득계정분석과 격차분석 등으로 나뉜다. 첫 번째로, 경제기반분석은 바로 전 장에 배웠던 지역경제성장에 있어서 경제기반부분이 차지하는 정도를 파악함으로써 해당지역의 경제구조를 파악하고, 이를 이용하여 지역의 성장특성을 파악하는데 주로 사용된다. 즉 기반부분이 국가 전체 산업 중 어떤 형태의 산업을 띠고 있으며, 기반 및 비기반부문의 산업특성 파악을 통한 지역산업구조파악, 그리고 지역 간 산업특성 비교 등을 위해 사용된다는 것이다.

두 번째로 변화할당분석이 있다. 이는 지역계획을 위한 지역성장분석과 지역성장 예측모형에 많이 사용된다. 세 번째로 지역산업연관분석이 있는데 지역산업의 연관성을 분석하고, 각종 승수와 연관관계를 파악하여 지역경제의 연관구조를 분석하는데 사용된다.[28] 마지막으로 지역소득계정분석과 격차분석인데 이는 지역 내 경제주체가 경제활동을 통해 새로이 창출한 최종생산물의 가치를 다양하게 평가 및 분석하는 방법이다. 지금부터 각각의 모형이 가지는 의의, 방법, 한계점 등을 중심으로 설명하고자 한다.

---

28) 산업연관분석은 제7장 지역경제분석(Ⅱ)에서 별도로 기술하였음.

2) 지역 경제분석의 유형

(1) 경제기반분석

우리는 지역성장이론 중 경제기반모형을 통해 그 지역의 성장을 주도하는 기반부문, 즉 수출부문과 이 기반부분을 지원하기 위한 비기반부문의 산업들이 어떤 산업인지를 직접적으로 결정할 수 있다는 가정 하에 이론을 전개하였다. 즉 지역의 기반부문과 비기반부문을 구성하는 산업들을 쉽게 확인할 수 있다고 가정하고 있다는 것이다. 그러나 기반산업으로써의 성격을 지닌 지역이 있을 지라도 개별산업에 대한 추가적인 정보가 없이는 쉽게 기반산업이라고 판단할 수 없는 여러 산업이 존재할 수 있다. 그리고 많은 지역이 실제로 다른 지역보다 비교우위를 가지는, 즉 지배적 우위를 가지는 특정한 산업이나 산업집단을 가지고 있지 않을 수도 있다. 따라서 이와 같은 지역들에 있어서 어떤 산업이 기반부문에 속해있는지, 또는 비기반부문에 소속되는지를 결정하는 일은 간단하지 않다. 따라서 많은 지역에 있어서 사전적인 지식 없이 기반 혹은 비기반부문으로 구분하는 작업은 비과학적일 수 있다.

그럼에도 불구하고 기반과 비기반부문으로 나누어 분석을 하게 되는 경위는 산업적 변화가 초래하는 충격을 미시경제적으로 분석하기 보다는 지역이 서로 다른 두 그룹의 광범위한 산업부문들로 구성되어 있다고 보는 관점에서 그러한 두 부문간의 연계에 초점을 맞추어 분석되어진다. 그리고 경제기반모형의 기본가정을 따라 지역내 산업부문은 크게 기반부문(basic sector)와 비기반부문(non-basic sector)로 나눈다. 기반부문은 산업적 성과가 대부분 지역경제에 대하여 외생적인 경제적 조건에 의해 결정되는 부문이고, 비기반부문은 산업적 성과가 대부분 지역경제 내부의 경제적 조건에 의해 결정되는 부문이다. 여기서 외생적 또는 내부적이라는 용어사용은 두 부문의 산출물에 대한 시장의 위치와 관련이 있다. 즉 기반부문은 해당지역 이외에 타 지역의 어떤 재화에 대한 수출수요가 있어야 하기 때문에, 이는 시장이 지역안에 존재하는 것이 아니라 밖에 존재하기 때문에 외생적으로 결정된다. 반대로 비기반부문은 그 지역 내부에서 발생되는 수요를 충족시키기 위한 부문으로써 내부적으로 결정된다고 할 수 있다.

한편 어떤 산업부문이 지역의 수출부문에 속하는지를 확인하는 방법으로는 가정에 의한 방법(assumptions method), 입지계수법(location quotient method) 및 최소요구법(minimum requirements method)로 구분되어 진다. 이제 각각에 대해 자세히 알아보도록 하자.

가) 가정에 의한 방법

기반부문과 비기반부문에 속하는 산업들을 결정하는 가장 간단한 방법은 산업구조에 따라 나뉘는 것이다. 즉 '농업, 광산업, 제조업 등을 포함하는 1, 2차 산업은 모두 기반부문에 속하며, 반면 3차 산업은 모두 비기반부문에 속한다'라 가정하는 것이다. 이런 방법은 가정에 의한 방법으로 알려져 있고, 매우 간단하다는 장점이 있지만 정확하지 못한 문제가 발생한다. 가령 금융서비스업과 같은 3차 산업은 국가 전체적 또는 국제적 거래와 관련된 서비스이며, 따라서 기반산업으로서의 속성을 가진다. 또한 많은 농업 및 원자재를 채굴하는 광산업의 경우 높은 수송비용 때문에 지역시장을 주 대상으로 삼게 되므로 비기반부문의 속성을 띤다. 따라서 단순한 가정에 의해 기반 혹은 비기반부문으로 나누는 방법은 많은 오류가 존재할 수밖에 없다.

나) 입지계수법(LQ: Location Quotients)

입지계수법은 국가 전체적인 총 고용에서 특정산업의 고용이 차지하는 비중에 비하여 어떤 지역의 총고용에서 그 산업이 차지하는 비중이 상대적으로 어떠한가를 파악하는 방법이다. 이 입지계수법은 지역의 고용 자료를 획득할 수 있는 경우 계산이 가능하며, 보통 널리 사용하는 기법이다. 지역의 입지계수 LQ_{ir}은 어떤 지역(r)에서 특정 산업(i)의 고용 E가 지역의 총 고용에서 차지하는 비중이 국가 전체적인 총 고용(n)에서 그 산업에 대한 고용이 차지하는 비중에 대한 상대적인 비율로 정의된다. 따라서 이를 식으로 나타내면 아래와 같다.

$$LQ_{ir} = \left(\frac{E_{ir}}{E_r}\right) \bigg/ \left(\frac{E_{in}}{E_n}\right) \qquad \qquad `(6-1)$$

식 (6-1)에서 E_r은 지역(r)의 총 고용, E_{ir}은 지역(r)의 산업부문(i)에 대한 고용, E_n은 국가 전체적 총 고용, 그리고 E_{in}은 국가 전체산업부문(i)에 대한 고용을 각각 나타낸다.

경제기반분석의 측면에서 입지계수기법이 가지는 함의는 만약 어떤 지역이 주어진 부문에서 국가 전체적 평균에 비해 높은 고용 비중을 나타내고 있다면, 그 지역은 그 산업부문의 생산에 상대적으로 특화되어 있음을 의미하는 것이다. 이 경우 입지계수는 1보다 크게($LQ_{ir} > 1$) 된다. 논의를 단순화하기 위해 어떤 산업에 있어서 모든 지역들이 동일한 선형생산함수를 보유하고 있으며, 모든 지역에 거주하는 가계들의 소비함수가 동일하다고 한다면, 이처럼 입지계수가 1보다 크다는 것은 그 지역이 그 산업부문에서 생산하는 재화의 순수출 지역임을 의미하게 된다. 반대로 입지계수가 1보다 적다는 것은 그 지역이 그 산업부문에 대해 비특화된 지역으로써 재화를 수입하는 순수입지역임을 의미한다. 그리고 입지계수가 1일 때에는 그 산업부문에서 생산되는 재화의 지역 간 순거래의 흐름은 없음을 의미한다. 이 경우 지역 자체 내에서 자급자족하고 있는 상태임을 의미한다.

이러한 입지계수는 여러 지역경제분석기법인 산업연관분석, 경제기반분석 및 전이할당분석 등과 함께 사용하면 매우 유용하다. 입지계수는 자료만 있으면 쉽게 구할 수 있고, 조사나 분석비용을 최소화할 수 있으므로 여러 가지로 유용하다. 그러나 입지계수는 쉽게 계산할 수 있다는 측면에서 너무 단순하여 불확실한 면이 많으며, 이를 이용하여 지역 간 단순비교를 할 경우 모순된 결과를 가져올 수 있다.

① 비교분석 모형구조

한 지역의 경제적인 특성분석을 다른 지역과 비교하는 경우 입지계수를 변형하여 비교적 간략하게 산출할 수 있다. 이때 비기반부문이 첨가되는데, 이 비기반부문이

첨가된다는 의미는 입지계수를 사용하여 어떤 지역이나 도시에 있어서 입지계수가 1보다 큰 산업들을 단순히 모아서 기반부문으로 분류하고, 또한 입지계수가 1보다 작은 산업들을 한데 묶어서 비기반부문으로 분류가 된 상태에서 사용해야 함을 뜻한다. 이런 일련의 과정을 거친 후 B / N비(basic / non-basic ratio)를 사용하는데 이는 기반부문의 고용자수와 비기반부문의 고용자수에 대한 상대적 비율을 의미한다. 즉 서로 다른 두 지역에 있어서 기반산업의 특성화 정도가 높은가? 혹은 낮은가?를 평가하기 위해 사용된다. 이를 식으로 나타내면 아래와 같다.

$$\frac{B}{N} = \frac{E_b}{E_n} \tag{6-2}$$

식 (6-2)에서 E_b는 기반부문의 고용자수나 생산액, 혹은 임금 등을 나타내며, E_n은 비기반부문의 고용자수나 생산액, 혹은 임금 등을 의미한다. 여기서 구한 B / N비는 입지계수와 마찬가지로 1을 기준하여 1보다 큰 경우에 이 지역은 다른 지역에 비해 기반부문 산업이 특성화 되어 있고, 이에 따라 모형의 가정상 비기반부문 산업의 성장이 기대되는 곳이라 볼 수 있다. 반면 B / N비가 1보다 적은 경우에는 대체로 지역의 기반부문 산업이 취약하다는 것을 의미한다.

② 모형내용

한편 지역의 경제적인 특성을 분석하기 위해 경제기반모형을 통해 산출된 기반부문과 비기반부문의 특성치를 사용하는데, 이는 지역의 경제기반승수가 일정한 경우에 해당된다는 점을 알아야 한다. 이를 이해하기 위해 어떤 지역산업을 기반부문과 비기반부문으로 쉽게 분류할 수 있는 지역을 생각해보자. 경제기반모형에서 일반적으로 고용량을 산출량의 대리변수로 사용한다고 할 때, 지역경제의 고용구조는 다음과 같다.

$$T = B + N \tag{6-3}$$

식 (6-3)에서 T는 지역의 총 고용, B는 기반부문의 고용, N은 비기반부문의 고용을 각각 나타낸다고 할 때, 그 지역의 총 고용은 기반부문에 소속된 산업들의 고용과 비기반부문에 소속된 산업들의 고용의 합이 됨을 보여준다.

경제기반모형에서는 비기반부문의 산출량은 지역경제 전체의 성과에 의존하나 기반부문의 성과는 지역경제에 대해서 외생적 요인에 의해 결정된다고 가정하고 있으므로, $N = nT$의 관계를 설정할 수 있게 된다. 여기서 n은 0과 1사이의 값을 가지는 계수로써 어떤 지역의 비기반부문에서 창출된 고용이 그 지역의 총 고용창출에 미치는 영향의 민감성을 보여준다. 따라서 식 (6-3)에 대입하여 재정리하면 식 (6-4)로 나타난다.

$$T = B + nT \tag{6-4}$$

식 (6-4)를 T에 대해 재정리를 하면 다음과 같다.

$$\frac{T}{B} = \frac{1}{1-n} \tag{6-5}$$

식 (6-5)에서 기반부문 고용에 대한 총 고용의 비율 T/B는 경제기반승수 (economic base multiplier)를 나타내는데, 기반부문의 고용과 경제 전체의 고용 관계를 보여준다. T/B의 값이 클수록 경제기반승수의 값도 커진다. 한편 기반부문의 고용변화가 총 고용에 미치는 영향은 식 (6-6)으로 표현할 수 있다.

$$\triangle T = \frac{1}{1-n} \triangle B \tag{6-6}$$

식 (6-6)에서 기반부문의 고용이 $\triangle B$만큼 변화하면 지역의 총 고용은 $\triangle T$만큼 증가하게 된다.

이 분석에서는 통해 지역의 총 고용은 기반부문에서 창출된 고용의 함수라고 가정이 전제되어 있다. 이때 총 고용과 기반부문 고용 간의 관계는 $1/(1-n)$에 의해 결정되는데, 이때 n은 지역경제와 지역 내 시장을 대상으로 비기반부문 간 연계의 강도를 나타낸다. 이는 지역경제 전체의 성과는 부분적으로 기반부문의 성과에 의존한다는 가정에 의해서 이해될 수 있는 부분이라 하겠다. 동시에 기반부문에서 창출된 고용은 비기반부문으로부터의 투입물의 공급을 요구하며, 그러한 과정에서 보다 많은 고용이 창출된다. 따라서 계수 n은 지출연관(expenditure linkage)을 나타내는 파라미터로써 비기반부문 투입물에 대한 기반부문의 수요의 강도를 나타낸다. 만약 n의 값이 클수록 $(1-n)$의 값은 적어지며, 경제기반승수 $T/B = 1(1-n)$의 값은 커진다.

한편 경제기반모형은 식 (6-5)에 나타나는 것보다 다소 복잡하다. 비기반부문은 기반부문과 단순한 선형의 관계를 유지하지 않을 수 있으며, 어떤 유형의 비기반부분의 활동은 기반부문과 독립적일 수도 있다. 이와 같은 경우 경제기반모형은 다음과 같이 변형된다.

$$T = B + (N_0 + n_1 T) \tag{6-7}$$

식 (6-7)에서 N_0는 기반부문과 독립적인 비기반부문의 고용활동의 수준을 나타낸다. 그리고 식 (6-7)을 T에 대해 정리하면 아래와 같이 변형된다.

$$T = \frac{N_0}{1-n_1} + \frac{B}{1-n_1} \tag{6-8}$$

그리고 식 (6-8)은 다시 식 (6-9)로 나타낼 수 있다.

$$\triangle T = \frac{1}{1-n_1} \triangle B \qquad\qquad (6-9)$$

식 (6-9)에 나타난 결과는 식 (6-6)과 동일하다. 즉 비기반부문의 한계적 성장이 기반부문에 대해 일정하지 않고, 따라서 비기반부문이 부분적으로 기반부문에 대해 독립적일지라도 경제기반승수의 값은 변화되지 않음을 의미한다.

③ 모형의 시사점

경제기반모형이 가지는 장점은 다음과 같이 첫째, B/N비 혹은 경제기반승수의 계산이 매우 용이하다는 점과 실제로 분석에 있어서 쉽게 적용할 수 있다는 것이다. 둘째로 자료가 부족하여도 B/N비만 예측할 수 있다면 산업의 신설 혹은 확장에 따른 효과를 쉽게 분석할 수 있다는 점이다. 그리고 마지막으로 비교적 자료취득이 용이한 고용자료 등을 이용하여 지역경제의 예측이 가능하다는 것이다.

이처럼 경제기반모형은 모형의 구조가 비교적 단순하고 적용이 용이한 점이 있지만, 다음과 같은 한계점을 가진다. 먼저 기반활동만이 지역경제의 원동력이라는 편중된 생각에 기본을 두고 있다는 점이다. 둘째로 기반부문과 비기반부문을 명백하게 구분하는 방법론 정립이 어렵다는 것이다. 셋째로 기반 및 비기반부문의 구분이 어려운 지역, 즉 대도시의 경우, 이와 같은 모형의 설득력은 떨어지게 된다. 넷째로 지역경제규모의 변동과정을 구체적으로 설명하지 못하며, 산업 간 생산성의 차이를 모형에서 충분히 설명할 수 없다는 점이다. 이 밖에도 대리변수로써 고용을 주로 사용하기 때문에 성장에 있어 외생적 측면에 대한 설명을 하지 못하는 점도 들 수 있겠다.

다) 최소요구법

앞서 말한 입지계수가 지니는 약점을 보안하기 위해 Ullman and Decey(1960)는 단순한 입지계수 기법을 변형시킨 최소요구법을 제안하게 된다. 이 접근법은 지역경제가 국가경제에 비해 상당히 개방적이므로 어떤 산업부문이 기반 혹은 비기반인가를 판단하는 데 있어서 국가경제가 가장 적절한 기분이 되어야할 이론적 근거는 없다는 주장에서 비롯되었다. 최소요구법에서는 특정 지역의 산업부문별 고용구조를 국가경제 전체의 산업부문별 고용구조와 비교하는 것이 아니라 그 지역과 비슷한 규모를 가진 다른 지역들과 비교하는 지표를 사용한다는데 차이가 있다. 비슷한 규모를 가진 지역들을 동시에 고려한다면 각 산업별 고용규모를 지역 간에 상호 비교함으로써 산업별로 지역의 전체 고용에 대한 고용 비중이 가장 낮은 지역을 확인할 수 있다. 이때 특정 산업에 대한 고용비중이 가장 낮은 지역은 그 지역과 비슷한 규모의 지역 그룹에 속한 각 지역들의 해당 산업에 대한 최소요구량이 된다. 어떤 지역의 특정 산업부문 고용비중이 최소요구량에 비해 높다면 그 산업은 지역의 수출산업이 되며, 이러한 산업들의 고용량을 합하면 지역 수출부문의 총 고용량이 된다. 이런 논의를 요약하여 정리하면 최소요구 입지계수(minimum requirement location quotient)는 아래와 같다.

$$MRLQ_{ir} = \left(\frac{E_{ir}}{E_r} \right) / \left(\frac{E_{im}}{E_m} \right) \qquad (6-10)$$

식 (6-10)에서 m은 특정 산업에 있어서 최소 고용비중을 차지하는 지역을 나타낸다. 원칙적으로 이 방법은 입지계수 접근법과 유사하다. 경제기반 분석의 관점에서 최소요구법의 장점은 기반부문과 비기반부문 간의 고용 비율은 개별지역의 산업부문에서는 차이가 나지만 모든 지역에 걸쳐 일정하다는 점이다. 그러나 적절한 비교 대상지역을 확인하는 문제와 함께 이 접근법의 한계는 각 지역의 어떤 산업부문도 순수입 지역이 되는 것이 불가능하다는 점이다. 그 이유는 만약 어떤 지역에 있어서 특정 산업의 비중이 유사한 규모의 다른 지역에 비해 낮다면 그 지역은 최소요구량을 결정하기 위한 기준 지역이 되므로 어떤 부문에 있어서도 $MRLQ$의 값은 1보다 작아질 수 없기 때문이다. 따라서 모든 지역은 순수출 지역이 되거나 순 거래량이 없게 된다는 점이 가장 큰 문제점이라 할 수 있다.

라) 지역특화분석

① 지역전문화 지수

지역전문화지수(index of industrial specialization)는 입지상의 개념을 좀 다르게 지수화한 것으로 지역산업의 전문화 및 집중화 정도를 측정할 수 있는 도구이다. 즉 지역경제를 구성하고 있는 그 지역의 부문구조를 분석하여 다른 지역과 비교하고, 그 지역의 산업 활동 집중 정도를 지수로써 비교할 수 있는 방법인 것이다. 여기 이 모형은 특정 지역의 산업별 고용비율에서 전국의 산업별 고용비율을 산업별로 감한 산업별 편차의 절대치를 합한 후 2로 나눈다. 이를 식으로 표현하면 아래와 같다.

$$I_s = \sum_{i=1}^{n} \left| \frac{E_{iz}}{E_z} - \frac{E_i}{E} \right| \div 2 \qquad (6-11)$$

이 지수의 값은 0과 1사이에 있고 특정 지역의 산업분포가 전국의 산업분포와 일치한다면, 즉 한 나라에서 사용하는 재화를 모든 지역에서 동일하게 생산해 낸다면, 그 산업별 편차는 0이고 전문화지수의 값도 0이 된다. 반면 특정 지역의 고용이 모두 한 산업에만 집중되고 다른 산업이 존재하지 않는다면 전문화지수는 1이 된다. 이런 전문화지수가 크면 클수록 그 지역의 산업이 전국에 비하여 더욱 전문화되어 있음을 나타내고, 이 전문화 계수는 지방화계수와 함께 지역산업의 다각화정책을 수립하는데 매우 유용하게 사용된다.

② 지방화계수

지역산업구성을 분석하는 방법으로 지역전문화지수와 비슷한 개념으로 지방화계수를 들 수 있다. 지방화계수(coefficient of localization)는 특정 산업의 지역집중화 정도를 나타낸 것으로 지역집중화지수라고도 한다. 이 지방화계수를 구하는 방법은 아래와 같다.

$$C.L.= \sum_{n=1}^{r} \left| \frac{E_{in}}{N_i} - \frac{E_n}{N} \right| \div 2 \qquad (6-12)$$

식 (6-12)는 특정지역에 있어서 i산업고용자수(E_{in})가 전국 i산업고용자수(E_n)에 대해서 차지하는 비율을 먼저 구하고, 그 다음으로 특정지역의 전산업고용자(N_i)가 전국의 전산업고용자(N)수에 대해 차지하는 비율을 구한 값을 감한 절대치를 지역별(r)로 합계하여 이것을 2로 나눈 것이다. 이때 특정 산업이 한 지역에만 집중되어 있으면 지방화계수는 1이고, 특정산업의 지역별분포가 전산업의 지역별분포와 같다면 0이 된다. 즉 지방화계수의 값이 작을수록 그 산업의 지역집중도는 작다고 할 수 있다.

③ 지역집적도지수(공업집적도)

지역집적도지수 역시 앞서 살펴본 지역전문화 및 지방화(집중화)지수와 유사한 개념이다. 차이라고 한다면 지역전문화지수와 지역집중화지수는 산업별로 그 지수를 측정하기 때문에 여러 지역을 한번에 비교하기 어렵다는 단점을 보완한 것이라 할 수 있겠다. 따라서 지역집적도지수는 그런 점을 고려하여 지역인구당 생산지수(AP) 및 지역면적당 생산지수(AS)의 개념을 이용하여 여러 지역을 상호 비교할 수 있다. 지역인구당 생산지수는 전국산업부가가치에 대한 지역산업부가가치의 비율을 전국인구대비 지역인구의 비율로 나눈 값이다.

$$AP= \frac{지역산업부가가치/전국산업부가가치}{지역인구/전국인구} \qquad (6-13)$$

그리고 지역면적당 생산지수는 지역인구 식 (6-13)에서 지역인구대신 지역면적을 측정변수로 사용한 것만 틀리고, 이를 나타내면 아래와 같다.

$$AS = \frac{지역산업부가가치/전국산업부가가치}{지역면적/전국면적} \qquad (6-14)$$

그리고 지역 집적도는 는 두 지수의 단점을 보완하기 위해 사용하는 것으로써 두 지수의 곱한 값에 근수(root)를 취한 값이다.

$$지역집적도 = \sqrt{AP \cdot AS} \qquad (6-15)$$

마) 변화할당분석

변화할당분석(shift and share analysis)은 전이할당분석이라고도 불리며, 어떤 지역의 특정산업의 기준년도와 비교년도의 성장요인을 분석하는 기법이다. 이 변화할당분석은 지역계획을 위한 지역성장분석과 지역성장예측모형에 많이 사용된다. 이 분석 기법에서는 지역산업의 성장요인을 3가지 측면에서 고려하는데 전국의 산업성장효과(National growth effect: N), 지역의 산업구조(industrial Mix effect: M)효과, 지역할당효과(Regional share effect: R)로 구분되어 진다. 여기서 전국의 산업성장효과와 지역의 산업구조효과를 묶어 산업구조효과로 볼 수 있기 때문에 지역의 성장요인은 다시 산업구조효과와 지역할당효과로 구분하여 설명되어 진다. 먼저 산업구조효과에서 전국의 산업성장효과는 국가 전체의 성장이 지역으로 전이되는 정도를 의미한다. 그리고 지역의 산업구조효과는 관련 산업들이 혼합에 의해 변화한 정도를 말한다. 마지막으로 지역할당효과는 지역 자체적으로 내부의 성장 및 변화 정도를 말한다. 따라서 이런 논의를 식으로 표현하면 아래와 같다.

$$R = N + M + S \qquad (6-16)$$

식 (6-16)에서 R은 지역성장의 총 변화, N은 국가성장 할당변화, M은 산업혼합변화, 그리고 S는 지역성장변화를 나타낸다. 만약 어떤 지역의 성장유망산업이라고 함은 산업구조효과와 지역할당효과가 모두 양(+)인 산업임을 말하고, 반대로 열위산업이라고 함은 두 효과가 모두 음(-)인 경우를 말하고, 이는 구조조정을 통해 업종에 대한 투자를 전환해야할 필요성을 가짐을 뜻한다.

이 변화할당분석의 장점은 지역성장의 횡적 측면과 종적인 측면을 동시에 관찰할 수 있으며, 2개 연도의 자료만 가지면 분석이 용이한 점이다. 그리고 자료가 불충분하여 시계열 분석이 어려운 경우나 시간과 자원이 제한되어 있는 경우 사용될 수 있는 분석법이다. 손쉽게 분석이 가능하다는 측면에서 세계 여러 나라에서 사용되고 있다. 반면 문제점을 수반하기 마련인데 먼저 조사연도의 성장률만을 반영하고 있기 때문에 성장의 단편성만 보여줄 수 있는 오류를 범한다. 그리고 산업의 효과가 대개 전체산업과 특정산업이 혼합된 경제효과를 동시에 반영하기 때문에 어떤 것이 더 큰 영향을 미치는지 알 수 없다. 그리고 단기변화만을 반영하기 때문에 예측모형으로써 한계를 드러내며, 질적인 변화 측정이 어렵다는 한계도 가진다.

바) 지역소득계정분석과 격차분석

① 개념

지역소득계정은 지역계정의 일종으로써 일정기간(1여년)동안 지역내 경제주체가 경제활동을 통해 새로이 창출한 최종생산물의 가치를 시장가격으로 평가하여 합계한 것으로 이러한 소득계정방식에는 크게 지역내주의와 지역외주의가 있다. 먼저 지역내주의에 의하면, 지역총생산액은 특정 지역으로 정해진 일정한 지리적 공간내에서 산출된 소득을 생산에 참가한 사람들의 주거여부를 불문하고 그 지역내에서 생산한 것으로 간주한다. 지역내 총생산 혹은 순생산, 그리고 자본형성계정은 지역내주의로 분류된다. 한편 지역외주의는 지역내 주거가자 지역의 여하를 막론하고 산출한 소득을 파악하는 것이다. 전자의 경우 GDP에 해당하며, 후자의 경우 GNP의 개념과 같다. 특히 전자의 경우 활용도가 높은데 지역적 단위를 낮춤으로써 지역내 총생산(GRDP)의 계정으로 사용된다.

② 접근방법

소득계정의 접근방법에는 크게 생산접근법, 소득접근법, 지출접근법으로 구분할 수 있다. 그 중 지출접근법은 다시 공급접근법, 수요접근법, 자금접근법으로 나누어진다. 먼저 생산접근법의 경우 지역경제의 부가가치를 생산측면에서 계산하는 방법으로 생산을 산업별로 조사하여 지역총생산의 계산에 이용한다.

$$부가가치 = (생산량 \times 가격) - (생산량 \times 가격 \times 공제율) \qquad (6-17)$$

식 (6-17)에서 공제율은 감가상각비를 나타낸다. 한편 소득접근법에 의하면 새롭게 생산된 지역내 부가가치를 그것이 귀속된 각 생산요소별로 추계하고 종합하여 지역소득을 구하는 것이다. 여기에는 소득지출법과 소득수취법이 있다. 이 중에 소득지출법의 공식은 다음과 같다.

$$피고용자보수 = 기업당 평균노임지불액 \times 기업수 \qquad (6-18)$$

다음으로 지출접근법에서 공급접근법은 최종수요를 추정하는데 있어서 생산량의 공급분을 계산하는 방법이다. 그리고 수요접근법의 경우 최종수요의 주체인 가계, 기업, 정부 및 타지역 등으로 구분하여 이들 최종수요자의 지출자료에서 구하는 방법이다. 마지막으로 자금접근법은 기업의 재무자료에서 자본형성을 계산하는 방법을 말한다.

이런 접근방법에 따라 소득계정의 주체는 산업, 정부, 민간비영리 생산자로 구분되는데, 이 경제주체별 세부적인 생산항목에 따라 추계된다.

③ 지역소득의 종류

이전소득은 일정기간 및 일정지역에서 지역내 거주자가 생산한 최종생산물을 시장가격으로 평가한 금액을 말하며, 지역총생산·지역순생산·지역소득·지역개인소득·지역개인가처분소득 등으로 구분된다. 먼저 지역총생산(GRP)는 일정지역내에서 일정기간 동안 그 지역에 입지한 각 경제주체들이 생산에 참가하여 새로이 생산한 모든 최종생산물을 시장가격으로 평가한 것이다. 이 지역총생산은 생산과정에서 마모된 고정자본의 소모분을 포함한 개념이다. 그리고 귀속계산[29](imputing)은 시장기구를 통하여 교환되지 않는 생산물이 생산된 것으로 간주하여 처리하며 계산된 것이다. 두 번째로 지역순생산(NGP)은 지역총생산에서 일정수준 이상의 생산을 유지하기 위한 자본대체액을 뺀 개념이다. 이런 자본소모액에는 감가상각비, 불의의 고정자본손실, 경상비로 지출된 금액 등이 속한다. 세 번째로 지역소득(RI)는 일정 지역민에 의해 제공된 생산요소에서 발생하는 소득의 총액이다. 지역소득은 최종생산물만 계산한다는 점에서 지역순생산과 유사하지만, 개념상 분배측면을 고려한 계정임으로 지역순생산과 차이가 난다. 지역순생산의 경우 생산측면에서 본 개념임을 인지할 필요가 있다. 네 번째로 지역개인소득(RPI)은 세금을 제하지 않고 개인이 가져오는 지역내 모든 개인소득을 말한다. 이 지역개인소득은 지역소득에서 개인에게 귀속되지 않은 소득과 사회보장금, 법인세, 이익유보금을 제한 금액에 이전소득을 합한 것이다. 그리고 지역개인소득의 내용은 지출적 측면에서 직접세, 개인소비, 개인저축 등이 있으며, 수입적 측면에서 피고용자의 보수, 재산과 기업소득, 배당금, 이전소득 등이 있다. 마지막으로 지역개인가처분소득(RPID)는 지역개인소득 가운데 개인의 직접세를 제외함으로써 얻어지는 개인이 자유롭게 처분할 수 있는 소득을 말한다. 이 지역개인가처분소득은 가장 높은 지역사회의 복지수준을 나타내는 지표로써 그 의미가 남다르다고 할 수 있겠다.

④ 지역소득격차의 측정

지역소득격차라 함은 일반적으로 1인당 지역소득간의 차이를 말한다. 가령 일정 지역내의 소득분배가 균등한 것인가 혹은 많은 격차를 나타내는 것인가를 알아보는 방법은 로렌츠곡선(Lorenz curve)를 인용한 지니계수(Gini Coefficient)의 추정방법이다. 로렌츠곡선은 소득인원 및 소득금액을 낮은 쪽으로부터 누계하여 누적소득인원

---

29) 시장경제가 발전되지 않는 경우 사용하는 개념이다.

및 누적소득금의 총액에 대한 100분비를 구하여 각 소득계급에 대한 누적소득 인원 구성비를 횡축에 잡고 작성한 곡선을 말한다. 아래 [그림 1-24]는 지역소득분배 현황을 나타낸 것이다.

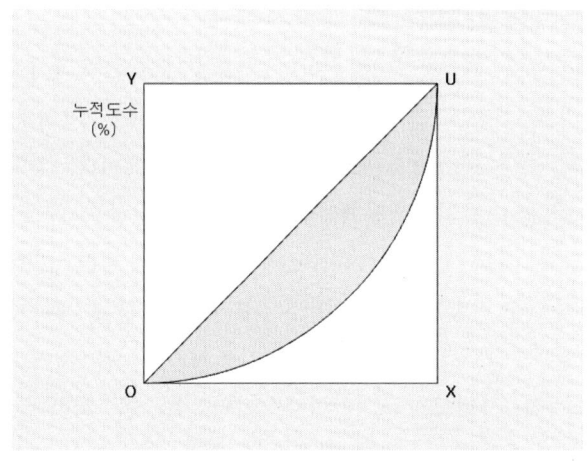

[그림 1-24] 지니계수측정법

먼저 Y축에는 지역 전체인구의 누적비를 100%로 나타낸 것이다. 그러므로 □OXUY는 정사각형이 된다. 대각선 OU는 45°선이며 이는 지역소득의 완전균등분배 상태를 나타내는 선이다. 이 선상에서는 지역인구 50%가 지역 전체의 50%소득을 배분 받았거나 지역인구 80%가 지역 전체의 80%소득을 배분 받았을 경우와 같은 소득의 균등배분 상황을 보여준다. 여기서 △OUX에 대한 반달 D의 비율(즉, D / △OUX)지역산 소득이 완전히 균등하게 분배되었다면, 지니계수는 0이 된다. 만약 완전한 불균등 상태라면 1이 된다. 이 지니계수의 측정방법을 식으로 나타내면 아래와 같다.

$$G = 1 - (B_i - A_i)(C_i + D_i) \qquad\qquad (6-19)$$

식 (6-19)에서 G는 지니계수를 나타내며, A_i는 지역인구의 누적비율, B_i는 차상

위지역까지의 인구누적비율($B_i > A_i$), C_i는 지역소득의 누적비율, 그리고 D_i는 차상위지역까지의 소득누적비율을 나타낸다. 한편 변이계수를 사용하여 격차를 설명할 수 있다. 변이계수(coefficient of variance)는 어떤 변수들의 표준편차를 평균치로 나눈 값으로써 그 변수의 분포정도를 나타낸 것이다.

위의 이런 방법을 사용하여 지역간 소득격차를 분석하지만, 지역의 성장과 발전요인이 다양한 연유로 격차의 원인을 파악하기 어려운 난점이 존재한다. 그리고 일반적으로 국민소득은 전국적으로 추계되고 있어서 지역별로 분산추계하기에 한계가 존재하기 때문에 이러한 점이 객관화된 지표로 사용되기에 어려운 점으로 작용된다.

6장 연습문제

1. 지역 경제분석의 의미 및 필요성에 대하여 설명하라.

2. 경제기반분석 모형의 의의, 방법, 주요 내용 그리고 한계점이 무엇인지 설명하라.

3. 입지계수법 측정의 의의 및 방법 그리고 한계점이 무엇인지 설명하라.

4. 최소요구법의 주요내용 및 입지계수법과의 차별성이 무엇인지를 설명하라.

5. 지역특화분석의 의의, 방법, 주요내용, 그리고 한계점이 무엇인지를 설명하라.

6. 변화할당분석의 의의, 방법, 주요내용, 그리고 한계점이 무엇인지를 설명하라.

7. 지역소득계정분석의 의의, 방법, 주요내용, 그리고 한계점이 무엇인지를 설명하라.

제7장 지역 경제분석(Ⅱ)

1) 산업연관분석의 개요

(1) 산업연관분석의 정의

산업연관분석(inter－industry analysis)은 일정기간 동안 한 나라에서 생산된 모든 재화와 용역의 각 산업간 거래, 최종수요부분과 산업간 거래, 최종수요부분과 산업간 거래, 생산부분과 산업간 거래관계를 분석하는 기법으로 투입－산출분석(input－output analysis)라고도 불린다. 즉 한 산업에서 생산된 상품이 다른 산업의 상품생산을 위한 원재료로 투입됨으로써 각 산업은 직·간접적으로 서로 밀접한 연관관계를 맺고 있는데, 이러한 산업과 산업 간의 연관관계를 수량적으로 파악하는 분석기법이라 할 수 있다.

한편 산업연관분석의 기본적인 원리는 국가경제의 거래구조를 밝히기 위하여 서로 다른 산업간, 소비자와 산업간, 그리고 산업과 생산요소 공급자 간에 발생하는 모든 지출의 절대적인 흐름을 확인하고 개별적으로 분해하는 것이다. 이러한 개별적인 지출연계들은 비례적 항목으로 정의되며, 비례적 관계의 집계적 패턴은 구체적인 승수를 파악하는데 이용된다. 따라서 전체 국가경제전체 및 국가경제를 구성하는 개별 산업부문이 하나 또는 그 이상의 개별적인 산업부문에서의 수요수준의 변화에 따라 어떻게 영향을 받게 되는지를 확인하는 것이 가능해진다. 그리고 이 산업연관분석은 생산 활동을 통하여 각 산업 간에 이루어지는 원재료의 매매거래를 토대로 하게 되는데, 한 나라에서 생산되는 모든 재화와 서비스의 산업간 거래관계를 체계적으로 기록한 통계표인 산업연관표의 작성으로부터 분석은 출발하게 된다.

(2) 역사적 배경

경제활동의 실증분석을 체계적으로 접근하기 위한 방법으로 널리 응용되고 있는 마샬(Marshall, A.)의 경제분석체계는 부분균형분석(partial equilibrium analysis)이론에 의존하고 있다. 그는 경제현상이 시간과 더불어 변화하는 동태적 성격을 가지고 있기 때문에 이를 무시하고 연립방정식해법을 적용하는 것은 매우 어렵다고 보았다. 그래서 시간의 요소를 일시적 균형(intertemporal equilibrium) 혹은 정상균형(normal equilibrium)의 개념으로 구분하고, 공간적 통제(spatial control)의 상호의존관계의 조건을 다른 조건이 불변(ceteris paribus)이라면 하는 가정을 도입하여 실증분석을 시도했다고 볼 수 있다. 그러나 이러한 분석은 경제구조(structure of economy)라든가, 경제를 구성하고 있는 경제주체나 산업부문들 간의 경제적 상관관계(interdependence), 부분간의 상호작용(interaction)에 대해 등한시하는 문제를 가지고 있었다. 이런 한계는 경제가 점점 복잡해지고 서로 간의 밀접한 관련을 가지게 되는 현대로 오게 될수록 경제문제를 분석하기 위한 상호작용 및 효과를 분석하지 않을 수 없는 환경에 처해지게 되었고, 따라서 상호연관성을 포함한 실제 경제현상을 보다 자세하게 설명하는 경제이론이 필요하게 된 것이다. 이를 위해서 특히 경제변수들 상호간의 움직임을 거시적인 차원에서 뿐만 아니라 미시적인 차원에서도 관찰하는 것이 필요하고, 그러한 변수들이 부문별 활동에 영향을 주고, 받는 것에 대한 분석이 요구되었다. 즉 부분분석방법이 원래의 관계식에서 몇 개를 선택하여 축소형을 생각하는 한편, 본래의 종속변수를 독립변수로 취급함으로써 문제의 단순함을 추구하였다는 점이 복잡한 경제현상을 전부 설명하지 못한다는데 대하여 비판을 가하였다.

이러한 필요조건에 의해 상호관련성에 관한 연구는 왈라스(Walras, L.)의 일반균형분석(general equilibrium analysis)이론을 통해 재화의 가격결정에 대한 경제 전체의 모든 재화의 가격들을 동시에 결정하는 모형을 개발한다. 그는 이를 통해 개개의 가격결정을 설명하는 부분균형분석에서 벗어나 경제 전체의 가격결정에 관한 일반균형분석으로의 전환 및 발전시키는 작업을 시도한 것이다. 그러나 왈라스의 연구는 일반균형모형으로써 재화와 재화, 산업과 산업 등이 모형을 통해 연계되어 있기는 하였지만, 그러한 상호연관관계가 뚜렷하게 나타난 것은 아니었다. 이후 동일한 경제체제 내의 일반적 상호의존관계를 인식하는데 있어서 레온티에프(Leontief, W.)는 왈라스의 일반균형분석을 발전시켜 현재의 산업연관분석의 효시가 되는 투입 및 산출 관계에 대한 논문을 지속적으로 발표함에 따라 분석기법에 대한 본격적 연구가 진행되었으며 오늘날까지 발전되어 나타나고 있다.

레온티에프는 케인즈와 달리, 경제발전의 특정 단계에서 특정한 경제체계가 당면하고 있는 불균형의 원인과 그 처방에 관심을 가지지 않았다. 즉 경제체계의 구조에만 관심을 가졌으며 부문들끼리 어떻게 상호영향을 주고 서로 의존하고 있는가 하는 것에 주의를 기울였다. 따라서 케인즈의 이론은 당시에 경제문제를 해결하기 위한 처방이라고 볼 수 있는데 반해, 레온티에프의 이론은 어떤 특정 시대의 문제 해결에 관한 것이 아닌 보편적으로 적용되는 분석방법에 관한 것이다. 결국 레온티에프의 산업연관분석은 특정 문제를 해결하기 위한 이론이 아닌 여러 가지 경제문제의 분석에 사용될 수 있는 분석도구로 해석될 수 있다.

(3) 산업연관분석의 필요성

통상적인 경제의 분석에서 생산자는 생산요소를 구매하여 재화를 만들고 이를 소비자에게 판매하는 기업 혹은 산업으로 취급되어, 생산요소의 구매자, 제품의 판매자라는 두 가지 역할을 담당하고 있는 것으로 보고 있다. 그러나 산업연관분석에서는 여기에 덧붙여 최종생산물을 만들기 위해 수요되어지는 중간재의 개념을 이용하여 타 기업으로부터 제품을 구입하고 또 그들에게 제품을 판매하는 또 하나의 역할을 추가로 포함시키고 있다. 그리고 이를 통해 부문별 산업연관분석을 가능하게 해준다. 즉 수많은 경제부문으로 구성된 경제가 가지는 문제 중에서 기존의 국민소득분석이나 부분균형분석만으로 설명되기 어려운 것이 있을 때는 위의 방법을 사용할 수밖에 없다는 것이다.

예를 들어 자동차와 주택에 대한 수요는 똑같은 수요이기는 하지만 각각의 수요가 다른 부문에 미치는 영향과 경제전반에 미치는 영향은 분명히 다를 것이다. 즉 자동차에 대한 수요가 증가하면 우선 자동차의 생산이 증대되고, 이에 따라 중간재를 공급하는 타이어나 자동차부품 등 관련제품의 생산이 증가하고 이러한 분야에서의 고용이 증가할 것이다. 한편 주택에 대한 수요가 증가하면 집을 더 많이 지어야 하기 때문에 시멘트, 철근, 목재 등에 대한 수요 증대가 동반되고 이로 인한 고용이 증대되는 결과를 가져오게 된다. 이에 대해 단순한 국민소득분석에 의할 경우 수요와 주택에 대한 수요를 구별하여 인식하지 않고 이를 합한 총수요만을 분석의 대상으로 삼고 있다.

만약 단순 국민소득분석만을 사용하여 정책결정을 내려야 한다면 자동차와 주택 중 어느 제품에 대한 수요를 증대시켜야 하는 가에 대해 고민할 필요가 없다. 즉 자동차에 대한 수요를 증대시키든 주택에 대한 수요를 증대시키든 수요만 증대되면 국민소득의 증대가 이루어지기 때문이다. 그리고 좀 더 세련된 국민소득분석에서는 자동차부문과 주택부문을 구별하여, 각각의 부문에서 국민소득 증대에 관한 승수를 별도로 계산하여 각기 다른 소득창출효과를 보여줄 수 있지만, 이런 경우에도 여전히 어느 한 부문이 다른 관련된 부문에 미치는 영향과 관련된 부문에서의 소득창출효과를 명백히 밝히기 어렵다. 즉 국민소득분석은 국민경제전체의 활동수준을 표시할 수 있어도 이러한 경제구조적 측면에서 연관관계를 분석하는데 미흡하다. 이럴 때 산업연관분석을 사용하여 각 제품이 가지는 국민소득 증대에 관한 승수를 확인하여 그 부문이 높은 곳으로 정책결정을 할 수 있게 도움을 준다.

결론적으로 국민경제의 파급구조의 분석, 장래의 경제예측 및 계획수립 등 보다 깊이 있는 경제분석을 위해서는 국민경제를 여러 산업부문으로 세분하여 구조적 측면에서 상호연관관계를 살펴볼 필요가 있다는 것이다.

(4) 산업연관분석의 특징

산업연관분석은 적어도 다음의 세 가지 측면에서 주목되고 있다. 첫째, 가장 단순한 왈라스의 일반균형 체계를 유지하고 있기 때문에 분석을 위한 통계측정이 용이하다. 둘째, 산업연관모형은 거시적 총량과 화폐의 흐름을 상세하게 분석해 준다.

마지막으로 단순화된 레온티에프 체계에서는 일반적 모형에서와는 달리 투입요소의 대체가 기술적으로 불가능하여 최적해가 하나이므로, 산업연관모형은 선형계획모형의 단순화된 한 형태로 간주될 수 있다.

이런 속성에 의해 산업연관분석은 비록 단순한 형태의 분석수단임에도 다음과 같은 장점을 가지고 있다.

첫째, 산업연관 분석은 최종수요, 산업별 생산 기술구조 및 이에 따른 각 산업 간의 직·간접적인 상호연관관계들을 모두 고려한 분석기법으로 최종수요가 생산·고용·소득 등 국민경제에 미치는 각종 파급효과를 산업부문별로 나누어 분석할 수 있다는 점이다.

둘째, 산업연관분석은 각 산업의 투입과 산출관계에 기초하여 상호연관관계에 대한 분석 기법이므로 한 산업에 대한 수요변화는 관련된 다른 산업의 공급변화를 의미한다는 점에서 국민경제의 수요와 공급을 산업별로 세분하여 고려해야 하는 경제예측이나 계획수립 등에도 유용한 분석도구가 될 수 있다는 점이다.

셋째, 산업연관분석은 국민경제 전체를 포괄하면서 전체와 부분을 유기적으로 결합하고 있으며, 재화의 산업간 순환을 포함하고 있으므로 구체적인 경제 및 산업의 구조를 분석하는데 유리한 점이다.

(5) 경제순환과 산업연관분석

국민경제에서는 재화와 서비스가 생산되고 그 생산과정에서 발생한 소득이 분배되고 처분되는 순환을 끊임없이 반복하고 있다. 이와 같은 반복적으로 이루어지는 국민경제활동은 경제순환이라고 한다. 이런 경제순환과정은 소득순환과 산업순환의 두 가지로 나누어 볼 수 있다. 기업측면에서 순환은 비용과 판매측면으로 나눌 수 있다고 글 서두에서 밝힌바있다. 비용측면은 재화와 서비스를 생산하기 위한 소요되는 비용으로 임금, 지대, 이자, 감가상각비 및 원료비, 그리고 생산과정에서 발생한 이윤으로 구성되어 있다. 이중 국민소득으로 이어지는 임금, 이윤, 지대이자와 더불어 투자된 것에 대한 감가상각비는 소득 순환을 통해 소비되어지거나 저축 및 투자되어짐에 따라 기업은 해당 제품을 판매하게 된다. 노동공급자인 소비자에 의해 벌어들인 소득으로 소비되어지는 제품을 소비재라 할 수 있고, 새로운 투자활동이나 재투자를 위하여 기업에 판매되는 부분을 투자재로 할 수 있다. 이처럼 소득의 발생과 처분으로 이루어지는 흐름을 소득순환이라고 한다.

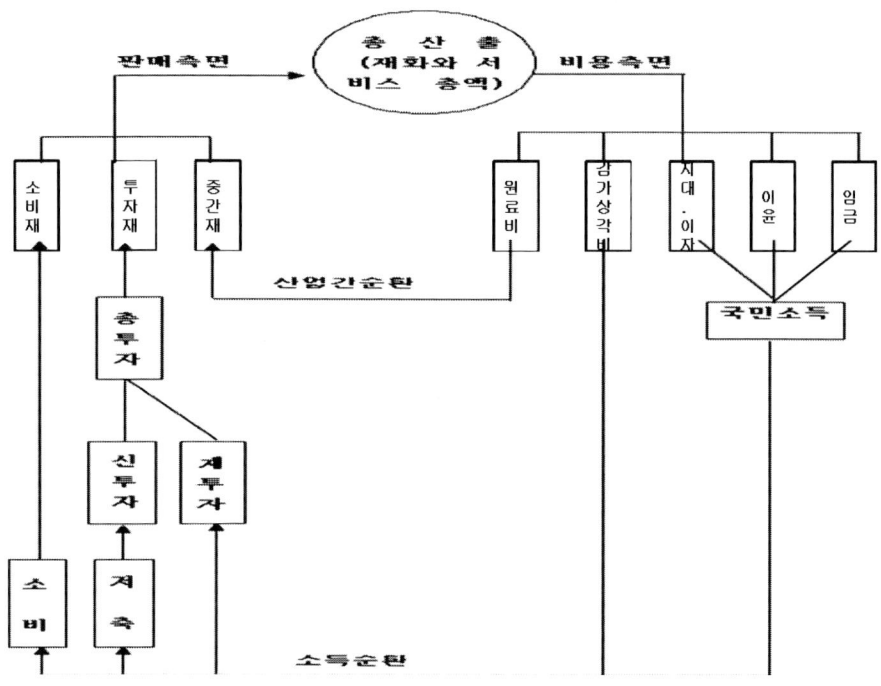

[그림 1-25] 경제순환과 산업연관분석

한편 기업의 판매 측면에서 중간재는 다른 기업이 최종생산물을 생산하기 위해 들어가는 중간재료의 구입을 희망할 때, 판매되는 재화로써 타 기업의 비용측면에서 원료비로 잡힌다. 이는 직접적으로 투자되어지거나 소비되어지는 부분이 아니기 때문에 소득순환이 아닌 산업간순환이 된다.

2) 산업연관표

(1) 산업연관표의 기본구조

산업연관표는 일정기간(보통 1년) 동안 국민경제내에서의 재화와 서비스의 생산 및 처분과정에서 발생하는 모든 거래를 일정한 원칙과 형식에 따라 기록한 종합적인 통계표이다. 여기서 개별 산업부문은 서로 다른 산업부문으로부터 중간재를 구입하고 여기에 본원적 생산요소로써의 노동 및 자본을 결합함으로써 새로운 재화와 서비스를 생산하여 이를 다른 산업부문에 중간재로 팔거나 최종소비자에게 소비재나 자본재 등으로 판매한다.

우선 산업연관표에서 구조는 거래관계에 따라 크게 내생부문과 외생부문으로 구별할 수 있다. 내생부문은 산업 상호간 중간재의 거래부문으로써 모형 내에서 그 값들이 결정되는 부문을 말하며, 여기에는 각 산업부문 각 산업부문 상호간의 거래가 기록되어 있으며 산연연관표의 중심을 이루고 있다. 외생부분은 각 산업부문에서 노동 및 자본 등과 같은 본원적 생산요소의 구입을 위한 부분과 각 산업부문 생산물의 최종소비자에게로 판매되는 부분으로 구성되며, 모형 밖에서 값이 결정되는 부분이다. 이때 외생부문의 값의 변동이 국민경제에 어떠한 파급효과를 미치는 것인가를 알아보려 하는 것이 산업연관표 작성의 목적이라 할 수 있다.

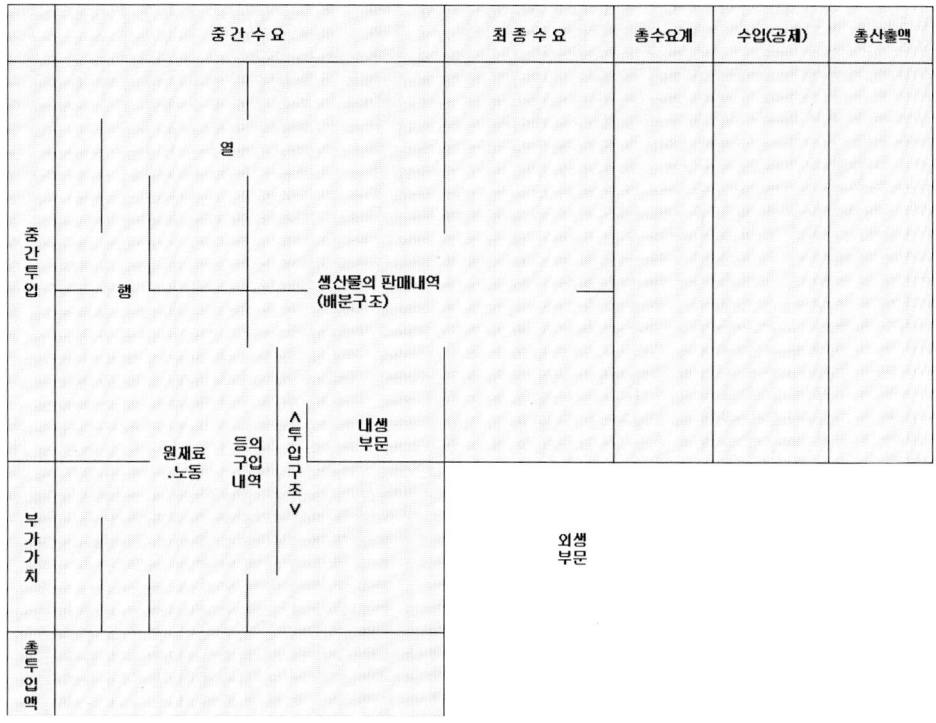

	중 간 수 요		최 종 수 요	총수요계	수입(공제)	총산출액
중간투입	행	열 생산물의 판매내역 (배분구조)				
부가가치	원재료 ·노동	등의 구입내역 ⋀ 투입구조 ⋁	내생 부문			
총투입액			외생 부문			

[그림 1 - 26] 산업연관표

한편 세로방향을 나타내는 열(列)부분은 각 산업부문의 비용구성, 즉 투입구조를 나타내는데 이는 원재료투입을 나타내는 중간투입과 노동이나 자본투입을 나타내는 부가가치의 두 부분을 나타낸다. 중간투입이란 재화와 서비스의 생산과정에서 각 산업부문에서 생산한 생산물을 원료로 구입하여 사용하는 것을 말하며, 노동 및 토지 등 본원적 생산요소를 구입하고 그 대가로 임금, 지대 등을 지급한 것을 부가가치라고 한다. 반면 가로방향을 나타내는 행(行)부문은 각 산업부문의 생산물의 판매, 즉 배분구조를 나타내는 것으로 중간재로 판매되는 중간수요와 소비재, 자본재, 수출상품으로 판매되는 최종수요의 두 부분으로 나뉜다. 중간수요는 각 산업부문에서 생산 활동의 중간재로 사용되기 위하여 재화나 서비스를 수요하는 것을 말하며, 이와 달리 가계에서 소비재로, 기업에서 자본재로 사용하거나 또는 외국으로 수출하는 것을 최종수요라 한다. 그리고 중간수요와 최종수요를 합한 것을 총수요액이라 하고 여기서 수입을 뺀 것을 총 산출액이라 한다. 이때 각 산업부문의 총산출액과 이에 대응되는 총 투입액은 항상 일치해야만 한다.

(2) 산업연관표의 구성항목

가) 최종수요의 구성항목

우리나라의 경우 최종수요부문은 민간소비지출, 정부소비지출, 민간고정자본형성, 정부고정자본형성, 재고증가 및 수출의 6개 항목으로 구성되고 공제항목으로 수입이 설정되어 있다.

① 민간소비지출

민간소비지출은 가계 및 비영리단체의 소비지출액을 말하는 것으로써, 생산주체가 아닌 소비주체로써의 가계와 기업이 아닌 가계에 서비스를 제공하는 비영리단체(종교, 문화, 정치, 사회복지, 스포츠단체 등)의 재화 및 용역에 대한 구입시점에서 경상적인 최종소비지출액에 의해서 추계된다. 따라서 기업에 서비스를 제공하는 비영리단체의 활동은 포함되지 않는다.

② 정부소비지출

정부소비지출은 정부의 활동 중 공익을 위하여 서비스를 일방적으로 제공하는 것을 목적으로 하는 일반정부활동에 소요되는 재화 및 용역에 대한 경상지출을 말한다. 일반정부활동이란 일반행정, 국방, 사법과 경찰, 교육, 사회후생, 기타 공익을 위한 정부의 서비스활동을 의미한다. 따라서 정부소비지출은 일반정부의 활동 중 정부서비스부문에 포함되는 공공행정 및 국방서비스 생산액과 교육 및 연구, 의료 및 보건, 사회복지사업, 위생서비스 및 문화서비스 등 일반정부의 부대서비스 생산액에서, 타 부문에 대한 서비스 판매액을 제외한 일반정부의 자가소비액으로 추계된다.

티 부문에 대한 서비스 판매액에는 예를 들면 국공립병원의 의료수입이나 국공립학교의 수업료가 이에 해당된다.

③ 민간고정자본형성

가계, 기업 및 민간비영리단체가 생산시설의 대체와 확장을 위하여 자본재 구입에 충당한 지출을 말한다. 여기에는 유형자산의 구매액과 자기 계정에 의한 건설비, 그리고 주택건축분을 포괄한다.

④ 정부고정자본형성

일반정부와 정부기업이 정부활동을 위하여 고정시설, 사회간접시설, 공기업의 생산시설 등 공공설비의 대체 및 신설에 투입하는 자본적 지출을 말한다.

⑤ 재고증가

재고는 어느 시점에 있어서 각 산업이 생산과 판매를 위하여 보유하고 있는 원재료, 원료, 반제품, 재공품 및 완제품을 말하며, 재고증가는 이들 재고의 양 시점 사이에서 실제로 변동된 양이다. 따라서 재고증가는 생산자가 보유하거나 유통경로상에 있는 재고의 변동을 의미한다. 다만 가계 및 민간비영리단체, 일반정부가 보유하고 있는 재고의 변동분이나 부존자원의 증감액은 평가의 어려움 때문에 재고추계에서 제외한다.

⑥ 수출

수출은 국내에서 장기간 생산활동에 종사하는 거주자에 의하여 이루어지는 외국에 대한 재화 및 비요소용역의 수출거래로 정의된다. 따라서 이자, 배당이윤의 국제간 이동, 해외교호의 송금 및 국제배상과 같은 이전거래와 외국환, 주식, 채권 등에 의한 장·단기 자본 및 금융거래는 제외된다. 수출의 평가는 FOB(free on board)가격으로 하며 수출과 관련하여 국내 운수회사 및 보험회사가 수취하는 운임이나 보험료 등은 별도로 운수업 및 보험업 부문의 서비스수출로 처리된다.

⑦ 수입

수입은 외국으로부터의 재회 및 비요소용역의 수입을 추계의 대상으로 하며, 수출에서와 마찬가지로 요소소득거래나 금융거래는 제외된다. 수입도 수출처럼 FOB가격으로 평가하게 되면, 외국 운수회사에 지급한 운임 및 외국 보험회사에 지급한 보험료는 서비스수입으로 취급하는 것이 타당하다. 그러나 수입의 평가는 CIF(가격＋보험료＋운임)으로 하는 바, 이는 수입품을 국내제품과 동일한 기준으로 평가한다는 점에서 의의가 있지만, 실제로는 운임과 보험료를 품목별로 분리하는 것이 사실상 거의 불가능하다.

나) 부가가치 부문

부가가치는 생산액에서 중간재의 투입액을 뺀 차액을 말한다. 한국의 산업연관표에서의 부가가치부문은 피용자보수, 영업잉여, 고정자본소모, 순간접세(간접세－보조금)로 구분되어 진다.

① 피용자보수

피용자보수는 당해 연도에 있어서 내국인이나 외국인이거나 상시 또는 임시 고용을 불문하고, 국내에 거주하고 있는 피용자가 생산 활동에 제공한 노동의 대가로써 고용주로부터 받는 정기, 비정기의 모든 현금, 현물 형태의 급부를 말하며, 소득세 및 보험료 등을 공제하기 전의 개념으로 파악한다.

② 영업잉여

영업잉여는 부가가치 총액에서 피용자보수, 고정자본소모, 순간접세 등을 공제한 것으로써, 각 산업부문의 기업잉여, 순지급이자, 토지에 대한 수지급임료 등으로 구성된다.

③ 고정자본소모

고정자본소모는 생산과정에서 소모된 고정자본을 대체하기 위하여 총생산액 중의 일부를 충당한 것으로써, 생산과정에서의 사용으로 인한 마모뿐만 아니라 시간의 경과, 기술개발 등으로 인한 노후화, 진부화에 의한 소모도 포함된다. 고정자본소모가 계상되는 자본재의 범주에서 일반정부의 재산 중 도로, 댐, 방파제, 건물 이외의 기타 건조물 및 국방을 위해 구축된 각종 건물 및 시설 등은 감가상각을 하지 않으므로 제외된다.

④ 간접세

간접세 항목에는 재화와 용역의 생산, 판매, 구매 또는 사용에 대하여 생산자에게 부과되는 세금 및 정부의 재정수입을 목적으로 하는 전매이익금과 정부의 정책목적상 정부독점으로 제공되는 정부서비스에 대한 지급 등이 포함된다. 산업연관표상의 간접세는 국내에서 생산된 재화 또는 용역에 대하여 부과되는 세금이다. 수입상품의 가격은 통관 시에 부과되는 관세와 수입상품세를 가산해야 국내 상품의 생산자가격에 해당되기 때문에, 관세와 수입상품세는 간접세 항목에서 제외하여 최종수요의 공제항목으로 계상한다.

⑤ 보조금

보조금은 정부가 생산자에게 지급하는 무상보조금으로써 수출진흥의 목적이나 가격보조, 적자보전, 생산장려 등을 목적으로 지급하는 것을 말한다. 중앙정부가 지방자치단체에 지급하는 경비보조와 투자의 목적이나 자본재의 파괴 및 손실 등을 보전하기 위하여 이루어지는 민간기업에 대한 정부의 이전지출 등은 여기에 포함되지 않는다.

(3) 산업연관분석 예시

우리나라의 산업연관표는 한국은행이 작성하며, 아래에 나와 있는 산업연관표는 1995년도 우리나라 것을 축약하여 나타냈다. 원래 한국은행이 작성시 402개의 기본부문으로 이루어져 있는데, 이를 농림어업(1차산업), 광공업(2차산업), 기타산업(3차 산업)의 3개의 부분으로 축약한 것임을 밝힌다.

		중간수요				최종수요				총수요	수입 (공제)	총산출액
		농림어업	광공업	기타산업	중간수요계	소비	투자	수출	최종수요계			
중간투입	농림어업	1,519	18,459	1,808	21,786	13,454	1,219	943	15,616	37,402	5,460	31,942
	광공업	6,388	206,022	73,262	285,672	74,801	61,070	91,781	227,652	513,324	109,195	404,129
	기타산업	3,086	53,198	101,974	158,258	152,467	86,682	21,128	260,277	418,535	13,087	405,448
	중간투입계	10,993	277,679	177,044	465,716	240,722	148,971	113,852	503,545	969,261	127,742	841,519
부가가치	임금	2,801	54,103	122,992	179,896							
	기타	18,148	72,347	105,412	195,907							
	부가가치계	20,949	126,450	228,404	375,803							
총투입액		31,942	404,129	405,448	841,519							

단위:10억 원

[그림 1-27] 우리나라 산업연관표

우선 산업연관표를 열로 보면 각 산업부문이 생산활동을 위하여 다른 산업부문으로부터 구입한 중간재와 노동 및 자본 등의 본원적 생산요소에 대하여 지급한 비용의 내역을 알 수 있는데 이를 투입(input)부른다. 국민전체로는 총 841조 5,190억원의 생산을 위하여 465조 7,190억원을 중간재로 투입하였으며, 본원적 생산요소에 대하여는 375조 8,030억원을 지급하였음을 알 수 있다.

반면 산업연관표를 행으로 보면 각 산업부문에서 생산된 재화와 서비스가 다른 산업부문의 중간재로 얼마만큼 판매되었고, 또한 최종재로는 얼마만큼 판매되었는지를 알 수 있는데 이를 생산물의 산출(output)이라고 한다. 이 역시 국민경제 전체로는 총수요가 969조 2,610억원에 달하며, 여기에는 중간수요가 465조 7,160억원을 차지하며 최종수요가 503조 5,450억원을 차지한다. 이 총수요 중에 841조 5,190억원은 국내산출액에 의하고, 127조 7,420억원은 수입에 의하여 충족되고 있다.

한편 부가가치의 합계 375조 8,030억원은 최종수요 합계 503조 5,450억원에서 수입합계 127조 7,420억원을 차감한 것과 일치하고 있음을 알 수 있는데 이는 앞서 본 바와 같이 생산 활동의 대가로 분배된 임금, 이윤, 지대, 이자 등의 국민소득이 소비재 및 투자재 구입 등의 처분과정을 통하여 다시 생산과정으로 환류된 것임을 보여주는 것이다.

	중간수요	최종수요	수입(-)	총 산 출
중간투입	A (산업간순환)	$F - M$ (지출국민소득)		X
부가가치	V (생산국민소득 또는 분배국민소득)			
총 투 입	X			

[그림 1-28] 국민소득계정과 산업연관표

(그림 1-28)은 국민소득계정과 산업연관분석의 관계를 보여주는 그림이다. 위의 내용을 토대로 국민소득계정과 산업연관분석의 관계를 보면 먼저 총산출(X)은 중간수요(A)와 최종수요(F)의 합에 수입(M)부분을 차감한 것과 같다. 두 번째로 총투입(X)은 중간투입(A)과 부가가치(V)를 합한 것과 같다. 여기서 총산출량(X)과 총투입(X)은 같아야하며 마찬가지로 중간수요(A)와 중간투입(A) 역시 같아야하므로, 결국

부가가치(V)는 최종수요(F)에서 수입(M)을 차감한 것과 같다는 것을 의미한다.

3) 산업연관분석 방법

(1) 기본가정 및 접근방법

산업연관분석에서 기본적인 가정은 다음 3가지로 요약 된다. 첫째, 한 산업은 단지 하나의 단일한 재화만을 생산한다. 즉 각 재화의 생산에 사용된 생산방법은 유일하며, 하나의 기술조합에 의해서만 생산이 가능하다. 둘째, 각 산업은 산출물생산에 있어서 투입계수 일정기간 안정적이다. 이는 투입물과 산출물 사이의 관계는 선형함수 관계에 있다고 보기 때문이다. 셋째, 모든 산업에서의 생산은 규모에 대한 수확불변의 법칙이 성립한다. 일정불변투입계수를 갖는 생산함수는 현실적으로 다소 제약이 따르지만 모형을 단순화시키고 계량적 조작성을 편리하게 해주는 이점이 있다.

이러한 가정을 토대로 투입계수를 구하고, 이를 기초로 하여 생산유발계수를 구하여 최종수요의 변동에 따른 각 부문의 직·간접적 생산파급효과를 알아낼 수 있다.

(2) 산업연관분석모형

산업연관분석의 첫 번째 단계는 거래흐름표(trade flow table)를 작성하는 것이다. 그 논리를 이해하기 위하여 Thorne(1969)이 사용했던 수치적 예를 인용해보겠다. 이제 어떤 나라(지역) R에는 X, Y, Z 세 개의 산업부문이 존재한다고 할 때, [표 1-1]에는 X, Y, Z 세 산업의 최근 산출량 및 투입물에 대한 지출과 함께 이들 산업의 산출에 대한 지역 내 최종소비자들의 지출이 각각 나타나 있다. [표 1-1]에서 보듯 최근 산출수준에서 산업 X는 산업 Y와 Z의 산출물을 중간재로 사용하기 위해 구입하는데 각각 2천만불씩 지출하고 있으며, 자본과 노동 등 지역내 생산요소를 투입물로 구입하는 데 4천만불을 지출하며, 타 지역으로부터 수입된 재화를 투입물로 구매하는데 2천만불을 지출하고 있음을 알 수 있다. 그리고 산업 Y와 Z 역시 이러한 지출 흐름은 각 산업에 해당하는 열에 나타나 있다. 반면 최종소비자인 가계들은 산업 X로부터 3천만불, Y로부터 1억불, Z로부터 2억불의 재화와 서비스를 각각 최종소비재로 구입하는 한편 타 지역에서 생산된 재화와 서비스를 구입하는데 3천만불을 지출한다.

한편 각 행에서는 각 산업부문의 다른 산업부문에 대한 판매 패턴을 살펴볼 수 있다. 예를 들어 산업 Z는 자신의 산출물을 산업 X에 대해 2천만불, Y에 대해 8천만불, 그리고 최종소비자들에게 2억불씩 각각 판매한다. 또한 생산요소 부문은 산업 X, Y, Z에 대하여 각각 4천만불, 1억 1천만불, 1억 4천만불씩의 투입물을 판매한다. 이 값들은 노동, 토지, 자본의 공급자들이 산업 X, Y, Z에 대해 투입물을 공급함으로써 얻게 되는 임금, 지대, 이자 등이 합한 값과 같다. 마지막으로 오른쪽의 마지막 열은 각 산업부문별 총 판매량을 나타낸다.

[표 1-1] 지출의 흐름

판매액 ($1,000,000)	구매액($1,000,000)				
	산업 X	산업 Y	산업 Z	최종소비자	총 산출물
산업 X	-	-	70	30	100
산업 Y	20	-	80	100	200
산업 Z	20	80	-	200	300
생산요소 투입	40	110	140	-	290
수입	20	10	10	30	70
총 투입	100	200	300	360	960

이제 다음 단계로 넘어가도록 하겠다. [표 1-2]에 나타난 바와 같이 각 산업의 최종소비자의 지출 흐름을 분리하여 비율로 나타내는 과정이 두 번째 단계이다. 이 작업은 [표 1-1]의 각 셀에 나타난 지출액을 그 셀이 속한 열의 마지막 셀에 주어진 전체 값으로 나누면 된다. 즉 각 산업부문이 재화나 서비스의 생산에 사용하기 위하여 다른 산업으로부터 구입한 각종 원재료, 연료 등의 중간투입액을 총투입액

으로 나눈 것으로 각 부문 생산물 1단위 생산에 필요한 각종 중간재 단위를 나타낸다. 이를 투입계수(input coefficient)라고 하며, 지역적 개념으로는 지역지출계수(regional expenditure coefficient)로 정의된다. 예를 들어 [표 1-2]에서 산업 X는 최근 Y로부터 2천만 불의 투입물을 구입한 것으로 나타나 있다. 이 2천만불을 산업 X의 총 투입물 구매액 1억불로 나누면 산업 X는 투입물을 구입하는데 사용된 총 지출액 1억불 가운데 20%를 산업 Y로부터의 투입물 구입에 사용했음을 알 수 있다. [표 1-2]는 [표 1-1]의 각 셀에 대하여 이러한 절차를 반복함으로써 산업 X, Y, Z 및 최종소비자의 투입물구입에 대한 투입계수를 구한 것이다.

[표 1-2] 투입계수

판매액 ($1,000,000)	구매계수			
	산업 X	산업 Y	산업 Z	최종소비자
산업 X	–	–	0.23	0.08
산업 Y	0.2	–	0.27	0.28
산업 Z	0.2	0.4	–	0.56
생산요소 투입	0.4	0.55	0.47	–
수입	0.2	0.05	0.03	0.08
총 투입	1.0	1.0	1.0	1.0

이제 마지막 단계로 [표 1-2]를 이용하여 산업부문 가운데 한 부문의 산출량 수요 증가가 경제에 미치는 충격을 파악할 수 있다. 예를 들어 산업 Z의 산출물에 대한 최종소비자들의 소비가 10억불 증가된다고 하자. [표 1-2]를 살펴보면 산업 Z는 최종소비자들에게 10억불에 해당하는 재화와 서비스를 공급하기 위한 재화와 서비스 생산에 필요한 전체 투입물 가운데 23%는 X로부터, 27%는 Y로부터, 47%는 생산요소 공급자들로부터, 그리고 마지막 3%는 수입 부문으로부터 각각 구입하고 있음을 알 수 있다. 다음으로 산업 X는 자신의 산출물 2억 3천만불(0.23 × 10억불)을 산업 Z에 대해 투입물로 제공하기 위해 생산을 증가시키는데, 이에 필요한 투입물 가운데 20%는 산업 Y로부터, 또 다른 20%는 산업 Z로부터, 40%는 생산요소 공급

부문으로부터, 마지막 20%는 수입부문으로부터 각각 구입한다.

한편 Y산업 역시 자신의 산출물 2억 7천만불(0.27 × 10억불)을 산업 Z에 대해 투입물로 공급하게 되는데, 여기에 필요한 투입물 가운데 40%는 산업 Z로부터, 그리고 55%는 생산요소 공급부문으로부터, 나머지 5%는 수입부문으로부터 각각 구입한다. 다시 이 세 산업은 상호간 지출의 연속적인 반복을 통하여 추가적인 투입물 구매를 계속하게 된다. 지출의 연속적인 반복과정에서 지출계수가 일정한 값을 유지하고 있다고 가정하면, 산업 Z가 최종소비자들을 위하여 10억불의 재화와 서비스를 생산함으로써 유발되는 최종적인 산출물과 지출의 총가치를 계산할 수 있다.

[표 1−3]에는 Thorne(1969)에 따라 산출물과 지출의 절대값이 계산되어 있다. 산업 Z의 산출물에 대한 최종소비자들의 수요 10억불은 각 산업부문 상호 간의 지출의 연속적 반복을 통해 결과적으로 총산출을 28억 6천 8백만불 만큼 증가시키게 된다. 이 경우에 있어서 승수의 값은 수요 증가에 대한 총 산출의 값으로 계산되므로, 28억6천8백만불 / 10억불＝2.87이 된다.

[표 1−3] 생산파급효과

판매액 ($1,000,000)	구매액($1,000,000)				
	산업 X	산업 Y	산업 Z	최종소비자	총 산출물
산업 X	−	−	282	−	282
산업 Y	56	−	322	−	378
산업 Z	56	152	−	1,000	1,208
생산요소 투입	113	207	564	−	884
수입	57	19	40	−	116
총 투입	282	378	1,208	1,000	2,868

여기서 승수는 생산유발계수라고도 하며, 최종수요가 1단위 증가하였을 때, 이를 충족시키기 위하여 각 산업부문에 직간접으로 유발되는 생산수준을 나타낸다. 그리고 이 승수는 레온티에프 승수라고도 한다. 이제 어떻게 이 생산유발계수를 도출하는지 알아보도록 하자.

[표 1-2]에서 나타난 수치는 부분적으로 투입계수의 행렬로 간주될 수 있다. Chiang (1984)의 논의에 따라 이를 확인해보면, 한 나라 안에서 상호 간에 투입물을 구입하거나 판매하는 n개의 산업 1, 2, 3, …, n이 있으며 생산부문에 대해 투입물을 제공하지 않는 하나의 외생적 수요부문이 있다고 하자. 산업 1, 2, 3, …, n의 투입계수는 행렬 $A = [a_{ij}]$로 정리될 수 있는데 이를 정리하면 아래와 같다.

$$\begin{bmatrix} a_{11} & a_{12} & a_{13} & \cdots & a_{1n} \\ a_{21} & a_{22} & a_{23} & \cdots & a_{2n} \\ a_{31} & a_{32} & a_{33} & \cdots & a_{3n} \\ \cdot & \cdot & \cdot & \cdots & \cdot \\ a_{n1} & a_{n2} & a_{n3} & \cdots & a_{nn} \end{bmatrix}$$

계수 a_{ij}는 산출물 j 한 단위를 생산하는데 필요한 투입물 i의 요구량을 나타낸다. [표 1-2]에서와 같이 자기 산업에 대하여 투입물을 공급하지 않는 산업의 경우 주대각행렬(principle diagonal)은 0이 된다.

만약 산업 1에서 생산되는 산출물의 양으로 각각의 다른 산업들의 투입물 요구량과 외생적 부문의 수요요구량을 꼭 맞게 공급할 수 있다면, x_1으로 표시되는 산업 1의 총 산출량은 반드시 다음의 방정식을 만족해야 한다.

$$x_1 = a_{11}x_1 + a_{12}x_2 + \cdots + a_{1n}x_n + d_1 \qquad (7-1)$$

여기서 $a_{ij}x_j$는 산업 j의 투입물 요구량을 , 그리고 d_1은 산업 1에 대한 외생적 부문의 최종수요를 각각 나타낸다. 이제 식 (7-1)을 d_1에 대해 정리하면 다음과 같이 변형된다.

$$(1 - a_{11})x_1 - a_{12}x_2 - \cdots - a_{1n}x_n = d_1 \qquad (7-2)$$

위와 같은 방법으로 각 산업의 산출량에 대해 적용함으로써 다음과 같은 형태로 행렬화 가능하다.

$$
\begin{bmatrix}
(1-a_{11}) & -a_{12} & -a_{13} & \cdots & -a_{1n} \\
-a_{21} & (1-a_{22}) & -a_{23} & \cdots & -a_{2n} \\
-a_{31} & -a_{32} & (1-a_{33}) & \cdots & -a_{3n} \\
\cdot & \cdot & \cdot & \cdots & \cdot \\
-a_{n1} & -a_{n2} & -a_{n3} & \cdots & (1-a_{nn})
\end{bmatrix}
\begin{bmatrix}
x_1 \\ x_2 \\ x_3 \\ \cdot \\ x_n
\end{bmatrix}
=
\begin{bmatrix}
d_1 \\ d_2 \\ d_3 \\ \cdot \\ d_n
\end{bmatrix}
\qquad (7-3)
$$

식 (7-3)에서 좌변의 행렬은 투입계수를 나타내며, 그리고 좌변과 우변의 벡터는 다른 부문에 의해 투입물로 사용되는 각 부문의 산출량과 각 부문의 산출량에 대한 최종 외생적 수요를 각각 나타낸다. 좌변에 나타난 행렬의 주대각행렬에 놓인 1의 숫자를 무시한다면, 이 행렬은 단순히 다음과 같은 $-A = [a_{ij}]$가 됨을 알 수 있다. 따라서 이 행렬은 1이 주대각행렬에 놓여있으며, 다른 모든 원소의 값은 0인 항등행렬 I_n과 행렬 $-A$의 합이 된다. 즉 x를 변수벡터, d를 최종수요벡터로 두면 $(I-A)x = d$로 나타낼 수 있다. 행렬 $(I-A)$는 기술행렬(technology matrix)라고 부르며, 보통 $T = (I-A)$로 나타내기 때문에 $Tx = d$의 관계가 성립하게 된다. T가 비특이행렬(non-singular matrix)이라면 그 역행렬 T^{-1}을 구할 수 있다. 따라서 최종수요 증가로 인해 발생되어지는 총산출액의 증가정도는 아래의 식을 풀어냄으로써 해결할 수 있게 된다.

$$
x_n = T^{-1}d_n \qquad\qquad\qquad\qquad\qquad (7-4)
$$

달리 말하면 주어진 수준의 외생적 산출물 수요에 대하여 어떤 개별 생산부문에 관한 투입물 수요 요구량은 연속적인 투입-산출-지출과정의 반복을 통하여 얻을 수 있다. 이러한 점을 이용하여 [표 1-3]에서 나타난 것과 같은 총요소소득을 직접 구할 수 있으며, 주어진 산출물 수요수준이 총 승수에 미치는 충격도 구할 수 있다.

(3) 투입계수와 생산유발계수

앞서 살펴본 내용을 정리해보면 투입계수는 각 산업부문의 생산활동에 있어서 생산기술구조, 즉 투입과 산출의 함수관계를 나타낸다. 그리고 산출을 결정하는 것은 최종수요를 충족시키기 위한 생산활동이라고 할 때, 물론 다른 산업부문의 중간재로 판매되는 생산재의 경우 직접적으로 최종수요를 충족시키는 것은 아니지만, 어떤 산업에서 일정부분의 최종수요의 증가는 다른 산업부문의 최종생산물을 중간재로 사용함으로써 간접적으로 최종수요를 충족시키는 결과로 이어진다. 따라서 한나라의 모든 재화와 서비스는 직·간접적으로 소비, 투자 수출 등의 최종수요를 충족시키기 위하여 생산되며 그 총산출 규모도 최종수요의 크기에 따라 결정된다. 이때 투입계수는 최종수요의 크기와 각각의 재화 및 서비스의 총산출수준을 매개하는 역할을 하게 되는 것이다. 따라서 투입계수는 재화나 서비스에 대한 최종수요가 발생하였을 때 이에 따라 각 산업부문으로 파급되는 생산유발효과의 크기를 예측하는데 이용되는 매개변수와 같다.

한편 생산유발의 효과는 생산유발계수에 의해 결정된다고 할 수 있다. 이런 생산유발계수를 도출하는데 역행렬이라는 수학적 방법을 사용하는 것을 앞서 논의 하였다. 이 생산유발계수를 도출하는 과정에서 역행렬의 수학적 방법을 사용하므로 역행렬계수라고도 불린다. 이제 보다 쉽게 이해를 돕기 위해 산업연관표에서 각 산업부문 생산물의 수급관계를 고려해볼 때, 중간수요와 최종수요의 합계에서 수입을 차감하면 총산출액과 일치하므로 다음과 같은 3개의 수급방정식(需給方程式)을 만들 수 있다.

$$X = Y - M + AX \qquad\qquad (7-5)$$

식 (7-5)에서 X는 총산출액, A는 투입계수, Y는 최종수요, 그리고 M은 수입액을 나타낸다고 하면 AX는 중간수요를 나타낸다고 할 수 있다. 여기서 각각의 계정을 벡터화하고, 투입계수를 행렬화하면 앞 절에서 논의 한 행렬과 벡터로 나타날 것이다.

한편 이 식 (7-5)에서 좌변을 X에 대해 정리를 하면 식 (7-6)과 같이 정리할 수 있다.

$$(1-A)X = Y - M \tag{7-6}$$

식 (7-6)에서 $(1-A)$의 행렬이 비특이행렬이라고 한다면, 즉 역행렬이 존재한다면, X에 대해 다시 정리를 가할 수 있게 된다.

$$X = (1-A)^{-1}(Y-M) \tag{7-7}$$

식 (7-7)은 식 (7-4)와 비교해 볼때, 우변에 $(1-A)^{-1}$행렬은 생산유발계수가 되고, $(Y-M)$은 외생적 부문의 최종수요가 된다는 것을 알 수 있을 것이다.

이 생산유발계수를 미리 계산해 두면 최종수요(Y)와 수입(M)의 변동에 따라 각 산업부문에서 직·간접적으로 유발되는 총산출액(X)를 구할 수 있는 장점을 가진다.

이제 투입계수와 생산유발계수의 관계를 살펴보자. [표 1-2]에서 나타나는 것과 같이 각 산업의 투입계수가 서로 다르다는 점은 각 산업의 지출패턴이 서로 다름을 의미한다. 여기에 구매패턴이 일정하다고 한다면 최초의 수요충격이 어느 산업에 발생하는가에 따라 총산출규모의 증분이 달라지게 되는 의미를 지닌다. 만약 산출물에 대한 수요가 Z가 아닌 X산업에서 최초로 발생하였다면 전체적인 생산유발효과는 훨씬 작아지는데, 그 이유는 산업 X는 산업 Y나 Z에 비해 수입성향이 훨씬 높기 때문이다. 따라서 위와 같은 산업구조 하에서 첫 소비지출에 대한 효과는 반감되게 된다.

(4) 지역산업연관분석

지역산업연관분석은 지금까지 논의한 산업연관분석에 지역적 개념을 도입한 것일 뿐 다른 차이는 존재하지 않는다. 즉 산업연관분석에서 볼 수 있었던 산업연관표를 구성하는 산업이 전국인가 아니면 특정 어떤 지역에만 해당하는 것인가의 차이일 뿐인 것이다. 즉 전국산업연관표와 지역산업연관표로 구성될 수 있으며, 지역산업연관표는 다시 지역내 산업연관표와 지역간 산업연관표로 구분된다.

한편 이런 산업연관분석이 근거를 두고 있는 원리는 상당히 명확하지만 지역산업연관표 자체를 작성하는 일이 매우 어렵기 때문에 실제적으로 이 방법을 이용하는 것은 간단하지 않다. 그것은 지역 간에는 국경과 같은 명확한 경계가 없기 때문에 한 지역을 대상으로 다른 지역과의 거래 흐름에 관란 구체적인 자료를 수집하는 것이 곤란하기 때문이다. 또한 지역 내에서도 구체적인 산업 간 내부적 거래자료를 수집하는데 용이하지 못하다.

이런 문제를 해결하기 위해 많은 기법들이 개발되고 있으며, 지역산업연관표를 작성하는데 여러 기법들이 이용되고 있다. 주요한 기법으로는 가중치조정법, 입지계수법, 수요공급균형법, 지역구매계수법, RAS방법 등이 있다. 가중치 조정법이란 지역산업구조의 특성을 반영시키 기술계수를 이용하여 전국산업연관표에 반영하여 계산하는 방법이다. 두 번째로 입지계수법은 지역별 산업의 입지계수를 계산하여 전국 투입계수행렬에 곱해주는 방법이며, 세 번째 수요공급균형법은 아이사드의 지역상품균형접근법을 기초로 개발된 방법으로 각 산업의 지역총산출액에서 지역총요구액을 차감하여 지역 상품의 과잉 또는 과소분을 추정하고, 이를 이용하여 지역투입계수를 추계하는 방법이다. 네 번째로 지역구매계수법은 스티븐스(Stevens, B.H.)를 중심으로 비교적 최근인 1980년대에 개발된 이론으로써 지역기술계수를 지역투입계수로 전환시키는데 필요한 지역구매계수를 구하는 방법이다. 그 외에 RAS법은 전국표와 지역표로부터 중간수요와 중간투입량을 계산하여 산출하는 방법이며, 중력법은 뉴턴(Newton)의 만유인력법칙을 지역간 거래변수에 활용하는 분석기법이다.

그리고 최근 지역투입산출모형의 한계점을 보완함으로써 보다 합리적인 지역경제분석모형으로 개선하기 위한 노력이 여러 측면에서 시도되고 있는데, 그 중에서도 대표적인 것으로 지역사회계정행렬모형(RSAM: Regional Social Accounting Matrix) 및 지역연산일반균형모형(RCGEM: Regional Computable General Equilibrium Model) 을 들 수 있다.

이상 이와 같이 지역경제분석에 관한 산업연관모형의 적용이 최근 들어 활발하게 시도되고 있다는 점은 매우 바람직한 현상이라 판단된다. 그러나 자료작성, 추정기법, 지역 및 산업의 분류 등에서 보완 및 개선되어야할 부분이 적지 않다는 점에서 연구의 대상이 될 만하다고 판단된다.

7장 연습문제

1. 산업연관분석의 정의, 기본적인 원리, 역사적 배경, 그리고 필요성에 대하여 설명하라.

2. 산업연관분석의 특징을 경제순환적 관점에서 설명하라.

3. 산업연관표의 기본구조와 구성항목을 설명하라.

4. 산업연관분석 방법을 위한 기본가정 및 모형을 설명하고, 모형이 가지는 장·단점을 설명하라.

5. 지역산업연관분석의 의의 및 산업연관분석과의 연관성을 설명하라.

제8장 토지경제

1) 토지의 개념 및 특성

(1) 토지의 개념

토지는 천혜(天惠)의 산물로써, 자연과 일체를 이루고 있는 물건으로써 일반적으로 그 용도에 따라 위치의 중요성이 다르며, 어떤 특정한 위치는 특정한 가격을 발생시킨다. 예로부터 토지는 경제학에서 노동 및 자본 등과 함께 생산요소로써 다른 생산요소와 결합을 통하여 부가생산이 가능하게 하는 파생수적 의미를 가진 재화로 볼 수 있다. 이 밖에도 경제학에서 자산, 자본, 소비재, 상품 등의 개념을 추가하여 설명하고 있는데, 자산의 경우 일반적으로 타재화에 비해 경제가치가 크기 때문에 자산으로써의 성격이 강하다는 측면을 가지고 있다. 토지를 자본으로 보는 경우, 경제학에서 토지를 인간이 만든 것이 아니라는 이유로 자본재로 간주하지 않았으나 부동산활동 측면에서 토지는 자연자본(natural capital)으로서의 역할을 하는 경우가 많기 때문이다. 그리고 토지는 생산요소인 동시에 토지의 이용목적에 있어서 휴양·자본·오락 장소 등으로 이용될 경우 소비재로써의 성격도 가진다. 마지막으로 토지는 소비재의 하나로써 시장에서 거래되는 일종의 상품과 같다. 토지의 특성상 그 자체는 지표에서 고정되어 움직이지 않는 상품이나 거래대상은 추상적인 토지(부동산)권리로써 유통되기 때문이다.

(2) 토지의 특성

토지의 특성은 토지가 본래부터 가지고 있는 특성인 자연적인 특성과 부동산과 인간이 어떤 관계를 가질 때 나타나는 특성인 인문적 특성으로 크게 나눌 수 있다.

여기에서 자연적 특성은 물리적 특성으로써 마샬(Marshall, A.)에 의해 지적된 바 있고, 인문적 특성은 경제 및 사회문제를 포함한 경제적 특성이라고도 한다.

가) 자연적 특성

① 부동성(不動性: immobility)

부동성이라 함은 지리적 위치의 고정성을 말하는데, 토지는 그 위치가 고정되어 있어 일반적인 재화의 특징과는 구별된다. 즉 인간의 힘으로는 토지의 위치를 이동시킬 수 없고, 화산폭발 혹인 지진과 같은 천재지변에 의하지 않고는 변형되거나 소멸될 수 없기 때문이다. 따라서 토지의 이용의 효율성은 위치에 따라 달라지며, 이와 함께 외부효과를 동반할 뿐만 아니라 생산 활동을 위한 공간이 필요한 기업의 경우 입지의 중요성을 가지게 됨은 두말할 나위가 없다.

② 영속성(永續性: undestructibility)

공간으로써의 토지는 영원히 존속되는 것으로써 사용시간의 흐름에 의해서 소모나 마멸이 되지 않는 특징을 지닌다 하여 이를 영속성이라 한다. 이런 특성은 지대발생의 원동력이 되며 감가상각을 할 수 없는 특성을 가진다. 그리고 소유와 이용을 분리하여 이용권을 거래할 수 있게 한다. 이런 특징은 물리적 특징에 기인한 것인 반면 경제적·사회적 측면에서 본다면 영속성은 부정될 수 있다. 왜냐하면 토지의 효율성에 영향을 미치는 경제 및 사회적 요인이 가변적이기 때문이다.

③ 부증성(不增性: unproductivity)

토지는 다른 생산물과 달리 생산비를 투입하여 순수한 그 자체의 양을 늘릴 수 없는 특징을 가지며, 이를 부증성이라고 한다. 이런 부증성은 토지의 희소성의 근거로 작용한다. 따라서 토지를 더 이상 늘릴 수 없기 때문에 토지부족의 문제의 근본적 원인이 되며, 투지의 대상이 된다. 이런 토지부족문제를 해결하기 위해 토지이용을 집약화 시키기 위한 노력이 끊임없이 일어나고 있다. 한편 토지의 균형가격에 가장 큰 영향은 공급되지 못한다는 측면에서 볼 때, 당연히 수요에 절대적으로 의존한다. 따라서 토지의 공급곡선은 수직선의 형태로 나타난다.

④ 개별성(個別性: hetrogeneity)

토지는 동일한 특성을 가진 토지는 둘 이상 존재하지 않으며 오직 하나 밖에 없다는 의미로써, 동질성(homogeneity)에 반대되는 개념이다. 이는 토지가 여러 가지 특성의 복합적인 상품이기 때문이며, 토지의 가격과 수익을 개별화시키므로 일물일가(一物一價)의 법칙에서 배제시킨다. 따라서 이러한 점은 지역간 토지수요 및 공급의 불균형을 초래하며, 지역간 다른 가격을 형성하게 한다. 이것을 토지의 비대칭성이라고 하며, 토지의 개별성을 어느 고정된 위치와 결부하여 생각하는 경우 비대체성이 존재할 수 있다. 물론 이 개별성에는 도시에로 통근이 가능한 지역범위와 일치하는 주거지의 대체성과 상업지역일수록 배후지를 요하는 상업지의 대체성, 그리고 경제성과 생산 활동의 능률성을 생각하게 되는 공업지의 대체성을 개별성의 주요 요소로 보고 있다.

⑤ 인접성(隣接性: contiguity)

물리적으로 보는 토지는 반드시 다른 토지와 연결되어 있으므로 인접성이 있다. 이는 부동성의 특성과 밀섭한 관련이 있는데, 각각의 토지는 인접지와 협동적 이용을 필연화시키며, 가격형성 시 인접지의 영향을 받게 된다.

나) 인문적 특성

① 용도의 다양성

토지는 주택지, 상업지, 공업지, 농경지 및 임야 등 이용목적에 따라 그 용도가 달라질 수 있다. 이렇게 토지의 용도가 여러 형태로 발현되는 것은 인간의 경제적 활동에 의해 각기 다른 수요가 발생하기 때문이다. 따라서 토지는 다양하게 이용할 수 있으므로 다양한 용도 중에서 최유효이용을 해야 한다는 과제가 생기며, 용도의 전환을 가능하게 한다. 용도의 전환의 예로는 농지가 주거용지로, 임야가 농지로 전환되는 것을 말한다.

② 제도의 변화에 따른 가변성
토지의 물리적 위치는 고정되어 있으나 상대적(경제 및 사회적)위치는 여러 요인의 변화에 따라 항상 변화한다. 즉 제도적 환경변화 등으로 인해 토지의 이용이 구속되는 상태를 뜻한다. 생활환경이 나쁜 불량주거지역을 재개발사업으로 고급주택지화 했다면 이는 그 토지의 사회적 위치의 변화라고 하며 보통 상업지가 고급상가로 되었다면 경제적 위치의 변화라고 할 수 있다. 토지주변의 토지가 도시계획구역안으로 편입되어 도시지역으로 된 후 도시행정의 지원이나 규제를 받는다면 이는 그 토지의 행정적 위치의 변화라고 한다.

③ 합병 및 분할의 가능성
토지의 이용주체의 편의에 따라 법률이 허용하는 한도 내에서 자유롭게 합병 및 분할을 할 수 있다. 즉 어떤 토지를 소유한 사람이나 이용하는 사람의 뜻에 따라 두 필지의 토지를 한 필지로 합할 수 있고, 한 필지의 토지를 두 필지 이상으로 나눌 수 있다. 이와 같이 지적도상에서 구분되어 있는 토지를 서로 합할 경우 이를 합병 혹은 합산이라 하고, 한 필지의 토지를 필요에 의해 나눌 경우 이를 분할 또는 분리라고 한다. 이런 효과적인 합병과 분할은 토지의 최유효이용을 가능하게 하고, 규모의 경제가 일어나게 하며, plottage현상을 발생시킨다. 대개 plottage현상은 수개의 획지가 일체되어 이용되는 경우로 그들이 각각 이용될 때보다 토지의 효용이 증대되는 경우가 많다.

④ 공익성
토지는 인간생활의 필수요건이면서도 공급한정성으로 인해 공공재적인 개념으로 인식된다. 따라서 정부의 개입을 허용하는데 이는 시장의 특성에 기인한다고 볼 수 있다. 시장의 특성은 토지가 가지는 특징에 기인하는데 시장의 특성에는 ①소수의 매도자와 매수자, ②재화의 비동질성, ③시장의 국지성, ④거래의 비공개성, ⑤상품의 비표준화, ⑥수급조절의 곤란성 등이 있고 이는 불완전경쟁시장의 조건을 충족하기 때문에 정부의 개입이 필요한 것이다. 정부는 토지거래규제나 토지소유제한, 개발이익환수 등과 같이 토지이용권 및 재산권 행사에 규제를 가함으로써 불완전경쟁시장에 따라 나타나는 폐해를 억제하려고 한다.

2) 지대이론

특정한 그룹 혹은 개인들이나 특정한 경제활동이 어떤 공간이라는 제약 하에서 특정 토지를 이용하게 되는 것은 바로 토지사용에 대한 문제로부터 출발한다. 이는 토지에 대한 수요가 그 토지를 사용함에 대한 지불의사로써 지대가 어떻게 결정되는 가에 대한 문제로 나타나게 된다는 것이다. 이해를 돕기 위해서 어떤 도시를 가정해보자. 이 도시 지역내에서 발생하는 모든 경제적 활동을 도시경제라고 할 때, 도시경제의 움직임은 다음과 같은 두 가지의 공통적 특징을 가진다. 첫째, 도시의 중심으로부터 멀어질수록 토지의 가격은 체감적으로 하락한다는 점과 둘때, 도시의 중심으로부터 멀어질수록 개별 가계나 기업이 사용하는 토지의 평균적인 규모가 증가한다는 점이다. 이때 과연 토지 사용자들에게 토지가 배분되는 가정은 어떠하며, 토지의 위치와 토지가격 간의 관계는 어떻게 결정되는 지를 이해하기 위해 개인 및 기업이 특정위치에 있는 토지를 사용하기 위해 얼마만큼 지불할 용의가 있는지를 파악할 필요가 있다. 따라서 우리는 보다 자세하기 지대란 무엇이며, 이런 지대를 설명하는 모형에 대한 소개를 통해 토지경제에 대한 전반적 이해를 돕고자 한다.

(1) 토지이용

가) 토지이용의 개념

어떤 생산품을 생산해내고 그것을 거래하며, 거래된 상품이 이용되기까지에는 일정한 공간적 제약이 존재한다. 이 공간적 제약은 토지의 물리적 특성에 기인하며, 기업측면에서 생산을 위한 제약 중 하나로 토지는 노동 및 자본과 같은 생산요소의 일부분으로 포함될 수 있다. 이런 토지이용에 대한 개념을 이용 측면에 따라 구분하면 다음 두 가지로 나눌 수 있는데, 그 하나는 자연그대로의 토지를 이용하는 개념으로 농업과 같은 것이 여기에 속하며, 다른 또 하나의 개념은 토지활용개념으로써 산업의 변화에 따라 토지활용이 변한다는 것이다. 이런 토지이용에 대한 개념은 다시 어떻게 토지를 이용하는가에 따라 도시경제에서 공간구조를 변화시키는 가로 이어진다. 또한 토지이용에 있어서 최유효이용, 즉 효율적인 이용과 더불어 생산성 제고를 통하여 해당지역의 경제활동에 영향을 미치며, 이러한 점은 지대 뿐만 아니라 지역산업의 시장영역을 변화시키기도 한다.

나) 입지와 지대

개별 토지는 모두 독특한 용도로 사용되고 있으며, 그 용도는 시간이 지남에 따라 끊임없이 변화한다. 여기서 토지의 이용은 입지경쟁에 의해 결정된다고 볼 수 있는데, 여러 경쟁적 사업자 중에서 대상 토지에 가장 높은 가격을 지불할 수 있는 사용자가 그 토지를 차지하게 되기 때문이다. 즉 어떤 토지이든 입지경쟁의 결과 최대의 수익을 올릴 수 있는 이용에 대상 토지는 할당된다. 도심에서 외곽으로 나감에 따라 상업지역, 주거지역, 공업지역 등으로 토지이용이 변화하는 것도 마찬가지의 논리이며, 또한 같은 상업지역 내에서도 여러 가지 용도로 토지이용이 달라지는 것도 같은 논리이다.

다) 지대와 지가

대게 지대(地代)란 일정기간동안 토지를 사용한 대가로 지불되는 임대료이다. 그리고 지가(地價)란 매기간 마다 지대를 현재가치로 환원한 값이다. 매기간의 지대가 동일하고 이것이 영원히 계속된다면, 지가는 지대를 자본비용으로 할인한 값이 된다. 예를 들어, 쌀을 생산하는 농지에 대한 지대가 연 100만원이라고 하자. 그런데 쌀의 생산량이 감소하지 않고 영원히 계속되고 자본비용이 연 10%라고 가정하면, 지가는 1,000만원(＝100만원 / 0.1)이 된다.

(2) 지대이론

가) 지대

지대는 토지를 이용한 대가로써 계약지대와 경제지대로 구분된다. 계약지대(contract rent)는 부동산을 이용하는 사람이 그것을 빌려준 사람에게 부동산을 이용하는 대가로 지불하게 되는 대금을 말하며, 위에서 설명된 임대료와 같은 개념이다. 임대료는 일반적으로 차주와 대주 상이의 계약에 의하여 이루어지는 것을 말하며 임대료율 결정에는 부동산의 현재가격, 이윤, 부동산수명, 자본비용 등이 고려된다. 이런 계약지대는 부농산 소유자의 최소공급가격[30] 및 그 이외의 잉어분을 동시에 포함한다고 볼 때, 경제지대보다 광의의 개념이라 할 수 있다. 따라서 이런 초과지불금은 재산으로부터 획득한 경제지대 이하일 수도 있고 이상일 수도 있다.

한편 경제지대(economic rent)는 생산요소를 생산과정에 끌어들이기 위해 지불되는 최소공급가격을 초과하는 소득의 잉여분이다. 이 경제지대의 개념은 토지자원으로부터 획득되는 총수입과 관련이 있는 것으로 자본, 노동, 경영 등에서 얻을 수 있는 요소수입을 동시에 포함한다. 즉 경제지대는 그 생산요소가 실제로 얻고 있는 총수입과 전용수입의 차이, 현재의 용도에서 실제로 받는 지급액에서 전용수입을

---

30) 최소공급가격은 어떤 생산요소가 다른 용도로 전용되지 않고 현재의 용도에 그대로 사용되도록 하기 위하여 지급되어야 할 최소한의 지급액, 즉 전용수입을 말한다.

뺀 나머지로 정의된다.

나) 지대모형

토지의 위치와 토지가격 간의 관계가 어떻게 결정되는 가에 관해 널리 사용되는 분석모형인 튀넨(Thunen, J.H.)모형을 설명하고, 이를 이용하여 발전된 지불용의지대모형(bid-rent model)을 소개하고자 한다. 즉 튀넨의 분석에 기초하여 입지와 지대 간의 관계에 대해 살펴보고, 이를 이용하여 지불용의지대모형을 통해 도시 내 토지의 배분, 경제활동과 개인들의 입지, 그리고 도시 내 각 위치에서의 토지가격 등에 관한 다양한 결과를 도출할 것이다.

① 튀넨(von Thunen)모형

튀넨모형을 설명하기 위해 우선 농산물이 거래되는 시장은 M점에 위치하며, 모든 토지는 부재지주(absentee landlords)들이 소유하고 있다고 가정한다. 또한 모든 농부들은 동일한 고정생산계수 값을 가진 생산기술을 이용하여 한 가지 농산물을 생산하고 있다고 가정한다. 그리고 토지는 위치에 관계없이 동질적이며, 농산물 시장에는 자유로운 진입이 허용된다고 가정한다. 따라서 수익성이 있다고 판단되면 모든 토지는 농산물을 생산하기 위한 농지로써 이용된다.

이제 쌀을 경작하는 어떤 농부가 1ha의 농지의 1단위의 토지 외 생산요소를 결합하여 1톤의 쌀을 생산가능하다고 가정하자. 이때 토지 외 생산요소는 인간이나 가축의 노동력과 농기계와 같은 생산된 자본재 투입물 등의 결합을 의미한다고 할 때, 생산요소 간의 결합관계가 고정되어 있다면 서로 다른 위치에 놓인 1ha의 농지에 대하여 농부가 지불할 용의가 있는 지대는 쉽게 파악할 수 있다.

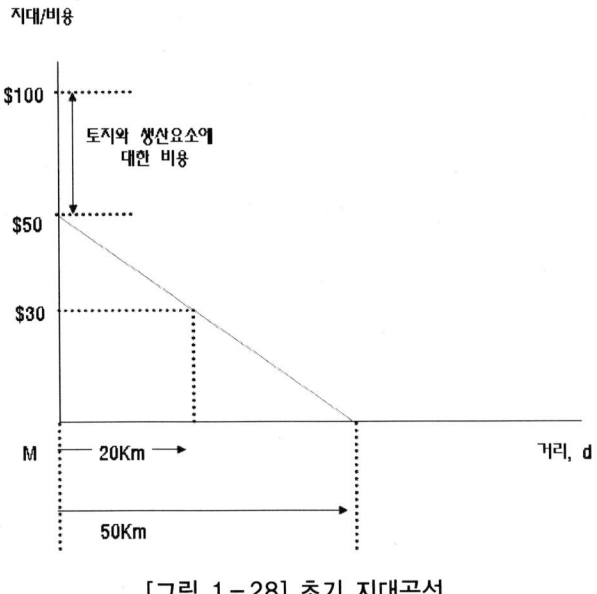

지대/비용

$100

토지와 생산요소에
대한 비용

$50

$30

M   20Km →   거리, d

50Km

[그림 1-28] 초기 지대곡선

　이를 설명하기 위해 시장 M점에서 쌀 1톤이 $100에 거래되고 있으며, 시장으로
쌀 1톤을 운송하는데 드는 비용 t는 1km당 $1이라고 하자. [그림 1-28]에서 보면
M지점에서 농부가 쌀농사를 짓는다면 생산지로부터 시장까지의 거리는 0이 된다.
따라서 운송비용은 전혀 발생하지 않으며, 쌀 1톤을 판매하여 얻어지는 $100의 수
입은 전액 토지와 토지 외 생산요소에 대한 비용으로 사용될 수 있다. 토지 외 생
산요소에 대한 비용이 $50라고 하면, 토지에 대한 지불액은 최대한 $50가 될 것이
다. 같은 방법으로 시장으로부터 20km떨어진 곳에 위치한 토지 1ha에 대하여 지불
할 수 있는 최대액은 $30가 되며, 시장에서 50km떨어진 곳에 위치한 토지 1ha에
지불할 수 있는 최대한의 금액은 0이 된다.

　이런 과정을 통해 알 수 있듯이 운송비용은 운송거리에 따라 증가하기 때문에 지대
는 운송거리와 직접적으로 비례하여 감소한다. 이런 사실을 통해 뛰넨모형에서는 부
(−)의 지대 경사도(negative land-rent gradient)를 그릴 수 있다. 나아가 이 모형에 따
르면 시장판매를 위하여 밀이 경작되는 공간적 범위에는 한계가 존재함을 알 수 있다.

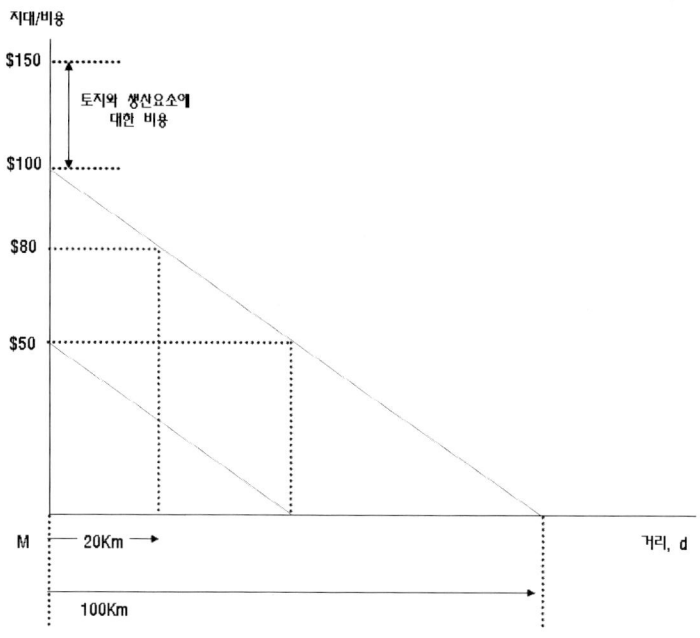

지대/비용

$150

토지와 생산요소에
대한 비용

$100

$80

$50

M ├─ 20Km ──→

거리, d

├──────── 100Km ────────→

[그림 1-29] 시장가격 상승에 따른 지대곡선의 변화

이와 같은 기본적인 논의는 재화의 가격변화나 생산요소에 대한 지불액의 변화 등을 고려하여 확장될 수 있다. [그림 1-29]를 보면 쌀의 시장가격이 1톤당 $100에서 $150으로 상승한 경우 시장 M의 바로 인근에 위치한 농지 1ha에 지불 가능한 최대금액은 $100으로 상승한다. 따라서 지대곡선의 절편은 $50에서 $100으로 높아지게 된다. 그리고 시장 M으로부터 20Km떨어진 지점의 토지 1ha에 대한 지불 가능한 최대금액은 $80으로 상승하며, 50Km떨어진 지점의 토지 1ha에 대한 지불 최대금액은 $50으로 증가한다. 나아가 지불용의지대가 0이 되는 토지는 이제 시장으로부터 100km떨어진 곳에 위치함을 알 수 있다. 따라서 시장판매를 위해 쌀 생산에 사용되는 토지의 경계는 시장에서 50Km떨어진 곳에서 100Km떨어진 곳으로 확장된다. 그리고 이 경계 내 모든 토지에 대하여 지불 가능한 최대금액인 지대는 상승함을 알 수 있다. 즉 생산물가격의 상승에 따른 토지수요의 증가와 달리 토지의 공급

은 비탄력적이기 때문에 수요의 증가가 곧 지대의 상승으로 귀결됨을 직관적으로 알 수 있다. 그리고 기초적인 수요-공급 이론을 통하여 예측할 수 있듯이 시장가격의 인상은 경작되는 토지의 양을 증대시키며, 그 결과 생산되고 판매되는 산출물의 양은 증대함과 동시에 지대곡선은 우측으로 평행이동하게 된다.

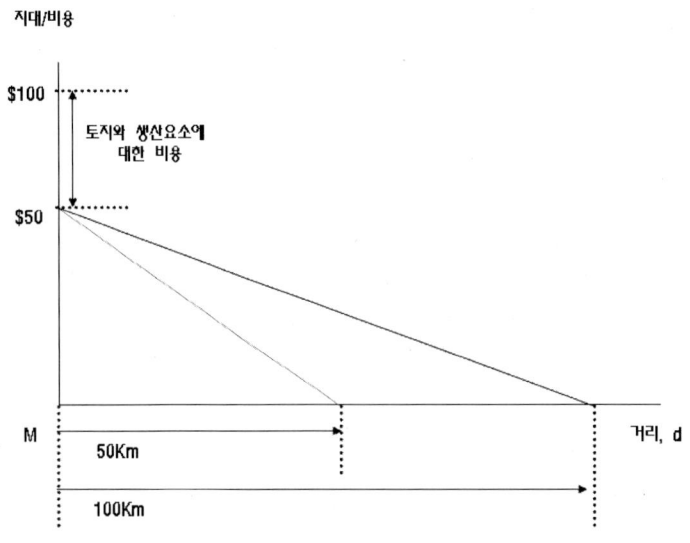

[그림 1-30] 수송요율 변화에 따른 지대곡선의 변화

만약 수송비가 변화하면 경우에는 생산물가격의 변화와 같은 모양을 가질까? 아니면 다른 형태를 띠게 될까? 결론적으로 수송요율(transport rate)의 변화는 생산물의 시장가격 변화 및 생산요소가격의 변화와는 다소 다른 영향을 미친다고 할 수 있다. 이제 도로의 확장 혹은 운송수단의 발달로 인해 생산물 1톤당 수송요율 t가 1Km당 $1에서 $0.5로 인하된 경우를 가정해보자. [그림 1-30]에서 보면 쌀의 시장가격이 $100이고 토지 외 생산요소에 대한 지불액이 $50이라면 시장 M지점에 위치한 토지에 대해 농부가 지불 가능한 최대금액은 수송요율과 관계없이 $50이 된다.[31] 즉

---

31) 왜냐하면 시장 M지점에서 생산할 경우 운송거리가 0이 되기 때문이다.

지대곡선의 절편은 수송요율과 관계없이 $50에서 변화하지 않는다. 반면에 시장 M 점에서 20Km떨어진 토지에 대한 농부의 지불용의지대는 $40달러로 증가하게 된다. 또한 시장으로부터 50Km떨어진 토지에 대해 농부는 최대 $20까지 지불할 수 있으며, 시장에서 100Km떨어진 토지에 대한 지불용의지대는 0이 된다. 이 경우에도 생산물가격이 상승한 것과 같이 시장 M에서 판매하기 위해 쌀을 생산하는 토지의 경계는 시장으로부터 50Km에서 100Km로 확장된다. 따라서 수송요율이 변화할 때 지대와 토시사용량 간의 관계는 생산물의 시장가격 또는 토지 외 생산요소에 대한 지불액이 변화되는 경우와 비교하여 다소 달라진다.

한편 한 기업의 총이윤은 총수입에서 타생산요소지불액과 수송비, 그리고 지대를 차감한 것과 같게 된다. 그리고 지금까지 설명된 튀넨모형에서 토지는 생산과정에서 다른 생산요소와 같은 역할을 하는 것으로 취급되었지만 토지에 대한 지불액은 잔여분으로 간주되었다. 이런 가정은 Ricardo(1921)의 접근에 따른 것인데, 토지에 대한 지대지불액은 다른 모든 생산요소에 대한 비용 및 운송비용이 지불된 이후에 결정된다는 것이다. 따라서 튀넨 모형에서 1ha당 지불될 수 있는 최대 지대는 다음과 같이 표현할 수 있다.

지대/ha = 수입/ha - 타 생산요소지불액/ha - 수송비용/ha

위 식을 이용하여 우리는 지대곡선에 대한 기울기 역시 구할 수 있다. 이제 위의 식을 수식화 하여 다시 정리해 보자.

$$R(\mu) = P_i Q_i - C_i - t_i Q_i \mu \tag{8-1}$$

식 (8-1)에서 R은 거리에 따른 지대, μ는 거리, P는 생산물 단위당 가격, Q는 생산량, C는 타 생산비용, t는 수송요율이고, $tQ\mu$는 거리에 따른 단위당 수송비용과 같다. 이때 절편은 $P_i Q_i - C_i$가 되며, 지대가 0이 되게 하는 지점을 구하기 위해 식 (8-1)을 0으로 두고, μ에 대해 정리를 하면 다음과 같이 정리할 수 있다.

$$\mu = \frac{1}{t_i Q_i}(P_i Q_i - C_i') \qquad\qquad (8-2)$$

따라서 우리는 식 (8-2)를 통해 기울기가 $t_i Q_i$임을 알 수 있다.

지금까지 이해를 돕기 위해 쌀의 생산을 위해 1ha의 토지만 사용하는 것으로 간주하였는데, 이를 일반화하면 토지의 사용량을 달리함에 따라 타 생산요소도 고옅 투입비율에 따라 변화하게 될 것이다. 이러한 점을 적용해 일반적인 튀넨모형에서 지대 지불액은 다음과 같다.

토지 단위당 지대×토지사용량 = 총수입 - 타 생산요소 지불액 - 총수송비

토지 단위당 지대에 토지사용량을 곱한 값은 단순히 생산물의 시장판매를 통해서 얻어진 총수입에서 총수송비와 토지 외 모든 생산요소에 대한 지불액을 제외한 잔여분이 된다. 그리고 토지 단위당 지대는 총수입에서 운송비용과 타 생산요소에 대한 지불액을 차감한 것에 대해 사용된 토지의 양(S)을 나눈 값과 같음을 알 수 있다.

한편 거리에 대한 음의 지대곡선의 기울기는 토지 단위당 지대의 변화로 주어짐으로 -t / S가 된다. 이는 거리가 △d만큼 증가하면 총 운송비용의 증가분 t△d는 토지의 총사용량 S에 대해 지불되는 지대의 감소를 통해 보상되어야 함을 의미한다. 이는 위의 기울기를 도출하는 과정에 1 / S를 추가하면 될 것이다.

② 튀넨모형의 적용

(i) 토지에 대한 경쟁(I)

앞에서 한 농부는 어떤 특정 농산품을 경작하기 위한 단일 분석이 시도 되었다. 이제 튀넨모형 내에서 토지에 대한 경쟁이 발생한 경우를 적용해 보겠다. 즉 여기

에는 두 명의 농부가 존재하며, 서로 다른 농작물(쌀과 밀)을 경작한다고 가정한다. 두 작물을 생산하는데 사용되는 타 생산비용은 $50으로 같으며, 1톤의 산출량을 생산하기 위해서는 각각 1ha씩의 토지가 필요하다고 가정한다. 또한 앞에서와 마찬가지로 시장 M에서 거래되는 쌀의 1톤 가격은 $100이며, 쌀 1톤을 시장까지 운송하는데 1Km당 t의 수송비용이 든다고 한다.

반면 또 다른 농작물인 밀은 시장 M에서 판매되는 금액이 $150이며, 밀 1톤을 시장까지 운송하기 위해서는 1Km당 $2.5의 수송비용이 발생한다고 가정하자. 이런 조건 하에서 밀의 생산에 사용되는 토지의 최대 지대는 시장 M에서 $100이며, 시장에서 40Km떨어진 토지에서 0이 된다. 만약 쌀을 생산하는 농부와 밀을 생산하는 농부가 어떤 위치의 특정 토지를 사용하기 위하여 서로 경쟁한다고 하면, 그 토지는 보다 높은 지대를 지불할 수 있는 용도에 배분되는 것으로 볼 수 있다.

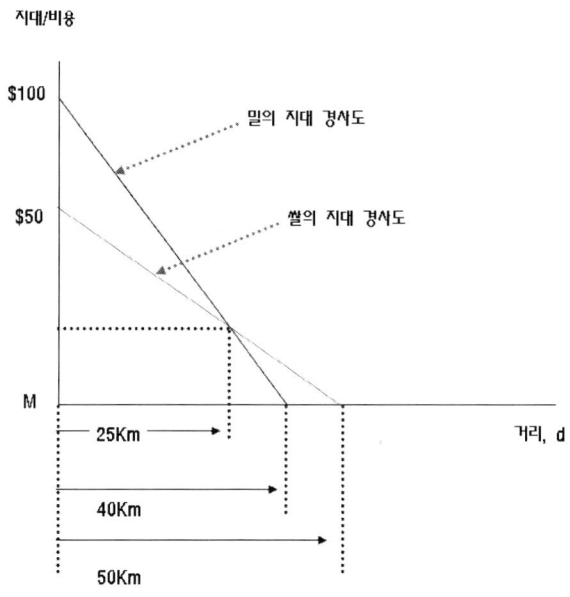

[그림 1-31] 쌀과 밀의 토지배분

[그림 1-31]에서 보면 시장에 인접한 곳에 위치한 토지는 밀을 경작하는 농부에게 임대되며, 시장에서 멀리 떨어진 곳에 위치한 토지는 쌀을 생산하는 농부에게 임대된다. 경작되는 토지의 경계는 시장으로부터 50Km떨어진 곳이 되며, 토지이용의 변화가 일어나는 점은 시장에서 25km떨어진 곳이 된다. 이 점은 작물에 대한 토지의 임대가격이 같아지는 곳이고, 이를 이용하면 쉽게 구할 수 있다. 먼저 토지에 대해 두 가지 이상의 경쟁적인 용도가 있을 경우 토지용도의 변화가 일어나는 거리를 계산하기 위해서 각 생산활동에서의 임대가격을 같은 값으로 두면 된다. 거리에 따른 쌀의 지대곡선 식은 (8-3)과 같고, 밀의 지대곡선 식은 (8-4)와 같다.

$$R(\mu) = 100 - 50 - 1 \cdot \mu \qquad\qquad (8-3)$$
$$R(\mu) = 150 - 50 - 2.5\mu \qquad\qquad (8-4)$$

식 (8-3)과 (8-4)에서 지대를 동일하게 만드는 거리 μ를 구하기 위해 식 (8-3)과 (8-4)를 같다고 두면 다음과 같이 정리된다.

$$100 - 50 - 1 \cdot \mu = 150 - 50 - 2.5\mu \qquad\qquad (8-5)$$

식 (8-5)를 풀어보면 쌀과 밀의 지대가 동일하게 만드는 거리 μ지점은 25Km가 된다.

한편 여기에 밀에 대한 수송요율이 1Km당 $1로 인하된다면 밀의 생산에 사용되는 토지의 범위는 시장에서 100Km까지 확장된다. 따라서 더 이상 쌀의 생산은 경쟁력이 없으며, 모든 토지에서 밀만 생산하게 된다. 추가적으로 밀의 생산품 가격이 $175로 상승할 경우 밀의 생산에 사용되는 토지 범위는 시장에서 50Km로 확장되며, 모든 지역에서 밀만 생산되게 된다. 반대로 당초의 수송요율을 유지한 상태에서 쌀의 시장가격이 $150으로 인상될 경우에도 유사한 현상이 일어난다. 이 경우에는 시장 M에서 100Km내의 모든 토지는 쌀 생산에 사용되게 된다.

이상과 같은 1차원적 모형의 결과를 2차원 공간에서 고려하게 되면 튀넨모형에서 토지는 시장을 나타내는 점 M을 중심으로 그려지는 동심원에 의해 상호 경쟁적인 용도 간에 배분된다는 것을 확인할 수 있다. [그림 1-32]에서 보면 두 개의 동심원이 그려지게 되고, 시장을 나타내는 중심점 M에 가깝게 위치한 것은 밀 농사가 되고, 25Km를 기점으로 밖에 위치하고 있는 것은 쌀 농사가 되게 된다. 또한 이와 같은 설명은 토지가 세 가지 이상의 경쟁적인 용도에 대해 배분되는 경우로 확장할 수 있는데, 이 경우에 토지는 세 가지 또는 그 이상의 동심원에 따라 배분되게 된다.

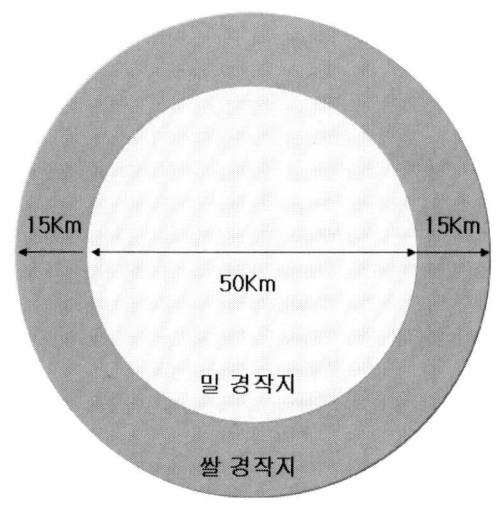

[그림 1-32] 쌀과 밀의 지불용의지대

이와 같은 분석에서는 이미 설명된 두 가지 가정을 포함하여 모두 세 가지의 Ricardo학파의 가정을 담고 있다. 첫째, 토지에 대한 지대는 잔여분으로 취급된다는 것이다. 둘째, 특정 입지에 위치한 토지는 가장 수익성이 높아서 가장 높은 지대를 지불할 수 있는 용도에 대해 배분된다는 것이다. 셋째, 어떤 입지에 위치한 토지의 공급은 고정되어 있다는 것이다. 즉 토지의 공급은 완전 비탄력적이라는 것이다. 여기에서 둘째 및 셋째의 가정은 받아들이는 한편 토지에 대한 지대가 단순히 잔여분으로 결정되지 않는 보다 일반적인 모형을 적용하게 되면 주류 미시경제학의 체계

내에서 토지 용도에 대하여 논의하는 것이 가능해 진다.

(ii) 토지에 대한 경쟁(Ⅱ)

위에서 분석한 내용을 바탕으로 분석하면, 우선 기본적 가정은 튀넨모형을 그대로 따른다. 그리고 분석의 대상은 농업부문이 아닌 산업부문으로 적용한다. 여기에서 산업은 크게 1차 산업, 2차 산업, 3차 산업으로 구분 짓는다.[32] 그리고 각 산업별 지대지불곡선은 서로 다른데, 3차 산업이 시장 M에서 토지에 대한 최대 지불가능금액이 가장 높으며 그 다음으로 2차 산업, 3차 산업의 순으로 결정된다. 왜냐하면 3차 산업인 서비스업의 경우 다른 2차, 3차에 종사하는 기업에 비해 시장에 대한 접근성을 매우 선호하기 때문이다. 따라서 서비스업의 경우 이윤수준이 9이되는 지대지불곡선은 기울기가 매우 급할 것이다. 반면 1차 산업의 경우 토지 이외의 타 생산요소에 비해 지대가 차지하는 생산비용에서 차지하는 수준이 매우 높기 때문에 시장 M에서 보다 멀어지는 것을 선호하며, 따라서 기울기는 매우 완만할 것이다. 끝으로 2차 산업에 종사하는 제조업과 같은 경우 지대지불곡선은 앞의 두 부문의 중간 정도의 수준이라고 하자. 이는 제조업 기업은 도시 내부 시장 및 도시 외부 시장에 대한 접근성을 동시에 필요로 하기 때문이다. 이러한 점들을 감안한다면 지불지대곡선의 기울기는 3차 산업이 중심지에 대해 제일 가파르며 그 다음으로 2차 산업, 그리고 1차 산업의 순으로 점점 완만한 형태를 가지게 된다. 한편 자유로운 시장진입이 허용된다면 모든 산업부문에서 경제적 이윤은 0이 된다.

---

32) 기본적으로 튀넨모형에서 기업의 적용은 불가능하다. 왜냐하면 기업은 총비용에서 차지하는 토지와 기타 생산요소에 대한 비용의 비율을 바꿀 수 있기 때문이다. 이에 대한 자세한 논의는 다음 절에서 하고 있으며, [그림 1-33]에서 나타나는 직선의 형태는 원점에 볼록한 곡선의 형태로 변형해야 하지만, 이해를 돕기 위해 그대로 적용하도록 한다. 자세한 내용은 McCann, P.(2001), "Urban and Regional Economics", English, Oxford University Press.를 참조하라.

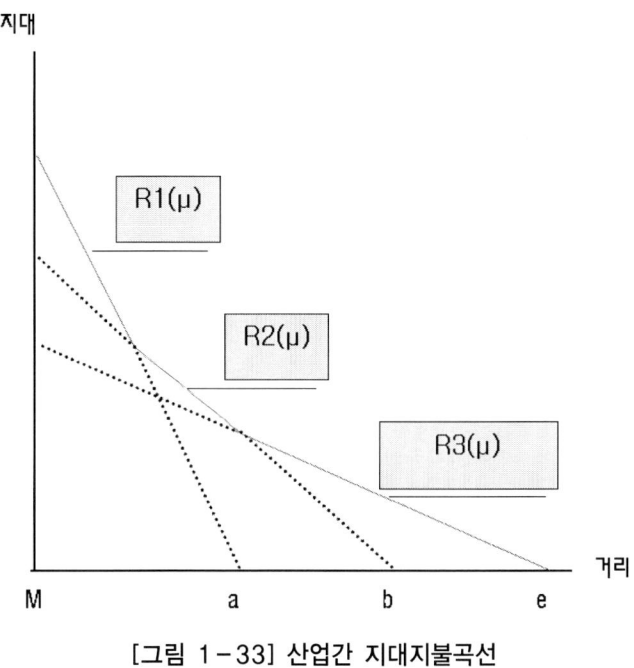

[그림 1-33] 산업간 지대지불곡선

[그림 1-33]을 보면 첫 번째 영역(0~a)에서는 지대지불능력이 높은 3차 산업이 토지를 차지하게 되며, 두 번째 영역(a~b)에서는 2차 산업이, 그리고 세 번째 영역 (b~c)에서는 1차 산업이 입지하게 된다. 따라서 굵게 표시된 선은 그 영역에서 가장 높은 총지대지불곡선이 된다.

③ 튀넨모형의 확장

튀넨모형은 Alonso(1964)의 연구로부터 시작되어 Mills(1969, 1970), Muth(1968) 및 Evans(1973) 등에 의해 기업의 지불용의지대모형으로 발전되었다. 이 지불용의지 대모형은 튀넨이 사용했던 분석틀을 미시경제학의 다른 영역과 용이하게 연결시킬 수 있는 보다 일반적인 형태로 전개하고 있다. 이 지불용의지대모형의 기본적인 접근방법은 튀넨모형과 같으나 한 가지 중요한 차이를 가지는데 이는 토지와 토지 외 생산요소는 산출물의 유형과는 관계없이 상호 대체가 가능하다는 가정이다. 이것이

고정투입계수를 가정하는 튀넨모형과 틀린 점이라 하겠다. 따라서 지불용의지대모형은 튀넨모형에 비해 보다 일반적이라 할 수 있으며, 광범위한 함의를 제공한다.

지불용의지대모형을 이해하기 위하여 모든 재화가 거래되는 시장은 M점에 위치하고 있다고 다시 가정하자. 비록 토지는 그 위치와는 관계없이 모두 동질적이지만 토지와 타 생산요소는 상호 대체가 가능하다고 가정한다. 이런 조건 하에서 어떤 재화를 생산하는 기업이 일정한 수준의 이윤을 유지하면서 시장 M으로부터 일정한 거리에 위치한 토지 한 단위에 대하여 지불할 용의가 있는 금액이 얼마인가 파악해 보자. 재화를 시장 M지점까지 운반하기 위해서는 수송비를 지불해야 하므로 기업이 지불할 수 있는 지대는 시장으로부터 거리가 멀어질수록 감소하게 된다. 이때 지불용의지대곡선은 기업이 지불할 수 있는 지대는 거리에 비례하여 감소하지만 그 감소율은 체감한다. 왜냐하면 생산요소 간의 상호 대체가 존재하기 때문이다. 즉 [그림 1-34]에서 보면 원점에 볼록한 형태의 음(-)의 기울기를 가지는 감소함수를 취한다는 것이다.

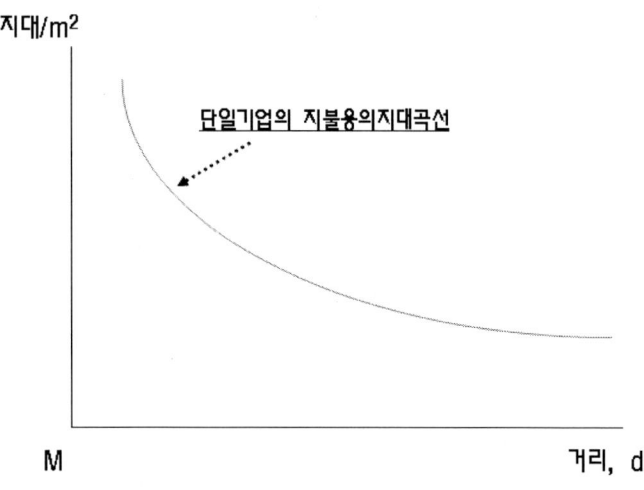

[그림 1-34] 기업의 지불용의지대곡선

이를 이해하기 위해 미시경제학의 생산이론을 상기해보자. 먼저 노동과 자본 등 두 가지 생산요소를 투입물로 사용하는 기업은 비용을 최소화시키기 위하여 등비용선과 등량곡선의 기울기가 일치되도록 생산요소 결합방법을 선택한다. 이때 한 생산요소의 가격이 하락하여 다른 생산요소에 비해 상대적으로 사지면 기업은 상대적으로 비싸진 생산요소를 상대적으로 저렴한 생산요소로 대체하여 생산요소의 결합방식을 변화시킨다. 그리고 기업은 등비용선의 기울기가 다시 등량곡선의 기울기와 같아질 때까지 계속적으로 생산요소 간의 대체를 시도한다.

이를 적용해 보면 기업이 시장 M으로부터 거리와 관계없이 동일한 수준의 이윤을 유지하는 생산 활동을 하면서 지불 가능한 지대를 파악한다. 그리고 시장 M으로부터 먼 곳에 위치한 토지일수록 그 임대가격이 하락한다는 것을 알고 있다. 만약 타 생산요소의 가격이 시장으로부터의 거리와 관계없이 일정하다면 시장에서 먼 곳에 위치한 토지일수록 그 가격은 다른 생산요소의 가격에 비해 상대적으로 저렴해진다. 이는 기업이 시장 M지점으로부터 멀어질수록 상대적으로 가격이 싸지는 토지의 사용량을 증대시키는 반면 상대적으로 가격이 비싸지는 타 생산요소의 사용량은 감소시키게 될 것이다. 나아가 시장 M에서 가까울수록 토지의 가격은 높아지므로 상대적으로 저렴한 타 생산요소의 투입비율을 높이게 될 것이다. 이런 사실은 만약 기업이 각 입지에서 생산요소의 소비결합을 최적화시킨다면 기업이 사용하는 토지와 타 생산요소의 상대적 및 절대적 사용량은 각 입지마다 서로 다르게 됨을 의미한다. 즉 기업이 시장에 가까운 지점에 위치할수록 적은 양의 토지와 많은 타 생산요소의 사용을 하게 되고, 시장에서 멀어질수록 토지의 사용량은 증가하고 타 생산요소의 사용량은 줄어들게 된다. 따라서 시장으로부터 가까울수록 타생산요소 / 토지의 비율은 증가하며, 멀어질수록 타생산요소 / 토지의 비율은 감소한다.

튀넨모형에서와 같이 거리에 대한 지불용의지대곡선의 기울기는 토지 단위당 지불 가능한 지대가 거리에 대해 어떻게 변화하는지 살펴봄으로써 알 수 있다. 즉 지불용의지대곡선의 기울기는 $-t/S$가 되는데, 이 값은 튀넨모형에서와 같아 보이지만 기본적으로 다르다. 즉 더 이상 토지규모 S가 고정된 값이 아닌 시장의 거리에 따라 변화하기 때문이다. 수송요율 t가 일정한 값을 가진다면 거리가 멀어질수록 S

의 값이 커지므로 지불용의지대곡선은 음(-)의 기울기를 가지며, 또한 완만해진다.

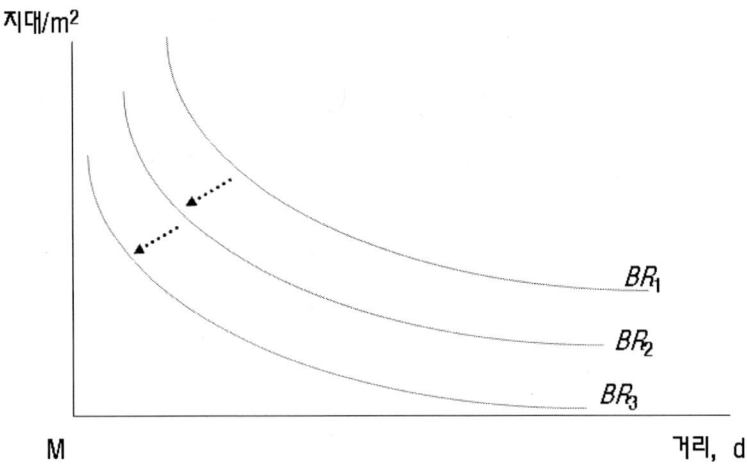

[그림 1-35] 기업의 지불용의지대곡선 지도

　지불용의지대모형의 두 번째 특징은 지불용의지대곡선이 원점에서 멀어질수록 기업의 수익성은 하락하게 된다는 것이다. 즉 원점에서 멀어진다는 것은 토지사용을 위한 비용이 더욱 높아진다는 것을 의미하고 이는 이윤을 낮추게 하기 때문이다. 그런데 여기서는 기업의 순이익이 0이 되도록 지대를 지불한다고 가정하고 있다. 이는 토지시장에 대한 자유로운 진입을 허용하고 있기 때문에 어떤 부문이 다른 부문에 비해 높은 이윤을 누리고 있다는 것은 타 기업 및 잠재기업에 의해 진입될 가능성을 시사하고, 이 투자의 증가는 비용으로 귀결되어 장기적으로 정상이윤을 누리는 수익정도에서 진입과 퇴출이 일어나지 않는 상태가 발생할 것이기 때문이다. 결과적으로 기업과 산업의 지불용의지대곡선은 정상이윤 혹은 0의 이윤 조건을 만족하게 된다.

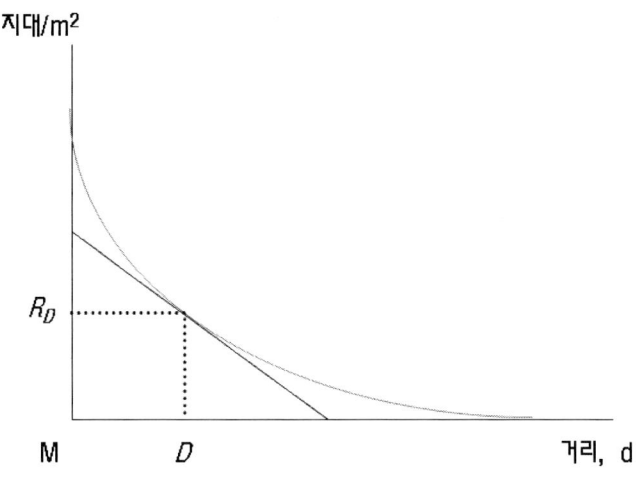

[그림 1-36] 생산함수의 형태와 지불용의지대곡선

여기에서 만약 고정투입계수의 생산기술을 보유한, 즉 생산요소간 대체가 없는 기업과 경쟁하게 되는 경우를 가정해보자. 이 경우 지불용의지대모형에서 볼 수 있듯이 생산요소 간 상호 대체가 가능한 유연한 생산기술을 보유하고 있는 기업에게 토지는 항상 배분되게 된다. 왜냐하면 시장으로부터 가까워질수록 토지사용에 대한 대가가 높아지게 됨으로써 토지사용량을 줄이고 타생산요소투입 비율을 늘림으로써 토지 단위당 높은 지대를 지불할 수 있기 때문이다. [그림 1-36]에서는 위에서 논의한 내용을 보여주고 있다. 여기서 동일한 산출물을 생산하여 같은 가격으로 시장 M에 판매하는 두 기업의 경우를 비교하고 있다. 시장 M으로부터 D거리에 위치한 어떤 점에서 두 기업이 지불 가능한 m^2당 지대 R_D는 각 기업의 이윤수준이 0이 되는 값이다. 만약 경쟁적인 기업의 수가 충분히 많으며, 그 가운데 일부만 유연한 생산기술을 보유하고 있다면, 오직 그 기업만이 토지를 임대하여 사용할 수 있을 것이다.

이런 논의에서 알 수 있듯이 주어진 곳에 위치한 토지를 임대하기 위해 고정투입계수의 생산기술을 보유한 기업과 유연한 생산기술을 보유한 기업이 서로 경쟁한다면 토지는 일반적으로 유연한 생산기술을 보유한 기업에게 임대된다.

④ 지대용의지대모형의 적용

지대용의지대모형을 통해 산업용토지에 대한 경쟁, 가계 주거용 토지에 대한 경쟁 등에 대해 적용할 수 있다. 산업용토지에 대한 경쟁은 앞선 튀넨모형의 토지에 대한 경쟁(Ⅱ)를 그대로 적용하는데 무리가 따르지 않는다고 판단된다. 즉 여기 지대지불곡선을 곡선 형태로 수정하면 되는 것이다. 한편 가계 주거용 토지에 대한 경쟁은 마찬가지로 층별 서로 다른 지불용의지대곡선을 도출하여 그려주면 총지불용의지대곡선을 도출할 수 있을 것이다. 즉 고소득층은 도시 중심지에 위치하려고 하며, 중간소득층, 저소득층으로 점차 중심지에서 멀어지게 된다. 그리고 이와 반대의 경우도 생각해 볼 수 있다. 이때는 도시의 규모가 커서 수송비가 가계에 차지하는 비중이 클 경우 저소득층은 도심지역에, 그리고 중간소득층, 고소득층 순으로 도심지역에서 멀리 떨어진 지역에 위치하게 될 것이다. 이에 대해서는 다음 장인 지대이론에 의한 주거입지선택에서 자세히 기술할 것이다.

한편 우리가 살고 있는 도시를 한번 생각해보자. 가장 중심도시에서 멀어질수록 소득계층이 다르기 때문에 환경의 질이 차이가 나게 된다. 즉 기업이나 개인이 특정한 위치에 있는 토지를 소비하게 된다면 그 토지를 둘러싼 주변의 환경이 제공하는 쾌적성(amenity)도 동시에 소비하게 된다. 일반적으로 각 입지마다 특유한 환경수준이 있으므로 입지가 달라짐에 따라 환경의 질도 달라진다. 즉 이러한 환경의 질 차이는 각 입지에 대한 개인들의 지불용의지대에 반영된다고 볼 수 있다.

이에 대해 도심의 경제활동에 의해 오염이 발생하는 경우를 고려해보자. [그림 1-37]에서는 자동차에 의한 대기오염, 공장 및 자동차 매연 등으로 인해 발생된 오염이 주로 도심지역인 경우를 고려하고 있다. 저소득층은 원거리 통근에 따른 수송비를 지불할 능력이 없기 때문에 그들의 입지선택은 도심지역에 한정된다. 반면에 중간소득층과 고소득층은 도심으로부터 멀리 떨어져 있는 지역에 위치한 토지에 대해 높은 지대를 지불할 용의도 있으며 지불할 능력도 잇다. 그 이유는 도심지로부터 멀리 떨어질수록 도심에서 발생하는 오염에 의한 환경훼손이 적어지며, 그만큼 자연환경의 질이 나아지기 때문이다. 따라서 중간소득층과 고소득층은 환경오염으로 인한 피해를 회피하기 위해 도심에서 멀리 떨어진 지역에 위치하려고 하므로 그들의 지불용의지대곡선은 도심으로부터 일정한 거리까지는 정의 기울기를 가지게 된다.

그런데 도심에서 일정한 거리를 벗어나게 되면 도심지역의 오염의 피해가 거의 없어져 버리기 때문에 이는 다시 거리와 지대간의 관계를 음(-)의 함수형태로 변화시킨다. [그림 1-37]에서 이 도시의 총지불용의지대곡선은 ABCDE가 되는데, 최초에는 거리에 대해 감소하다 다시 증가하기 시작하여, 다시 감소하는 모양을 지니므로 B와 D사이에서는 거리에 대해 오목하며, A와 B사이 및 D와 E사이에서는 거리에 대해 볼록하게 된다.

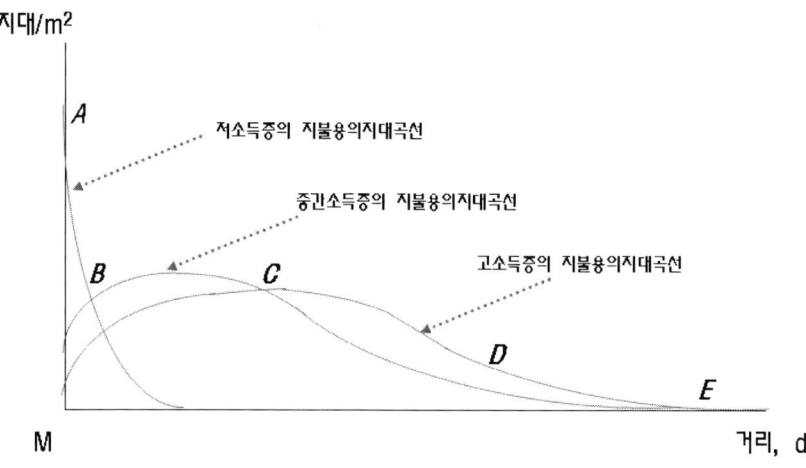

[그림 1-37] 환경의 질적 차이가 미치는 영향

한편 현실적으로는 호나경의 질과 도시의 지대곡선의 관계는 더욱 복잡하다. 그 것은 무엇이 환경을 구성하는지를 정의하기 어렵기 때문이다. 도시의 환경적 쾌적성에는 여가나 여흥에 관련된 시설들도 포함될 수 있다. 이런 시설들이 주로 도심지역에 위치하고 있다면 도심지역의 지대는 외곽지역에 비해 높아지게 된다. 이와 반대로 도심지역에서 멀어질수록 나무와 숲이 많아지므로 환경적 측면에서 그 질이 나아진다고 볼 수도 있다. 그렇다면 도심으로부터의 거리가 증가함에 따라 지대곡선의 기울기는 부의 값을 가지지만 완만해진다.

이와 달리 환경은 사회적 쾌적성의 입장에서 생각할 수도 있다. 예를 들어 저소득층이 밀집한 도심지역에서는 범죄 등의 사회적 문제가 빈번하게 발생될 수 있다. [그림 1-38]에 나타난 바와 같이 이 경우에는 지대곡선이 FGHIJ와 같은 모양이 되는데, 여기서 G와 H사이의 구간에서 그 값은 0이 된다. 이는 고소득층이 자신들의 주거지를 저소득층과 분리하기 위하여 지대 프리미엄을 지불하고자 하기 때문이다. 그 결과 누구도 거주하지 않는 버려진 공간이 나타나게 된다. 또한 치안상의 문제 등으로 인해 기업들은 이 지역에 대한 투자를 회피한다. 그 결과 이 지역은 도시지역에서 자주 관찰되는 이른바 도시 내 비거주지역(inner city no man's land)이 된다. 이러한 결과는 토지의 위치와 지역 환경의 질적 특성 간의 관계에 의해 발생된다.

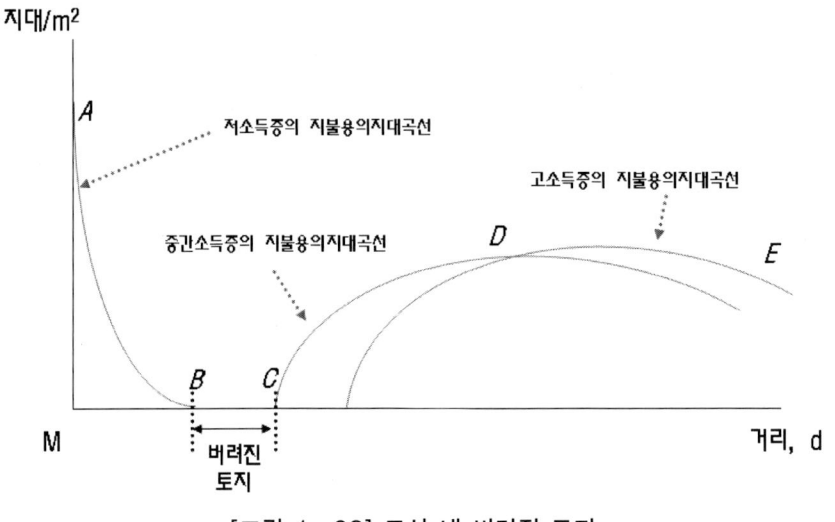

[그림 1-38] 도시 내 버려진 토지

이런 설명에서 볼 수 있듯이, 지대와 환경의 질 간의 관계는 아주 명확하지는 않다. 입지에 따라 환경이 변화되면 도시의 지대곡선은 도심으로부터 거리가 증가함에 따라 증가하거나 감소하며, 경우에 따라서는 부호가 달라질 수도 있는 것이다. 따라서 우리는 기본으로 돌아가 토지이용이 어떤 방향으로 이루어지는 가에 대해 우선적으로 생각해봐야 할 것이다.

다) 수요탄력성과 지대

① 요소탄력성과 지대

고전학파의 지대이론은 농업 토지 위주의 극히 한계생산이론에 치우친 경향이 있었다. 그러나 현대적 의미의 지대는 소득뿐만 아니라 비용의 개념까지도 포괄하고 있다. 토지는 국민경제의 차원에서 보면 그 공급량이 제한되어 있으며, 또한 토지의 공급곡선은 수직선의 형태를 띤다. 그러나 개인적인 측면에서 보면 가격에 대해 탄력적이기 때문에 총공급곡선이 우상향하는 형태를 띠게 된다. 한편 토지라는 생산요소와 연관되어 있는 지대는 생산요소의 공급량에 달려 있다는 점을 고려해 보면, 국가와 개인 간의 지대는 차이가 존재한다.

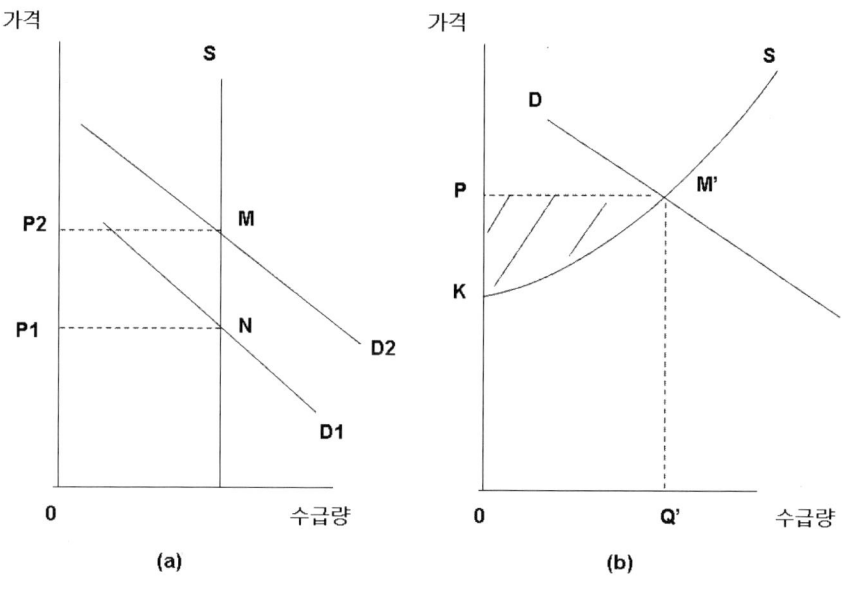

[그림 1 - 39] 생산요소의 탄력성과 지대

[그림 1-39]에서 보면 (a)는 국가적 차원의 토지 공급을 나타내고 있으며, (b)는 개인이 받아드리는 토지 공급과 수요 간의 관계를 보여주고 있다. 우선 (a)에서 국가적 차원에서 토지공급은 그 탄력성이 0이기 때문에 지대는 오로지 수요곡선에 의하여 결정된다. 즉 수요곡선이 D_1일 때, 지대의 크기는 $\square OP_1NQ$의 넓이에 해당되며 수요곡선이 D_2일 때, 지대의 크기는 $\square OP_2MQ$가 된다. 그러나 (b)의 경우와 같이 생산요소로써 토지공급이 탄력적인 경우에는 가격(P)와 수요량(Q)가 결정될 때 경제지대는 실제로 받을 수 있는 토지가액인 $\square OPMQ$에서 전용수입인 $\square OKMQ$를 제외한 빗금 친 부분인 $\triangle KPM$이 된다.

3) 토지시장

(1) 토지수요

가) 토지수요의 결정과정

토지수요는 그 자체에서 발생하는 것이 아니라 그로부터 생산되는 재화에 대한 수요로 파생수요 또는 유효수요라고 한다. 이런 토지수요는 2가지 측면에서 고려될 수 있는데 하나는 토지를 소유하고자 하는 의도에서 수요되는 토지의 매입을 말하고, 또 다른 하나는 토지를 이용하고자 하는 데소 오는 토지의 임차이다. 파생수요적 측면에서 토지를 이용하여 그로부터 생산되는 재화에 대한 수요가 더욱 강조되는바 토지의 합리적 배분을 결정하는 것은 후자 측면에서 접근된다고 볼 수 있다. 즉 각 경제주체는 어떤 원칙으로 토지수요를 결정하는 데 토지와 다른 생산요소를 어떻게 합리적으로 배분할 것인가를 파악해야 한다.

우선 토지의 합리적 배분을 위한 토지의 효용함수(U)는 토지(L)와 토지 외 생산요소인 비토지요소(N)에 의하여 결정된다고 가정하자. 이 경우 효용함수는 아래와 같이 나타난다.

$$U = f(L, N) \tag{8-6}$$

한편 가계의 소득(I)은 제약되어 있으므로 γ를 지대, P를 비토지재화의 가격이라고 한다면 식 (8-7)이 성립된다.

$$I = \gamma L + PN \tag{8-7}$$

식 (8-7)은 제약된 소득을 토지와 비토지부문에 대한 사용수준의 결합을 통해 소비하고, 소비는 많아지면 많아질수록 효용은 증가한다고 가정한다. 이제 식 (8-7)을 비토지요소 N에 대해 정리하면 다음과 같이 정리할 수 있고 이를 그래프로 나타내면 [그림 1-40]에서 파란색선과 같다. 이 선은 객관적 교환비율로써 토지와 비토지의 상대가격이라 할 수 있다.

$$N = -\left(\frac{\gamma}{P}\right)L + \frac{I}{P} \tag{8-8}$$

이제 우리는 소비자의 최적화 문제를 그대로 이용하여 식 (8-6)의 주관적 교환비율과 식 (8-8)의 객관적 교환비율이 일치하는 점에서 소비자의 선택은 최적화될 수 있다고 할 수 있으며, 이는 [그림 1-40]과 같다.

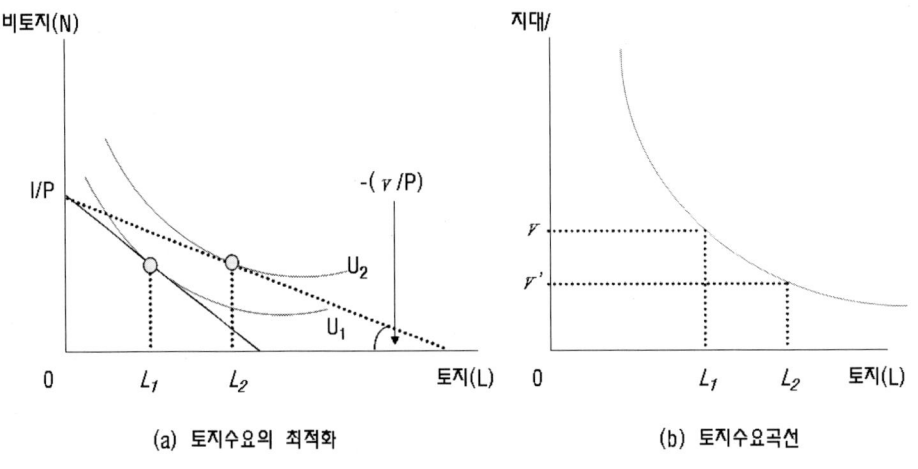

[그림 1-40] 토지수요에 대한 최적화, 그리고 토지수요곡선

[그림 1-40]은 효용함수인 식 (8-6)에서 토지요소와 비토지요소의 주관적 교환비율을 나타내는 효용무차별곡선(U_1)과 식 (8-7)과 (8-8)이 의미하는 예산선을 그린 것이다. 이때 식 (8-7)과 (8-8)의 제약조건하에서 효용극대화점은 예산선과 무차별곡선이 접하는 E_1이 될 것이며, 이때 토지수요량은 L_1이 된다. 그리고 기울기는 $-\gamma / P$가 된다. 만약 비토지요소의 가격이 고정되어 있고 지대가 [그림 1-40]의 (b)와 같이 γ_1에서 γ_2로 하락한다면 같은 예산으로 토지사용량은 L_1에서 L_2로 증가한다. 이 같은 현상은 (a)에서 예선선이 점선과 같이 우상향으로 이동하여 결국 다른 무차별곡선(U_2)와 접하는 점인 E_2에서 균형을 이루게 된다. 따라서 토지의 적정수요량은 L_1에서 L_2로 증대된다. 일반적으로 토지수요량은 완전경쟁하의 생산요소 수요원리에 의해 결정된다.

이제 기업의 입장에서 생산요소인 토지에 대한 수요곡선은 한계수입생산물(MRP: marginal revenue product)또는 한계생산물가치(VMP: value of marginal product)를 나타낸다. 이를 알아보기 위해 우선 완전경쟁기업의 총수입은 아래와 같다.

$$R = P \cdot Q = P \cdot f(x_1, x_2) \qquad (8-9)$$

식 (8-9)에서 R은 총수입, P는 생산물가격, Q를 생산량이라고 할 때, 생산량은 그 기업의 생산함수에 의존한다. 즉 이 기업은 생산요소인 x_1과 x_2를 이용하여 산출량 Q를 생산해낸다. 이 생산요소를 투입한다는 것은 생산요소를 사용하기 위해 지불해야하는 비용의 개념이고, 가변비용의 성질을 지닌다고 할 때, 이 기업이 가지는 고정비용 b를 더하면 총비용을 나타내는 함수를 도출 할 수 있다.

$$C = \gamma_1 x_1 + \gamma_2 x_2 + b \qquad (8-10)$$

이제 식 (8-9)와 식 (8-10)을 이용하여 이윤을 구할 수 있다.

$$\Pi = P \cdot f(x_1, x_2) - \gamma_1 x_1 - \gamma_2 x_2 - b \qquad (8-11)$$

식 (8-11)에서 이윤극대화의 일계조건을 구하기 위하여 각각 x_1, x_2에 대한 이윤 Π의 편미분하여 그 값을 0으로 두면 아래와 같다.

$$\frac{d\gamma}{dx_1} = P \cdot f_1 - \gamma_1 = 0, \quad \frac{d\gamma}{dx_2} = P \cdot f_2 - \gamma_2 = 0 \qquad (8-12)$$

식 (8-12)에서 각각 f_1, f_2는 생산요소 x_1, x_2의 한계생산물이다. 이제 식 (8-12)를 다시 정리하면 아래와 같다.

$$P \cdot f_1 = \gamma_1, \quad P \cdot f_2 = \gamma_2 \qquad (8-13)$$

식 (8-13)은 이윤극대화를 위해서는 각 생산요소의 한계생산물에다 산출물의 가격을 곱한 것이 각 생산요소의 가격과 동일해야 한다는 것을 말해주고 있다. 여기서 한계생산물과 산출물의 가격을 곱한 것을 한계생산물가치라고 한다. 그런데 완전경쟁시장에서 가격은 한계수입과 같기 때문에 식 (8-13)을 변형하면 $MR_1 \cdot f_1 = \gamma_1$ 과 $MR_2 \cdot f_2 = \gamma_2$으로 나타낼 수 있다. 여기서 $MR_1 \cdot f_1$과 $MR_2 \cdot f_2$는 각각 한계생산물에다 한계수입을 곱한 것으로 한계수입생산물과 같다. 따라서 완전경쟁시장 하에서 토지수요는 한계생산물가치와 한계수입생산물과 같아야 한다.

나) 토지수요의 특성

토지는 일반재화와 달리 가격비중이 크기 때문에 구매자금을 축적하는데 오랜 시간이 걸린다. 그리고 토지의 구매를 결정함에 있어서 검토되어야 할 사항이 일반재화에 비해 전문적이고 복잡하다. 그리고 토지가격의 상승하는데 대하여 일반재화의 경우 가격상승은 수요의 하락으로 이어지지만, 토지의 경우 오히려 증가하는 경우가 있다. 이는 양도차익을 목적으로 한 가수요에 의해 나타나는 투기적 현상으로 볼 수 있다.

(2) 토지공급

토지공급은 일정기간동안 공급자들이 토지를 팔려는 욕구이며 일반적으로 일정시점, 일정 지역에서의 토지공급량은 고정되어 있다. 특히 도시의 토지는 용도규제 때문에 일정시점에서 토지공급곡선이 고정되어 있다고 볼 수 있다. 이는 국가 전체의 토지공급을 논의 하였을 때와 마찬가지로 이때의 공급곡선은 수직선의 형태와 같다. 그러나 장기적으로 보면 한 시점, 그리고 한 지역에 대해서도 지대가 높아지면 토지소유자들이 민감하게 반응하여 토지공급은 탄력적으로 변화하게 된다. 그리하여 토지공급곡선은 우상향하는 그래프가 된다.

한편 토지의 공급은 물리적 공급과 경제적 공급으로 나뉘는데 물리적 공급을 살펴보면 토지는 광대한 지표의 공간으로 평야, 계곡, 산맥, 하천 등의 자연물로서 이루어지며, 인위적으로 인간이 사용하게 공급된 지표의 물량을 토지의 물리적 공급이라 한다. 이런 물리적 공급은 토지의 특성상 그 양이 한정되어 있기 때문에 증가시키는 것은 불가능하다. 한편 경제적 공급은 물리적으로 한정되어 있는 토지의 이용을 능률화하기 위하여 경제적 이용도를 증대시키는 것을 말한다. 토지의 경제적 공급이란 결국 토지의 수요를 충족시켜주는 것으로써 예를 들면, 일정한 면적의 토지를 여러 필지로 분할하여 많은 수요량을 충족시켜 주었을 때 물리적으로 토지의 증감은 없지만 경제적인 면에서 공급량의 증가로 보는 것이다. 이러한 경제적 공급이 가능한 것을 용도의 다양성과 병합 및 분할의 가능성이 있기 때문이다.

(3) 토지시장의 균형

토지시장의 균형은 수요와 공급에 의해 결정되며, 단기와 장기가 조금 상이한 모습을 가진다. 이는 앞서 토지공급에 대한 설명부문에서 나타나는 현상으로써 단기에는 공급량의 고정되어 있다고 보기 때문에 오로지 수요에 의해서 지대나 지가는 균형을 이루게 된다. 반면 장기에 공급량이 변동하기 때문에 토지공급은 탄력적으로 변화하고 토지시장의 균형은 공급곡선에 의해서 변화할 수도 있게 된다.

4) 결론

이상 토지경제에 있어서 토지의 기본적인 개념과 특징에 대해 알아보았다. 그리고 토지를 사용함에 있어서 지불하는 대가인 지대가 어떻게 형성되는 가에 대해 지대이론을 적용하여 보았으며, 토지시장에서 토지수요와 토지공급, 그리고 토지균형이 어떻게 결정되는 가를 확인해 보았다.

토지가 가지는 특성은 기본적으로 지대나 토지수요 등을 분석하는 데 있어서 완전경쟁시장을 가정하고 있다는 측면과 상충되는 측면이 있다. 그럼에도 불구하고 이런 분석이 일반적으로 지대가 형성되는 배경이나 토지수요가 어떻게 결정되는 가를 이론적으로 잘 설명하고 있기 때문에 이를 배우고 활용할 필요가 있는 것이다. 한편 사회적, 행정적 측면에서는 지대가 아닌 지가의 결정요인을 자연적, 인문적 결정요인으로 나누어 설명하고 있지만 이를 수치화하여 설명하는데 한계가 뒤따를 수밖에 없다. 따라서 이런 정성적 부문의 자료를 수치화 하여 보다 토지시장을 분석하는데 있어서 객관적으로 변화해야 할 필요가 있을 것이다.

8장 연습문제

1. 토지의 개념 및 특성을 생산요소의 관점에서 설명하라.

2. 지대이론을 통한 토지이용의 개념을 입지와 지대 그리고 지대와 지가 측면에서 설명하라.

3. 지대모형(튀넨)의 주요 내용을 시장가격상승과 수송요율변화에 대한 지대변화 관점에서 설명하라.

4. 생산요소의 탄력성이 지대에 미치는 영향을 설명하라.

5. 토지수요의 결정과정과 최적화 문제를 토지수요곡선을 사용하여 설명하라.

6. 토지공급의 의의 및 경제적 함의를 설명하라.

7. 토지시장의 균형과 경제적 시사점 그리고 한계점을 설명하라.

제9장 주택경제

1) 주택의 개념 및 특징

(1) 주택의 개념

주택은 토지위에 세워진 정착물로써 인간이 삶을 영위하는 데 있어서 꼭 필요한 재화이다. 그리고 주택은 경제·정치재화로써 우래 생활에 중요한 위치를 차지하고 있고, 주택입지는 지역의 공간구조에도 영향을 준다. 경제적 개념으로써 주택은 하나의 사적재화로써 경합적인 속성을 가지며, 이는 희소성에 그 근간을 둔다. 즉 토지 위에 세워진 건축물 중에 주택의 공급은 한정적일 수밖에 없으며, 모든 사람이 동시에 사용하지 못하는 사적 재화의 성질을 가진다는 것이다. 반면 정치재화로써의 주택개념은 모든 사람이 공평한 주거조건을 만족시켜야 하는 공익적 성격을 포함하고 있다는 것이다. 이는 주택의 분배문제에서 자연스러운 시장원리에 따른다면 모든 이가 일정한 조건의 주거를 가지지 못한다. 즉 비교적 소득이 높은 사람에 의해 주택을 독점하게 된다면, 그에 반해 소득이 낮은 이가 그 주택재화를 소비하는 데 어려움을 겪게 되고, 이는 공평한 주거조건을 제약하게 되기 때문이다. 따라서 정부는 토지뿐만 아니라 주택시장에도 개입을 하게 되는 것이다. 예를 들어 저소득층을 위해 공공주택의 건설은 비교적 저렴한 가격에 주택재화를 소비할 수 있게 하여, 저소득자로 하여금 주거조건을 만족시키게 하는 것이다.

또한 주택은 해당 지역 및 도시에 관한 복지를 측정할 수 있는 수단이 될 수 있다는데 정부의 개입을 요구한다. 중앙 정부 및 지방 정부가 관심을 가지는 대목중 하나는 바로 주택보급률인데, 이는 경제적 활동을 위한 휴식공간의 확충에 그 근원을 두고 있다. 즉 해당 지역에서 지역주민들이 경제활동을 하기 위해서는 안정적인 주거환경이 마련되어야 한다. 만약 해당 지역주민을 수용할 수 없는 주택보급률을 가지고 있다면, 그 지역은 경제활동에 소요되는 비용이외에 사회적 비용이 많이 들수 있다고 볼 수 있다. 왜냐하면 불안정적 주택공급으로 인해 불평등이 심화되고, 이는 경제적 빈곤에 대한 불만이 범죄나 자살 등으로 이어질 수 있기 때문이다.

한편 이절에서는 주택의 특성, 주택시장의 수요, 공급, 균형, 그리고 주택정책에 대한 경제학적 접근을 목표로 하고, 이를 주지하여 살펴보기 바란다.

(2) 주택의 특성

주택의 특성은 토지가 가진 전반적인 특성에 기인한다고 볼 수 있다. 우선 토지의 부증성 아래 주택의 공급은 극히 제한적일 수밖에 없다. 이런 제한적 측면은 주택의 공급이 수요에 비해 당연히 적을 수밖에 없게 되고, 또한 주택의 공급자들 역시 이런 측면을 간과하고 있지 않기 때문에 공급 역시 더욱 제한적이게 된다. 게다가 주택의 개별성으로 인해 동질재화가 존재하지 않는다는 점에서 일반적으로 한 재화에 대한 높은 경합도를 가지며 가격이 높은 특징을 가진다. 즉 주택의 개별성, 대체불가능성 등은 주택시장에서 웃돈의 존재를 자연스럽게하고, 주택재화가 다른 주택재화와 교환 내지 대체할 수 없다는 점은 완전경쟁시장이 아닌 불완전경쟁시장임을 나타내는 요인이 되게 된다. 불완전경쟁시장 중에서도 소수의 판매자와 소수의 구매자의 특징을 지니고 있는 바 독과점적시장과 유사하다고 볼 수 있겠다.

이런 독과점시장에서 나타나는 특징이 주택시장에서도 반영되는데, 먼저 거래의 비공개성이다. 주택시장에서의 개별성, 다액자금필요성, 행정적규제 등은 유통거래내용의 공개화를 저해하는 요인으로 작용한다. 즉 가격에 대한 완전한 정보가 불가능하며, 이는 주택시장의 활성화를 저해하는 요인이 되기 때문이다. 두 번째로 주택재화의 비표준화성이다. 주택시장에서 주택재화의 개별성은 상품의 비표준화를 가져오고, 이는 주택시장 분석에서 수요 및 공급의 분석을 어렵게 한다. 이런 시장의 비합리적 특징은 자연스럽게 수급조절의 문제를 동반한다. 그리고 수급조절 문제에 영향을 미치는 특성으로는 수요와 공급에 대한 시차가 존재한다는 것이다. 즉 자신이 원하는 주택을 사기 위해서는 탐색을 위한 시간과 비용이 많이 들 뿐만 아니라 새로운 건출물을 구입하기 위해서는 건축활동을 하기 위한 시간과 비용이 더욱 많이 소요되기 때문이다. 이런 이유로 주택시장에서는 수요 및 공급을 조절하기 용이하지 않고, 단기적으로는 가격의 왜곡까지 동반하게 된다.

가) 소수의 수요자와 공급자

주택은 어떤 특정지역에서 소수의 수요자 및 공급자가 존재하는 특성을 가진다. 이는 주택이 지역적 성격을 가지고 있기 때문이다. 그리고 통상적으로 주택의 수요자에 비해 공급자가 적기 때문에, 수요자 경쟁이 일반적이고 따라서 공급자에 의한 시장으로써의 성격이 강하다. 이는 주택상품은 다른 재화에 비해 고가의 성격을 가지기 때문에 수요자의 수가 제한되기 때문이다.

나) 비동질성

주택의 규모, 위치, 노후화, 주위환경, 도심접근성, 인근지역에 위치한 부대시설이 서로 다르다. 특히 주택 자체가 가지는 개별성으로 인해 가격이 각각 다르고, 이는 대체가 거의 불가능하게 만드는 요인이 된다. 즉 자신이 현재 가진 주택보다 타인의 주택에 대한 효용이 높다고 해서 쉽게 바꾸거나 살 수 있는 재화가 아니라는 것이다. 따라서 이런 비동질성은 대체불가능성으로 이어지게 된다.

다) 지역성

주택은 공간적 작용범위가 한정되는 경향이 있으며, 각 지역에서 고유한 주택시장을 형성하게 하는 요인으로 작용한다. 이러한 점을 주택(시장)의 지역성 또는 국지성이라 하며, 이는 주택의 지리적 위치의 고정성과 개별성이라는 특성에 기인한다. 즉 토지의 부동성과 개별성에 의해 주택 간의 가격경쟁을 억제시키고, 이는 주택가격이 지역적 수요에 의존하게 하는 한편 시장의 분화를 유발시킨다. 시장의 분화는 소비자의 특성에 기인하는데 먼저 소비자의 연령과 성별 등과 같이 인구통계학적 특성을 기초로 시장을 세분화할 수 있다. 그리고 두 번째로 소비자의 수입, 소득 등과 같은 경제적 특성에 따라 세분화되기도 한다. 마지막으로 소비자의 생활양식 등에 의한 특성을 이용할 수도 있다. 예를 들어 소비자의 태도, 기호 등에 기초하여 소비자를 상호 구별 가능한 몇 개의 하위그룹으로 나눌 수 있는 것이다.

라) 내구성 및 장기성

주택은 내구성이 높고 생산에 많은 시간이 걸린다. 이런 점은 앞서 말한 바와 같이 수급의 문제를 유발시킨다. 한편 주택은 시간흐름에 따라 이미 공급된 주택에 비해 새로 공급되는 주택이 제한적이다. 즉 신규주택의 제공보도 이미 공급된 주택의 거래가 더욱 높고 일반적이라는 것이다. 이는 신규주택시장이 재고주택시장에 큰 영향을 받게 됨을 의미한다. 예를 들어 한 지역의 주택보급률이 매우 낮을 경우에 신규주택시장은 활황을 띠게 될 것이며, 반대로 주택보급률이 매우 높을 경우 급격한 인구의 증가가 없는 이상 새로운 주택을 만들 필요가 없기 때문에 신규주택시장은 활성화되지 못한다.

마) 경제성

주택은 다른 재화보다 높은 가격을 지불해야 한다는 점에서 재화의 소유의 목적 이외의 이용의 측면에서 더 많이 활용된다. 따라서 주택보유에 따른 자본이득 및 임대소득을 가지기 때문에 투자의 수단으로 활용된다. 그리고 시장의 불완정성과 정부정책과 관련하여 단기적으로 가격의 왜곡현상이 타 재화보다 높기 때문에 투기적 수단으로도 활용된다. 이런 시장의 불완전성은 위의 여러 가지 특징이 종합되어 발현되는데, 종합해보면 주택이 가지는 외부성이 높기 때문이다. 즉 주택은 그 자체보다도 주위 사회 및 경제적 요소에 영향을 많이 받기 때문이다.

한편 주택은 경제파급효과가 크며, 경기에 민감하게 반응하므로 경기변동에 대한 척도로 사용되기도 한다. 이는 새로운 건출 활동을 위해서 투입되는 자금규모가 높아서 고용효과를 비롯하여 승수효과가 크기 때문에 경기조절수단으로 사용된다는 것이다.

2) 주택시장

주택시장이란 주택이 매매되는 광범위한 장소를 말하며, 주택수요와 공급에 의해서 이루어진다. 즉 주택에 대한 권리를 교환하고 공간적 배분과 공간이용의 패턴을 결정하며, 수요와 공급에 의하여 그 가격을 결정하는 상업 활동을 하는 곳으로 정의할 수 있다. 여기에서 공간의 개념이 중요한 이유는 타 일반재화시장과 달리 주택은 위치가 고정되어 있기 때문에 구체적인 지리적 공간을 생각할 필요가 있다. 따라서 주택시장을 양·질·위치 측면에서 유사한 부동산에 대해 그 가격이 균등해지는 경향이 있는 지리적 구역이라고도 정의된다.

한편 이런 주택은 다른 재화와는 달리 주택의 이질성, 정부개입 등 불완전경쟁적 요인을 지니고 있는 것은 사실이나 주택시장분석의 용의를 위해서 완전경쟁적이라는 가설을 전제로 하고 있음을 주지할 필요가 있다.

(1) 주택시장의 기능

시장의 기능이란 재화와 용역에 대한 수요 및 공급의 변화에 대한 반응인 가격과 수령의 균형을 조정하는 것이라 볼 수 있다. 즉 어떤 시장이 기능을 잘 수행하고 효율적으로 되기 위해서는 수요 및 공급 측에서 조정이 잘 이루어져야 한다.

가) 부지경쟁기능

주택상품은 일반경쟁 상품과 달리 소수의 수요자 및 공급자로 구성되어 있으며 대체가능성이 거의 없다고 볼 수 있으므로 주택시장의 기능을 원만히 수행할 수 없다. 즉 주택시장에서 모든 부재는 잠재적 구매자들에게 있어서 동일 효용으로 사용하는데 있어서 다른 부지들과 경쟁상태에 있다고 볼 수 있다. 이는 시장에 주어진 지리적 공간의 범위 내에서 토지이용형태를 결정하는 것은 계속적인 부지경쟁원리를 통해서이다. 따라서 경쟁에 참여하는 자들은 최유효이용방법을 고안하여 부지이용을 결정하게 된다.

나) 자원배분기능

주택시장은 두 가지 배분기능을 한다. 하나는 기존 주택공간을 수요자에게 배분하는 것이고, 다른 하나는 여타 자원에 건축을 통해 수요자에게 배분하는 것이다. 이는 각종 주택공간에 대한 경쟁과정에서 수급자간의 공간배분 역할을 하는 것으로, 공간과 입지가 상품이고 이익을 목적으로 경쟁하게 됨을 의미한다. 또한 이런 경쟁과 가격메커니즘은 기존 건물의 유지와 수선, 개축 등을 토해 주택에 대한 분배를 촉진하게 된다.

다) 교환기능

주택시장은 자금능력을 가진 사람의 기호에 따라 주택 유형 및 공간을 재분배하게 되는데, 여기에서는 주택과 현금, 주택과 주택, 소유권과 임차권 등의 교환이 이루어진다. 그리고 교환은 거래 당사자간의 서로 이익이 있다고 생각될 때 이루어지게 된다.

라) 가격창조기능

주택시장에서 거래를 통한 당사자 간의 거래가격은 매수인이 더 이상 지불할 수 없는 상한가와 더 이상 양보할 수 없는 하한가 사이에서 창조된다.

마) 정보제공기능

주택시장은 경제활동주체에게 필요한 정보를 제공해준다. 예를 들어 투자가, 개발업자, 임대업자, 중개업자, 평가업자 및 정부 등은 모두 그들의 업무상 가격결정이나 판단을 위해 주택거래정보를 수집하고 이용한다.

바) 양과 질의 조절기능

주택소유자, 개발업자, 건설업자 등은 주택시장에서 주택의 유용성을 증가시키기 위하여 노력하는데 이 과정에서 주택의 양과 질이 조정된다. 예를 들어 주거수준의 수요변화가 주택시장에 나타나면 주택의 질적개선에 영향을 주게 된다.

(2) 주택수요

주택수요는 일정한 기간 동안에 사람들이 주택을 구매하려는 욕구라고 할수 있다. 즉 주택을 소비하고자 하는 주거서비스의 양을 나타내는데, 일반적으로 수요는 일정 기간을 전제로 한 유량(flow)개념이고, 구매한 것이 아니라 구매하려는 것이므로 사전적인 개념이다. 또한 주택수요는 어떤 한 가계나 기업의 수요가 아닌 시장 전체의 수요를 말한다. 그리고 주택수요는 단순히 주택을 구입하고자 하는 의사만을 뜻하는 것이 아닌 구입에 필요한 비용을 지불할 수 있는 경제적 능력이 뒷받침된 유효수요라고 할 수 있다.

한편 주택수요와 주택수요량에는 차이가 존재한다. 주택수요가 모든 가격수준에서 주택을 구매하려는 욕구인데 반해 주택수요량은 특정 가격수준에서 주택을 구매하고자 하는 욕구이다.

가) 주택수요의 특성

주택의 수요는 토지수요와 유사하며, 이는 주택이 토지위에 정착물로써 존재하기 때문이다. 따라서 토지수요에 나타난 특성인 장기간의 구매자금축적, 구매과정상 필요한 전문성 및 복잡성, 그리고 수요법칙적용이 그대로 특성으로 반영된다.

나) 주택수요의 결정요인

주택수요의 결정요인은 먼저 인구구조 측면에서 고려될 수 있다. 일반적으로 인구의 증가, 핵가족화, 가구분리 등은 주택에 대한 수요를 높이게 한다. 그리고 둘째로 주택가격 자체와 그에 영향을 미치는 요소이다. 주택의 재화는 정부에 의해 규제를 받고 있다는 점에서 볼 때, 주택가격 자체를 비롯하여 거래 시 발생되는 비용인 거래비용과 조세율의 변화 등이 직접적으로 주택가격에 영향을 미치게 됨으로써 수요에 영향을 미치게 된다. 셋째로 주택가격의 수용 측면에서 개인의 소득향상을 들 수 있다. 소득수준이 향상됨에 따라 주택재화를 수요함에 있어서 보다 용이해진다는 점에서 수요를 높이게 된다. 넷째로 주거의식의 변화를 들 수 있다. 예를 들어 우리나라와 같이 주택의 소유에 대한 소유의식이 높은 상태에서 국제화에 따른 서구 문화의 도입에 따른 소유의식 약화는 주택에 대한 수요를 낮출 수 있다. 다섯째는 주택금융의 변화이다. 이는 주택을 소유하기 위해 많은 자금이 필요하기 때문에 일반적으로 소유자금과 대출의 합을 통해 유효수요가 발현된다는 점에서 금리의 변화는 수요에 영향을 미친다. 예를 들어 경기의 활황으로 대출금리가 지속적으로 높아질 때에는 대출에 대한 이자부담이 증대되기 때문에 주택에 대한 대출수요가 감소함에 따른 주택수요의 감소로 이어질 수 있다. 마지막으로 정책에 따른 수요의 변화이다. 예를 들어 특정지역이 개발지역지구로 지정되는 경우 개발에 대한 기대심리로 인해 주택가격이 상승하게 됨에 따라 해당지역에 대한 수요가 증가하게 된다.

다) 주택수요의 경향

일반적으로 주택수요는 가격이 낮을수록, 소득수준이 높을수록, 주택 규모가 중간일수록 높은 경향을 보인다. 이는 경제적·사회적 특징이 동시에 반영된 결과인데, 이는 주택재화가 단순히 주거에 대한 의식에 기인한 것이 아닌 사적재화로써 투자수단이 될 수 있기 때문이다. 예를 들어 같은 효용을 제공하는 주택가격이 낮을수록 최소비용을 통한 최대의 이윤극대화를 발현함과 동시에 경제가 일정하게 성장한다는 전제하에서 주택가격은 지속적으로 상승하기 때문에 더 비싼 값에 되팔 수 있다는 점이 가미된 것이라 볼 수 있다.

라) 주택수요곡선

위에서 나타난 내용을 종합해볼 때, 주택에 대한 수요는 가격이 높아질 경우 수요는 감소하는 반면 가격이 낮아질 경우 수요는 증가하는 경우가 일반적이므로 다른 일반적 정상재와 같이 우하향하는 수요곡선이 도출된다. 즉 다른 조건이 동일할 경우, 주택에 대한 수요량은 가격에 반비례하고, 이는 단위당 가격이 상승하면 수요량은 감소하고 가격이 하락하면 수요량은 증가한다는 것이다.

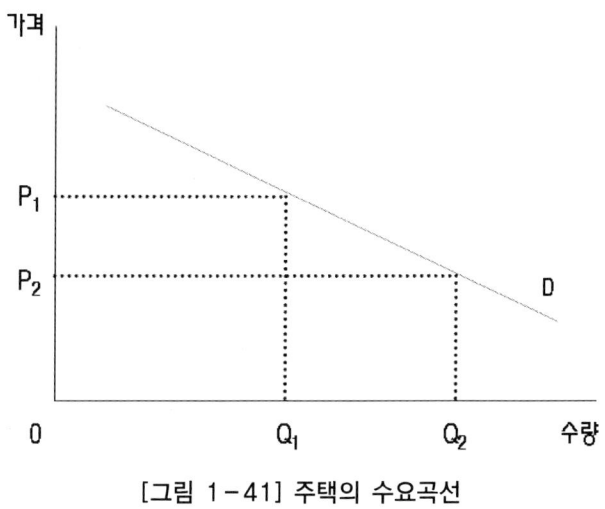

[그림 1-41] 주택의 수요곡선

마) 주택수요의 측정

주택수요의 측정은 미시경제학에서의 탄력성 개념을 적용한다. 미시경제학에서는 수요에 대한 가격, 소득, 대체탄력성을 제공하고 있으나, 주택재화의 특성상 대체성이 존재하지 않다고 보기 때문에 가격과 소득탄력성 개념을 적용한다. 수요에 대한 가격탄력성은 가격변화에 대한 주택수요 변화율이고, 소득탄력성은 소득변화에 대한 주택수요의 변화율로 정의할 수 있다.

(3) 주택공급

주택공급은 일정한 기간 동안에 사람들이 주택을 팔려는(매도 또는 '임대) 욕구라
고 할 수 있으며, 주택서비스를 판매하려는 재고의 총량으로도 정의된다. 이는 공급
량의 종류에 기인하는데 공급량은 이미 존재하는 재고주택과 새로 만들어져 공급될
신축주택으로 나뉘기 때문이다. 그리고 앞서 주택수요와 같이 주택공급은 주택을
팔고자 하는 주거서비스의 양을 나타내는데, 일반적으로 공급는 일정 기간을 전제
로 한 유량(flow)개념이고, 사전적인 개념이며, 시장전체의 공급을 말한다. 그리고
주택가격형성에 영향을 미치는 것은 유효공급이다. 그리고 주택공급자는 건설업자,
개발업자, 생산에 관련되는 사람 등 생산자뿐만 아니라 기존주택이나 건물의 소유
주도 포함된다.

가) 주택공급의 특성

주택은 토지의 자연적 특성인 부증성으로 인해 물리적 공급은 경직되어 있다. 그
러나 인문적 특성인 용도의 다양성, 병합 및 분할의 가능성으로 인해 경제적 공급
은 가능하다. 그리고 주택은 절대량의 증가 및 용도의 전환을 통한 공급이 가능하
며, 물리적으로 동질적인 건물(ex. 아파트, 빌딩 등)을 공급할 수 있다. 다만 동질적
인 건물도 착공이후 시간이 경과하면서 이질성을 갖게 된다. 이와 함께 토지의 경
제적 공급과 건물의 공급 등은 가격변화와 공급시점간의 시차가 존재하며, 부동산
공급의 결정에는 정부의 개입이 있는 경우가 있다. 예를 들면 공공임대주택의 공급
등이 그 예라고 할 수 있다.

한편 주택공급활동에서는 규모의 경제가 존재한다. 규모의 경제는 규모가 커짐에
따라 생산단가가 낮아지는 것을 의미하는 것으로 다음과 같이 나타난다. 먼저, 주택
의 모델을 단순화하고 양산함으로써, 현장작업의 단순화·표준화·건설기계의 집약
적 이용·노동생산성의 향상 등을 고려할 수 있다. 둘째, 이로 인해 건축공사비를
절약할 수 있다. 셋째. 도급의 대량발주로 공사비를 절감할 수도 있다. 넷째, 규모가

큰 택지를 구입함으로써 택지비 부담을 절감하는 경우가 있을 수 있다.

나) 주택공급의 결정요인

주택공급의 결정요인에 가장 중요한 역할을 하는 것이 용도의 변화라고 할 수 있다. 이는 토지의 부증성에 따른 것으로 정부에 의한 용도변경에 관한 규제가 완화될 경우 주택공급은 증가하게 된다. 이는 정부의 규제정도에 영향을 받는 것으로써 이 밖에 다른 경로로 작용하는 규제에도 영향을 받는다. 그에 대한 예로써 부동산조세(ex. 양도소득세, 부동산재산세 등)의 세율 인하 혹은 인상이나 건설경기부양을 위한 건설보조금지급 등이 이에 해당될 수 있다. 그리고 외부적 효과로써 정부정책에 의한 개발기대심리 확대로 인한 건물착공량의 증가가 유도될 수 있다.

한편 수요의 경우와 같이 인구구조의 변화가 공급에 영향을 미칠 수 있다. 특정지역이 타 지역에 비해 높은 경제성장을 이룩할 경우 노동력의 이동을 가져오며 이는 지역의 주택수요를 높이기 때문에 주택공급이 증가하게 되는 것이다. 그리고 주택금융의 변화로 인해 금융비용의 증대나 감소가 주택공급에 영향을 미칠 수 있다. 한편 건축기술의 향상으로 인해 건축비용이 낮아짐에 따라 주택공급량이 증가될 수 있다.

다) 주택공급곡선

위에서 나타난 내용을 종합해볼 때, 주택에 대한 공급은 가격이 높아질 경우 공급는 증가하며, 가격이 낮아질 경우 공급은 감소하는 경우가 일반적이므로 다른 일반적 정상재와 같이 우상향하는 공급곡선이 도출된다. 즉 다른 조건이 동일할 경우, 주택에 대한 공급량은 가격에 비례하고, 이는 단위당 가격이 상승하면 공급량은 증가하고 가격이 하락하면 공급량은 감소한다는 것이다.

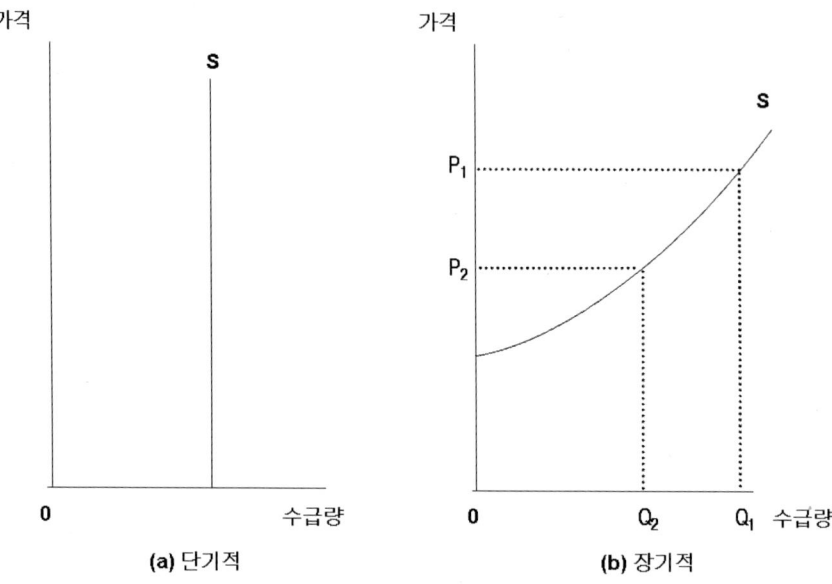

[그림 1-42] 장·단기 주택공급곡선(물리적·경제적)

한편 주택의 공급곡선은 수요곡선과 달리 두 가지로 나타날 수 있다. 먼저 물리적 공급곡선으로 토지의 양이 고정되어 있고 그 위의 정착물인 주택 역시 물리적으로 고정되어 있으므로 공급곡선은 수직이 된다. 이는 단기적 관점으로 해석된 경우에 해당하며, 반대로 장기로 갈 경우에는 일반적 공급곡선과 같은 형태의 우상향하는 공급곡선이 도출된다. 왜냐하면 토지의 경제적 공급은 토지이용측면에서 주택에 대한 용도전환이 용이하게 되고 그로 인해 가격을 높게 지불하는 경우 공급량을 높일 수 있기 때문이다.

라) 주택공급함수 구성요인

주택의 공급은 경제학에서 생산의 측면으로써 위의 결정요인을 근거로 주택공급함수를 도출할 수 있다. 따라서 주택공급함수의 구성요인은 재고주택의 수, 신규가구의 형성 수, 주택가격변화, 토지가격 및 건축비용(금융비용 포함)이 된다. 이를 식으로 표현하면 아래와 같다.

$$주택공급 = f(재고 및 신규 주택 수, 주택가격변화, 토지가격 및 건축비용)$$

마) 주택공급의 측정

주택공급의 측정은 수요에 대한 가격탄력성은 가격변화에 대한 주택공급 변화율이고, 소득탄력성은 소득변화에 대한 주택공급의 변화율로 측정할 수 있다. 일반적으로 우리나라의 경우 주택공급의 가격탄력성은 소득탄력성보다 낮게 나타나는데 이는 주택가격의 변화보다 소득에 더욱 민감하게 반응하기 때문이다. 확장해보면 지역소득이 높은 지역보다 낮은 지역이 주택공급이 활발하지 못하다고 판단할 수 있다. 이는 노동력 이동 자체가 실질적 구매력을 동반하기 때문이고, 인구의 증가는 곧 주택공급의 증가요인으로 작용하기 때문으로 해석할 수 있다.

(4) 주택시장 균형과 가격

주택시장의 균형은 수요와 공급곡선에 의해 이루어지며 주택공급이 단기간에 고정되어 있기 때문에 균형가격 결정은 수요곡선에 영향을 많이 받는다고 할 수 있다. 즉 시장을 통한 주택의 수요와 공급에 의해 균형가격과 균형거래량이 결정되지만 주택의 경우 균형가격이나 거래량이 성립 않고, 가격의 경우 은닉(hedonic)가격함수로 나타난다.

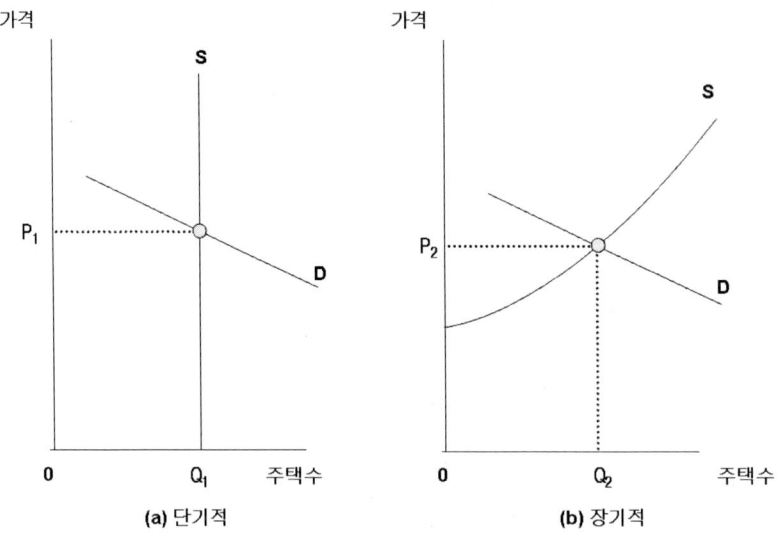

[그림 1-43] 주택시장의 균형

가) 주택가격함수 성향

먼저 주택수요에 대한 가격탄력성은 토지가 주택보다 크게 나타난다. 이는 용도의 측면에서 토지는 용도변화를 통해 이용가능한 점이 높은데 반해 주택은 그 이용이 한정적이기 때문에 가격에 따른 수요탄력성이 토지가 주택보다 높게 나타난다. 이러한 용도의 변화가 시사하는 바는 중앙 및 지방정부에 의해 도시계획이 어떤 방향으로 작용하는 지에 따라 달라질 수 있다는 것이다. 예를 들어 택지개발을 위한 택지지구의 설정이 높아지게 되면 새로운 공급에 따른 전반적 토지가격은 하락하게 된다. 이로 인해 단기적으로는 택지수요탄력성은 높으나 장기적으로 낮아지게 된다. 결과적으로 도시계획에 의해 주택가격은 낮아지게 된다.

한편 토지가격탄력성은 생산물(ex. 주택, 산업 및 상업용 건축물 등)의 가격탄력성과 투입재화(ex. 재화 및 노동 등)간의 대체성, 그리고 투입재화의 공급탄력에 의해서 결정된다. 보다 구체적인 경제적 요인을 보면 가처분 소득, 지대, 급격한 인구변화, 주택 금융 및 인플레이션의 영향을 받는다.

나) 주택대출금리와의 관계

주택가격과 주택대출금의 관계를 살펴보기 위해 우선 금리가 인상하는 경우를 가정해보자. 금리가 상승하면 주택의 매매가격이 일정하더라도 사용자비용이 상승하므로 주어진 매매가격에서 주택수요는 감소하게 된다. 따라서 주택수요곡선이 왼쪽으로 이동하고 주택매매가격은 하락하게 된다. 단기적으로 이 주택가격의 하락은 장기에 비해 높은 편이지만 장기로 갈수록 당초 하락에 비해 높은 가격을 가지게 된다. 왜냐하면 매매가격의 하락에 따른 장기적 주택공급의 증가폭이 감소되고 이는 우상향하는 공급곡선의 좌측이동을 유발하기 때문에 주택가격은 상승하게 되는 것이다. 결과적으로 금리의 상승은 장기적으로 매매가격은 다소 상승하나 최초의 균형가격보다 낮게 되며, 임대가격은 최초 균형상태보다 높게 된다. 여기서 임대는 건물의 소유주가 은행에 예치했을 경우 발생되는 이자가 당초보다 높아질 것을 알고 있고, 이는 금융비용으로 작용하기 때문에 이를 회수하기 위해 임차인으로부터 금융비용을 전가하여 임대가격이 높아지게 된다. 즉 금리의 상승분이 매매가격 하락분보다 크기 때문이라고 볼 수 있다.

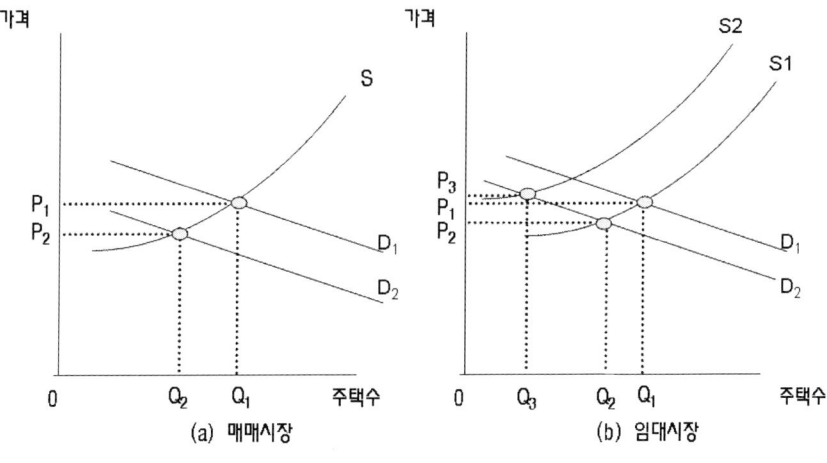

[그림 1-44] 주택가격과 금리의 관계

3) 주택입지

주택입지는 지역공간구조가 재구성될 수 있을 뿐만 아니라 한 지역의 인구구조변화와 지역경제에 영향을 준다. 주택입지이론은 지대이론에 의한 미시경제모형과 사회경제적 입지요인을 설명하는 형태 이론으로 나눌 수 있다.

(1) 미시경제모형

가) 소비자 최적선택문제

우리는 미시경제모형에서 소비자 최적선택의 문제를 이미 배운바 있다. 여기서는 소비자가 가진 제약으로써 제약선과 개인의 효용수준을 나타내는 무차별곡선의 교차점에서 재화의 묶음을 최적화할 수 있다는 것이다. 이에 미시경제모형을 적용해 보면 주택입지선택은 소득계층별로 가지는 예산선과 주택에 대한 소비량 및 주택의 질의 관계를 다르게 가질 것이고, 또한 무차별곡선과 만나는 교차점 역시 다를 것이므로 이를 분석하여 입지성향을 파악할 수 있다.

나) 지대이론에 의한 입지선택

경제학에서 도시 및 지역 내 토지가 가계의 주거용 토지에 어떻게 배분되는가에 대한 문제는 도시 내 토지가 기업과 경제활동에 배분되는 방식과 다소 다른 방법으로 분석되므로 이에 대해 언급하고 넘어가도록 하겠다. 먼저 모든 토지는 동질적이며, 토지의 공급량은 한정되어 있으며, 모든 토지는 부재지주가 소유한다고 가정한다. 그리고 토지의 기업에 대한 배분에서와 같이 모든 토지는 가장 높은 지대를 지불할 용의가 있는 개인에게 토지가 임대된다고 가정한다. 또한 합리적인 개인은 자신의 선호와 예산 제약이 주어진 상태에서 효용을 극대화하는 선택을 한다고 가정하자. 게다가 개인은 상호 대체가 가능한 토지와 토지 외 재화의 소비를 통해 효용을 얻는다고 가정한다.

이런 가정아래서 개인의 지불용의지대곡선을 도출하기 위하여 중심업무지역(CDB: central business district)인 M점에는 모든 고용활동이 집중되어 있다고 하자. 따라서 고용은 한 점에서만 발생하며, 개인들은 주거지로부터 중심업무 지역에 위치한 직장으로 통근하게 된다. 이런 조건 하에서 M에서 위치한 직장에 고용된 어떤 개인이 M에서 일정 거리만큼 떨어진 지역에 거주하기 위해 지불할 용의가 있는 토지 단위당 지대는 얼마인지 알아보자.

중심업무지역 M으로 통근하기 위해서는 비용이 발생하므로 주거용 토지에 대한 지대는 M으로 멀어질수록 감소하며, 그 결과 토지와 타 재화 간의 상대가격 하에서 자신의 효용을 극대화할 수 있는 수준에서 토지와 타 재화의 소비량을 결정한다. 기업의 경우 토지경제에서 살펴본바와 같이 지불요의지대곡선은 원점에 대해 볼록하게 나타난다.

이제 개인의 통근에 따르는 비용이 Km당 t라고 두면 기업에 대한 분석에서 살펴본바와 같이 개인의 지불용의지대곡선의 기울기는 $-t/S$가 된다. 또한 개인이 소비하는 토지의 규모 S는 고정되어 있지 않으며 도심에서 떨어질수록 증가한다. 그것은 도심에서 멀어질수록 개인의 토지의 소비량을 늘이는 대신 토지 외의 타 재화의 소비량을 줄인 결과 [토지외 재화 / 토지의 소비]의 비율이 줄어들기 때문이다. 따라서 수송요율 t가 일정하다면 도심에서 거리가 떨어질수록 S의 값이 커지므로 부의 기울기를 가지는 지불용의지대곡선도 거리에 따라 점점 완만해진다. 이런 대체 행위의 결과 상호 대체 가능한 토지와 토지 외 재화의 소비로부터 효용을 얻는 개인의 지불용의지대곡선은 [그림 1-45]에 나타난 바와 같이 원점에 대해 볼록하게 된다.

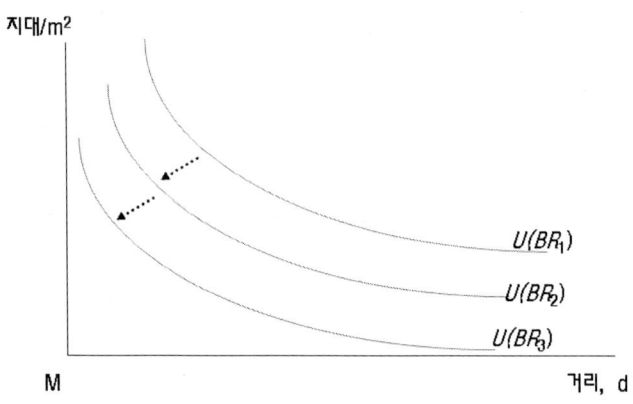

[그림 1-45] 개인의 지불용의지대곡선

　토지와 토지 외 재화에 대한 소비로부터 얻어지는 효용 및 단위 토지에 대하여 지불 가능한 지대를 논의할 때 지불용의지대곡선의 위치가 높을수록 개인의 효용수준은 낮게 된다는 점에 유의할 필요가 있다. [그림 1-45]에 나타나 있듯이 지불용의지대곡선 BR_1에 대응하는 효용수준 $U(BR_1)$은 BR_2에 대응하는 효용수준 $U(BR_2)$에 비해 낮게 된다. 그 이유는 개인이 고용을 통해 얻게 되는 소득수준에 따라 예산 제약이 주어진 상태에서 소비하는 토지의 가격이 낮을수록 효용수준은 높아지기 때문이다. 즉 효용은 토지에 대한 가격 지불 이후에 남게 되는 후생으로 이해할 수 있다.

　그러나 여기서 개인은 순효용수준이 0이 되는 수준의 지대를 지불한다고 본다. 즉 모든 소득은 토지와 토지 외 재화, 그리고 토심으로의 통근비용에 지출되며, 따라서 잉여는 없게 된다. 그 이유는 주어진 소득수준 또는 서로 다른 소득수준을 가진 개인 간에는 주거용 토지를 확보하기 위한 경쟁이 존재한다고 가정하기 때문이다. 이러한 가정에 따르면 개인의 순효용수준이 0이 되며, 따라서 지불용의지대곡선은 순효용이 0이 된다는 조건을 반영한다.

　이제 가계의 주고용 지불용의지대모형에서 토지에 대한 경쟁을 논의하기 위해 모든 가계가 동일한 임금소득과 동질적인 소비 선호를 지니고 있다면 개인의 지불용의지대곡선은 도시의 주거용 토지의 지대곡선과 같아진다. 그러나 현실적으로 개인들이 종사하는 일의 유형에 따라 소득수준은 크게 다르기 때문에 이러한 차이를 반영하여 서로 다른 소득수준을 가진 계층인 저소득층, 중간소득층, 그리고 고소득층으로 분류할 것이다. 이런 계층의 분류에 따라 서로 다른 소득수준을 보유한 가계 그룹이 존재하며, 어떤 가계의 주거입지에 관한 선호는 그 가계가 소속된 소득 그룹에 따라 달라진다고 보면 [그림 1-46]과 같이 나타낼 수 있다. [그림 1-46]에서는 고소득층, 중간소득층 및 저소득층으로 나누어 3단계로 구분지어진 주거용 토지의 배분을 보여주고 있다. 만약 모든 소득계층에 걸쳐 지불용의지대곡선의 기울기가 동일하다면 모든 도시 내 주거용 토지의 배분은 다른 소득층에 비해 상대적으로 높은 지불용의지대를 가진 고소득층으로 돌아가게 된다. 따라서 서로 다른 소득계측이 주거용 토지를 나누어 차지하기 위해서는 세 계층의 지불용의지대곡선의 기울기가 서로 달라져야 한다.

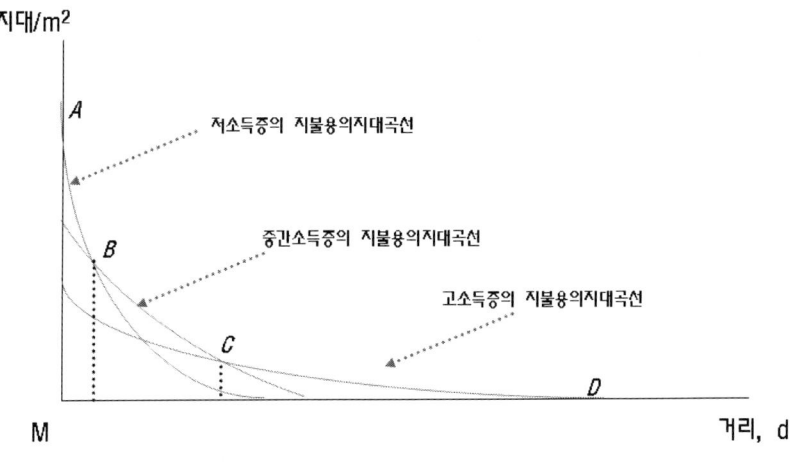

[그림 1-46] 도시 주거용 토지의 소득계층간 배분

[그림 1-46]에 나타난 소득계층 간 주거용 토지의 배분은 서로 다른 소득계층의 행위와 선호에 대한 강한 가정에 기초한다. 즉 저소득층은 낮은 임금으로 인해 통

근비용을 감당하기 어려워 입지선택이 중심업무지구에 존재하며, 고소득층의 경우 통근비용을 쉬이 감당할 수 있기 때문에 중심업무지구에서 멀리 떨어져 위치하려고 한다. 이러한 가정은 개인의 소득이 증가함에 따라 토지소비에 대한 선호가 증대되는 한편 그러한 선호 증대의 강도는 도심으로의 접근성에 대한 선호의 증대보다 강함을 의미한다.

한편 서로 다른 유형의 소득계층을 고려하는 방법 이외에도 공간과 접근성에 관한 가정을 완화함으로써 상이한 결과를 도출할 수 있다. 예를 들어 어떤 경우에는 접근성에 대한 수요의 소득탄력성이 공간에 대한 수요의 소득탄력성에 비해 클 수 있다. [그림 1-47]에 나타나 있듯이, 이런 경우에는 앞서 분석한 도시지역의 주거용 토지배분 패턴인 [그림 1-46]과 나타난 것과 반대가 될 수 있다. 즉 거리에 따라 고소득층이 도심지역에 거주하며, 중간소득층 그리고 저소득층으로 거주가 결정될 수 있다.

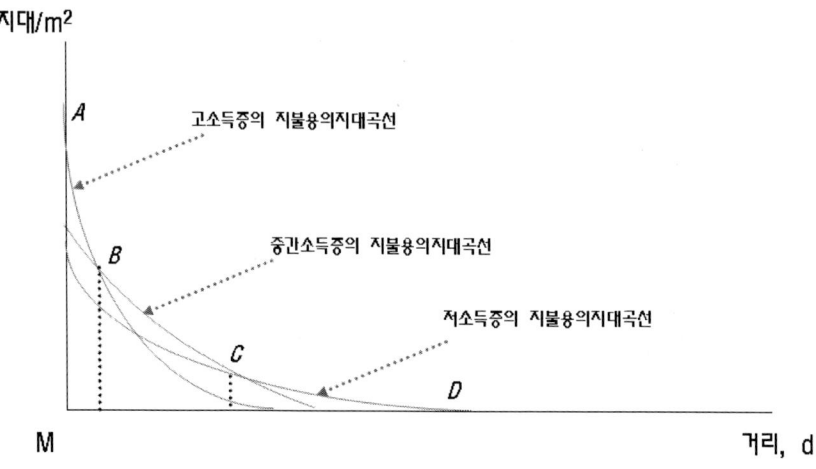

[그림 1-47] 접근성에 대한 선호가 높은 경우 주거용 토지의 배분

이런 경우 [그림 1-46]에 비해 도시전체의 규모가 상대적으로 줄어들며, 주거 밀도는 높아진다. 이런 경우는 도시의 하부구조가 불충분하여 개인들이 통근할 수 있

는 거리가 제한적인 경우에 토지배분 패턴이 이러한 모습을 나타낸다. 이들 도시들에 있어서 직장인들의 통근시간의 기회비용은 높으며, 특히 고소득층의 경우에는 더욱 높아지기 때문에 그들은 도심에 위치한 주거지를 구입하게 되는 것이다.

4) 주택정책

(1) 주택정책의 개념 및 필요성

가) 주택정책의 개념

주택정책은 양적부족과 질적 수준이라는 주택문제를 해결하기 위해 공적으로 시장에 개입하는 것을 말한다. 건설교통부장관은 주택법 제 7조에 의거하여 국민의 주거안정과 주거수준의 향상을 도모하기 위해 주택종합계획을 수립 및 시행해야하며, 주택종합계획은 10년 단위의 계획과 연도별계획으로 구분된다. 주택종합계획에는 아래의 사항이 포함되어야 한다.

- 주택정책의 기본목표 및 기본방향에 관한 사항
- 국민주택 및 임대주택의 건설 및 공급에 관한 사항
- 주택 및 택지의 수요와 공급 및 관리에 관한 사항
- 주택자금의 조달 및 운용에 관한 사항
- 저소득자 및 무주택자 등 주거복지 차원에서 지원이 필요한 계층에 대한 주택지원에 관한 사항
- 건전하고 지속가능한 주거환경의 조성 및 정비에 관한 사항
- 주택의 리모델링에 관한 사항

이런 사항은 다음과 같이 효율과 형평 측면에서 해석될 수 있다. 우선 효율적 측

면에서 주택재화가 가지는 외부효과, 공공재적특성, 정보의 불완전성, 주택거래의 확대로 바라볼 수 있으며, 반면 형평 측면에서는 주택은 가치재로 바라본다는 것이다. 가치재(merit goods)는 인간으로써의 존엄성을 유지하기 위해 최소한도의 소비가 반드시 요구되는 재화로써 사회적으로 생산과 소비를 장려하는 정책이 바람직하다는 것이다. 이런 가치재의 경우 그 소비에 관해 개인적 능력에만 맡겨서 절대 달성할 수 없는 경우가 있으므로 정부가 이를 보장할 수 있어야 한다는 것이다. 이런 내용을 종합해볼 때 주택소비량은 늘리고, 주택가격은 안정화시키는 방향으로 정책 기조를 잡을 필요가 있다.

나) 필요성

주택의 사회성과 공공성에 입각하여 시장기능 실패를 보완하는데 그 목적을 두고 있다. 게다가 저소득층 주거문제 해결은 사회정의적 측면에서 정부개입이 필요하다는 것이다. 그리고 자원효율이용면에서 주택재화의 공익성을 실현하기 위하여 필요하며, 종합해보면 주택시장의 정부개입은 ①시장기능 실패를 조절하는 효율성과 ②구매려이 없는 저소득층에게 주택서비스를 제공하는 각종 보조 및 규제 정책의 필요성이 있다고 할 수 있다.

이런 필요성에 따라 정책의 목표는 시대적 상황에 따라 탄력적으로 수립할 필요가 있으며 일반적으로 쾌적한 주택을 편리한 위치에서 적절한 가격으로 모든 국민이 소유 또는 거주토록 하는데 있다. 이에 구체적인 지표로는 ①충분한 양의 주택 확보, ②양호한 주택의 건설, ③적정한 가격수준 유지, ④주택소비의 형평성 확보 등이다.

이에 주택종합계획(2003~2012)에 의하면 주택정책의 목표를 주택시장의 안정과 국민 주거복지 향상으로 설정하였으며, 이를 세분화하면 아래와 같다.

① 주택부족 문제의 근원적 해소
지역의 주택시장 상황과 소득수준에 따른 다양한 수요에 대응하는 지속적인 주택공급으로 주택부족 문제를 근원적으로 해소한다.

② 양호한 주거환경 조성
주택의 양적지표이외에 1인당 주거면적 등 질적지표 향상을 병행하고 불량주거지의 정비 및 리모델링 등을 통해 고품질의 주택 확보와 쾌적한 주거환경을 조성한다.

③ 주택시장 안정기조의 유지
주택에 대한 투기수요 및 주택과소비를 억제하는 등 적절한 수요관리를 통하여 집값을 안정시키는 등 주택시장의 안정 기반을 구축한다.

④ 주거격차의 완화
스스로의 힘으로는 주택문제를 해결할 수 없는 저소득층 주거안정을 위해 주거복지 정책을 대폭 강화하여 최저기준 미달가구 수를 획기적으로 감소시키는 등 저소득층의 주거여건을 개선하고 계층 간 주거격차를 완화하여 국민의 전반적인 주거수준을 향상시키고자 한다.

다) 주택정책의 수단 및 효과

① 임대료 규제
임대료 규제란 임대료 상승률을 일정범위 내에서 규제하는 제도로써 임대로 규제에 따른 주택시장에 미치는 효과는 크다. 임대료 규제는 수요측면에서 공급측면에서 고찰할 수 있다. [그림 1-48]에서 보면 단기적으로 임대료를 R^*에서 규제할 때 수요량은 Q_d로 나타나지만, 공급량은 Q_{ss}로 단기적으로 $Q_d - Q_{ss}$만큼의 초과수요가 발생하게 된다. 장기적으로는 더 많은 주책수요를 자극하여 실제로는 장기공급량은 Q_{ls}로 나타나 초과수요는 단기에서 보다 더 많아진 $Q_d - Q_{ls}$가 되어 공급부족이 심화된다.

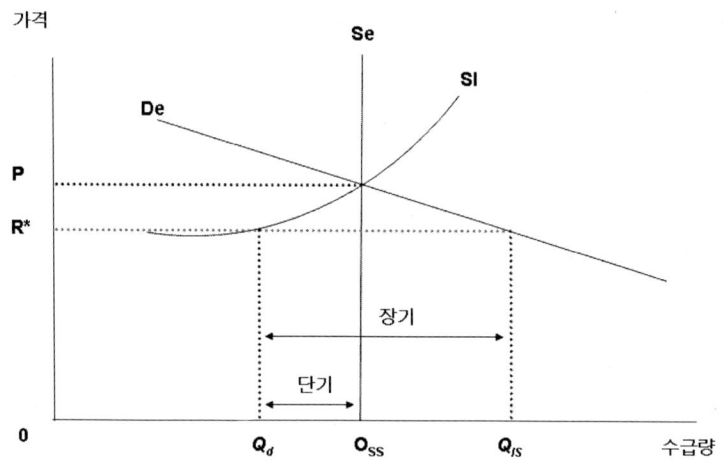

[그림 1-48] 임대료 규제 시 주택시장에 미치는 효과

이를 위해 수요측면에서 분석해보면 임대료 규제는 균형가격보다 낮게 책정되기 때문에 규제에 따른 영향이 발생된다. 단기적으로는 낮은 규제임대료와 정상가격의 차이에 따른 공급과 수요량만큼 주택수가 부족한 결과를 낳는다. 이후 장기로 가면 낮은 임대료로 인해 더 많은 수요가 창출되어 그 부족량은 훨씬 많아지게 된다. 반면 공급측면에서 볼 때 임대료 규제로 수익이 낮아지기 때문에 신규공급은 감소하여 기존 임대주택의 보수유지가 이루어지지 않아 공급은 급격히 줄어든다. 따라서 임대료 규제는 형평과 효율측면에서 만족스럽지 못한 결과를 초래하게 된다.

② 분양가격규제

분양가격규제는 신규 주택수요가 많아짐으로써 자유로운 시장원리에 의한 적정균형가격이 형성되지 않기 때문에 가격규제를 통재하여 주택복지를 증진시키고 있는 제도이다. 그러나 분양가 규제는 분양가격 상한을 균형가격보다 낮은 수준에서 결정하게 됨에 따라 주택시장에 미치는 영향은 앞에서 본 임대료 규제와 비슷하게 나타난다.

먼저 주택분양가격이 균형가격보다 낮게 측정되면 수익성이 떨어지기 때문에 신규주택 공급은 줄어들게 된다. 그리고 공급가격이 시장가격보다 싸기 때문에 초과수요가 발생하게 된다. 신규주택의 공급이 감소함에 따라 더 많은 등귀를 기대하게 되고 중고주택의 매매량도 감소하게 된다. 그리고 신규주택의 분양가격과 중고주택가격차는 프리미엄으로 작용하여 가수요가 창출되며 투기요인이 되어 수요곡선은 우측으로 상향 평행이동하게 된다. 이런 가수요 창출은 중고주택 수요곡선을 좌측으로 이동시킴으로 중고주택 공급은 감소하게 된다. 그 결과 분양주택가격 규제로 중고주택수요 증가로 인해 그 공급은 더욱 감소하게 되어 가수요와 더불어 총수요의 확대로 전체적인 주택가격은 상승하게 된다.

5) 결론

본 장에서는 주택경제에 대해 일반적인 주택의 개념 및 특성, 그리고 주택수요와 공급에 의한 주택시장의 균형가격 및 거래량 결정에 대해 알아보았다. 그리고 미시경제적 측면에서 주택입지가 어떻게 결정되는 가에 대한 분석도 시도되었으며, 주택정책의 의의, 필요성, 수단과 그 효과를 알아보았다. 먼저 주택의 여러 특성에 의해 주택시장은 불완전경쟁시장이며 균형가격 및 거래량이 적용되지 않음을 알 수 있었다. 따라서 이런 특성에 의해 정부의 개입이 반드시 요구되며, 형평의 입장에서 저소득계층을 위한 지원을 전폭적으로 지원해야 할 당위성을 알 수 있었다.

한편 주거용 입지는 주어진 예산하에서 최대한의 효용을 얻을 수 있는 미시경제학에서의 최적화 문제를 도입하여 설명하였는데, 이런 점은 기본적 가정이 어떤 형태로 이루어지는가에 따라 그 결과가 상이하게 나타났음을 인지할 필요가 있다. 즉 어느 지역에서 토지에 대한 개인의 주거용 입지 선정패턴을 분석하기 위해 먼저 주거입지를 선택함에 있어 어느 것을 더욱 중요하게 생각하는지 생각해볼 필요가 있다는 것이다. 분석을 용이하게 하기 위해 가정은 단순화 한 점은 한계점으로 제시될 수 있으며, 이는 반대로 개인의 주거용 입지 패턴을 쉽게 분석할 수 있는 장점이 되기도 한다는 것이다. 최든 들어 개입의 주거용 입지 패턴이 단순히 비용의 측면이 아니라 사회적 측면, 예를 들어 교육과 같은 부분을 고려하여 결정하기도 한다는 점에서 이에 대한 연구가 지속적으로 이루어져야 할 필요가 있을 것이다.

9장 연습문제

1. 주택경제의 개념과 특징을 설명하라.

2. 주택시장의 기능을 설명하라.

3. 주택수요의 의의 및 특성 그리고 결정요인을 설명하라.

4. 주택수요를 측정하는 방법을 설명하고 한계점이 무엇인지를 설명하라.

5. 주택공급의 의의 및 특성, 그리고 결정요인을 설명하라.

6. 장단기 주택공급곡선의 특징과 경제적 시사점을 설명하라.

7. 주택시장의 균형과 가격을 주택 수요공급곡선을 통해 설명하라.

8. 미시경제모형을 통한 소비자 최적선택문제와 지대이론에 의한 입지선택문제를 설명하라.

9. 주택정책의 개념, 필요성, 수단 및 효과, 그리고 한계점을 설명하라.

제10장 지역경제정책평가

1) 지역경제정책 평가의 의의

(1) 지역경제정책 평가

지역경제정책은 지방자치단체 내지는 중앙정부가 지역의 균형발전을 위해 만든 것 또는 적어도 인정한 정책으로써 공공정책의 의미를 가진다. 이 공공정책을 구성하는 요소로는 크게 ①일련의 행동, ②목표지향성, ③자원조달의 약속, ④정부에 의한 주도로 이루어진다. 우선 일련의 행동은 어떤 문제의 발생은 시간의 흐름에 따라 지속적으로 증가될 가능성이 높아질 경우, 예를 들어 지역소득 격차의 심화, 이 문제에 대해 다양한 시점에 다양한 사람들이 취하는 일련의 정책 계획 및 수립, 집행, 평가의 과정을 거친다는 것이다. 그리고 이런 행동의 원칙은 정책계획 및 수립의 과정에서 그 나름대로의 목표에 의해 발현된다는 점과 더불어 하나의 행동이 공공정책이 되기 위해서는 그것이 돈이든 노력이든 목표를 성취하기 위해 필요한 자원을 정부가 조달하겠다는 약속이 필요한 것이다. 그리고 마지막으로 정책의 계획 및 수립, 집행, 평가와 같은 일련의 과정은 중앙정부 및 지방정부의 주도하에 이루어지게 된다.

한편 지역정책의 평가는 협의의 개념으로써 정부가 행하는 제반사업의 실적 및 효과를 판단하고 평가하는 것을 말하며, 이는 정책의 결과 및 산물에 초점을 둔 정의라 할 수 있다. 보다 광의의 개념은 정책의 내용, 집행과정, 성공과 실패의 원인 등에 대한 포괄적 평가와 그 평가의 결과로부터 얻어진 정보를 환류 시켜서 기존정책에 대한 시정조치와 관련 정책의 수립 및 집행과정에 활용하는 포괄적 과정을 의미한다고 볼 수 있다. 실제로 정책평가의 대상이 되는 지역정책은 지역정책의 결정자, 지역정책의 집행자, 시민, 또는 여론 등이 중요하다고 인지한 정책이 대개 정책

평가의 대상으로 선정하고 있다.

우리는 이 장에서 정부의 지역정책에 대한 평가를 목적으로 하고 있으므로, 지금까지 어떤 계획하에 정책을 수립하고 집행하였는가는 살펴보지 않겠다. 이는 각 지역별 나타나는 지역경제정책이 매우 다양하고, 이에 대해 모둔 계획 및 수립, 집행, 평가의 과정을 거쳐 나열하기에 평가의 수단 역시 부재하기 때문에 평가에 관한 일반적인 요소를 기준으로 정리해보려고 한다.

(2) 필요성

가) 평가의 필요성

평가의 필요성은 평가가 가지는 기능에 의해 보다 일반적으로 제시되고 있다. 이에 대해 Bigman(1961)은 일반적인 평가기능을 다음과 같이 제시하고 있다.

① 목표가 어느 정도 달성되었는지를 밝혀줌
② 성공과 실패의 원인을 구체적으로 적시
③ 사업을 성공으로 이끌 수 있는 원칙모색을 가능하게 함
④ 다양한 기법을 사용해서 효과성을 증진시키는 실험과정으로 유도
⑤ 다양한 기법의 상대적인 장단점 분석을 통해서 보다 향상된 연구를 위한 토대제공
⑥ 목표달성을 위해서 사용된 수단을 재규정해 주고 하위목표들도 재규정

나) 지역경제정책 평가의 필요성

단지 하나의 지역에 의한 국가의 형성이라고 한다면 이는 지역정책에 대한 의미를 적용할 필요가 없다. 그러나 대부분의 나라는 여러 지역으로 이루어져 있고, 이 지역들은 서로 상호작용을 한다는 측면에서 정책이 해당지역이 가지는 문제에 부합되게 이루어져야할 필요가 있다. 이러한 측면에서 볼 때 지역경제정책에 대한 평가

역시 보다 신중하게 이루어져야할 필요가 있는데 이는 정책이 가지는 특성에 의해 그 파급효과가 단순히 해당지역에만 국한된 것이 아니라 여러 지역에 걸쳐 나타날 수 있기 때문이다. 그리고 평가가 중요한 까닭은 평가를 통해 장단점의 분석하여 향후 계획되고 수립될 정책에 기초자료로 사용될 수 있기 때문이다. 이런 지역경제 정책의 평가의 필요성을 나열해보자면 다음과 같다.

가. 지역경제의 규모 확대와 복잡성의 증대

지역경제는 해당지역에서 생산되는 전부가 소비되지 않고 그 생산의 일부가 타 지역으로 수출되고 있으며, 소비의 측면에서는 그 지역에서 생산된 물품 이외에 부족한 부분을 타 지역으로부터 수입하여 소비해야 한다는 측면에서 지역경제의 복잡성은 증대된다. 그리고 지역경제의 성장은 해당지역이 가지는 부존자원에 전적으로 의존하는 것이 아니라 다른 지역과 유기적인 관계를 맺고 있다는 점에서 국가의 발전은 한 지역에 귀속되는 것이 아닌 그 지역의 상호작용에 의해 이루어질 수 있고, 이는 지역경제의 규모를 지속적으로 확대시키는 결과로 이어진다.

따라서 지역경제 규모의 상승은 소득수준의 상승을 불러일으키고, 국가 경제에 영향을 미치는 정보화, 세계화 추세는 지역과 지역 간의 경계를 허물고 있으며 따라서 소비자는 양적, 질적 서비스 수요를 더욱 크게 요구하고 있다. 예를 들어 소득수준의 상승은 소비수준의 상승으로 귀결되고, 여기서 정보화를 비롯하여 세계화로 인해 다른 어떤 나라의 지역과 관계를 맺고 있다면 그 지역에서 생산되는 재화가 비교우위를 가질 경우 해당지역 소비자는 타 지역의 재화를 수입하여 사용함으로써 양적 혹은 질적 소비수준을 높일 수 있는 계기가 되는 것이다. 한편 해당지역의 한정된 재원으로 수요수준의 팽창에 대응하기 위해서 보다 체계적이고 객관적인 평가가 필요하다는 것이다. 왜냐하면 타 지역의 수입에 대한 한계성향이 높아지게 될 경우 해당지역에서 차지하는 유사한 제품을 비롯하여 다른 재화를 생산하는 기업에 있어서도 일률적인 소비의 감소경향이 나타남에 따라 산업공동화 현상을 비롯하여 지역경쟁력이 취약해지게 될 가능성이 있기 때문이다.

나. 경제정책의 합리성과 효율성 제고

이런 지역경제정책은 일반적으로 재정지출의 형태로 이어지며, 그 나라의 재정수준은 조세를 통해 확정된 예산을 통해 이루어짐에 따라 각 지방자치단체의 정책집행의 정당성과 타당성에 대하여 납세자이자 유권자인 시민들을 납득시키고 지지를 획득하기 위해서 체계적이고 객관적인 정보의 획득이 필수적이라 할 수 있다. 국민 혹은 지역주민에 의해 거두어진 조세는 공적자금의 형태로써 기업 혹은 정책을 위한 수단으로 사용되며, 이 과정에서 도덕적해이(moral hazard)가 발생하게 될 가능성이 있기 때문이다. 즉 국민 혹은 지역주민이 피땀 흘려 벌어들인 소득이 해당 정부의 관계자의 배불리기에 이용된다는 사실을 알게 되었다면, 그들은 분개하지 않을 수 없고 또한 그 정책에 대한 신뢰성을 확보하는데 위협요인으로 작용하게 된다는 것이다. 따라서 정책을 시행한 결과에 대한 평가가 객관적으로 타당하게 이루어지고, 이에 대한 투명성이 확보될 경우 정부정책에 대한 지역주민들의 신뢰를 이끌어낼 수 있다는 것이다.

다. 경제정책에 대한 책임성 확보

우리나라는 1980년대부터 권위주의적 정부의 몰락과 경제의 발전, 행정영역의 비약적인팽창, 민간부문의 발전 등으로 공공정책의 책임성에 대한 수요가 높아져 왔다. 이후 1990년대에는 작은 정부로의 지향, 민영화 추세 그리고 지방자치제의 실시 등으로 지역경제에 있어서 경제정책에 대한 책임성을 어떻게 확보할 것인가에 대한 관심이 점증하고 있고 이러한 정책의 평가를 통해 그들의 책임의식에 대한 판단을 가늠하게 한다는 점에서 지역경제정책의 평가는 필요하다.

종합해보면 지역경제정책 평가는 지역정부가 추진하는 제반 사업의 목표 달성 정도, 정책수단의 적절성 및 능률성, 정책결정자 및 집행자의 활동분석등에 대한 정보를 정책 집행과정에 환류시킴으로써 사업을 계속적으로 추진할 것인지에 대한 판단, 정책의 내용을 변경할 것인지에 관한 결정, 보다 효율적인 집행전략의 수립 그리고 정책에 대한 책임성을 확보 등에 대한 필요한 정보를 제공하게 된다.

[표 1-4] 정책평가와 환류효과

정책 평가	효과성, 능률성, 형평성 집행설계, 과정 및 활동분석 정책결정자, 집행자의 활동분석
환류효과	정책의 추진여부 결정, 정책의 내용수정, 효율적인 집행전략 수립

2) 지역경제정책 평가의 유형과 기준

(1) 평가의 유형

가) 내부평가와 외부평가

우선 평가는 그 주체에 따라 구분지어 설명할 수 있고, 그 내용은 아래와 같다.

① 내부평가

내부평가라 함은 경제정책을 직접 결정하고 집행을 하는 담당자들에 의해 행해지는 자체평가로 정의 된다. 이런 내부자에 의한 평가는 그 해당 정책에 대한 자세한 내용을 파악하고 있는 바, 그 평가를 위해 들이는 시간과 비용을 단축할 수 있는 장점이 있는 반면에 내부자에 의해 그 평가의 객관성과 투명성이 결여될 수 있는 단점을 동시에 지니고 있다.

② 외부평가

외부평가는 경제정책의 결정 및 집행과정에 직접적으로 관련이 없는 제 3자 또는 제 3자 집단에 의해 행해지는 평가로써 위의 경우와 반대로 장단점이 나타날 수 있다. 즉 평가를 위해 소요되는 시간과 비용이 많고 전문성이 결여될 가능성이 있지만 외부평가를 통해 객관성 및 투명성을 가질 수 있는 장점이 있다.

나) 과정평가와 영향평가

평가는 평가의 대상 또는 단계에 따른 구분설명할 수 있고, 그 내용은 아래와 같다.

① 과정평가

과정평가라 함은 미리 설정된 지침에 비추어 실제적인 정책집행이 어느 정도 일치하는가에 대한 평가로써 집행 과정 중에 이루어지는 것으로 정의된다. 이 과정평가를 통해 정책실행의 중간단계에서 평가를 함으로써 현재 정책이 가지는 문제를 진단하고 이를 수정 및 보완하고, 정책의 적절성이 결여되는 경우 지역경제정책을 재조정하거나 사업을 중지하는 형태로 나타난다. 우리나라의 경우 대게는 재조정을 걸치며 사업을 중지하는 경우와 같이 적정성의 문제가 큰 경우에도 사업을 무리하게 진행하여 여기서 발생하는 손실을 조세로 부담하는 경우가 허다하다. 따라서 우리나라의 경우 과정평가에 대한 보다 심도 있는 접근이 필요할 것으로 판단된다.

② 영향평가

영향평가는 정책목표에 비추어 구체적인 정책결과가 어느 정도로 영합하는가에 대한 평가로써 집행 이후에 이루어지는 것을 말한다. 영향평가 역시 그 중요성이 높다고 할 수 있는데 왜냐하면 사업이 대게는 단기적으로 이루어지기 보다는 장기적 관점에서 수립되고 집행되는 경향이 강하기 때문이다. 예를 들어 우리나라의 발전에 큰 영향을 미친 국가주도형 발전계획에 의거한 국가정책이 큰 실효성을 가질 수 있었던 배경에도 이런 영향평가의 몫이 크다고 할 수 있다. 1990년 이전까지 성장주도에 따른 문제점이 나타나게 되었고 이를 다음 계획에 반영하여 1990년 이후 국토균형개발로의 수정을 가능하게 하였기 때문이다.

다) 정기평가와 수시평가

평가는 평가의 시점에 따라 구분지어 설명할 수 있고, 그 내용은 아래와 같다.

① 정기평가

정기평가는 연차별 또는 분기별 등의 주기적인 평가로써 성과 위주의 평가가 이루어지는 것을 말한다. 예를 들어 다음 년도의 예산을 집행하기 위해 필요한 재원을 확보하는 과정에서 정기평가를 통한 정책집행과정의 타당성 조사를 통해 이를 지원하거나 배제시킬 수 있다.

② 수시평가

특정사안의 발생 등으로 긴급한 수요가 있을 때에 예고가 없이 수행되며 비리의 적발이나 오류의 발견을 목적으로 부정기적으로 수행하는 것을 말한다. 예를 들어 공기업의 부당한 경영을 통해 확보된 비리자금을 착출하기 위한 작업을 수시평가를 통해 해결할 수 있다.

라) 단기평가와 중장기평가

평가는 평가의 대상기간에 대한 구분 지을 수 있고, 그 내용은 아래와 같다.

① 단기평가

단기평가는 1년 이내의 기간에 대해 이루어지는 평가로써 구체적인 업적을 회계연도별 예산과 연계해서 평가하고 있다.

② 중장기평가

중장기평가는 세부적인 업적의 평가보다는 지역경제가 장기적인 관점하에서 수행되도록 하는 장점이 있으며, 연구개발이나 관리제도의 개선 노력 등의 분야에 적합하다고 할 수 있다.

(2) 평가의 기준

가) 정확성

경제정책이 원래의 계획대로 제대로 수행되었는지의 여부를 검토하는 평가기준으로써 원래 의도했던 대상집단을 대상으로 경제정책이 수행되었는지, 자원의 배분이 계획과 일치하는지 등에 대한 평가 및 측정기준으로 이용된다.

나) 효과성

경제정책의 목표 달성의 정도를 측정 내지 평가하는 데 사용되는 기준이다. 이런 기준은 화폐로 표시하기 곤란한 성과를 비교하거나 표시하는 데 유용하게 사용된다.

다) 능률성

경제정책에 투입된 자원과 그 결과로 얻어진 산출과의 비율을 측정하는 평가 기준이며, 한정된 자원으로 다양한 서비스 수요에 직면하는 경우 중요한 평가기준이라 할 수 있다.

라) 적정성

경제정책 수단, 전략 또는 효과가 목표 달성에 어느 정도 적합했는가를 평가하는 기준이다.

마) 형평성

공공정책의 집행과정에서 특히 강조되는 평가기준으로서 경제정책의 편익 또는
비용이 여러 집단에 공정하게 배분되었는지에 대한 기준이다. 여기에는 수직적 형
평성과 수직적 형평성이 대표적으로 논의의 대상이 된다.

바) 반응성

경제정책의 결과가 어느 정도로 서비스 대상 집단의 수요, 선호, 가치 등을 충족
시켰는지를 측정 내지 평가할 때 사용하는 기준이며, 특정 정책에 대한 정책 수혜
대상 집단의 만족도 등을 이용해서 주로 측정한다.

사) 적절성

애초의 정책목표가 바람직한 것이었는지 또는 어느 정도 가치가 있는 것인지를
평가하는데 사용되는 기준이다.

3) 지역경제정책의 평가단계

(1) 목표의 확인

일반적으로 모든 평가는 목표에서부터 출발하고 있다. 예를 들어 청소년 직업교
육 프로그램의 경우, 그 청소년들의 직업획득 기회의 제고 내지 직무수행능력의 배
양뿐만 아니라 건전한 사회성의 육성, 사회적 불안요인의 근원적인 제거, 지역의 평
균적인 노동생산성의 제고, 그리고 지역사회의 통합성의 달성 등의 기대목표에 얼
마나 부합되어 그 결과로 나타났는지에 대해 평가해야하기 때문이다.

한편 구체적인 평가대안의 목표를 확인하는 데 도움이 될 수 있는 사항으로는 먼

저 개별 사업계획의 목표를 즉각적인 목표, 중간목표, 그리고 최종목표로 구분할 수 있다. 그리고 목표를 구체화하기 위해 사업계획의 구성원에게 질문을 하거나 자문 등을 사용할 수 있고, 평가자가 사업계획의 초기단계부터 사업계획 발안자 내지 구성원들과 협력 작업을 하는 과정에서 목표는 그 정책의 기준이 되며, 평가의 대상이 되기 때문이다.

(2) 영향 모형의 구축

일반적으로 영향모형은 현실의 대체물로서 현실의 특정 단면을 나타내는 것으로 현실을 정확하게 나타내면 나타낼수록 그 영향모형은 보다 효과적으로 평가의 목적에 이바지할 수 있다. 이런 영향모형은 경제정책이 목표를 어느 정도 달성했는지에 대한 증거를 제공할 수 있는 경험적 분석을 가능하게 하는 장점을 가진다.

(3) 연구설계

연구설계는 연구자가 작업의 여러 단계에서 지침으로 삼는 논리적 모형이며, 그 역할은 자료를 수집하고, 측정하고, 분석하고 그리고 해석하는 제반과정을 구조화하는 일이라 할 수 있다.

(4) 측정과 표준화

모든 평가는 측정이라는 작업을 통하여 구체화되며, 이러한 측정은 우리가 관심을 가지고 있는 대상의 특성을 표시하기 위해 다양한 척도를 이용하여 수행되며 주로 양적인 특성에 초점 맞추고 있다.

이런 측정에 이용되는 척도로는 명목척도, 서열척도, 구간척도, 비척도가 있으며, 평가작업의 중요한 목적 중의 하나는 다른 대안과의 비교인데 비교과정에는 측정된 결과의 표준화 작업이 필요하기 때문이다.

(5) 자료수집

자료는 크게 내부자료와 외부자료로 구분될 수 있으며, 자료수집 방법에 따라 이미 발간된 자료를 이용하는 것과 평가자가 직접 면접, 참여관찰, 설문조사 등에 의하여 유용한 정보를 창출해 낼 수도 있다.

(6) 자료분석과 해석

자료분석에는 기술적 통계분석과 추정적 통계분석이 적절하게 사용될 필요가 있다. 그리고 많은 양의 정리 및 요약과정에는 기술적 통계분석이 유용하며, 부분으로부터 전체의 예측 그리고 과거나 현재의 자료로부터 미래의 예측 등에는 추정적 통계분석이 유용하다.

4) 지역경제정책 평가의 한계

(1) 방법론상의 한계

평가에 참여하는 사람들은 평가방법의 적정성에 대한 평가를 제대로 하지 않고 단순히 이용 가능한 여러 방법들을 혼용해서 사용하기 때문에 체계적으로 평가가 이루어지지 않기 때문에 평가결과의 활용도가 떨어지는 문제를 가진다.

(2) 공적시스템 자체의 한계

가) 행태적인 요인

공무원들은 자신에 대한 위협적인 요소로 평가를 상당부분 인지하고 있기 때문에 적극적인 평가가 이루어지기 어렵고 수동적인 형태의 평가가 이루어지기 쉽다. 한편 외부 전문기관을 활용하여 평가를 수행하는 경우에도 평가의 객관성에 대하여 의심을 하거나 진실한 정보의 노출을 꺼리는 경향이 존재하기 때문에 이런 점이 평가의 한계점으로 작용한다.

나) 비용적인 요인

적절한 평가를 수행하기 위해서는 많은 시간과 비용을 필요한 경우가 많다. 그리고 종합적인 평가를 수행하기 위해서는 많은 자료가 필요한 경우가 대부분인데, 그 자료의 작성 및 획득에 소요되는 시간과 경비가 '낭비'로 인식되는 경향이 있기 때문에 더욱더 예산 확보가 어렵고 이는 의식구조의 문제로써 평가의 한계점이 되기도 한다.

(3) 업무능력 요인

지역정부에서 정책적 요인, 기술적 요인 그리고 재정적 요인을 감안해서 관련 대안을 분석할 수 있는 능력을 가진 인력확보가 크게 미흡한 실정이므로 계획과 증거에 따른 체계적인 평가보다 특정 사건발생이나 소문 내지 인상에 의한 평가에 주로 의존하는 경향이 강하다.

5) 결언

우리나라에서의 지역경제정책 평가는 정책평가 전문 인력의 부족, 평가대상의 과다, 질적 평가기준 및 평가방법의 간과, 객관성 부족 그리고 평가결과의 활용미흡으로 인해 대체로 형식적인 수준에 머물고 있다. 이와 같은 문제점을 개선하고 지역경제정책 평가를 활성화하기 위해서는 현재 우리가 직면하고 있는 문제점이 도래한

근본원인을 파악하고 현재의 자원으로 가능한 범위 내에서 점진적으로 개선해 나가야 한다. 우선 전문 인력의 부족은 내부자원으로는 단시간에 해결되기 어려운 문제이기 때문에 내부 인적자원의 발굴육성과 함께 외부 자원의 한시적인 이용이 가능해야 한다. 평가 상의 과다문제는 활용 가능한 인적, 물적 자원과 직결된 문제이므로 평가의 필요성이나 실행가능성 등을 고려해 결정해야한다. 실행가능성은 기술적 측면, 예산 측면, 경제적 측면, 객관성 확보 측면 등을 참조해서 검토가 되어야 한다. 평가기준과 방법의 문제는 현재까지 지나치게 양적 위주의 분석과 회계 위주의 과정분석이 주로 행해져 왔으므로 질적인 측면과 사후적인 영향평가가 강화되어야 한다.

10장 연습문제

1. 지역경제정책 평가의 의의와 필요성에 대하여 설명하라.

2. 지역경제정책 평가의 유형과 유형별 기준을 설명하라.

3. 지역경제정책의 평가단계를 설명하고 한계점을 상호비교 검토하라.

본 장에서는 16개 광역시도별 지역을 5개 부문으로 나누어서 지역경제현황을 파
악하고자 한다. 분석내용은 국가균형발전계획연차보고서(2007)[33]의 내용 중 5개 부
문의 내용을 참조하였다. 구체적으로 보면, 각 지역별 지역경제 일반현황은 1999년
부터 2005년까지 기술하였고, 동 기간 중 산업구조의 변화추이를 기술하였으며, 산
업별 집적현황에서는 업종별 구성 추이를 나타내고 있다. 또한 연구개발 및 혁신활
동 현황에서는 지역별 연구기관 및 연구인력의 추이를 보이고 있고, 마지막으로 일
반적인 관점에서 지역별 경제의 문제점과 향후 발전과제를 기술하고 있다.

---

33) 국가균형발전위원회, 2007년도 국가균형발전계획에 관한 연차보고서(2007), 지역별 현황 일부
   내용 인용 및 재인용.

1. 서울특별시

가. 지역경제 일반현황

서울의 지역내총생산은 1999년 127조 7,500억원에서 2005년 159조 5,879억원으로 증가하여 6년간 18.5%의 성장률을 보여 동 기간의 전국성장률 23.9%보다는 낮은 속도로 성장하고 있는 것으로 나타났으며, 인구는 전국성장률이 3%인 데 비해 서울은 0.1%가 감소한 것으로 나타났다. 그러나 절대적인 비중에 있어서는 지역내총생산이 2005년 현재 전국대비 22%를, 인구가 21%를 차지해 타 지역에 비해 매우 높은 비중을 차지하고 있다.

또한 사업체 수와 취업자 수는 2005년 현재 74만 1,229개와 493만 8천명으로 각각 전국대비 23.1%와 21.7%를 차지하여 전년도 대비 약간 증가추세('04년 사업체 수는 709,447개로 전국대비 23.1%, 취업자 수는 4,863,00명으로 전국대비 21.4%)를 보이고 있으며, 수출액은 전국대비 12%를 차지하고 있다.

서울의 경제활동가능인구(15세 이상 인구)는 2005년 815만 2천명으로 나타났으며, 그 중 경제활동인구는 517만 8천명으로 63.5%의 경제활동참가율을 보이고 있다. 한편, 취업자 수는 493만 8천명으로서 실업률은 4.8%를 보여 전국평균(3.7%)보다 높은 것으로 나타났다. 재정자립도는 2005년 현재 전국평균이 69.9%인데 비해 서울은 95.5%로 약 25%p 높게 나타나고 있다.

[표 2-1] 서울특별시의 경제 일반현황

구 분	전 국		서 울	
	1999년	2005년	1999년	2005년
지역내총생산(십억원)	534,693	729,240	127,750	156,681
인구(천명)	46,617	47,041	10,036	10,024
1인당GRDP(만원)	1,147.0	1,461.7	1,272.9	1,563.1
사업체 수(개)	2,834,286	3,024,829	664,294	741,229
수출액(백만 달러)	143,685	253,840	33,368	29,924
15세 이상 인구(천명)	35,757	38,503	7,944	8,152
경제활동인구(천명)	21,666	23,526	4,820	5,178
취업자(천명)	20,991	22,699	4,627	4,938
재정자립도(%)	63.8	56.2	90.7	96.1

자료: 통계청, 「지역내총생산」, 각연도.

나. 지역 산업구조

서울지역의 산업구조는 2005년 현재 부가가치 기준으로 농림어업이 0.2%, 제조업 6.1%, 서비스업이 93.7%를 차지하고 있으며, 농림어업 및 제조업의 비중은 2002년 부터 각각 0.2%, 6%대를 나타내고 있다. 한편, 서비스업의 비중은 2002년부터 93% 대를 유지하고 있다.

1995~2005년 사이 서울의 농림어업 생산액은 1995년 3,810억원에서 2000년에 5,360억원으로 증가하다가 2005년 2,920억원으로 다시 감소하고 있으며, 제조업 역시 1995년 8조 8,460억원에서 2002년 10조 310억원으로 증가하다가 2005년 8조 7,510억원으로 감소하고 있다. 서비스업은 1995년 84조 8,490억원에서 2003년 146 조 1,500억원으로 지속적으로 증가하였지만 2005년 134조 1,880억원으로 감소하였 는데, 2005년 서울시의 전 산업이 2004년에 비해서는 소폭 활성화되는 모습을 보이 고 있으며 서울의 산업구조는 서비스업 중심으로 구조화되고 있다.

[표 2-2] 서울특별시의 산업구조 추이(부가가치 기준)

(단위: 십억원, %)

연도	계	농림어업	광업	제조업	서비스업
1995년	94,086 (100)	381 (0.4)	10 (0.0)	8,846 (9.4)	84,849 (90.2)
2000년	124,735 (100)	536 (0.4)	13 (0.0)	9,167 (7.3)	115,020 (92.2)
2001년	135,677 (100)	434 (0.3)	7 (0.0)	9,312 (6.9)	125,925 (92.8)
2002년	150,351 (100)	338 (0.2)	7 (0.0)	10,031 (6.7)	139,976 (93.1)
2003년	156,539 (100)	377 (0.2)	7 (0.0)	10,006 (6.4)	146,150 (93.4)
2004년	140,732 (100)	264 (0.2)	7 (0.0)	9,477 (6.7)	130,984 (93.1)
2005년	143,237 (100)	292 (0.2)	6 (0.0)	8,751 (6.1)	134,188 (93.7)

자료: 통계청, 「지역내 총생산」, 각연도.

다. 산업별 집적 현황

서울 제종별 구성비를 살펴보면, 2005년 기준으로 사업체수는 봉제의복 및 모피 제품 제조업(31.2%), 출판·인쇄 및 기록매체 복제업(19.2%)이 전체 제조업의 50% 이상을 차지하고 있으며, 다음으로 섬유제품 제조업(9.5%), 기타 기계 및 장비 제조 업(6.0%) 순으로 높은 비중을 차지하고 있다. 종사자 수의 경우도 사업체 수와 마찬 가지로 봉제의복 및 모피제품 제조업(28.6%), 출판·인쇄 및 기록매체 복제업 (22.4%) 등 2개 업종이 서울 전체 제조업의 50% 이상을 차지하고 있으며, 전자부품· 영상·음향 및 통신장비(7.2%), 섬유제품 제조업(7.0%), 기타 기계 및 장비 제조업 (5.5%) 순으로 높은 비중을 차지하는 것으로 나타났다.

생산액의 경우는 봉제의복 및 모피제품 제조업(25.3%), 출판·인쇄 및 기록매체 복제업(22.4%)이 전체 제조업의 47.7%를 차지하고 있으며, 다음으로 섬유제품 제조 업(9.2%), 전자부품·영상·음향 및 통신장비(9.1%), 기타 기계 및 장비 제조업 (4.85%)의 순으로 높은 비중을 차지하는 것으로 나타났다. 부가가치의 경우는 봉제의복 및 모피제품 제조업(27.9%), 출판·인쇄 및 기록매체 복제업(27.6%)이 제조업의 50% 이상을 차지하고 있으며, 전자부품·영상·음향 및 통신장비(7.6%), 섬유제품 제조업(6.8%), 기타 기계 및 장비 제조업(4.4%)의 순으로 나타났다. 전반적으로 서울시의 제조업은 봉제의복 및 모피제품 제조업, 출판인쇄 및 기록매체 복제업이 사업체 수, 종사자 수, 생산액, 부가가치에서 높은 집적도를 보여주고 있다.

[표 2-3] 서울시 제조업의 주요 업종별 비중 추이

(단위: %)

구 분	사업체 수			종사자 수			생산액			부가가치		
	'95	'00	'05	'95	'00	'05	'95	'00	'05	'95	'00	'05
제조업 전체	100	100	100	100	100	100	100	100	100	100	100	100
음·식료품 제조업	1.2	1.4	2.2	3.1	2.7	2.3	6.5	5.1	3.5	6.5	5.5	3.4
섬유제품 제조업;봉제의복 제외	11.1	11.4	9.5	8.6	8.3	7.0	7.4	8.7	9.2	6.1	6.9	6.8
봉제의복 및 모피제품 제조업	29.2	32.1	31.2	30.3	30.5	28.6	24.6	20.7	25.3	24.7	20.6	27.9
출판·인쇄 및 기록매체 복제업	16.4	16.3	19.2	16.9	19.3	22.4	17.2	21.3	22.4	22.0	28.3	27.6
조립금속제품 제조업	5.0	4.0	4.3	3.1	2.4	3.3	2.8	1.8	2.7	2.5	1.8	2.6
기타 기계 및 장비 제조업	7.9	7.3	6.0	5.8	5.9	5.5	5.1	4.7	4.8	4.9	5.0	4.4
전자부품·영상·음향 및 통신장비	2.9	3.4	3.6	7.8	7.7	7.2	11.2	13.0	9.1	9.4	10.5	7.6
기타	26.4	24.0	24.0	24.4	23.3	23.7	25.3	24.6	23.1	23.8	21.4	19.8

자료: 통계청, 「광공업통계조사보고서」, 각연도

2005년 서울의 서비스산업 업종별 사업체수를 살펴보면 도매 및 소매업(30.0%), 숙박 및 음식업(15.9%)이 45.9%를 차지하고 있어 비중이 높은 편이며, 운수업(12.8%), 부동산 및 사업서비스업(9.3%) 순으로 비중이 높게 나타난다. 종사자 수를 살펴보면 도매 및 소매업(19.5%), 부동산 및 사업서비스업(17.7%)이 37.2%를 차지하고 있어 비중이 높은 편이며, 숙박 및 음식업(10.2%), 운수업(6.5%) 순으로 비중이 높게 나타나고 있다.

생산액을 살펴보면 부동산 및 사업서비스업(22.8%), 금융 및 보험업(15.4%)이 전체의 38.2%를 차지하고 있으며 도매 및 소매업(11.9%), 건설업(6.5%) 순으로 비중이 높게 나타나고 있다. 금융 및 보험업, 부동산 및 사업서비스업의 사업체 수와 종사자 수는 그 비중이 다른 업종에 비해 훨씬 낮지만 생산액은 그 비중이 매우 높게 나타나고 있다. 이는 이 2개 업종의 부가가치가 매우 높다는 것을 의미하고 있으며, 서울시가 한국의 금융 및 보험업, 사업서비스업을 지속적으로 주도하고 있다는 것을 보여 주고 있다.

[표 2-4] 서울시 서비스산업의 주요 업종별 비중 추이

(단위: %)

구 분	사업체 수			종사자 수			생산액		
	'95	'00	'05	'95	'00	'05	'95	'00	'05
서비스산업 전체	100	100	100	100	100	100	100	100	100
건설업	2.7	2.5	2.7	10.0	6.3	5.9	10.3	7.3	6.5
도매 및 소매업	38.5	34.0	30.0	25.8	24.5	19.5	15.8	16.6	11.9
숙박 및 음식점업	21.3	22.5	15.9	13.1	15.3	10.2	4.3	3.6	2.8
금융 및 보험업	1.4	1.3	1.2	7.2	6.0	5.5	15.0	15.2	15.4
부동산 및 사업서비스업	5.9	6.1	9.3	7.9	9.3	17.7	25.0	26.5	22.8
운수업	8.4	9.9	12.8	7.4	7.5	6.5	7.0	6.9	4.3
기타	21.7	23.7	18.8	28.6	31.2	22.4	22.6	24.0	21.1

자료: 통계청, 「사업체기초통계조사보고서」, 「지역내총생산」, 각연도

라. 연구개발 및 혁신활동 동향

서울시의 시험연구기관 연구개발활동 현황을 살펴보면 국공립 및 정부출연연구소의 수가 증가하다가 다시 감소('00년 48개 → '03년 55개 → '04년 47개 → '05년 44개)하고 있다. 그리고 전국대비 비중도 증가하다가 감소하고 있다. 하지만, 연구인력은 계속해서 증가('00년 4,049명 → '03년 4,788명 → '04년 4,857명)하다가 2005년에 4,234명으로 감소하고 있다. 특히 병원및기타비영리기관의 연구인력이 2004년까지 가파르게 증가하였다가 2005년에 다시 감소하고 있는 모습을 보이고 있다. 연구개

발비는 증가('00년 2,473억 → '03년 3,259억 → '04년 3,152억 → '05년 4,096억)하는 추세를 보이고 있으며 전국대비 비율도 같은 추세를 보이고 있다.

[표 2-5] 서울시 시험연구기관 연구개발활동 현황

단위: 개, 명, 백만원, %

	구분	2000년	2003년	2004년	2005년
연구기관	계	48 (21.1)	55 (22.8)	47 (19.1)	44 (19.6)
	국공립	8 (7.8)	7 (6.9)	7 (6.9)	8 (8.7)
	정부출연	11 (17.7)	12 (22.6)	9 (15.8)	11 (19.3)
	병원 및 기타 비영리	29 (45.3)	36 (41.4)	31 (35.6)	25 (31.0)
연구인력	계	4,049 (18.8)	4,788 (21.5)	4,857 (20.2)	4,234 (18.7)
	국공립	956 (14.4)	1,621 (24.7)	1,553 (20.9)	926 (14.9)
	정부출연	1,735 (14.7)	1,347 (11.5)	1,097 (9.6)	1,979 (15.6)
	병원 및 기타 비영리	1,358 (43.8)	1,770 (46.8)	2,207 (43.0)	1,329 (56.3)
연구개발비	계	247,360 (12.2)	325,930 (12.4)	315,267 (10.6)	409,609 (12.8)
	국공립	51,546 (14.5)	49,722 (11.5)	64,423 (13.6)	63,455 (14.3)
	정부출연	159,730 (10.7)	229,543 (11.7)	182,329 (8.3)	281,870 (11.7)
	병원 및 기타 비영리	36,058 (19.2)	46,665 (20.2)	68,515 (22.8)	64,284 (62.2)

자료: 과학기술부, 과학기술연구활동조사보고서, 각 연도
주: ( )는 전국대비 비율임.

서울시 대학의 연구개발활동 현황을 살펴보면 연구기관의 수는 2000년부터 2003년까지 증가('00년 65개 → '03년 69개)하다가 2004년부터 대폭 감소('04년 59개 → '05년 47개)하는 추세를 보이고 있다. 한편 연구인력은 2000년 3만 589명에서 2005년 4만 1,453명으로 지속적으로 증가했으며 전국대비는 30.4%에서 33.2%로 증가했다. 또한 연구개발비는 2000년 4,696억원에서 2005년 8,555억원으로 증가했으며 전국대비는 30.1%에서 35.7%로 증가했다.

기업체 연구조직을 보면 2000년 1,658개에서 2003년 2,397개로 증가하다가 2004

년에는 2,317개로 일시적으로 소폭 감소하였다가 2005년에 2,574개로 증가하였다. 전국대비 비율에서는 계속해서 감소('00년 35.8% → '03년 33.4% → '04년 31.2% → '05년 30.6%)하였다.

[표 2-6] 서울시 대학의 연구활동 현황

(단위: 개, 명, 백만원, %)

	구분	2000년	2003년	2004년	2005년
연구 기관	계	65 (17.7)	69 (17.3)	59 (14.6)	47 (14.2)
	국공립	14 (15.2)	13 (14.0)	11 (11.6)	6 (8.6)
	사 립	51 (18.5)	56 (18.4)	48 (15.6)	41 (15.7)
연구 인력	계	30,589 (30.4)	38,380 (31.7)	39,560 (32.4)	41,453 (33.2)
	국공립	10,252 (24.7)	13,134 (25.2)	13,052 (25.8)	13,753 (25.8)
	사 립	20,337 (34.4)	25,246 (36.6)	26,508 (37.1)	27,700 (38.7)
연구 개발비	계	469,669 (30.1)	682,188 (35.3)	778,894 (35.4)	855,531(35.7)
	국공립	140,316 (25.4)	256,202 (32.4)	273,139 (33.7)	303,162(32.5)
	사 립	329,353 (32.6)	425,986 (37.3)	505,755 (36.4)	552,369(37.7)

자료: 과학기술부, 과학기술연구활동조사보고서, 각 연도
주: ( )는 전국대비 비율임.

연구인력은 2000년 43,009명에서 2003년 37,848명으로 감소하다가 2005년 44,876명으로 다시 증가하였으며, 연구개발비도 2003년까지 감소하다가 2004년부터 다시 증가('00년 3,817억원 → '03년 2,670억원 → '04년 2,888억원 → '05년 3,367억원)하였다. 전국대비 서울의 연구인력 비율('00년 37.4% → '03년 24.5% → '04년 23.6% → '05년 23.9%) 및 연구개발비의 비율('00년 37.2% → '03년 18.4% → '04년 16.9% → '05년 18.1%)은 연구인력 및 연구개발비의 절대적 증가에도 불구하고 감소추세를 보이고 있다.

마. 문제점과 향후 발전과제

서울의 지역경제는 빠르게 소프트화, 첨단화되어 가고 있으며, 세계 거대도시로의 집적화 현상이 서울을 중심으로 수도권에서 일어나고 있다. 또한 서울은 금융·보험, 부동산사업서비스에서 국내 비교우위를 보이고 있어, 즉 서울의 제조업 생산 및 고용의 비중은 기타 지역에 비해 낮고 비중의 감소 속도가 빠른 반면, 서비스업은 그 반대현상으로 나타나고 있다.

하지만, 서울은 국제도시와 비교해 볼 때 기업환경 및 생활환경이 낙후되어 있으며, 그리고 대내외적으로 수도권 규제문제로 인해 제조업의 투자환경은 열악한 편이다. 서울의 지속적인 지역경제 활성화와 국제경쟁력의 향상을 위해서는 투자활성화가 중요하다. 따라서, 친기업적인 도시, 세계경쟁력을 갖춘 도시로 육성하기 위해서는 이런 문제점이 선결되어야 할 것이다.

또한 서울은 미래의 경제환경 변화에 유연하게 대처할 수 있는 과학기술, 사회문화, 정책개발, 추진체계, 주체간 연계 측면에서 지역혁신 기반을 구축해야 할 필요가 있다. 첨단 과학기술의 연구개발과 연구 성과물 사업화는 지식기반산업의 활성화를 위한 핵심적인 역할을 할 것이므로 기술융합을 바탕으로 한 신기술개발과 신기술 사업화도 중요한 지역발전과제라고 본다.

2. 인천광역시

가. 지역경제 일반현황

인천시의 지역내 총생산은 2000년 26조 2,300억원에서 2005년 37조 6,860억원으로 증가하여 43.6%의 성장률을 보여 동 기간의 전국 성장률 41%와 비슷한 수준을 보였으며, 인구는 전국성장률이 2.3%인 데 비해 2.0%로 다소 느린 성장을 보이고 있다. 또한 1인당 지역내총생산은 1,454만원으로 전국평균 1,748만원에 비하여 매우 낮은 수준이다. 사업체 수와 취업자 수는 2005년 현재 15만 4,737개와 120만명으로 각각 전국대비 4.8%와 5.2%를 차지하여 2000년 전국비중 4.7%와 5.1%에 비해 약간 높은 수준을 보이고 있다.

인천의 경제활동가능인구(15세 이상 인구)는 2005년 204만 5천명으로 나타났으며, 그 중 경제활동인구는 125만 7천명으로 61.4%의 경제활동 참가율을 보이고 있다. 재정자립도 측면에서는 2005년 현재 전국평균이 56.2%인 데 비해 인천은 70.0%로 약 13.8%p 정도 높은 것으로 나타났다.

그 밖에 2003년 10월 인천경제자유구역청이 개청됨에 따라 인천을 동북아의 경제중심으로 만들 국제적인 물류단지, 관광레저, 국제비즈니스, IT, R&D 센터 등을 조성하여 외국인 투자기업 경영환경과 외국인 생활환경 여건개선, 외국인 투자촉진, 국가경쟁력강화, 지역간 균형발전을 도모할 계획이다.

[표 2-7] 인천지역 경제 일반현황

구 분	전 국		인 천	
	2000년	2005년	2000년	2005년
지역내총생산(십억원)	577,970	815,289	26,230	37,686
인구(천명)	45,985	47,041	2,466	2,517
1인당 GRDP(만원)	1,230	1,748	1,039	1,454
사업체 수(개)	3,013,347	3,204,809	142,406	154,737
수출액(백만 달러)	172,267	284,418	7,526	13,033
15세 이상 인구(천명)	36,186	38,300	1,892	2,045
경제활동인구(천명)	22,134	23,743	1,163	1,257
취업자(천명)	21,156	22,856	1,100	1,200
재정자립도(%)	64.2	56.2	76.1	70

자료: 통계청, 「지역내총생산」, 각 연도

나. 지역 산업구조

인천은 제조업 중심으로 산업구조가 형성되어 왔으나 1996년을 기점으로 서비스업의 비중이 늘어나는 제조업과 서비스 산업 간의 양극화 현상이 뚜렷이 나타나고 있다. 그 동안의 제조업은 외형적으로는 기반이 강한 것으로 보이지만 주력업종의 경우 부가가치가 낮을 뿐 아니라, 대체로 산업발전 주기상 성수기 내지 쇠퇴기에 있고 서울에서 밀려난 업종들이 주종이어서 내용면에서는 매우 허약한 구조를 갖고 있다.

서비스업 또한 비중이 증가하고 있다고는 하나 2005년 기준 전체서비스업의 비율을 살펴보았을 때 서울은 93.7%, 경기는 63.8%를 각각 점유하였으며 인천은 71.0%를 차지하고 있다. 그러나 저부가가치의 서비스업이 인천서비스업의 주류를 이루고 있다는 문제를 안고 있다. 따라서 인천산업의 재생을 위해서는 제조업과 서비스업의 융합 촉진이 필요하며 이를 위하여 우선적으로 지역제조업체의 경쟁력 제고가 필요하고 전통주력 제조업의 특화를 통한 고부가가치화 및 지식기반산업 중심으로 고도화가 필요하다. 그 밖의 서비스 산업의 체계적인 육성을 위하여 서비스 산업의 기반을 확충하고 생산자 서비스업의 고도화가 요구되며, 물류 서비스업의 육성이 절실한 실정이다.

[표 2-8] 인천지역의 산업구조 추이(부가가치 기준)

(단위: 십억원, %)

연도	계	농림어업	광업	제조업	서비스업
1996	23,805(100)	315(1.4)	58(0.2)	8,726(36.6)	14,706(61.8)
2001	29,255(100)	389(1.3)	43(0.2)	9,277(31.7)	19,546(66.8)
2002	33,392(100)	425(1.28)	71(0.22)	9,654(28.9)	23,242(69.6)
2003	34,556(100)	388(1.15)	88(0.25)	9,435(27.3)	24,645(71.3)
2004	36,640(100)	283(0.7)	31(0.1)	10,398(28.5)	25,928(70.7)
2005	37,686(100)	265(0.7)	43(0.1)	10,593(28.2)	26,785(71)

자료: 통계청, 「지역내 총생산」, 각 연도

다. 산업별 집적 현황

(1) 제조업

2005년 기준으로 제조업의 경우 사업체 수는 종업원 5인 이상 등록업체 9,465개가 인천에 소재하고 있으며, 고용인원은 198,962명이고 음식료품, 섬유제품, 금속조립제품, 기타 기계 및 장비 등의 생산을 하고 있는 것으로 나타나고 있다. 그 중 조립금속제품 제조업이 22%, 기타기계 및 장비 제조업이 19%를 차지해 2개 업종의 비중이 인천 제조업의 약 41%를 차지하고 있다. 1996~2005년간 지역 생산액도 조립금속제품 제조업과 기타 기계 및 장비제조업이 기타 제조업에 비하여 상대적 비중이 높아지고 있다. 종사자 수의 경우 같은 기간 기타 제조업 종사자 수는 67%에서 61%로 6%p 감소 추세를 보였으나, 주요 업종의 경우 기타 기계 및 장비 제조업과 조립금속업은 모두 증가세를 보였다. 부가가치도 섬유제품 제조업을 제외하고 같은 기간 상승세를 보여 음식료품 제조업의 경우 1%p, 조립금속제품 제조업은

4%p, 기타 기계 및 장비 제조업은 1%p 각각 상승했다.

[표 2-9] 인천 제조업의 주요 업종별 비중 추이(5인 이상)

구 분	사업체수(%)			종사자수(%)			생산액(%)			부가가치(%)		
	'96	'01	'05	'96	'01	'05	'96	'01	'05	'96	'01	'05
제조업 전체	100	100	100	100	100	100	100	100	100	100	100	100
음·식료품 제조업	2	2	3	4	4	3	8	9	7	7	9	8
섬유제품 제조업(봉제의복 제외)	3	3	2	2	2	2	2	1	1	2	1	1
조립금속제품 제조업	17	20	22	10	13	15	6	7	8	7	9	11
기타 기계 및 장비 제조업	20	20	19	17	19	19	14	16	17	18	18	19
기타	58	56	54	67	63	61	70	67	67	67	62	62

자료: 통계청, 「광공업통계조사보고서」, 각 연도

제조업의 군·구 비중을 살펴보면 조립금속제품 제조업의 경우 2005년 기준 인천시 남동구에 전체 사업자의 33.8%가 소재하고 있으며, 다음으로는 서구에 33.7%의 제조업체가 위치하고 있다. 또한 기타 기계 및 장비 제조업체의 42.6%가 남동구에서 활동을 하고 있으며, 서구에 31.5%의 업체가 운집하고 있어서 남동구와 서구의 중요 제조업의 비중이 50% 이상 차지하는 것으로 나타났다.

[표 2-10] 인천 제조업의 주요 업종별 및 군·구별 비중 추이

(사업체기준, 단위: 개,%)

	제조업체	음·식료품 제조업	섬유제품제조업 (봉제의복 제외)	조립금속 제품 제조업	기타 기계 및 장비 제조업	기타
인천시	9,021 (100)	267 (100)	178 (100)	2,086 (100)	1,858 (100)	4,393 (100)
중구	87 (0.96)	21 (7.9)	1 (0.6)	10 (0.5)	14 (0.75)	46 (1.04)
동구	206 (2.3)	8 (2.9)	1 (0.6)	35 (1.7)	64 (3.5)	108 (2.67)

	제조업체	음·식료품 제조업	섬유제품제조업 (봉제의복 제외)	조립금속 제품 제조업	기타 기계 및 장비 제조업	기타
남구	629 (6.97)	22 (8.3)	8 (4.5)	93 (4.5)	119 (6.4)	242 (5.5)
연수구	49 (0.54)	5 (1.9)	1 (0.6)	6 (0.3)	7 (0.4)	19 (0.43)
남동구	3,053 (33.8)	74 (27.7)	60 (33.7)	852 (40.8)	792 (42.6)	1,778 (40.4)
부평구	1,268 (14)	44 (16.4)	38 (21.3)	293 (14)	180 (9.7)	561 (12.7)
계양구	634 (7.2)	20 (7.5)	23 (12.9)	88 (4.2)	95 (5.1)	226 (5.14)
서구	3,046 (33.7)	53 (19.8)	36 (20.2)	706 (33.8)	586 (31.5)	1,381 (31.4)
강화군	45 (0.49)	17 (6.4)	10 (5.6)	3 (0.2)	1 (0.05)	31 (0.7)
옹진군	4 (0.04)	3 (1.2)	–	–	–	1 (0.02)

자료: 인천광역시 「사업체기초통계조사보고서」, 2006년.

(2) 서비스업

2005년 기준으로 서비스업을 살펴보면, 총 288,044개의 사업체에 122만 9,474명이 종사하고 있으며, 업종별로는 전기가스 및 수도사업, 건설업, 도소매 및 음식숙박업, 금융보험 및 부동산, 기타 등으로 구성되어 있다. 사업체 수 및 종사자 수에서 단연 도소매 및 음식 숙박업이 각각 전체의 23%, 15%를 나타내고 있다. 생산액의 경우에는 2005년 기준으로 단일종목으로는 금융보험 부동산 및 사업서비스가 14%로 가장 높은 비중을 보였다.

[표 2-11] 인천 서비스산업의 주요 업종별 비중 추이

(단위: %)

구 분	사업체 수			종사자 수			생산액		
	'96	'01	'05	'96	'01	'05	'96	'01	'05
서비스산업 전체	100	100	100	100	100	100	100	100	100
전기·가스 및 수도사업	0.0	0.0	0.0	0.0	0.0	0.0	3.0	2.0	2.0
건설업	1.0	1.0	1.0	2.0	2.0	2.0	11	6.0	9.0
도소매 및 음식숙박업	18	25	23	26	16	15	7	7	7
금융보험·부동산 및 사업서비스업	2	3	4	3	3	6	12	14	14
기타	79	71	72	70	79	77	67	70	68

자료: 통계청 -「사업체기초통계조사보고서」,「지역내총생산」, 각 연도

서비스업의 군·구 비중을 살펴보면, 인천시에서 활동중인 전기가스 및 수도사업체 수는 69개로 이중 15개 업체가 서구에서 활동 중이며, 다음으로 옹진군에 14개 업체가 위치하여 서구와 옹진군에서 총 42%를 차지하였고, 건설업은 남동구와 남구, 부평구가 각각 21%, 18%, 18%의 비중으로 전체 건설업의 57%를 차지하고 있다. 도소매 및 숙박, 음식점업의 경우 남구, 남동구, 부평구가 53% 이상의 비중을 보이고 있다. 금융보험·부동산 및 사업서비스업은 남구, 남동구와 부평구가 각각 18% 이상을 차지하고 있으며, 서비스업의 경우는 남구, 남동구와 부평구가 차지하는 비중이 다른 지역에 비해 높은 것으로 나타났다.

[표 2-12] 인천 서비스산업의 주요 업종별 및 군·구별 비중 추이

(사업체기준, 단위: 개업체 %)

구 분	서비스산업 전체	전기·가스 및 수도사업	건 설 업	도소매 및 음식숙박업	금융보험· 부동산 및 사업서비스업	기 타
인천시	288,044 (100)	69 (100)	3,794 (100)	67,161 (100)	10,512 (100)	206,508 (100)
중 구	18,256 (6.0)	5 (7.0)	167 (4.0)	5,199 (8.0)	530 (5.0)	12,355 (6.0)
동 구	14,129 (5.0)	1 (1.0)	277 (18)	3,835 (6.0)	395 (4.0)	9,621 (5.0)
남 구	48,927 (17.0)	8 (12)	668 (18)	11,614 (17.0)	2,074 (20.0)	34,563 (17.0)
연수구	20,817 (7.0)	6 (9.0)	267 (7.0)	4,404 (7.0)	801 (8.0)	15,339 (7.0)
남동구	51,040 (18.0)	6 (9.0)	798 (21)	11,294 (17.0)	1,998 (19.00)	36,944 (18.0)
부평구	54,719 (19.0)	8 (12)	671 (18)	12,985 (19.0)	1,935 (18.0)	39,120 (19.0)
계양구	29,412 (10.0)	2 (3.0)	415 (11)	6,350 (9.0)	1,210 (12.0)	21,435 (10.0)
서 구	39,193 (14)	15 (22)	387 (10)	8,009 (12.0)	1,265 (12.0)	29,517 (14.0)
강화군	9,174 (3.0)	4 (6.0)	125 (3.0)	2,685 (1.0)	251 (2.0)	6,109 (3.0)
옹진군	2,377 (1.0)	14 (20)	19 (1.0)	786 (1.0)	53 (1.0)	1,505 (1.0)

자료: 인천광역시 「사업체기초통계조사보고서」, 2006년.

라. 인천의 4대 전략산업

인천의 4대 전략산업은 물류산업, 자동차산업, 기계금속산업, 정보통신산업이다. 물류산업은 동북아 물류의 핵심거점 육성이라는 인천시의 비전을 달성하기 위해 동북아 종합물류시스템 구축이 요구되고 있어, 본 사업은 인천 및 수도권지역의 기업체들에게 고부가가치 물류종합 one-stop 서비스를 제공할 수 있을 것으로 전망되며, 이와 관련하여 인천시는 인천공항 2단계 사업으로서 2008년까지 약 826만㎡의 부지를 조성하여 활주로 1본, 계류장 1,588㎡, 탑승동 16만 6,000㎡의 추가건설을 추진 중이다. 또한 인천의 해운물류 기능의 확충을 위해 북항과 남항 및 송도신항 개발계획과 아울러 도심지역 총 약 1,725만㎡에 총 12개소에 이르는 화물 집배송단지 조성을 계획 중이다.

인천지역에는 자동차 부품관련 업체들이 남동공단을 중심으로 집적되어 있으며 인하대에는 RRC와 TIC가 각각 설립되어 운영되고 있고, 특히 대우자동차의 중앙연구소 및 생산연구소가 부평에 입지해 있어 산학연 협력체제 구축이 용이한 장점을 가지고 있다. 특히 자동차 관련기술개발의 경우 에너지 문제와 환경 및 안전규제 강화로 기술경쟁력확보가 필요함으로써 인천시는 송도국제도시의 지식기반산업을 기반으로 친환경/미래자동차 산업을 육성할 계획이다.

종사자 수와 사업체 수를 기준으로 높은 비중을 차지하고 있는 기계금속산업은 산업간의 전후방 연과효과가 크고 국가 경쟁력을 좌우하는 산업으로 국가시책과도 부합하는 인천시의 2단계 나노 신소재 기술을 기계금속 산업에 접목하여 첨단 신소재관련 고부가가치 지식기반 산업을 육성할 계획이다.

정보통신산업은 전국비중에 있어 유선통신기기나 기구부품을 제외한 나머지 분야에서 극히 미미한 수준을 보이고 있어 이의 전략적 육성이 절실하다. 또한 동북아 물류중심기지로서의 역할과 송도국제신도시의 유비쿼터스환경 구축시 다양한 콘텐츠 유통을 통하여 저비용 고효율의 디지털콘텐츠 산업 육성이 중요하다.

마. 연구개발 및 혁신활동 동향

인천지역에는 2005년을 기준으로 볼 때 295개의 연구조직이 있으며, 이는 전국대비 5.02%에 해당하며 서울 29.68%, 경기 27.59%, 대전 5.48%, 경남 5.09% 다음으로 수도권에서는 미미한 수준이다. 연구개발인력은 12,712명으로 전국대비 3.78%이며 조직별로는 대학 3,553(27.9%)명, 기업 8,248명(64.8%), 공공연구기관 911명(7.16%) 등으로 기업체 연구인력이 전국기업체연구인력 대비 4.39%로 대학이나 공공기관의 연구인력에 비해 상대적 비중이 높다. 연구개발 투자금액은 11,802억원으로 전국 대비 4.8%의 수준이며 이와 같은 규모의 연구개발 투자금액은 2005년 인천시 총예산(3조 9,344억원) 대비 30%의 수준이다.

[표 2-13] 인천 지역별 연구개발활동 분포(2004년 전국대비 기준)

(단위: 개, 명, 억원, %)

구 분	전 국	서 울	부 산	대 구	인 천	광 주	대 전	울 산	경 기
연구개발조직	8,979	2,665	371	295	451	181	492	123	2,477
비중(%)	100	29.68	4.13	3.29	5.02	2.02	5.48	1.37	27.59
연구개발인력	234,702	62,335	6,834	5,494	8,254	4,052	19,253	3,158	77,797
비중(%)	100	26.6	2.9	2.3	3.5	1.7	8.2	1.3	33.1
연구개발투자비	241,554	46,329	3,525	3,755	11,802	3,455	29,201	3,721	96,141
비중(%)	100	19.2	1.5	1.6	4.9	1.4	12.1	1.5	39.8
구분		강 원	충 북	충 남	전 북	전 남	경 북	경 남	제 주
연구개발조직		131	308	401	141	138	312	457	36
비중(%)		1.46	3.43	4.47	1.57	1.54	3.47	5.09	0.4
연구개발인력		4,146	4,617	10,136	4,257	2,121	10,740	11,110	398
비중(%)		1.8	2	4.3	1.8	0.9	4.6	4.7	0.2
연구개발투자비		1,563	4,000	10,898	2,603	1,724	12,881	9,627	330
비중(%)		0.6	1.7	4.5	1.1	0.7	5.3	4	0.1

자료: 과학기술부, 2006년도 과학기술 연구 개발활동 조사보고서.

바. 문제점과 향후 발전과제

인천산업은 외형적으로 제조업의 기반이 강한 것으로 보이지만 주력업종의 부가가치가 낮을 뿐 아니라 대체로 산업발전 주기상 성숙기 내지 쇠퇴기에 있고, 서울에서 밀려난 업종들이 주종이어서 내용면에서는 매우 허약한 구조를 갖고 있다.

따라서, 이를 사전에 방지하고 인천이 갖는 국내외적으로 양호한 입지적 여건을 최대한 활용하여 지역경제의 활성화는 물론이고 국내 경제전반의 경쟁력강화에 기여하기 위해 인천광역시와 중앙정부는 중장기적 산업발전 비전 아래 인천의 산업구조를 고도화하고, 기존 특화산업을 집중 육성하는 한편, 도시기능에 맞는 신산업을 도입, 발전시켜야 한다.

이런 맥락에서 인천산업의 재생을 위한 기본방향은, 첫째, 인천지역산업구조의 고도화를 위한 첨단기술의 접목, 둘째, 기존전략산업인 자동차 기계/금속 산업 이외에도 특화 및 유망 산업 중 실현가능성과 산업간 연계성이 높고 지식기반 제조업에 속하는 메카트로닉스, 전자정보기기, 생물 신소재 등 산업을 육성하는 것이 바람직하다. 셋째, 제조업과 생산자 서비스업의 균형적인 발전이다. 특히 생산자 서비스업의 집적지 조성과 국제적인 비즈니스 환경이 조성되어야 할 뿐 아니라 물류 산업과 관광산업을 연계한 서비스업 정책을 수립하고, 넷째, 기술혁신 클러스터 형성을 위한 기술혁신 환경 구축이 필요한데 인천지역의 경우 전략산업별로 전문연구센터를 육성하여 기술혁신을 창출하도록 하며, 혁신을 촉진하고 그 결과를 확산하고 활용할 수 있는 전문 인력을 양성하여, 이러한 기능들이 효율적이고 효과적으로 수행될 수 있도록 연계체제를 구축해야 한다. 마지막으로 공간적 집적에 의한 구조 고도화의 일환으로 입지환경의 혁신인데 이를 위하여 도시화에 따른 제조업의 입지환경을 개선해야 한다.

3. 경기도

가. 지역경제 일반현황

2005년 현재 경기도의 추계인구는 1,034만 명에 달하고 있다. 2000년부터 2005년까지 5년 동안 전국인구가 연평균 0.5%의 비율로 늘어난 데 비해 경기도는 3.1%의 높은 인구 증가율을 보이고 있으며 전국대비 인구비중도 22%에 육박하고 있다. 인구의 전국성장률 2.3%에 비해 경기는 15.7% 증가하여 약 6.8배의 성장률을 나타내고 있다. 이러한 현상은 정부가 수도권 인구유입을 억제하기 위해 각종 규제를 강화하였음에도 불구하고, 신도시 개발로 인한 인구유입에 따라 경기도의 인구가 지속적으로 증가하는 것으로 보인다.

경기도의 지역내 총생산은 2000년 111조 793억 원에서 2005년 162조 619억 원으로 증가하여 45.5%의 성장률을 보여 동 기간의 전국성장률 41.1%보다 빠른 속도로 성장하고 있다. 지역내 총생산의 전국대비 경기의 비중은 2005년 현재 19.9%를, 인구가 22%를 차지해 타 지역에 비해 매우 높은 비중을 차지하고 있다. 또한 사업체 수와 취업자 수는 2005년 현재 59만 6,133개와 504만 5,000명으로 각각 전국대비 18.6%, 22.1%를 차지하여 2000년 16.2%와 19.2%에 비해 큰 폭으로 증가하고 있다.

경기도의 경제활동 가능인구(15세 이상 인구)는 2005년 현재 8,384천 명이며 이중 62.6%인 5,250천 명이 경제활동에 참여하고 있다. 경기도의 재정자립도는 2005년 현재 전국 평균 56.2%에 비해 경기는 76.2%로 20%p 이상 높은 것으로 나타났다.

[표 2-14] 경기도의 경제 일반현황

구 분	전국		경기	
	2000년	2005년	2000년	2005년
지역내총생산(십억원)	577,971	815,289	111,793	162,619
인구(천명)	45,985	47,041	8,938	10,341
1인당 GRDP(천원)	13,112	16,882	12,711	15,182
사업체 수(개)	3,013,417	3,204,809	488,147	596,133
수출액(백만 달러)	172,268	284,419	26,630	63,200
15세 이상 인구(천명)	36,186	38,300	6,798	8,384
경제활동인구(천명)	22,134	23,743	4,224	5,250
취업자(천명)	21,156	22,856	4,058	5,045
재정자립도(%)	49.8	56.2	78.0	76.2

자료: 통계청, 「지역내총생산」, 각 연도

나. 지역 산업구조

경기도의 산업구조는 2005년 현재 농림어업이 1.7%, 광업 0.1%, 제조업 34.4%, 서비스업 63.8%를 차지하는 등 제조업과 서비스업 중심의 산업구조를 가지고 있다. 1995년부터 2005년 동안 산업구조 추이를 살펴보면 농림어업과 광업 및 제조업의 비중은 감소한 반면, 서비스업의 비중은 작은 폭으로 증가하여 서비스업 부문의 성장이 두드러짐을 보여주고 있다.

[표 2-15] 경기지역의 산업구조 추이

(단위: 십억원, %)

연도	계	농림어업	광업	제조업	서비스업
1995년	76,956 (100.0)	2,565 (3.3)	233 (0.3)	29,245 (38.0)	44,914 (58.4)
2000년	99,811 (100.0)	2,804 (2.8)	160 (0.2)	43,385 (43.5)	53,462 (53.6)
2001년	105,074 (100.0)	2,836 (2.7)	145 (0.1)	43,937 (41.8)	58,157 (55.3)
2002년	115,366 (100.0)	2,811 (2.4)	173 (0.1)	48,510 (42.0)	63,872 (55.4)
2003년	118,827 (100.0)	2,613 (2.2)	177 (0.1)	49,822 (41.9)	66,215 (55.7)
2004년	130,723 (100.0)	2,723 (2.0)	221 (0.1)	58,224 (45.0)	69,555 (53.0)
2005년	162,619 (100.0)	2,688 (1.7)	253 (0.1)	55,879 (34.4)	103,799 (63.8)

자료: 통계청, 「지역내 총생산」, 각 연도

또한 경기도 산업에서 제조업의 총사업체 수는 37,827개로, 이는 서울 다음으로 전국 2위에 해당한다. 더욱이 경기도 광업 제조업(5인 이상) 사업체의 전국대비 비중은 30.6%를 차지하였다. 제조업 사업체 수를 공업구조별로 보면 중화학공업을 영위한 사업체 수는 23,595개로 전년 21,652개에 비해 9.0% 증가하였고, 중화학공업의 사업체 수 비중도 62.4%로 전년(62.3%)보다 0.1% 증가하였다.

한편, 경공업을 영위하는 사업체 수는 2005년에는 14,232개로 전년 13,114개에 비해 8.5%p 증가하였으며, 사업체 수 비중은 37.6%로 전년보다 0.1%p 낮아졌다.

[표 2-16] 경기지역 제조업 광업 변화(5인 이상)

(단위: 개 / 명 / 백만원 / %)

구 분		2004년	구성비	2005년	구성비	증감률 '04대비
사업체수	합 계	34,831	100.0	37,903	100.0	8.8
	제조업	34,766	99.8	37,827	99.8	8.7
	광 업	65	0.2	76	0.2	16.9
종사자수	합 계	824,644	100.0	887,750	100.0	7.7
	제조업	823,031	99.8	886,296	99.8	7.7
	광 업	1,613	0.2	1,454	0.2	△9.9
출하액	합 계	189,994,293	100.0	199,829,537	100.0	5.2
	제조업	189,642,007	99.8	199,469,011	99.8	5.2
	광 업	352,286	0.2	360,526	0.2	2.3
부가가치	합 계	82,249,972	100.0	85,846,806	100.0	4.4
	제조업	82,044,639	99.8	85,635,368	99.8	4.4
	광 업	205,333	0.2	211,438	0.2	3.0

자료: 경기도 정책기획관실 산업총조사

다. 산업별 집적 현황

경기도의 제조업 업종별 구성비를 살펴보면, 2005년 기준으로 사업체 수는 기타 기계 및 장비제조업(15.0%)이 가장 높은 비중을 차지하고 있고, 조립금속제품제조업 (14.1%)과 고무 및 플라스틱 제품제조업 (10.7%)순으로 높은 비중을 나타내고 있으며, 위 세 업종이 전체 제조업에서 39.8%의 비중을 차지한다.

종사자 수를 기준으로 할 경우, 전자부품, 영상, 음향 및 통신장비업(21.4%)과 기타 기계 및 장비 제조업(11.6%), 조립금속제품제조업(9.1%)순으로 높은 비중을 차지하고 있으며, 이 세 업종이 경기도 전체 제조업 종사자 수의 42.1%를 차지하는 것으로 나타났다.

출하액을 기준으로 살펴보면 전자부품, 영상, 음향 및 통신장비업(27.7%), 자동차 및 트레일러 제조업(12.4%), 기타 기계 및 장비제조업(9.1) 순으로 높은 비중을 차지하였으며, 위 세 업종이 경기도 전체 제조업에서 차지하는 비중은 49.2%에 달하는 것으로 나타났다.

마지막으로 부가가치를 기준으로 살펴보면, 2005년 현재 경기도 제조업에서 가장 높은 비중을 차지하는 업종은 전자부품, 영상, 음향 및 통신장비업(33.2%)과 자동차 및 트레일러 제조업(9.9%), 기타 기계 및 장비 제조업(8.6%) 순으로 나타났다. 이 세 업종이 경기도 제조업에서 차지하는 비중은 51.7%에 달하며, 1995년부터 2005년까지 연평균 부가가치 증가율이 가장 높은 비율로 증가한 업종은 자동차 및 트레일러 제조업(19%)과 고무 및 플라스틱제품제조업(18%)인 것으로 나타났다.

경기도 제조업의 업종별 구성비를 종사자 수, 생산액, 부가가치 등에서 살펴본 결과, 가장 높은 비중을 차지하는 것은 전자부품·영상·음향 및 통신장비 제조업으로 이는 경기도의 전략산업 중 하나인 IT산업과 부합하는 결과임을 알 수 있다.

[표 2-17] 경기지역 제조업의 주요 업종별 비중 추이

(단위: %)

구분	사업체 수			종사자 수			출하액			부가가치		
	'95	'00	'05	'95	'00	'05	'95	'00	'05	'95	'00	'05
제조업 전체	100.0	100.0	100.0	100.0	100.0	100.0	100.0	100.0	100.0	100.0	100.0	100.0
음식료품 제조업	4.0	5.8	4.5	6.5	4.2	5.3	7.2	6.8	6.3	6.4	7.1	6.3
섬유제품 제조업; 봉제의복 제외	7.0	7.1	6.8	6.5	8.2	4.8	3.8	3.7	2.4	3.5	3.8	2.4
화합물 및 화학제품 제조업	4.1	6.3	4.2	6.7	4.0	5.2	7.7	7.1	6.7	8.6	8.4	7.9
고무 및 플라스틱 제품 제조업	8.2	7.5	10.7	5.5	10.1	8.5	3.8	4.6	5.8	3.4	4.2	5.2
조립금속제품제조업	11.2	7.3	14.1	7.1	12.0	9.1	4.9	4.1	5.8	4.6	4.2	5.5
기타 기계 및 장비 제조업	14.2	11.0	15.0	10.9	14.7	11.6	8.1	7.3	9.1	7.2	7.3	8.6
기타 전기기계 및 전기변환장치	7.0	7.4	7.2	6.5	7.4	6.4	5.0	5.7	5.0	4.0	4.9	4.3
전자부품, 영상, 음향 및 통신장비	5.8	16.0	6.4	16.6	5.9	21.4	28.3	22.7	27.7	35.3	28.5	33.2

구분	사업체 수			종사자 수			출하액			부가가치		
	'95	'00	'05	'95	'00	'05	'95	'00	'05	'95	'00	'05
자동차 및 트레일러 제조업	3.2	6.4	2.4	7.5	2.5	6.7	9.0	9.0	12.4	8.0	7.7	9.9
가구 및 기타제품 제조업	9.9	4.4	7.8	5.2	8.1	4.0	2.7	2.1	2.4	2.9	2.3	2.3
기타	25.3	20.8	20.9	21.0	23.0	17.0	19.4	27.1	16.4	16.1	21.5	14.4

자료: 통계청, 「광업 · 제조업 통계조사보고서」, 각 연도

경기도의 서비스업 업종별 구성비를 살펴보면, 사업체 수를 기준으로 할 경우 2005년 현재 도매 및 소매업(24.8%)과 숙박 및 음식점업(21.8%), 운수업(11.4%) 순으로 높은 비중을 차지하고 있으며, 이 세 업종이 경기도 전체 서비스업에서 차지하는 비중은 58%로 매우 높게 나타났다.

종사자 수를 기준으로 살펴보면, 숙박 및 음식점업(22.0%), 도매 및 소매업(21.0%), 교육서비스(5.5%) 순으로 높은 비중을 차지하고 있으며, 이 세 업종이 경기도 전체 서비스업의 48.5%를 차지하는 것으로 나타났다.

[표 2-19] 경기지역 서비스산업의 주요 업종별 비중 추이

(단위: %)

구분	사업체 수			종사자 수		
	'95년	'00년	'05년	'95년	'00년	'05년
서비스 전체	100.0	100.0	100.0	100.0	100.0	100.0
건설업	2.9	2.5	1.9	6.5	4.9	2.1
도매 및 소매업	35.3	30.8	24.8	23.5	22.7	21.0
숙박 및 음식점업	23.3	23.8	21.8	15.4	16.3	22.0
운수업	6.7	8.8	11.4	6.6	6.8	5.1
금융 및 보험업	1.3	1.2	0.2	5.8	5.4	0.2
부동산 및 임대업	5.0	4.9	4.8	4.1	4.6	3.0
공공행정, 국방 및 사회보장 행정	0.4	0.3	–	6.3	4.6	–
교육 서비스업	4.5	4.4	4.0	9.0	10.7	5.5
보건 및 사회복지사업	2.0	2.8	2.5	4.0	5.3	5.0
기타	18.7	20.5	28.7	18.7	18.6	36.4

자료: 통계청, 「사업체기초통계조사보고서」, 각 연도

라. 연구개발 및 혁신활동 동향

2005년 현재 경기도에는 2,477개의 연구개발 조직이 위치하고 있어 전국대비 27.6%를 점유하고 있다. 연구개발 인력의 경우 9만 6,496명으로 전국대비 28.8%를 차지하고 있으며, 연구개발비는 9조 6,141억 원으로 전국대비 39.8%의 규모를 가지고 있다.

연구개발 지표별로 살펴보면 경기도에서는 기업체의 연구개발 활동이 가장 활발하게 이루어지고 있으며, 연구 인력의 경우는 7만 8,069명으로 전국 기업체 연구 인력의 41.6%를 점하고 있으며 연구개발비의 경우 8조 8,237억 원으로 전국대비 47.5%의 비중을 차지하고 있다.

[표 2-20] 경기도 연구개발 관련 현황(2005년 기준)

(단위: 억원, 명, 조직 수, %)

	연구개발비		연구개발인력		연구원		연구개발조직	
	전국	경기	전국	경기	전국	경기	전국	경기
총계	241,554 (100.0)	96,141 (39.8)	335,428 (100.0)	96,496 (28.8)	234,702 (100.0)	77,797 (33.1)	8,979 (100.0)	2,477 (27.6)
공공 연구기관	31,929 (100.0)	4,537 (14.2)	22,604 (100.0)	3,875 (17.1)	15,501 (100.0)	2,480 (16.0)	225 (100.0)	42 (18.7)
대학	23,983 (100.0)	3,366 (14.0)	125,039 (100.0)	14,552 (11.6)	64,895 (100.0)	8,368 (12.9)	332 (100.0)	54 (16.3)
기업체	185,642 (100.0)	88,237 (47.5)	187,785 (100.0)	78,069 (41.6)	154,306 (100.0)	66,949 (43.4)	8,422 (100.0)	2,381 (28.3)

자료: 과학기술부, 「과학기술연구활동조사보고서」

마. 향후 발전과제

경기도는 다른 지역에 비해 중소기업이 많이 입지해 있으므로 산·학·연 등 지역혁신주체의 자발적 참여를 유도하기 위하여 기존의 대학·연구기관 중심의 체제에서 핵심적 혁신주체인 기업의 참여를 활성화하여 민간 중심의 자율성을 확보하는 것이 무엇보다 중요한 과제이다.

그러나 산업현황에서 살펴보았듯이 경기도는 혁신에 요구되는 인적·물적 자원은 풍부하나 이러한 자원들의 상호 연계성 부재로 인해 시너지효과를 제고시킬 수 없는 상황이다. 또한, 질적으로 높은 혁신환경에 비해 혁신을 선도할 전략적인 거점지역이 부재하여 이에 대한 대책이 급한 실정이다

경기도 차원의 다양한 제도들을 조정(co-ordination)하는 체계적인 정책프레임이 부재함에 따라 중소기업의 산학협력에 대한 경험 부재와 인식 부족으로 혁신환경의 조성이 어려우며, 기업 간 상호작용이 부족하여 집적에 비해 혁신의 효과를 거두지 못하고 있다.

경기도 전략산업의 클러스터 발전이 촉진될 수 있도록 지원체제를 확립하고, 우

리나라의 성장과 수도권의 경쟁력을 함께 이끌 수 있는 세계적 수준의 혁신클러스터를 집중 육성하는 것이 무엇보다 중요한 과제이다. 기존의 조직과 기구 등을 잘 활용하여 중앙정부는 혁신환경을 조성하고, 지방정부는 혁신을 지원하는 새로운 협력모델을 창출하고 개별적으로 추진되고 있는 클러스터 관련 정책을 협의 및 조정할 수 있는 선도 역할을 수행해야 한다. 이를 위해서는 초기에는 공공주도로 추진하되 중장기적으로는 민간의 역할을 강화하여 경기 동·북부의 낙후된 지역의 혁신 역량을 제고하는 것이 필요하다.

4. 대전광역시

가. 지역경제 일반현황

대전지역의 각종 경제지표 현황을 살펴보면, 전국 대도시의 경우와 비슷한 수준으로 SOC 및 서비스업의 비중(82.4%)이 높은 수준이며, 재정자립도(75.0%)도 양호하게 나타나고 있다.

지역내총생산액은 2000년 13조 559억원에서 2005년 18조 7,665억원으로 연평균 6.4% 수준의 성장률을 보여 전국 연평균 성장률(6.8%)과 비교하여 다소 낮은 수준을 보이고 있으며, 인구는 연평균 0.9%의 증가율을 보여 전국평균(0.4%)을 상회하고 있다. 한편 사업체 수와 취업자 수는 2005년 말 9만 366개와 64만 6,000명으로 각각 전국대비 2.81%와 2.82%를 차지하여 2000년과 비교해 볼 때 비중에 있어서 큰 변화는 없다. 지역의 해외 수출액은 2005년 21억 6,100만달러로 2000년 8억 3,700만달러보다 두 배 이상 증가하였고, 전국대비 0.76%로 사업체수의 비중(2.82%)과 비교해 매우 낮은 비중을 차지하는 것으로 나타났다.

그리고 경제활동이 가능한 15세 이상 인구는 2005년 1,154천명으로 나타났으며, 그 중 경제활동참가인구는 676천명으로 58.6%의 경제활동참가율을 보이고 있고, 2000년 이후 증가세를 지속하고 있다. 한편, 취업자 수는 646천명으로 4.4%의 실업률을 보여 전국평균(3.7%)과 비교하여 다소 높은 수준인 것으로 나타났다.

[표 2-21] 대전지역의 일반경제 현황

구 분		전 국		대 전	
		2000년	2005년	2000년	2005년
지역내총생산	백만원	577,970,942	815,289,290	13,559,020	18,766,589
인구	천명	47,977	49,268	1,391	1,463
1인당GRDP	만원	1,230	1,694	971	1,278
사업체 수	개	3,013,417	3,204,809	86,832	90,366
수출액	백만달러	172,268	284,419	837	2,161
15세 이상 인구	천명	36,186	38,300	1,056	1,154
경제활동인구	천명	22,134	23,743	608	676
취업자	천명	21,156	22,856	579	646
재정자립도	%	59.4	56.2	76.9	75

자료: 통계청, 지역내총생산, 각 연도

나. 지역산업구조

대전지역의 산업구조는 생산액 기준으로 2005년 말 기준으로 농림어업이 0.3%, 광업 및 제조업이 17.3%, SOC 및 서비스업이 82.4%를 차지하고 있고, 1996년 대비 농림어업, 광업 및 제조업의 비중이 소폭 감소한 반면, SOC 및 서비스업의 비중이 다소 증가(79.8% → 82.4%)하였다.

1996~2005년 사이 대전지역의 제조업 생산액은 부가가치 기준으로 1조 9,061억원에서 2조 9,812억원, SOC 및 서비스업은 7조 7,923억원에서 14조 1,734억원으로 증가하여 각각 연평균 6.3%, 9.1%의 성장률을 보여 SOC 및 서비스업의 증가추세가 다소 높은 것으로 나타났다.

[표 2-22] 대전지역의 산업별 총생산(부가가치) 및 산업구조 추이

(단위: 백만원, %)

연 도	계	농림어업	광업제조업	전기 가스 수도업	건설업	서비스업
1996년	9,77,155	73,102	1,906,164	97,413	1,443,728	6,251,148
	100.0	0.7	19.5	1.0	14.8	64.0
2001년	13,131,856	68,599	2,606,585	281,350	1,180,583	8,994,739
	100.0	0.5	19.8	2.1	9.0	68.5
2002년	14,440,562	66,840	2,912,722	276,605	1,309,322	9,875,073
	100.0	0.5	20.2	1.9	9.1	68.4
2003년	15,683,912	59,374	2,736,377	263,663	1,690,102	10,934,396
	100.0	0.4	17.4	1.7	10.8	69.7
2004년	16,799,759	62,887	3,201,989	300,604	1,717,085	11,516,194
	100.0	0.4	19.1	1.8	10.2	68.5
2005년	17,198,728	44,132	2,981,210	289,527	1,709,444	12,174,415
	100.0	0.3	17.3	1.7	9.9	70.8

자료: 통계청, 「지역내총생산」, 각 연도

다. 산업별 집적 현황

지난 1996~2005년까지 10년간 대전지역 제조업(5인 이상 사업체 기준)의 주요 지표를 보면 제조업체 수의 경우 1996년 이후 감소하다가 1999년 이후 다시 증가세를 나타냈고, 지난 2005년에는 1,331개 업체로 크게 증가하였다. 그러나 부가가치 기준으로 생산액은 지속적으로 증가하여 동 기간 87.4%의 증가율을 보이고 있어, 제조업체 수가 4.4%, 종사자 수가 16.0% 감소한 것과 비교해 대조되는 현상을 보이고 있다. 한편, 1인당 생산액을 기준으로 보면, 5,520만원('96년)에서 1억 2,315만원('05년)으로 급증하여, 고기술은 통한 기업의 부가가치가 향상되었음을 확인할 수 있다.

[표 2-23] 대전지역 제조업 주요 지표 변화('96~'05년)

연 도	제조업체 수(개)	종사자 수(명)	부가가치(백만원)
1996년	1,392	42,626	2,353,103
1997년	1,246	39,496	2,799,413
1998년	1,018	34,717	2,964,562
1999년	1,233	36,334	3,123,873
2000년	1,257	37,635	3,478,409
2001년	1,264	36,379	3,546,339
2002년	1,250	35,301	3,707,300
2003년	1,238	33,678	3,965,942
2004년	1,266	34,996	4,861,844
2005년	1,331	35,796	4,408,575
증감률('96~'05)	-4.4	-16.0	87.4
연평균 증감률('96~'05)	-0.5	-1.9	7.2

자료: 통계청, 「시군구 주요통계」(5인 이상 사업체 기준), 각 연도

1996~2005년간 제조업의 업종별 비중 추이를 보면 섬유, 가죽, 목재, 1차 금속, 가구 등 전통 제조업은 사업체 수, 생산액 면에서 전반적으로 감소한 반면, 컴퓨터 및 사무용기기, 전자부품, 영상, 통신장비, 의료, 정밀기기 등 신산업분야 제조업은 같은 기간 동안 증가하였다.

[표 2-24] 대전지역 제조업의 주요 업종별 비중 추이

산 업 분 류	사업체 수			월평균 종사자 수			생산액			부가가치		
	'96	'01	'05	'96	'00	'05	'96	'01	'05	'96	'01	'05
제조업	100.0	100.0	100.0	100.0	100.0	100.0	100.0	100.0	100.0	100.0	100.0	100.0
음·식료품 제조업	7.3	7.4	9.2	7.2	7.4	6.4	10.0	9.3	5.8	9.3	9.9	5.3
담배 제조업	0.1	0.2	0.2	…	…	2.0	…	…	6.6	…	…	8.2
섬유제품 제조업; 봉제의복 제외	7.1	6.2	4.5	11.6	9.7	4.7	6.4	5.1	1.8	4.6	4.0	2.1
봉제의복 및 모피제품 제조업	6.0	6.3	3.8	7.0	7.2	3.3	1.4	1.0	0.7	1.7	1.3	0.8

산 업 분 류	사업체 수			월평균 종사자 수			생산액			부가가치		
	'96	'01	'05	'96	'00	'05	'96	'01	'05	'96	'01	'05
가죽, 가방 및 신발 제조업	6.3	3.7	1.5	4.9	2.7	1.2	4.1	1.1	0.4	2.6	0.8	0.3
목재 및 나무제품 제조업	3.5	2.5	1.7	1.0	0.8	0.7	0.6	0.4	0.4	0.5	0.3	0.3
펄프, 종이 및 종이제품 제조업	3.0	2.5	2.0	4.4	4.9	4.6	6.0	10.2	9.7	4.8	5.8	6.7
출판, 인쇄 및 기록매체 복제업	5.0	5.2	5.9	2.9	2.9	3.9	1.0	0.9	1.3	1.6	1.0	1.5
코크스, 석유정제품 및 핵연료	0.1	0.1	0.2	…	…	…	…	…	…	…	…	…
화합물 및 화학제품 제조업	2.9	4.4	5.5	6.5	6.2	6.9	9.0	11.8	11.7	8.2	14.5	13.9
고무 및 플라스틱제품 제조업	6.6	5.9	4.7	11.7	10.8	12.2	16.6	15.5	16.7	18.4	17.0	18.1
비금속광물제품 제조업	5.0	3.5	3.5	2.8	1.4	1.8	3.2	2.1	2.0	2.8	1.4	1.5
제 1차 금속산업	1.9	2.2	2.6	2.9	3.0	2.5	4.0	2.3	2.8	3.5	1.6	1.8
조립금속제품 제조업	11.2	9.9	10.2	5.0	4.1	5.7	3.4	2.0	4.5	3.0	1.9	3.7
기타 기계 및 장비 제조업	15.9	14.4	16.0	11.9	11.4	14.3	12.6	13.1	16.3	10.5	10.6	16.8
컴퓨터 및 사무용 기기 제조업	0.3	0.7	1.1	0.3	0.6	1.2	0.3	0.4	1.0	0.3	0.4	0.6
기타 전기기계 및 전기변환장치	3.7	4.8	4.8	3.3	3.9	3.7	3.0	2.2	2.6	2.4	1.8	2.0
전자부품,영상,음향 및 통신장비	1.4	4.6	5.9	2.3	6.4	9.0	1.0	4.1	5.3	1.0	4.0	5.1
의료, 정밀, 광학기기 및 시계	2.5	6.6	7.8	1.9	3.9	5.3	0.8	1.5	2.5	0.9	1.8	2.7
자동차 및 트레일러 제조업	2.2	1.9	2.4	3.1	3.2	5.0	1.6	2.3	4.7	1.8	2.1	5.2
기타 운송장비 제조업	0.1	0.6	0.5	…	2.3	0.5	…	1.5	0.4	…	1.2	0.3
가구 및 기타 제품 제조업	7.9	6.0	5.7	3.8	3.5	3.2	1.6	1.5	1.3	1.6	1.4	1.3
재생용 가공원료 생산업	0.3	0.6	0.2	0.1	0.3	…	0.2	0.1	…	0.1	0.1	…

자료: 통계청, 「광업·제조업통계조사보고서」, 각 연도, 종사자 5인 이상 대상

1996~2005년간 서비스산업의 업종별 비중 추이를 보면 건설업과 도매 및 소매업 등 유통부문에 있어서 사업체 수, 종사자 수, 생산액 측면에서 전반적인 감소세를 보인 가운데, 통신업, 교육 서비스업, 보건 및 사회복지사업 부문은 전반적인 증가세를 나타내었다.

그리고 금융 및 보험업, 공공행정 부문은 해당 산업부문의 구조조정 등의 요인으로 사업체 수 및 종사자 수에 있어서 비중이 전반적으로 감소한 반면, 생산액은 증가한 것으로 나타나 생산성이 증가한 것으로 나타난다. 이와 대조적으로 운수업의 경우는 사업체 수, 종사자 수에 있어서의 증가세에도 불구하고 생산액 비중은 감소한 것으로 나타나 운수업은 동 기간에 있어서 생산액이 크게 감소하였음을 알 수 있다.

[표 2-25] 대전지역 서비스산업의 주요 업종별 비중 추이

구 분	사업체 수			종사자 수			생산액		
	'96	'01	'05	'96	'01	'05	'96	'01	'04
서비스산업 전체	100.0	100.0	100.0	100.0	100.0	100.0	100.0	100.0	100.0
전기, 가스 및 수도사업	0.0	0.0	0.0	0.5	0.7	0.6	1.3	2.7	2.2
건설업	2.6	2.5	2.9	7.2	4.8	5.3	18.5	11.3	12.7
도매 및 소매업	36.7	32.7	30.0	23.7	21.4	20.1	12.4	10.3	10.0
숙박 및 음식점업	22.1	21.8	20.9	12.7	14.4	13.6	2.8	3.8	3.6
운수업	7.9	11.2	11.6	6.1	7.9	7.2	5.4	5.4	5.0
통신업	0.2	0.3	0.3	0.8	1.4	1.2	2.4	3.3	3.1
금융 및 보험업	1.7	1.4	1.2	9.4	5.8	4.4	7.8	9.4	10.9
부동산 및 사업서비스업	6.0	6.4	7.3	12.3	13.0	15.2	22.4	22.8	21.5
공공행정, 국방 및 사회보장 행정	0.4	0.3	0.3	5.8	6.0	5.2	8.3	9.9	10.4
교육 서비스업	4.2	4.0	4.6	8.5	10.1	11.1	9.9	10.5	10.4
보건 및 사회복지사업	2.1	2.5	3.1	3.8	4.9	6.2	3.4	4.7	4.8
기타 서비스업	16.0	16.9	17.7	9.2	9.5	10.0	5.3	5.9	5.4

자료: 통계청 「광업·제조업통계조사보고서」각 연도, 종사자 5인 이상 대상.

최근 입주 및 가동이 시작된 대덕테크노밸리를 포함한 산업단지 입주업체의 업종별 분포를 보면, 전기전자가 236개 업체로서 35.4%를 차지하고 있고, 조립금속 197개(29.6%), 석유화학 80개(12.0%)의 순을 보이고 있다. 산업단지별로 보면 대덕테크노밸리는 전기전자 업종, 1·2 및 3·4산업단지의 경우 조립금속과 석유화학 업종의 기업 비중이 높게 구성되어 있다.

　현재 일부 입주업체가 가동 중인 대덕테크노밸리가 당초 계획대로 앞으로 1,000여개의 첨단벤처기업이 입지할 경우, 대덕밸리 내의 기존 벤처기업이 어우러져 연구소, 대학과 함께 지역 경제의 핵심으로 자리 잡을 것으로 기대된다.

[표 2-26] 대전산업단지 입주업체의 업종별 분포

구분	계	음식료품	섬유의류	나무제품	석유화학	금속	비금속	조립금속	전기전자	운송장비	기타
1단지	72	5	6	4	15	5	2	22	4	0	9
2단지	70	3	4	4	15	5	0	20	7	2	10
3단지	104	5	2	8	22	0	1	40	16	0	10
4단지	200	7	5	7	28	1	0	99	32	0	21
DTV	220	0	0	0	0	0	0	16	177	9	18
계	666	20	17	23	80	11	3	197	236	11	68

자료: 대전광역시(2006년 12월) 및 대전발전연구원, 『월간 대전경제』, 2007년 4월

라. 연구개발 및 혁신활동 동향

　대전은 대덕연구단지 입주로 인해 수도권을 제외하고는 전국에서 가장 혁신자원이 집적된 지역으로, 인구 1만명당 연구원 수, 연구비, R&D 예산, 학사졸업생 수, 연구기자재 등의 연구개발 투입지표를 보면 전국에서 최고의 집적 패턴을 보이고 있으며, 석·박사 인력, 교원 수 등에 있어서도 수도권에 유사한 수준을 나타내고 있다.

[표 2-27] 16개 시 · 도 혁신자원 비교

구 분	연구비 (억원)	연구원* (명)	R&D예산 (억)	석 · 박사*	학사졸업*	교원수*
서 울	35.8	51.4	10.8	10.9	38.4	13.6
부 산	9.0	19.8	3.6	4.9	54.8	14.3
대 구	9.1	18.9	4.3	3.7	41.2	10.5
인 천	22.4	23.2	4.6	2.5	33.1	6.5
광 주	18.1	29.7	9.7	6.6	72.9	17.6
대 전	166	128	104	9.2	75.8	19.1
울 산	29.5	29.2	1.5	1.7	32.0	8.5
경 기	78.7	59.4	8.0	1.1	41.1	7.2
강 원	7.5	21.0	4.1	3.7	61.1	21.6
충 북	21.2	30.1	3.3	4.3	67.9	17.3
충 남	27.2	37.6	7.4	2.4	62.4	22.0
전 북	10.9	21.0	3.5	3.7	56.7	16.3
전 남	8.9	11.0	1.7	1.6	45.7	10.2
경 북	31.7	35.9	4.0	4.6	68.9	16.3
경 남	27.4	26.2	6.4	2.9	43.6	8.9
제 주	5.5	8.9	4.1	2.4	37.9	13.4
평 균	31.8	34.5	11.3	4.1	52.1	13.9

주: *표시는 인구 1만명당 분포 수를 나타냄.

마. 문제점 및 향후 발전방향

3차 산업 위주의 대도시 경제구조를 보이고 있는 대전시는 1999년 이후 벤처기업의 창업열기로 인해 제조업이 증가 추세를 보이고 있다. 그러나 대전시는 지역선도기업(대기업) 부재, 기업간 · 분야간 상호교류 네트워크 미흡, 연구성과의 실용화 부족 및 벤처 캐피털 취약 등의 문제점으로 인해 제조업 기반이 여전히 취약하고, 이것이 지속적인 지역발전의 걸림돌이 되고 있다.

따라서, 대전지역이 충청권의 지역혁신을 선도하는 핵심도시로 발전하기 위해서는 다음과 같은 방향으로 꾸준히 정책을 추진해 나가는 것이 필요하다.

첫째, 연구개발과 생산시설과의 연계를 통해 제조업 기반 확충에 주력해야 한다.

둘째, 지역혁신 핵심주체(산·학·연) 간의 유기적인 협력네트워크 구축을 통해 고급인력 정착 및 벤처창업의 활성화를 촉진해야 한다.

셋째, 우리나라의 신중심도시로서 주변 권역의 글로벌 네트워크 형성을 촉진할 수 있는 혁신 인프라 구축도 강화해야 한다.

5. 충청북도

가. 지역경제 일반현황

정부에서는 2004년 제1차 국가균형발전 5개년계획('04년~'08년)을 수립하고, 목표를 '혁신주도형 발전기반 구축, 낙후지역의 자립기반 조성, 수도권의 질적 발전 구축, 네트워크형 국토구조 형성'에 두고 시책을 추진해 왔다. 이 계획은 충북의 경우, 바이오산업 중심의 전략 및 지역산업 특화발전과 이를 연결하는 4개 벨트-8개 클러스터의 광역 클러스터 조성에 역점을 두면서 4대 전략산업으로 '바이오, 반도체, 이동통신, 차세대전지'를 선정하였다.

제1차 국가균형발전 5개년계획에 힘입어 지역적으로도 균형발전과 경제 활성화에 적극 노력해 왔고, 3차년도인 2006년에는 도정 목표를 지역 경제 현실을 감안하여 '경제특별도 건설'에 두고 지역 경제 발전에 더욱 매진한 한 해이다.

이를 좀더 구체적으로 살펴보면 인구의 경우 2005년 전국의 인구는 2000년 대비 2.3% 늘어난 반면, 충북의 인구는 0.2%에 해당하는 3천여 명이 감소하였다. 이는 인구의 수도권을 중심으로 한 대도시에 집중되는 현상이 지속적으로 이루어진 것이다.

충북의 총생산액은 2005년의 경우 전국 810조 5,160억원 대비 3.14%인 25조 5,200억원인데, 이는 2000년 3.37%에 비하여 다소 낮아지긴 했으나 2003년과 2004년의 3.1%와 유사한 비율을 유지하고 있다.

1인당 GRDP 증가율은 전국의 5개년 평균 7.4%에 비하여 다소 낮은 6.3%를 보이고 있으며 이 기간 중 사업체 수 증가율 또한 전국 1.27%의 절반이 못 되는 0.51%로 나타났다.

이 외에도 경제 상황의 지표라 할 수 있는 2005년 수출액(2.0%), 경제활동인구(2.9%), 취업자(3.0%) 등을 볼 때 전국대비 낮은 비율을 차지하고 있고, 특히 시군을 포함한 재정 자립도는 전국 평균에 비해 많이 떨어지는 31.7%에 이르고 있다.

비록 어려운 여건이기는 하지만, 충청북도 오송에 건설 중인 생명과학산업단지(4,633천㎡, 2008년 완공 예정)와 오창에 조성된 IT 중심의 대규모 과학산업단지를 중심으로 경제 활성화를 기대하고 있다. 이와 더불어 기업유치와 투자유치를 위하여 2006년 8월 25일 3개 팀 10명으로 구성된 투자유치단을 운영하여 활발한 유치 활동을 전개하고 있으며, 그 결과 2006년 7월에는 SK케미컬, 9월에는 영보화학(주), 11월에는 현대알루미늄과 투자협약을 체결하였으며 유치규모는 총 10,082억원이다. 또한 '충청북도 기업사랑과 지원에 관한 조례'도 제정하여 기업의 경제 활동을 측면 지원하고 있다.

[표 2-28] 충청북도 경제 일반현황

구 분	전 국		충 북	
	2000년	2005년	2000년	2005년
지역내총생산(십억원)	578,665	810,516	19,521	25,520
인구(천명)	45,985	47,041	1,505	1,502
1인당GRDP(만원)	1,258	1,723	1,306	1,716
사업체 수(개)	3,013,417	3,204,809	94,736	97,142
수출액(백만 달러)	172,268	284,419	4,649	5,664
15세 이상 인구(천명)	36,186	38,300	1,150	1,175
경제활동인구(천명)	22,134	23,743	687	698
취업자(천명)	21,156	22,856	665	682
재정자립도(%)	59.4	56.2	37.0	31.7

서민경제 안정을 위하여 전국 최초의 재래시장 활성화 5개년계획을 수립하여 재래시장 현대화사업(8개소), 경영현대화 구조개선 사업, 유통관련 상인들을 대상으로 전문교육을 실시하고 매월 셋째 주 수요일을 '재래시장 가는 날'로 정하여 운영하고 있다.

소비자물가의 경우, 고유가 등 물가불안 요인에도 불구하고 소비자물가는 대체로 안정세를 유지하여 연초목표 3.5% 이내인 2%대를 유지하였는데, 이는 지역별·품목별 소비자 물가동향조사 및 물가안정 홍보, 물가안정 모범업소 및 우수시군에 인센티브 지급(6개 우수시군 표창, 시상금 8백만원), 물가안정 모범업소 선정(200개) 등 다양한 노력의 결과[34]이다.

나. 지역 산업구조

충북 산업구조의 5년 동안 변화 내용을 살펴보면, 총생산액 점유 비율이 농림어업은 2000년 7.8%에서 2005년에는 5.3%로 줄었고, 생산액도 1조 5,220억원에서 1조 3,450억원으로 감소하였다. 총생산액 대비 0.5% 내외의 낮은 점유율을 보여 변화가 전체 산업에 미치는 영향이 미미한 광업은 생산액과 점유율 모두 하향 추세를 보였다. 충북의 제조업은 2003년까지 36.2% → 34.5% → 34.4% → 33.5%로 미세한 하향 곡선을 나타내다 2004년부터 반등세로 돌아서는 등 기복을 나타내고 있는데, 이는 국내 기업의 해외 이전 및 국내경기와 일정부분 연관이 있는 것으로 분석되고 있다.

또한 충북의 경우 제조업체 입주가 최근 진천군과 음성군에 집중되고 있는 현상[35]을 나타내고 있는데, 이는 중부고속도로가 인접하여 접근성과 물류 이동이 용이하기 때문인 것으로 판단된다. 2006년 말 현재 충북에서 조성 중인 산업단지는 총 9개소에 14,882㎢(국가 산업단지 2개소 8.578㎢, 지방산업단지 11개소 6.304㎢)에 이르는데, 이들 산업단지가 완공되고 정상 가동이 이루어지면 충북의 제조업체 비중도 달라질 것으로 전망된다. 서비스업의 경우 5년 동안 점유 비율은 55.4%에서 60.1%로, 생산액은 10조 8,080억원에서 15조 7,420억원으로 늘어나, 산업의 서비스화가 진전되고 있다.

이를 바탕으로 전반적인 산업별 비중을 살펴보면 1차 산업인 농림어업이 3차 산

---

34) 충청북도 도정백서 자료 활용
35) 충청북도 통계연보에 나타난 2005년 말 지역별 제조업체수-청주 2,341, 충주 1,006, 제천 721, 청원 1,249, 보은 262, 옥천 451, 영동 275, 증평 189, 진천 716, 괴산 260, 음성 1,033, 단양 170

업인 서비스업으로 전환되고 제조업은 현상을 유지하는 것으로 보이는데, 국가 균형발전과 연계한 지역발전을 도모하기 위해서는 이러한 산업별 변화 추세에 주목해야 할 것이다.

[표 2-29] 충북의 산업구조 추이(GRDP 기준)

(단위: 십억원, %)

연도	계	농림어업	광업	제조업	서비스업 등
2000년	19,521 (100.0)	1,522 (7.8)	126 (0.6)	7,065 (36.2)	10,808 (55.4)
2001년	20,044 (100.0)	1,370 (6.8)	113 (0.6)	6,924 (34.5)	11,637 (58.1)
2002년	21,500 (100.0)	1,452 (6.8)	95 (0.4)	7,397 (34.4)	12,556 (58.4)
2003년	23,039 (100.0)	1,487 (6.5)	109 (0.5)	7,723 (33.5)	13,720 (59.5)
2004년	25,419 (100.0)	1,460 (5.7)	130 (0.5)	8,832 (34.8)	14,997 (59.0)
2005년	25,520 (100.0)	1,345 (5.3)	115 (0.4)	8,718 (34.2)	15,342 (60.1)

다. 산업별 집적 현황

2005년을 기준으로 충북의 산업별 비중을 살펴보면 농림어업이 5.3%, 광업이 0.4%, 제조업이 34.2%이며, 나머지 서비스업 등이 60.1%를 차지하고 있다.

먼저 제조업을 살펴보면 아래 표에서 보듯이 사업체 수와 종사자 수, 생산액, 부가가치에서 가장 중요한 역할을 하고 있는 업종은 음식료품 제조업으로 각 분야에서 15% 내외의 비중을 보이고 있다.

과거에서부터 많은 노동력을 필요로 하여 제조업의 간판 역할을 담당하던 섬유제품 제조업은 각 분야 점유비율에서 10여년 동안 모두 급격한 하락세(사업체 수 △32.4%, 종사자 수 △47.1%, 생산액과 부가가치는 5년치 감안 더욱 큰 감소)를 보여 제조업종별 대체가 급격하게 이루어지고 있는 것으로 분석된다.

이와 같은 현상은 충북이 오창 등을 중심으로 한 IT 중심의 산업체를 지속적으로 육성하고, 정부의 기술혁신 시책이 중요한 역할을 하면 더욱 명료해질 것으로 예상된다.

[표 2-30] 충북지역 제조업의 주요 업종별 비중 추이

(단위: %)

구 분	사업체 수			종사자 수			생산액			부가가치		
	'97	'01	'05	'97	'01	'05	'97	'01	'05	'97	'01	'05
제조업 전체	100	100	100	100	100	100	−	100	100	−	100	100
음·식료품 제조업	14.3	15.3	15.4	11.2	12.4	12.7	−	15.6	14.1	−	15.2	14.5
섬유제품 제조업; 봉제의복 제외	6.8	6.7	4.6	8.7	7.9	4.6	−	4.8	2.5	−	4.1	2.1
조립금속제품 제조업	11.5	10.2	10.7	5.7	6.3	6.6	−	4.0	5.2	−	3.9	5.0
기타 기계 및 장비 제조업	8.1	8.4	9.2	7.7	5.7	6.2	−	4.5	5.0	−	4.7	5.1
기 타	59.3	59.4	60.1	66.7	67.7	69.9	−	86.7	73.2	−	72.1	73.3

주: 5인 이상 업체 기준[36]

충북지역의 서비스 산업을 보면 사업체 수에 있어서는 도소매 및 음식숙박업이 80% 정도의 절대적인 위치를 차지하고 있으나, 생산액은 상대적으로 낮게 나타나고 있다. 기업의 효율성을 감안할 때 적은 종업원으로 부가가치를 높일 수 있는 업종에 대한 관심을 높이고 지방이나 정부에서도 이 분야의 업체에 대한 지원을 확대하여야 할 것이다.

충청북도의 실업률 동향을 보면 2006년 1~3월까지 2.4%로 높은 실업률(실업자 15.8천명)을 보이다가 4월에 2.2%, 5월에는 연중 최저인 1.8%로 하락하였다. 연말에는 2.1%로 전국 평균 3.3%보다 1.2%p 낮은 수치를 보였다. 2006년 12월 산업별 취업자 수를 보면 전체 658.1천명의 취업자 중 농림·어업분야가 64.1천명(9.7%), 광공업분야가 122.9천명(18.7%), 서비스업 등이 471.1천명(71.6%)으로 사회간접자본 및

---

36) 충청북도 통계연보

기타 서비스업종에 가장 높은 취업률을 보였다.

[표 2-32] 충북지역 서비스산업의 주요 업종별 비중 추이

(단위: %)

구 분	사업체 수			종사자 수			생산액		
	'97	'01	'05	'97	'01	'05	'97	'01	'05
서비스산업 전체	100	100	100	100	100	100	100	100	100
전기·가스 및 수도사업	0.1	0.1	0.1	1.0	1.1	1.1	3.1	6.0	5.9
건 설 업	3.8	4.1	3.5	12.1	12.1	12.5	35.4	26.2	28.7
도소매 및 음식숙박업	79.4	74.6	80.4	57.4	50.1	53.7	18.7	17.5	17.6
금융보험·부동산 및 사업서비스업	7.6	8.0	6.1	17.4	21.4	20.0	30.3	35.0	33.9
기 타	9.1	13.2	9.9	12.1	15.3	12.7	12.5	15.3	13.9

라. 연구개발 및 혁신활동 동향

지역발전을 선도하고 경쟁에서 유리한 고지를 선점해 나가기 위해서는 연구와 혁신활동이 무엇보다 필요하다. 충북의 경우 연구개발비는 4,010억원으로 전국의 1.7%의 낮은 점유율을 보이고 있으며, 그나마 대학이 2.8%를 보여 분야별 현황에서 가장 앞서 있다. 그러나 이 또한 인구 대비 비율 3.2%에 비하면 많이 낮은 상황이다.

연구개발 조직은 3.4%를 점유하는 308개로 연구개발비나 연구원 수의 분야에 비하여 활발한 것으로 나타나고 있으나, 연구원 수는 조직당 15명으로 전국 평균 26명에 비하여 취약한 것으로 나타나 연구 인력과 개발비 분야에 더욱 많은 관심을 필요로 하고 있다.

연구개발을 담당하는 공공연구기관이나 대학, 기업체 등 주체별로 보면 대학이 연구개발비와 조직 수, 연구원 수 등에서 다른 주체보다 높은 비중을 차지하고 있다. 이는 앞으로 충북 발전을 위해서는 대학의 역할을 더욱 확대하여 기업체와 공공기관으로 확산시켜 나가야 할 필요성을 보여주는 대목으로 이들 기관 간 연계가 활발해

져야 할 것이다. 연구개발을 선점하는 지역이 미래의 번영을 선점하는 것과 같은 의미로 해석할 때 연구개발 노력은 지역의 모든 역량을 결집해야 할 필요가 있다.

[표 2-33] 충북지역 2005년 말 연구 개발 관련 현황

구 분	연구개발비 사용		연구개발 조직		연구원 수	
	전국 (%)	충북 (점유%)	전국 (%)	충북 (점유%)	전국 (%)	충북 (점유%)
계	24,155 십억원	401 (1.7)	8,979 개	308 (3.4)	234,702 명	4,617 (2.0)
공 공 연구기관	3,193 (13.2)	11 (0.3)	225 (2.5)	9 (4.0)	15,501 (6.6)	148 (1.0)
대 학	2,398 (9.9)	66 (2.8)	332 (3.7)	18 (5.4)	64,895 (27.6)	1,858 (2.9)
기 업 체	18,564 (76.9)	324 (1.7)	8,422 (93.8)	281 (3.3)	154,306 (65.8)	2,611 (1.7)

마. 향후 발전과제

2006년 충북의 산업과 경제 전반의 상황은 국가적인 상황과 긴밀한 연계성을 갖고 있기 때문에 국가의 문제는 곧 지역의 문제로 직결된다. 고유가와 무역장벽의 철폐 등으로 인한 점점 치열해지는 경쟁 등은 그 예이다. 경쟁을 이길 수 있는 길은 에너지 효율을 높이고 기술집적의 고부가 가치 산업을 육성하는 것이다. 지역의 산업체나 공공기관, 그리고 대학 등 지역의 모든 가용역량을 동원할 수 있는 노력이 있어야 한다.

이와 더불어 충북지역 경제는 소득의 양극화가 기업에까지 미치고 있다. 이는 기술개발과 설비 투자 등이 일부 높은 이익을 내고 있는 기업 위주로 집중되고 있는 현실이 반영되어 있다. 우리나라의 수출을 주도하는 자동차, 반도체, 조선, 정보통신 분야의 사업과 연계된 기업의 투자가 활발한 것이 바로 그러한 사례이다. 하이닉스의 경우 오랜 침체와 법정관리를 벗어나 대규모 투자 장소를 물색하고 있음은 지역으로나 국가적으로 바람직한 일인데, 이런 소득의 공이 각 분야 산업에까지 확대되어야 할 필요성도 간과할 수 없는 일이다.

특히 기업이나 지역에 대한 투자 확대도 꼭 필요한 일인데, 이는 외부의 노력과 지원이 필수적이다. 기업이든 공공기관이든 자체 재원으로 지역에 재투자하기에는 충북의 여건이 너무도 열악하기 때문이다.

그런 면에서 지금 사업이 진행되고 있는 오송 생명과학산업단지의 차질 없는 건설을 기대하고 있으며 앞으로 수도권 기업의 지역 유치 확대와 외국의 투자 유치가 병행되어야 한다. 따라서, 정부의 수도권 규제를 통한 수도권 기업 입주를 억제하여 지방으로 유도하는 시책은 앞으로 더욱 확대 시행되어야 할 것이다. 이는 지역 이기주의가 아니라 지역의 경쟁력 확보를 통한 국가 번영을 위한 토대가 되기 때문이다.

지역 경제와 관련하여 빼놓을 수 없는 것 중의 하나가 재래시장 활성화 문제이다. 충청북도가 다양한 시책과 지원 방안을 강구하여 재래시장에 대한 노력을 확대하고 있는데, 이는 지방자치단체의 노력으로는 한계가 있어 국가적인 지원이 수반되어야 할 것이다.

또한 정보통신과 교통의 발달로 전국이 반나절 생활권에 접어든 이즈음, 지역 문제는 단순하게 해당 지역의 문제로 국한시킬 수 없는 현실을 감안하여 광역자치단체 경계를 벗어난 인근과의 권역별 산업과 경기 활성화 문제를 모색하는 노력도 필요하다.

6. 충청남도

가. 지역경제 일반현황

2005년 충청남도는 지역내총생산(GRDP) 전국성장률 1위, 수출 300억 달러를 기록하였고, 2006년에는 사상 처음으로 1분기 수출 100억 달러 돌파, 그린필드분야 외자유치 13억 7천만달러(전국 1위), 지역내 495개 업체 유치와 고용 15,706명을 창출하여 고유가, 원화강세 등의 불리한 대내외 경제환경에도 불구하고 지역경제지표는 새로운 기록을 갱신하고 있다.

2005년 충남의 GRDP는 지난 2000년 대비 12조 3,181억원 증가한 41조 2,809억원('00년 기준년가격)으로 나타났다. 이는 총량적인 규모에서는 전국 16개 시·도 가운데 5위, 1인당 GRDP의 경우는 2,185백만원으로 울산광역시에 이어 2위를 기록했다. 또한 2005년 성장률이 전국 3.9%인 데 반해 충남은 8.4%로 전국최고의 성장률을 기록하고 있다.

GRDP의 증가와 더불어 수출에 있어서도 2005년 사상 최초로 300억 달러를 넘어선 335억 달러, 2006년에는 389억 달러를 기록했고, 2006년 3/4분기 이후 분기별로 꾸준히 100억 달러 이상의 수출을 나타내고 있어 2007년에는 450억 달러를 상회할 전망이다.

제조업과 서비스업을 중심으로 하는 기업체 수는 2005년 말 기준으로 2000년 대비 5.36% 증가하였으며, 취업자 수 역시 7.86% 증가하여, 각각 125,538개 업체, 96만 1천명의 종사자가 충남지역경제를 이끌어 가고 있는 것으로 나타났다.

이와 함께 동 기간 생산활동을 수행할 수 있는 경제활동인구는 4.25% 증가하였다. 그러나 인구는 2000년에서 2005년까지 충남이 연평균 7.3%가 넘는 경제성장을 보이는 동안 충남 전체적으로 0.42% 증가해 전국평균 인구증가율에 미치지 못하고 있다.

시군별로는 천안시(4.0%), 아산시(2.1%), 연기군(0.9%) 등 산업이 발달된 지역은 인구가 지속적으로 증가하고 있으며, 나머지 시군은 인구가 지속적으로 감소하고 있는 것으로 나타났다. 특히 청양군(3.2%), 서천군(3.1%), 부여군(2.6%)의 인구감소가 두드러진 것으로 나타났다.

재정자립도는 2005년 현재 32.7%로 다소 상승하기는 했지만, 동 기간 전국평균(56.2%)을 밑돌고 있어 재정이 열악한 실정으로 나타나고 있다.

[표 2-34] 충청남도의 경제 일반현황

구분	전 국		충청남도	
	2000년	2005년	2000년	2005년
지역내총생산(십억원)	577,970	729,241	28,963	41,280
인구(천명)	46,136	47,279	1,845	1,890
1인당GRDP(만원)	1,253	1,542	1,570	2,185
사업체 수(개)	3,013,417	3,204,809	119,149	125,538
수출액(백만달러)	172,268	284,419	16,990	33,519
15세 이상 인구(천명)	36,186	38,300	1,459	1,485
경제활동인구(천명)	22,134	23,743	917	956
취업자(천명)	21,156	22,856	891	961.0
재정자립도(%)	49.8*	56.2	30.5*	32.7

자료: 통계청, 「지역내총생산」, 각 연도
주: *의 재정자립도는 2001년도임.

나. 지역 산업구조

산업활동으로 창출되는 부가가치 기준으로 2005년 충남은 농림어업 8.4%, 광공업 44.9%, 서비스업 46.7%의 비율을 보이고 있다. 동 기간 전국이 농림어업 3.6%, 광공업 31.5%, 서비스업 64.9%을 나타내는 것과는 많은 차이를 보인다. 충남은 북부권으로는 제조업을 중심으로 산업발달이 가속화되고 있고 내륙과 해안으로는 농림어업이 발달해 있어, 전국보다 제조업과 농림어업이 높은 반면, 서비스업의 비중이 상당히 낮게 나타나고 있다.

최근 10년간 충남은 서비스업과 광공업 중심의 산업구조의 고도화를 이루는 과정에서 농림어업의 비중이 1995년에 비해 4.9%p 감소한 반면, 제조업의 비중은 동 기간 중 13.8%p 증가하였다. 전반적인 산업생산의 증가 중 특히 제조업의 부가가치 증가가 두드러져 1995년 6조 5,310억원에서 2005년 16조 9,020억원으로 연평균 10.6%의 증가율을 기록하고 있다. 또한 충남 서북부권으로의 산업집적이 계속적으로 증가하고 있어 이러한 증가추세는 당분간 지속될 것으로 보인다.

[표 2-35] 충남지역의 산업구조 추이(부가가치 기준)

(단위: 십억원, %)

연도	계	농림어업	광업	제조업	서비스업
1996년	21,276 (100.0)	2,835 (13.3)	161 (0.8)	6,531 (30.7)	11,750 (55.2)
2001년	26,617 (100.0)	3,147 (11.8)	125 (0.5)	10,135 (38.1)	13,210 (49.6)
2002년	28,860 (100.0)	3,025 (10.5)	127 (0.4)	11,489 (39.8)	14,219 (49.3)
2003년	30,871 (100.0)	2,968 (9.6)	188 (0.6)	12,366 (40.1)	15,349 (49.7)
2004년	33,422 (100.0)	3,148 (9.4)	151 (0.5)	14,053 (42.0)	16,070 (48.1)
2005년	36,209 (100.0)	3,050 (8.4)	149 (0.4)	16,109 (44.5)	16,902 (46.7)

자료: 통계청, 「지역내 총생산」, 각 연도

다. 산업별 집적 현황

2005년 현재 충남 지역의 제조업체 수는 3,983개 업체로 전국의 3.4%를 점유하고 있으며, 종사자 수는 167,828명으로 전국의 5.8%를 점유하고 있다.

생산액과 부가가치액은 75조 1,681억원, 25조 5,118억원으로 전국대비 각각 8.8%, 8.1%로 사업체나 종사자 수 비율보다 월등히 높아 전국대비 부가가치가 높은 산업이 많은 것으로 나타나고 있다.

최근 10년간의 변화추이를 보면 제조업 부가가치 창출에 있어 연평균 13.7% 증가하여 동 기간 전국평균 6.7%를 두 배 이상 상회하였으며, 생산액에 있어서도 연평균 16.0% 성장하였다. 사업체 수와 종사자 수 증가에 있어서도 각각 연평균 3.9%, 3.6%씩 증가하여, 동 기간 전국평균 2.1%, △0.1%를 각각 상회하여 지속적으로 성장하고 있다.

업종별 점유율에 있어서는 디스플레이, 반도체 등을 포함하고 있는 '전자부품, 영상, 음향 및 통신장비'가 생산액의 23.0%, 부가가치의 15.6%를 차지하고 있어 세계 최대의 디스플레이 산업도시임을 반증하고 있다. 또한 이와 함께 '자동차 및 트레일러'도 생산액의 15.2%, 부가가치의 17.7%를 점유하고 있어 충남 4대 전략산업인 전자정보기기, 자동차 및 자동차 부품 산업이 가장 큰 비중을 차지하고 있다.

[표 2-36] 충남지역 제조업의 주요 업종별 비중 추이

(단위: %)

구 분	사업체 수			종사자 수			생산액			부가가치		
	96	01	05	96	01	05	96	01	05	96	01	05
제조업 전체	100	100	100	100	100	100	100	100	100	100	100	100
음·식료품 제조업	16.5	18.1	17.7	11.6	12.8	10.4	12.6	9.7	7.4	7.3	10.8	10.2
섬유제품 제조업; 봉제의복 제외	9.6	7.1	5.3	7.3	5.1	3.0	4.7	2.6	1.3	5.3	4.4	2.8
펄프, 종이 및 종이제품 제조업	4.1	3.5	3.1	4.1	3.0	2.3	5.7	3.3	2.0	2.4	5.1	3.5
코크스, 석유정제품 및 핵연료	0.2	0.1	0.1	0.9	2.1	0.5	10.9	12.1	10.0	3.0	3.1	-
화합물 및 화학제품 제조업	5.2	6.7	7.0	8.3	8.7	6.1	12.6	15.8	11.3	9.4	14.2	14.4
고무 및 플라스틱제품 제조업	7.9	8.7	9.5	6.3	7.6	7.9	4.0	4.5	4.2	3.9	4.3	5.7
비금속광물제품 제조업	15.1	9.9	8.6	9.1	5.0	5.4	5.6	2.6	4.2	4.7	6.8	3.6
제 1차 금속산업	1.9	1.7	2.3	3.9	2.8	3.4	7.0	5.1	6.6	6.4	6.3	6.7
조립금속제품 제조업	8.6	9.1	9.9	7.1	5.8	5.8	4.9	2.7	2.9	5.5	5.6	3.3

구 분	사업체 수			종사자 수			생산액			부가가치		
	96	01	05	96	01	05	96	01	05	96	01	05
기타 기계 및 장비 제조업	8.6	10.4	11.3	10.1	9.6	9.3	8.4	6.5	5.5	8.6	7.8	7.7
기타 전기기계 및 전기변환장치	3.6	4.1	4.2	5.8	6.4	5.2	5.6	4.1	3.6	3.7	6.2	4.2
전자부품, 영상, 음향 및 통신장비	2.8	3.9	3.1	9.9	11.8	19.7	8.1	11.5	23.0	15.3	14.3	15.6
자동차 및 트레일러 제조업	3.8	6.4	7.9	6.1	11.4	14.6	3.5	15.4	15.2	8.8	3.9	17.7
기타	12.1	10.3	9.9	9.6	8.0	6.3	6.4	4.2	2.9	15.7	7.1	5.0

자료: 통계청, 「광업·제조업통계조사보고서」, 각 연도

서비스업에 있어서는 제조업의 성장이 두드러지면서 1996년 55.2%에서 2001년 49.6%, 2005년 46.7%로 상대적 비중이 낮아지고 있다.

2005년 현재 충남 서비스업의 비중은 지역내총생산 41조 2,809억원(2000년 기준 년가격) 가운데 16조 9,020억원으로 46.7%를 점유하고 있으며, 업체 수로는 113,379개 업체, 고용규모 400,729명으로 전국대비 각각 4.0%, 3.4%로 제조업에 비해 상대적으로 낮다.

각 업종별로 사업체 수 규모에 있어서는 도소매업과 숙박 및 음식점업이 각각 30.0%, 25.0%로 대다수를 차지하고 있으며, 종사자 규모에 있어서도 도소매업과 숙박및음식점업이 가장 큰 비중을 차지하고 있다. 그러나 업종별 생산액에 있어서는 건설업이 21.4%로 가장 큰 부분을 차지하고 있으며, 도소매업과 숙박 및 음식점업은 5.8%, 3.6%로 상당히 취약한 수준이다.

서비스업에 있어 최근 10년간 성장세를 나타내고 있는 산업은 전기, 가스 및 수도사업, 통신업, 금융보험업 등에 불과하며, 이 역시 정체되거나 낮은 성장세만을 나타내고 있을 뿐이다.

[표 2-37] 충남지역 서비스산업의 주요 업종별 비중 추이

(단위: %)

구분	사업체			종사자			생산액		
	'96	'01	'05	'96	'01	'05	'96	'01	'05
서비스산업 전체	100.0	100.0	100.0	100.0	100.0	100.0	100.0	100.0	100.0
전기, 가스 및 수도사업	0.1	0.1	0.1	0.8	1.1	1.3	6.5	9.8	12.9
건설업	3.3	2.9	3.3	10.5	5.9	7.1	26.9	19.7	21.4
도소매업	37.2	33.0	30.0	22.5	21.5	19.4	7.9	6.5	5.8
숙박 및 음식점업	23.3	24.6	25.0	15.7	17.5	17.4	3.6	4.0	3.6
운수업	6.5	8.4	8.7	5.5	6.5	6.1	5.4	6.0	5.2
통신업	0.3	0.3	0.4	1.2	1.4	1.3	2.7	3.6	4.4
금융보험업	1.5	1.4	1.2	6.2	5.5	4.2	4.4	5.9	6.7
부동산 및 사업서비스업	4.4	4.2	5.4	4.6	5.0	6.6	12.7	12.6	11.4
공공행정, 국방 및 사회보장	1.1	0.8	0.8	8.2	6.7	6.5	12.5	13.9	12.4
교육서비스업	3.8	4.0	4.4	10.5	12.9	13.2	10.4	10.8	9.7
보건 및 사회복지사업	1.9	2.3	2.6	4.2	5.0	5.9	3.5	2.8	2.7
기타 서비스업	16.8	17.9	18.0	10.1	10.9	11.1	3.4	4.3	3.8

자료: 통계청, 「사업체기초통계조사보고서」, 각 연도
통계청, 「지역내총생산」, 각 연도

라. 연구개발 및 혁신활동 동향

기업, 대학 등의 연구개발에 있어서 충남의 제조업의 급성장과 비교할 때 아직 연구개발 및 혁신활동이 미흡하지만, 2005년의 연구개발투자는 2004년에 비해 괄목할 만한 성장을 보이고 있다.

2005년에 충남도내에 투자된 연구개발비는 2004년의 6,635억원 대비 64.2% 증가한 총 1조 897억원으로 나타났다. 동 기간 전국 연구개발비가 24조 1,554억원으로 전년대비 8.9% 증가한 것에 비하면 연구개발에 대한 투자가 상당수준 증가했음을 보여주고 있다. 또한 전국점유율에 있어서도 전국대비 비중에 있어서도 3.0%에서

4.51%로 1.5%포인트 증가를 보였다. 충남의 1995년 연구개발투자비가 전국의 1.9%에서 10년 동안 전국의 4.51%까지 성장한 것은 산업의 성장이 곧 연구개발비 투자와 성과에 비례한다는 것을 보여준다.

2005년 충남의 연구개발투자비는 1조 898억원으로 전국(24조 1,554억원)의 4.51%를 점유하고 있으며, 이 중 기업체가 80.0%로 대다수를 차지하고 있으며, 공공연구기관 14.2%, 대학 5.7%로 나타났다. 기업체의 투자가 전체의 전년대비 두 배 가까이 증가하여 공공연구기관과 대학은 상대적으로 연구개발비 비율이 감소한 것으로 나타났다.

연구개발비가 큰 폭으로 증가함에 따라 1인당 평균연구개발비 역시 1억 7백만원으로 전년평균(9천9백만원)에 비해 크게 증가하였으며, 사상 처음으로 전국평균(1억 2백만원)을 넘어서 이제는 연구개발분야에 있어서도 충남이 전국을 선도할 기반을 만들고 있다.

[표 2-38] 충남의 연구개발 투입지표 현황

구 분	연구개발비(백만원)		연구개발인력(명)		연구원(명)		연구개발수행조직(개)	
		전국비율		전국비율		전국비율		전국비율
총 계	1,089,773	4.51	14,274	4.26	10,136	4.32	401	4.47
공공연구기관	155,049	4.86	943	4.17	448	2.89	10	4.44
대학	62,607	2.61	4,758	3.81	2,625	4.04	24	7.23
기업체	872,117	4.70	8,573	4.57	7,063	4.58	367	4.36

자료: 「과학기술연구개발활동조사보고서」, 2006년

마. 향후 발전과제

2005년, 그리고 민선 4기 2006년 들어 충남은 최근 대내외적인 불리한 환경에도 불구하고 GRDP성장률 전국 1위, 외국인 투자유치 13억 7천억 달러(전국 1위), 2006

년 495개 기업 유치와 15,706명의 고용 창출 등 지역경제지표의 새로운 기록을 갱신하고 있다. 이러한 경제지표들이 충남의 현상황을 그대로 반영하여 현재의 성장을 미래로 이어가기 위해서는 몇 가지 해결되어야 할 과제가 있다.

첫째, 충남도내 지역간 균형발전이 필요하다. 산업의 성장과 인구의 집중이 천안·아산 등의 북부권에 집중화되어 있어, 북부권 이외 지역은 인구의 지속적 감소, 산업의 저성장문제를 겪고 있다. 이에 충청남도는 지난 2007년 6월 22일 '골고루 잘 사는 충남'을 만들기 위해 낙후지역에 선별 투자하는 국가균형발전사업 추진기구가 출범했다. 정책의 실효성을 높이기 위해 도의원, 교수, 연구원 등 25명으로 구성된 균형발전위원회는 균형발전특별회계를 신설해 5년간 3,000억원을 지원해 낙후지역의 경쟁력을 키움으로써 골고루 잘 사는 충남을 만드는 전기를 마련하고 있다.

둘째, 지역산업구조 재편에 따른 산업의 구조조정 문제이다. 산업구조가 제조업 중심으로 재편되면서 농림어업 및 서비스업의 구조조정이 필연적으로 부각되어, 이들 산업의 고부가가치화를 위한 노력이 병행되어야 할 것이다. 일부분이긴 하지만 농축산업은 충남의 전략산업과 결부되어 고부가가치화가 병행되고 있는 중이다. 충남의 전략산업과 지연산업도 동종 또는 이업종 간 교류를 통한 새로운 산업창출 및 고부가가치화가 필요하다.

셋째, 전략산업 추진에 있어서의 구조적 취약성을 들 수 있다. 디스플레이산업의 경우 완제품의 조립 및 생산은 충남(아산)을 중심으로 이루어지고 있으나, 소재·부품·장비 등의 제조업체가 해외 또는 타 수도권지역을 중심으로 집적하여 집적의 효과를 높이지 못하고 있다. 또한 자동차부품산업의 경우 산업은 일정부분 집적을 이루고 있으나, 업체의 규모나 재정구조가 취약해 부품업체들의 연구개발 비율은 여타 선진국에 비해 상당히 낮으며, 주요 자동차부품의 기술경쟁력이 취약한 특징을 가지고 있다. 이렇듯 아직 충남은 산업, 과학기술, 기업지원 등의 유기적인 결합을 이끌어내지 못하고 있다. 지역의 혁신자원을 극대화하고 이를 유기적으로 결합시킬 수 있는 제도적 뒷받침과 사회문화 형성이 절실히 필요하다.

넷째, 연구개발 투자활성화가 필요하다. 충남의 총연구개발투자액이 점차 증가해 2005년 현재 전국의 4.5%로 10년간 괄목할 만한 성장을 이루었지만, 산업생산이나 부가가치창출의 증가에 비하면 아직까지 매우 낮은 실정이다. 특히 이러한 연구개발투자의 성과는 80% 이상을 기업이 담당하고 있어, 연구개발의 중심이 되어야 할 대학의 연구기술개발투자는 아직까지 부족해, 대학 차원이나 정책적 차원에서 관심이 필요한 때이다.

7. 광주광역시

가. 지역경제 일반현황

광주광역시의 2005년도 지역내 총생산액은 17조 8,200억원이며, 이는 국내총생산액 815조 2,890억원의 2.2%를 차지하고 있다. 2000년에 비해 광주광역시 총생산액 증가율은 전국 총생산액 증가율과 같은 수준인 41%의 증가율을 보이고 있으며, 1인당 생산액은 전국평균을 100으로 볼 때 광주광역시는 2000년 74.3%에서 2004년에는 71.9%로 낮아졌다가 2005년 73.6%로 회복세를 보이고 있다. 이러한 현상은 광산업 기술 등 지역산업 기술개발과 생산성 향상 및 산업연계 강화 등의 노력이 경주된 결과로 평가할 수 있다.

광주광역시의 인구는 2005년 141만 4천 명으로 2000년 135만 3천 명에 비해 6만 1천 명이 증가하였는데 이는 주변 지역으로부터의 교육여건, 구직 관련 유입인구가 꾸준히 증가하고 있기 때문인 것으로 파악된다. 광주광역시 인구 가운데 경제활동인구는 2000년 59만 2천 명에서 2005년 64만 7천 명으로 증가하였다. 경제활동인구 비율도 43.7%에서 45.7%로 증가하였으나 전국 평균인 50.4%에는 여전히 못 미치는 수준이다. 이는 지역 내 산업여건이 타 지역에 비하여 상대적으로 열악한 점과 고령화 수준이 상대적으로 높은 것에 기인한 것으로 판단된다.

사업체 수는 2000년 8만 7천 584개에서 2005년 9만 5천 287개로 7,703개 업체가 증가하였으며, 전국 사업체 수에서 차지하는 비중도 2000년 2.9%에서 3.0%로 증가하였다. 수출액은 2005년 71억 8천9백만 달러로서 2000년 31억 8천 3백만 달러에 비해 무려 40억 6백만 달러가 증가하여 126%에 이르는 큰 폭의 증가율을 보였다. 전국 수출액에서 차지하는 광주지역의 비중은 2000년 2.0%에서 2005년 2.1%로 증가하였으나 전국에서 차지하는 사업체 수의 비중 3%에 비하면 낮은 편이다. 이는 지역 내 사업체가 타 지역에 비하여 수출보다는 내수 위주로 치중되어 있는 구조를 반영한다.

지방재정 자립도는 2005년 54.6%로서 전국평균 56.2%보다 낮은 수준이며, 특히 전국 광역시 평균인 65.3%에 크게 못 미치는 수준을 보임으로써 광역시 중에서 자립도가 가장 낮음을 보여주고 있다.

최근에는 지역경제에 활력을 줄 수 있는 대기업의 이전과 생산규모의 확대가 활발하게 이루어지고 있는 등 고무적인 상황이 발생하고 있다. 2004년에 삼성전자 수원공장 생활가전 생산라인이 광주로 이전하여 연 100만대의 세탁기와 에어컨을 생산하는 규모로 가동 중이며, 2005년까지 35만대를 생산하던 기아자동차 광주공장도 스포티지, 뉴 카렌스 생산라인 증설로 2006년에는 50만대 생산능력체제를 갖추었다. 기아자동차 생산라인 증설로 인해서 183개 협력 부품업체들이 입지하고 있으며, 총 2만 7천여명의 고용인원과 5조 8천억원 이상의 매출액이 발생하였다. 이와 같은 대기업의 생산라인 이전과 생산규모 확대는 향후 지역경제 성장에 크게 기여하는 요인이 될 것으로 기대된다.

이와 더불어 광주광역시가 중점 전략산업으로 추진하고 있는 광산업 육성과 지역혁신 인프라 확충으로 첨단산업단지에 기업과 연구시설 등 지원시설이 집적화되면서 산업단지 추가 수요가 급증함에 따라 첨단과학산업단지 2단계 사업과 평동 2차 2·3공구 및 진곡산업단지 등 약 562만㎡ 규모의 산업단지를 추가로 조성하고 있다. 또한 아시아 최대의 광산업 집적도시가 될 것으로 전망되는 첨단과학산업단지 일원을 R&D특구로 지정하여 광주를 서남권의 과학기술 허브도시로 육성하기 위한 다각적인 노력을 기울이고 있다.

[표 2-39] 광주광역시의 경제 일반현황

구 분	전국		광주	
	2000년	2005년	2000년	2005년
지역내총생산(십억원)	577,971(100)	815,289(100)	12,629(2.2)	17,820(2.2)
인구(천명)	46,136(100)	47,041(100)	1,353(2.9)	1,414(3.0)
1인당GRDP(만원)	1,230(100)	1,688(100)	914(74.3)	1,243(73.6)
사업체 수(개)	3,013,417(100)	3,204,809(100)	87,584(2.9)	95,287(3.0)
수출액(백만 달러)	172,268(100)	284,419(100)	3,183(2.0)	7,189(2.1)
15세 이상 인구(천명)	36,186(100)	38,300(100)	1,036(2.9)	1,105(2.9)
경제활동인구(천명)	22,134(100)	23,743(100)	592(2.7)	647(2.7)
취업자(천명)	21,156(100)	22,856(100)	533(2.5)	619(2.7)
재정자립도(%)	64.2	65.3	62.2	54.6

자료: 통계청, 「지역내총생산」, 「인구총조사보고서」, 「산업총조사보고서」 각 연도

나. 지역 산업구조

지역내 총생산 기준으로 광주광역시의 산업구조 추이를 살펴보면 다음과 같다. 1996년에는 농림어업이 1.8%, 제조업이 21.7%, 서비스업이 76.4%의 비중을 차지하는 구조였으나, 2005년에는 농림어업은 1.0%로 낮아지고 제조업은 24.3%로 상당히 높아진 반면 서비스업은 1996년 대비 1.7%가 낮은 74.7%로 구성되는 구조를 보였다. 금액규모로 보면 제조업은 1996년의 2조 3천억원에서 2005년에 4조 3천억원으로 급증하였고, 서비스업은 제조업의 증가속도가 낮아서 전체에서 차지하는 비중은 낮아졌으나 금액규모는 8조 1천6백억원에서 13조 3천억원으로 증가하였다.

광주광역시의 주력산업인 자동차, 가전, 광산업부문에 대한 생산기반의 대폭 확충에 따른 높은 산업생산 증가율로 이들 산업의 비중이 높아지는 산업구조 변화추이를 보이고 있다. 또한 이와 같은 제조업의 생산기반 확충은 서비스산업에 있어서도 생산자서비스산업 등 고부가가치 서비스산업이 높아지는 구조 변화가 초래될 것으로 전망된다.

[표 2-40] 광주광역시의 산업구조 추이(부가가치 기준)

(단위: 십억원, %)

연도	계	농림어업	광업	제조업	서비스업
1996년	10,685.7 (100.0)	194.8 (1.8)	9.7 (0.1)	2,317.4 (21.7)	8,163.8 (76.4)
2001년	13,761.1 (100.0)	315.1 (2.3)	0.8 (0.0)	3,058.1 (22.2)	10,387.1 (75.5)
2002년	14,930.5 (100.0)	228.5 (1.5)	3.3 (0.0)	2,961.4 (19.8)	11,737.3 (78.7)
2003년	15,541.2 (100.0)	249.6 (1.6)	0.9 (0.0)	2,942.9 (18.9)	12,347.8 (79.5)
2004년	16,572.6 (100.0)	239.6 (1.4)	0.3 (0.0)	3,493.7 (21.1)	12,839.0 (77.5)
2005년	17,819.9 (100.0)	171.4 (1.0)	1.9 (0.0)	4,337.3 (24.3)	13,309.3 (74.7)

자료: 통계청, 「지역내 총생산」, 각 연도(당해년도기준)

다. 산업별 집적 현황

　2005년도 산업 중분류 기준으로 광주광역시 제조업의 업종별 상대적 집중도 변화를 살펴보면, 제조업체의 경우 기계 및 장비제품 제조업체가 2005년에는 28.3%로 나타나 1999년의 26.9%에 비해 1.4%p가 높아졌으며 전체 제조업체에서 차지하는 비중도 여전히 가장 높은 수준을 유지하고 있다. 이는 삼성전자, 대우일렉트로닉스 같은 가전제품을 생산하는 대기업이 입지하여 이들 업체에 부품을 공급하는 중소기업이 늘어나기 때문인 것으로 판단된다. 삼성전자 백색가전 생산라인의 광주 이전을 비롯한 생산기반 확충 등이 이루어짐에 따라 이러한 집중은 앞으로 더욱 증가할 것으로 예상된다.

　조립금속제품 제조업은 1999년 15.1%에서 2005년 17.9%로 다소 증가하였고, 음식료품 제조업은 1999년 6.9%에서 2005년 7.2%로 약간 증가하였으며, 섬유제품 제조업은 10.0%에서 7.6%로 감소추세를 보이고 있다.

전체 제조업 종사자 수와 생산액 및 부가가치에서 차지하는 비중이 높은 업종은 대체로 대기업이 입지한 업종들이다. 가전산업을 포함한 기계(가전제품 포함)·장비 산업은 1999년도 종업원 수와 생산액의 비중이 각각 38.2%와 39.9%였는데, 2005년 에는 각각 43.3%와 43.5%로 증가하였다. 조립금속제품 제조업의 경우에도 12.8%와 13.8%에서 14.9%와 16.3%로 다소 증가하였으며 음식료업과 섬유제품 제조업은 현 저히 감소하였다.

광통신부품과 광원이 주요 업종으로 전체 기업체 수의 50% 이상을 차지하고 있 는 광산업은 광주광산업육성정책을 본격적으로 추진하기 시작한 2000년과 비교하 면, 당시 47개 업체에 불과하던 기업체 수가 2006년에는 273개 업체로 증가하였으 며, 종사자 수도 1,900명에서 4,400명으로 증가하였다. 매출액도 당시 1,136억원에서 6,393억원을 넘어섰다.

결론적으로 광주광역시의 제조업은 가전, 자동차, 전기기계, 전자부품, 조립금속 등 5개 산업이 전체 제조업 종사자 수와 생산액의 60% 이상을 차지하고 있으며, 특히 가전과 자동차를 대표하는 업종은 전체 제조업 생산액의 56.5%를 차지하고 있 다. 이처럼 특정 산업에 집중되는 현상은 대기업(구성비 40.5%)에 대한 의존도가 높 기 때문이다. 고무 및 플라스틱 산업의 경우 금호타이어공장 및 가전제품과 관련된 플라스틱 성형용기 생산업체 등의 기업들이 입지하고 있으며, 자동차, 기계·장비, 전기기계, 전자부품 산업에는 기아자동차와 삼성전자, 대우일렉트로닉스, LG이노텍, 앰코테크놀로지, 화천기공, 위아, 캐리어, 세방전지, 캐리어, 한국ALPS 등과 같은 대 기업이 입지하고 있다. 이외 업종으로 케이티엔지와 섬유산업으로 전통이 있는 일 신방직과 전방이 입지하고 있다.

[표 2-41] 광주광역시 제조업의 주요 업종별 비중 추이

(단위: %)

구 분	사업체 수			종사자 수			생산액			부가가치		
	'99	'01	'05	'99	'01	'05	'99	'01	'05	'99	'01	'05
제조업 전체	100	100	100	100	100	100	100	100	100	100	100	100
음·식료품 제조업	6.9	6.6	7.2	6.9	6.8	6.5	7.4	6.8	5.4	7.7	7.0	6.0
섬유제품 제조업 (봉제의복 제외)	10.0	9.4	7.6	9.0	8.1	5.4	5.1	4.2	2.5	5.5	4.5	2.7
조립금속제품 제조업	15.1	15.7	17.9	12.8	12.9	14.9	13.8	12.5	16.3	11.6	11.8	14.4
기타 기계 및 장비 제조업	26.9	27.4	28.3	38.2	39.4	43.3	39.9	41.6	43.5	42.6	44.8	47.4
기 타	41.1	40.9	39.0	33.1	32.8	29.9	33.8	34.9	32.3	32.6	31.9	29.5

자료: 통계청, 「광공업통계조사보고서」, 각 연도, 5인 이상 사업체

서비스산업의 경우 2005년도 사업체 수나 종사자 수 기준으로 도소매 및 음식숙박업이 각각 49.2%와 34.4%로 가장 높은 비중을 차지하고 있는 반면에 건설업과 금융보험·부동산 및 서비스 사업의 업체 수는 각각 3.5%와 7.7%, 종사자 수는 각각 9.7%와 15.4%를 점하고 있다. 그러나 생산액에서는 금융보험·부동산 및 서비스 사업이 23.5%를 점하고, 건설업이 11.6%를 차지하고 있으며, 도소매 음식숙박업은 14.5%를 차지하고 있다. 1996년과 비교할 때 도소매 및 음식숙박업의 생산액은 소폭 증가하였으나 사업체 수와 종사자 수의 비중에서 크게 감소하였고, 건설업의 경우 종사자 수와 생산액은 감소하였으나 사업체 수는 증가하였다.

[표 2-42] 광주광역시 서비스산업의 주요 업종별 비중 추이

(단위: %)

구분	사업체 수			종사자 수			생산액		
	'96	'01	'05	'96	'01	'05	'96	'01	'05
서비스산업 전체	100	100	100	100	100	100	100	100	100
전기 · 가스 및 수도사업	0.0	0.0	0.0	0.4	0.5	0.4	1.1	2.1	1.7
건설업	2.8	3.0	3.5	9.7	8.6	9.7	15.8	10.1	11.6
도소매 및 음식숙박업	59.9	53.8	49.2	39.9	38.3	34.4	14.4	15.2	14.5
금융보험 · 부동산 및 서비스사업	8.0	7.5	7.7	14.5	14.2	15.4	22.5	23.9	23.5
기타	29.3	35.7	39.6	35.5	38.4	40.1	46.2	48.7	48.7

자료: 통계청, 「사업체기초통계조사보고서」, 「지역내총생산」각 연도(당해년가격기준)

라. 연구개발 및 혁신활동 동향

2005년 기준 광주광역시 과학기술 관련 예산은 427억원으로 우리나라 과학기술 관련 예산의 3.1%를 차지하고 있으며, 2003년 221억원에 비해 93.2%가 증가하였다. 전체 예산에서 차지하는 비중을 보면 우리나라 과학기술 관련 예산은 2003년과 2005년에 각각 1.2%와 2.1%였으며, 광주광역시의 경우 전국 평균에 밑도는 수준으로 나타난다.

연구개발비는 2003년 2,533억원에서 2005년 3,452억원으로 증가하였으나 전국에서 차지하는 비중은 1.4% 수준이며, 지역내총생산액에서 차지하는 비중도 전국평균인 2.9%보다 낮은 1.9% 수준인 것으로 나타났다.

연구개발 인력은 2003년 7,475명에서 2005년 7,609명으로 다소 증가하였으나, 전국에서 차지하는 비중은 2.5%에서 2.2%로 약간 감소한 것으로 나타났다. 연구개발 조직 수는 154개 조직에서 181개로 증가하여 전국대비 1.9%에서 2.0%로 증가하였다. 이는 지역 및 중앙 정부의 집중적 산업진흥 및 과학기술진흥정책의 추진에 힘입은 것으로 사료된다.

[표 2-43] 광주광역시 연구개발 활동현황

구 분	전 국		광주광역시	
	2003년	2005년	2003년	2005년
과학기술 관련 예산(억원)	6,513(100)	13,642(100)	221(3.4)	427(3.1)
전체예산 비중	1.2	2.1	1.1	1.6
연구개발비(억원)	190,687(100)	241,554(100)	2,533(1.3)	3,452(1.4)
GDP / GRDP비중	2.6	2.9	1.6	1.9
연구개발인력	297,060(100)	335,428(100)	7,475(2.5)	7,609(2.2)
연구개발조직	7,820(100)	8,979(100)	154(1.9)	181(2.0)

자료: 과기부, 과학기술활동조사보고서 각 연도, 특허청, 지식재산통계연보, 각 연도

마. 향후 발전과제

광주광역시의 지역산업 및 경제는 전략산업 육성과 국내외 투자유치 등 적극적인 노력을 기울인 결과 자동차, 가전, 광산업 등 지역 주력산업의 생산기반의 대폭적인 확충에 힘입어 활동이 활발해지는 모습이다. 동시에 소비도시에서 생산도시, 수출도시로 탈바꿈해 가고 있다. 그러나 여전히 타 지역에 비해 산업기반이 취약하여 전국에서 차지하는 인구비중에 비해 지역내총생산액이나 제조업체 수 등 경제적 성과가 차지하는 비중이 낮은 편이다.

서비스산업도 취약한 구조를 가지고 있는 점이 단점이다. 도소매 및 음식숙박업 등 소비성 서비스업 비중이 상대적으로 높고 생산자서비스 등의 비중이 낮은 구조를 보이고 있기 때문이다. 이와 같이 생산기반 및 산업구조의 낙후성에 더하여 재정자립도 역시 광역시 가운데 가장 낮은 수준을 기록하고 있는 점이 특징적이다.

제조업의 경우 최근 중앙정부와 지역의 지역산업진흥정책 및 전략산업육성정책에 힘입어 비교적 높은 성장을 보이고 있으나 구조적 측면에서 양극화의 양상이 나타나 우려의 목소리가 높아지고 있다. 특히 소수의 대기업에 대한 지역경제의 의존도가 높고 지역 내 중소기업의 경쟁력이 취약한 점에 대한 우려가 커지고 있다. 그러

나 최근 중소기업의 매출실적이 꾸준히 증가하고 있으며 해를 거듭할수록 핵심기술을 보유한 중소기업이 늘어나고 있는 것은 매우 고무적인 일이다. 장기적으로 취약한 산업구조의 개선을 위해서 중소기업들에 대한 기술지원시스템의 구축과 선도기업 육성 및 기술혁신을 중요시할 필요가 있음을 시사한다.

결국 광주광역시 경제발전의 과제는 기술경쟁력을 지닌 중소기업의 창출과 육성이며, 첨단업종에서 선도기업의 육성을 비롯한 기존 대기업 제품의 고도화가 관건이라고 할 수 있다. 이를 위해 단기적으로는 제품의 업그레이드를 위한 기술개발이 촉진되어야 하며, 장기적으로는 기술개발 투자가 활성화되어야 할 것이다. 기술개발 투자는 산·학·연 협력과 다학제적 연구를 촉진할 수 있도록 유도하고 개발된 기술이 경제적 성과를 창출할 수 있도록 해야 할 것이다.

그리고 보다 효율적인 기술개발 투자를 위해서는 산·학·연이 협력할 수 있는 문화적·제도적 기반을 마련하며, 체계적인 추진체계나 평가체계가 구축되어야 하고 선진국의 기술이전을 위한 국제적 기술협력과 인적교류가 병행되어야 할 것이다.

산·학·연 협력 및 다학제간 연구 등의 기술개발기반 확충을 통해 전략산업을 중심으로 기술경쟁력을 지닌 중소기업의 창업과 국내외 기업유치를 위한 경영 인프라와 환경을 조성하며, 특히 선도기업이나 대기업 유치를 위한 환경을 만들어 가는 것이 필요하다. 이를 위해서는 과학기술 클러스터를 비롯하여 산업단지 혁신클러스터, R&D특구 지정을 통한 지역기술기반 강화와 경쟁력 있는 지방대학 육성 등 교육·문화·의료·복지 인프라를 갖추어 '기업과 사람이 모이는 지방', '기업하기 좋고 살기 좋은 지역' 여건이 조성되어야 할 것이며, 지역경제 활성화를 위한 다각적인 접근이 필요하다.

8. 전라북도

가. 지역경제 일반현황

전북의 지역내총생산은 2000년의 18조 9,778억원에서 2005년 24조 5,722억원으로 증가하여 5년간 29.4%의 성장률을 보였지만 동 기간의 전국성장률 41.1%에 비해 크게 낮은 것으로, 전북의 경제발전이 전국 성장률에 못 미치고 있는 것을 보여준다. 동 기간 전북의 1인당 지역내총생산은 985만원에서 1,351만원으로 증가하였으나, 이것은 전국평균의 80.1%로 매우 낮은 수준에 머무는 것이다.

그러나 전북경제는 금융위기 이후 침체에 빠졌던 산업생산과 소비가 2003년 이후 증가하며 회복세를 보임에 따라 그동안 지속적으로 감소하였던 경제 규모가 소폭이나마 증가세로 반전하고 있다. 2003년 이후의 경제 회복추세는 군산을 중심으로 한 자동차 및 관련 산업 활동의 확대가 크게 기여한 것으로 보인다. 2005년 전북의 산업생산지수는 129.7, 수출은 48억 달러로 원자재 파동, 유가상승, 환율인하 등 수출환경 악화에도 불구하고 자동차 산업을 중심으로 높은 증가세를 보였다. 전북의 지역내총생산에서 소비부문의 비중은 2002년 64.8%를 정점으로 하락세를 보이고 있다. 이러한 전북 지역경제의 회복추세는 그 동안의 소비중심 경제구조에서 벗어나 생산중심 경제성장구조로 전환하는 계기가 될 것으로 보인다.

최근의 전북경제의 회복추세에도 불구하고 경제여건이 좋은 편은 아니다. 자금시장의 경우 내수침체에 따른 자금경색의 심화로 2005년은 전년에 비하여 어음부도율이 (0.67% → 0.44%) 낮아졌으나 전국 0.14%에 비하면 월등히 높은 수치로 이는 전라북도 경제가 아직도 어렵다는 것을 보여주고 있다. 고용시장의 경우 취업난 속에서도 2005년 취업자 수는 전년에 비해 4천명이 늘어 0.2% 증가하였고, 실업률은 반대로 0.2%가 감소되었으며 5천명의 경제활동인구도 늘어났다. 또한 도내 소비자물가 상승률도 전년도에는 전국평균율(4.9%)보다 0.2% 높았으나 2005년에는 전국

4.1%보다 0.4%가 떨어졌다. 경제여건의 악화에도 불구하고 전북경제가 전체적으로 호조를 보였던 것은 자동차산업을 중심으로 한 생산 및 수출의 호조에 기인한 것으로, 내수관련 기업들은 소비부진에 따른 내수침체의 장기화로 침체를 겪고 있다. 이에 따라 전북경제는 수출산업과 내수산업 간 경기 양극화 현상이 심화되고 있다.

전라북도에서는 전북경제의 안정적인 성장 기반 확충을 위해 투자유치 및 사회간접자본의 확충을 적극적으로 추진하고 있다. LG전선(주), 대상(주), 동양물산기업(주) 등 기업유치도 활발하게 추진하여 2005년에 창업 336개, 이전 71개 등 국내기업 407개 업체와 외자유치 3개 업체에 4천4백만 달러의 투자를 유치하였다. 또한 2004년 무주군에 약 231만㎡ 규모의 태권도공원조성사업이 유치되었으며, 완주군에 약 343만㎡ 규모의 전주과학연구단지가 지정되었고 2005년에는 무주에 관광레저형기업도시 유치가 확정되었다. 전북에서 역점적으로 추진하고 있는 대형 국책사업으로 전북경제의 진로에 결정적인 영향을 미칠 새만금사업 등에 대한 관심도 고조되고 있다.

전라북도에서는 미래성장동력을 확보하기 위하여 자동차부품 및 기계산업, 생물산업과 더불어 방사선융합기술산업 및 신재생에너지산업, 전통문화·영상·관광산업 육성을 추진하고 있다. 그 성과로 정읍시에 첨단방사선이용연구센터가 설립되었고, 신재생에너지테마파크조성사업도 추진되고 있다. 특히 2006년에는 부품소재산업, 식품산업, 군산국제해양관광단지를 3대 성장동력산업으로 선정하여 적극적인 육성 정책을 추진하였다. 또한 전주·완주에 약 991만㎡에 달하는 혁신도시 건설이 추진되고 있고, 전주전통문화중심도시육성사업, 전주문화클러스터 조성사업, 부안영상테마파크조성사업이 추진되었고, 자립기반이 약한 농촌지역 시·군에 대해서는 신활력사업과 지역특화발전특구, 살기 좋은 농촌 만들기 사업 등이 활발하게 추진되었다.

경제발전의 부진에 따라 전북의 인구는 지속적인 감소추세를 보이고 있는데, 2000년 200만 6천명에서 2005년 189만 6천명으로 절대수가 감소하여 전국의 인구 증가추세와 대비되고 있다. 동 기간 전북의 전국대비 인구비중은 4.3%에서 4.0%로 감소하였으며 여전히 수도권 및 인접 광역시 등으로 유출되고 있는 실정이다. 전북의 15세이상 경제활동가능인구는 2005년 144만 3천명으로 그 중 경제활동인구는 84만 8천명이며 경제활동참가율은 58.8%로 나타났다. 연령별 경제활동참가율은 10~

20대에서는 전국평균에 비해 크게 낮은 반면, 60대 이상에서는 크게 높게 나타나고 있어 생산인력의 고령화가 나타나고 있음을 보여준다. 한편, 취업자 수는 2005년 82만 7천명이며 실업률은 2.5%로 전국평균 3.5%에 비해 크게 낮은 것으로 나타났다.

재정자립도는 2005년 25.9%로 전국평균 56.2%에 비해 크게 낮은 모습을 보이고 있다.

[표 2-44] 전라북도의 경제 일반현황

구분	전국		전북	
	2000년	2005년	2000년	2005년
지역내총생산(십억원)	577,970	815,289	18,977	24,572
인구(천명)	46,136	47,279	2006	1,896
1인당GRDP(만원)	12,30	16,88	985	1,351
사업체 수(개)	3,013,417	3,204,809	121,548	118,809
수출액(백만 달러)	172,268	284,419	2,220	4,851
15세 이상 인구(천명)	36,394	38,503	1,489	1,443
경제활동인구(천명)	22,016	23,526	866	848
취업자(천명)	21,042	22,699	840	827
재정자립도(%)	59.4	56.2	31.4	25.9

자료: 통계청, 「지역내총생산」, 각 연도

나. 지역 산업구조

전북지역의 산업구조는 부가가치 기준으로 2005년 현재 농림어업 10.6%, 광업 0.3%, 제조업 24.8%, 서비스업 64.3%를 차지하여 타 시·도와 비교할 때 상대적으로 농림어업의 비중이 높고 제조업의 비중이 낮다. 그러나 농림어업 및 제조업의 비중이 감소하고 있는 반면, 서비스업은 크게 증가하고 있어 전북의 산업구조가 변화하고 있음을 보여준다.

1996~2005년 사이 전북의 농림어업 부가가치는 2조 3,210억원에서 2조 3,710억

원으로 소폭 증가하였으며 전국대비 비중은(10.0% → 10.0%) 동일한 수준이다. 그러나 전북 내에서의 비중은 계속 감소하여 15.9%에서 10.6%로 크게 감소하였다. 제조업은 3조 3,610억원에서 5조 5,640억원으로 부가가치 절대액이 크게 증가하였으나 전국대비 비중은 오히려 약간 감소(2.9% → 2.7%)하였다. 제조업의 전북 내 비중은 22.9%에서 24.8%로 소폭 증가했지만 전국의 제조업 비중감소(25.4% → 24.9%) 추세와 비교하면 전라북도의 산업구조도 농어업에서 제조업 등으로 중심산업이 과거에 비해 보다 빠르게 바뀌고 있는 것을 알 수 있다

서비스업은 8조 9,070억원에서 14조 4,440억원으로 절대액은 크게 증가했으나 전국대비 비중은 오히려 감소(3.3% → 2.9%)하였다. 전북 내에서의 비중은 2003년을 정점으로 하락하고 있다. 소비지역이 아닌 생산지역으로 바뀜에 따라 보다 더 높은 부가가치를 창출하여 지역경제 활성화로 이루어질 가능성이 높다. 서비스업은 도소매업, 음식숙박업 등 소비자서비스업이 큰 비중을 차지하며 지역경제 성장에 중요한 생산자서비스업의 발달은 매우 부진하다.

[표 2-45] 전라북도의 산업구조 추이(부가가치 기준)

(단위: 십억원, %)

	계	농림어업	광업	제조업	서비스업
1996년	14,658 (100)	2,321 (15.9)	69 (0.5)	3,361 (22.9)	8,907 (60.7)
2001년	18,073 (100)	2,491 (13.8)	62 (0.4)	4,020 (25.0)	11,500 (61.0)
2002년	19,082 (100)	2,239 (11.7)	56 (0.3)	4,442 (23.3)	12,344 (64.7)
2003년	19,937 (100)	2,252 (11.3)	33 (0.2)	4,308 (21.6)	13,345 (66.9)
2004년	19,743 (100)	2,546 (12.9)	57 (0.3)	5,319 (26.9)	11,821 (59.9)
2005년	22,451 (100)	2,371 (10.6)	72 (0.3)	5,564 (24.8)	14,444 (64.3)

자료: 통계청, 「지역내총생산」, 각 연도

다. 산업별 집적현황

전북 제조업의 업종별 구성비를 살펴보면, 2005년 기준으로 사업체수는 음식료품 제조업(21.2%)이 가장 높게 나타나며 다음으로 비금속 광물제품 제조업(12.5%)과 의복 및 모피제품제조업(7.7%)이 높게 나타나, 이들 제조업이 전체의 41.4%를 차지하고 있다. 이 외에 조립금속제품 제조업(6.6%), 자동차 및 트레일러 제조업(6.4%), 고무 및 플라스틱제조업(5.6%), 화합물 및 화학제품 제조업(5.3%)이 각각 5% 이상을 점하고 있다.

종사자 수는 자동차 및 트레일러 제조업(20.3%), 음식료품제조업(18.6%)이 가장 높게 나타나며 전체의 38.9%를 차지한다. 비금속 광물제품 제조업(7.7%), 화합물 및 화학제품 제조업(7.7%), 기타 기계 및 장비제조업(5.9%), 섬유제품제조업(5.1%), 영상, 음향 및 통신장비제조업(5.1%), 의복 및 모피제품제조업(5.0%)이 높게 나타나며 이들 업종이 전체 종사자 수의 81.3%를 점하고 있다.

생산액은 자동차 및 트레일러 제조업(29.4%)과 음식료품제조업(18.1%), 화합물 및 화학제품 제조업(17.0%)이 가장 높게 나타나며 이들 업종이 전체의 64.5%를 차지한다. 다음으로 제1차 금속산업(7.8%), 펄프, 종이 및 종이제품 제조업(5.0%)의 순으로 높게 나타난다.

부가가치는 자동차 및 트레일러 제조업(24.6%)과 음식료품제조업(18.2%), 화합물 및 화학제품 제조업(16.6%)이 높게 나타나며, 이들 업종이 전체의 59.4%를 차지한다. 다음으로 비금속 광물제품 제조업(7.1%)과 펄프, 종이 및 종이제품 제조업(6.0%) 순으로 높게 나타난다.

[표 2-46] 전라북도 제조업의 주요 업종별 비중 추이

(단위: %)

	사업체 수			종사자 수			생산액			부가가치		
	'96	'01	'05	'96	'01	'05	'96	'01	'05	'96	'01	'05
제조업 전체	100	100	100	100	100	100	100	100	100	100	100	100
음식료품제조업	15.7	16.8	21.2	14.7	15.2	18.6	19.9	19.0	18.1	19.2	17.4	18.2
섬유제품제조업	6.4	6.5	4.8	8.3	8.1	5.1	6.6	4.2	1.7	8.2	4.7	3.1
의복 및 모피제품제조업	16.0	12.9	7.7	14.8	10.2	5.0	3.1	1.4	0.7	3.9	2.6	1.1
목재 및 나무제품 제조업	7.3	6.0	2.3	3.2	2.4	2.1	2.0	2.0	1.8	1.7	1.9	1.6
펄프 종이 및 종이제품 제조업	3.6	3.7	3.4	5.5	4.8	4.2	10.0	6.6	5.0	10.8	9.5	6.0
화합물 및 화학제품 제조업	3.8	5.2	5.3	7.2	8.1	7.7	15.2	17.3	17.0	13.0	16.0	16.6
고무 및 플라스틱제조업	4.3	5.5	5.6	2.5	3.4	4.3	1.4	2.1	2.7	1.5	2.3	3.6
비금속 광물제품 제조업	15.5	11.6	12.5	10.1	8.0	7.7	8.3	6.2	4.0	9.4	9.4	7.1
제1차 금속산업	1.2	1.0	1.6	3.6	3.3	3.7	3.3	5.1	7.8	3.0	4.1	3.9
조립금속제품 제조업	5.3	5.7	6.6	3.4	3.3	3.2	1.7	1.1	1.2	1.6	1.5	1.8
기타 기계 및 장비제조업	4.1	2.3	2.6	3.5	4.5	5.9	2.1	2.3	4.1	2.2	2.7	4.8
영상 음향 및 통신장비제조업	1.5	1.3	1.1	4.6	2.1	5.1	2.7	3.6	2.3	3.0	4.5	2.0
자동차 및 트레일러 제조업	4.1	5.3	6.4	10.2	13.8	20.3	15.2	21.0	29.4	12.8	16.9	24.6
기타	11.2	16.1	15.9	8.4	12.7	7.1	8.5	7.8	4.2	9.7	6.5	5.6

자료: 통계청, 「광공업통계조사보고서」, 각 연도

1996~2005년간 사업체 수의 비중이 지속적으로 증가한 업종은 음식료품제조업
(15.7% → 21.2%), 화합물 및 화학제품 제조업(3.8% → 5.3%), 고무 및 플라스틱제조
업(4.3% → 5.6%), 조립금속제품 제조업(5.3% → 6.6%), 자동차 및 트레일러 제조업
(4.1% → 6.4%) 등으로 주로 중화학공업에 속한 부문이며, 반대로 감소한 업종은 의
복 및 모피제품 제조업(15.0% → 7.7%), 섬유제품제조업(6.4% → 4.8%), 목재 및 나
무제품 제조업(7.3% → 2.3%), 비금속 광물제품 제조업(15.5% → 12.5%), 기타 기계

및 제조업(4.1% → 2.6%) 등으로 주로 노동집약적 산업이다. 이러한 추세는 종사자 수, 생산액, 부가가치에서도 동일하게 나타나지만, 특히 자동차 및 트레일러 제조업은 비중이 크게 높아졌으며, 반대로 의복, 모피제품제조업은 크게 낮아졌다.

2005년에 부가가치로 볼 때 입지계수가 1 이상으로 전북에 특화된 업종은 펄프, 종이 및 종이제품 제조업(3.5), 목재 및 나무제품 제조업(3.4), 음·식료품 제조업(3.0), 자동차 및 트레일러 제조업(2.4), 비금속광물제품 제조업(2.1), 화합물 및 화학제품 제조업(1.9), 섬유제품 제조업(봉제의복 제외)(1.1)으로 나타난다.

업종별 비중, 성장추이, 전국적 특화도 등을 고려할 때 중심산업은 음식료품 제조업, 자동차 및 트레일러 제조업, 화합물 및 화학제품 제조업 등으로 전북의 전략산업인 자동차부품 및 기계산업과 생물산업에 부합한다고 할 수 있다.

공간적으로 전북의 제조업은 전주시, 익산시, 군산시를 중심으로 집중 분포하고 있으며, 이들 3개 시와 인접한 김제시, 정읍시, 완주군을 포함한 지역은 제조업 사업체 수의 87.3%, 부가가치의 93.3%가 집중되어 있는 전북의 중심산업지역이다. 전라북도에서는 이 지역을 T자형 클러스터로 육성하기 위한 정책을 시행 중이다.

전북의 서비스업은 2005년 전국 대비 2.8%로 발달이 부진하다. 이것은 1996년의 3.2%에 비해 더욱 감소한 것이다. 2005년 서비스업의 업종별 구조를 보면, 사업체 수 및 종사자 수에 있어서는 도소매 및 음식숙박업의 비중이 각각 47.3%와 28.7%로 매우 높지만, 생산액으로는 금융·보험·부동산 및 사업서비스(22.6%)와 행정·교육·보건서비스의 비중이 높다. 전국평균과 비교하면 건설업과 행정·교육·보건 등 공공서비스업의 비중이 높고 도소매 및 음식숙박업, 운수·통신업, 금융·보험·부동산업 및 사업서비스업의 비중이 낮다. 1996~2005년간 생산액 기준으로 건설업은 금융위기 이후의 지역경제 침체로 성장이 부진하여 16.2%에서 13.4%로 비중이 낮아졌다. 동 기간 공공서비스(22.7% → 23.6%)와 생산자서비스업(16.5% → 18.1%)의 비중이 높아지고 있지만 전국평균에 비해 성장이 부진하여 전북의 경제구조 고도화에 장애요인이 되고 있다.

[표 2-47] 전북지역 서비스산업의 주요 업종별 비중 추이

(단위: %)

구 분	사업체 수			종사자 수			생산액		
	'96	'01	'05	'96	'01	'05	'96	'01	'05
서비스산업 전체	100	100	100	100	100	100	100	100	100
전기·가스 및 수도사업	0.1	0.1	0.1	0.5	0.5	0.5	2.3	3.0	3.4
건설업	2.4	2.5	2.8	0.3	4.6	5.1	21.0	18.0	15.7
도소매 및 음식숙박업	52.5	50.4	47.3	28.5	30.4	28.7	13.6	11.5	11.5
금융보험·부동산 및 사업서비스업	5.8	5.3	5.4	9.7	9.1	9.4	21.3	23.5	22.6
기타	39.2	41.7	44.4	55.0	55.4	56.3	41.8	44.0	46.8

자료: 통계청, 「사업체기초통계통계조사보고서」, 각 연도, 통계청, 「지역내총생산」, 각 연도

라. 연구개발 및 혁신활동 동향

전북의 과학기술연구역량은 높지 못하다. 2005년 현재 전북의 연구조직 수는 총 141개로 전국대비 비중이 1.6%, 연구개발인력은 7,609명에 2.3%, 연구개발비는 2,602억 원에 1.1%에 불과하다. 1996~2005년 사이 전북의 과학기술연구 활동의 변화를 보면, 전국대비 비중은 연구조직수(2.2% → 1.6%)에서는 크게 감소하였으나, 연구개발인력(2.3% → 2.3%)과 연구개발비(1.3% → 1.1%)에서는 약간 감소하였다. 연구주체별로는 대학의 전국대비 비중이 연구조직 수(5.1%), 연구개발인력(4.4%), 연구개발비(3.3%)에서 높은 반면, 기업이나 공공연구기관의 경우는 매우 낮게 나타난다.

전라북도에서는 과학기술혁신역량 강화를 통한 지역산업발전을 이루기 위하여 「제 2차 전라북도과학기술진흥종합계획(2005~2007)」을 수립하는 등 과학기술진흥정책을 시행하고 있다. 전북의 과학기술진흥정책은 전략산업과 연계한 전략특화기술개발에 초점이 맞추어져 있다. 2005년에 생물산업분야 연구소인 생물소재연구소, 순창장

류연구소, 임실치즈과학연구소 등 지자체연구소와 기능성식품임상시험지원센터, 뇌질환한방연구센터 등이 설립되었고, 방사선융합기술산업의 경우 첨단방사선이용연구센터 설립 및 나노급방사선의료영상첨단기술개발사업 등이 추진되었다. 이 밖에 나노기술집적센터가 설립되었으며, 전북과학연구단지가 지정되는 등 전북에서는 과학기술혁신역량 강화를 위한 정책을 적극적으로 추진하고 있다.

[표 2-48] 전라북도 과학기술연구 활동 현황

(단위: %)

	대 학		기 업		공공연구기관		계	
	1996년	2005년	1996년	2005년	1996년	2005년	1996년	2005년
연구조직 수 (개)	20 (5.33)	17 (5.12)	46 (1.67)	114 (1.35)	7 (3.65)	10 (4.44)	73 (2.2)	141 (1.57)
연구개발인력 (명)	2,979 (3.86)	5,445 (4.35)	1,239 (1.23)	1,758 (0.94)	373 (1.54)	403 (1.78)	4,591 (2.27)	7,609 (2.27)
연구개발비 (백만원)	44,011 (4.32)	79,176 (3.30)	84,277 (1.06)	148,790 (0.80)	11,393 (0.6)	32,285 (1.01)	139,681 (1.28)	260,251 (1.08)

자료: 과학기술부·과학기술정책연구원, 지방과학기술연감, 2006
　　　과학기술부, 2006과학기술연구활동 조사보고서
주: ( )는 전국대비 비율임.

마. 문제점과 향후 발전과제

전북은 상대적으로 농림어업부문의 비중이 높고 제조업의 비중이 낮은 불리한 산업구조를 가지고 있다. 서비스산업의 비중이 높아지고 있지만 산업구조 고도화에 중요한 생산자서비스산업의 발달이 부진하며, 제조업의 경우에도 전통산업 중심으로 이루어져 있고 지식기반제조업의 발달은 매우 취약한 구조적 문제점을 지니고 있어 전북경제의 성장을 위해 산업구조 고도화가 시급하다.

또한 전북의 산업집적지 형성이 미약하여 클러스터를 육성하기 위해서는 먼저 기업의 창업과 유치를 활성화할 필요가 있다. 전북의 전략산업인 자동차부품 및 기계

산업이 1990년대 중반 이후 빠르게 성장하면서 전북의 핵심산업으로 성장하였지만 대기업 중심의 산업구조로 중소부품업체의 발달이 미약하여 생산체계가 잘 형성되어 있지 못하다. 생물산업의 경우에는 식품산업을 중심으로 한 영세 중소기업이 대부분으로 기술혁신역량이 매우 취약하다.

산업집적지의 미발달과 함께 혁신역량도 부족하다. 연구기관, 연구개발인력, 예산 등 인적·물적인 혁신기반이 취약하며, 기술혁신 수행능력도 낮은 수준에 머물고 있다. 타 기업과의 공동연구개발이나 대학·연구소와 기업 간의 연구개발 협력도 부족한 실정이다. 또한 기업과 지원기관 간의 상호연계도 부족하여 시너지효과를 제고하지 못하고 있다. 뿐만 아니라 과학기술과 산업혁신을 수용할 수 있는 적절한 제도적 기반도 취약한 실정이다.

전북경제의 문제점을 극복하고 지역경제를 성장시키기 위해서는 무엇보다 먼저 기업 유치 및 창업의 활성화를 통해 산업집적지 발달을 촉진해야 한다. 이를 위해 교통·통신, 산업단지 등 부족한 전북의 물리적 하부구조를 개선·보완하기 위한 전통적인 지역개발정책의 추진을 위해 중앙정부의 정책적 지원이 계속되어야 할 것이다. 이와 함께 지방정부는 전략산업을 중심으로 전략적인 산업거점을 육성하여 전북산업발전의 선도지역으로 육성해야 할 필요가 있다.

이와 함께 산업구조 고도화를 위해 섬유·의복, 음식료, 비금속광물 등에서 자동차·기계, 생물 등으로 전통산업의 구조재편과 함께, 방사선융합기술산업, 신재생에너지산업 등 신산업의 육성이 필요하며, 산업구조재편에 맞춘 인력양성이 이루어져야 한다. 또한 기업 활동을 지원하기 위한 생산자서비스산업의 육성도 요구되고 있다.

지역의 혁신역량을 강화하기 위해 혁신주체들의 혁신역량 강화와 함께 이들 주체들 간 연계를 강화하기 위한 정책의 추진이 필요하다. 지역의 산업문화를 개선하기 위한 노력과 산학협력을 촉진하기 위한 제도적 지원도 요구되고 있다.

9. 전라남도

가. 지역경제 일반현황

전라남도의 지역내 총생산은 2000년 26조 9,070억원에서 2005년 말 현재 40조 4,900억원으로 증가하여 5년간에 연평균 8.5%씩 증가하였으며, 동 기간에 전국연평균 증가율은 7.1%씩 증가하여 전남 증가율이 약간 높은 증가율을 보이고 있다. 그러나 1인당 생산액은 2000년에 1,349만원에서 2005년에는 2,230만원으로 증가하였다. 이러한 증가를 지수화해 보면, 전국평균을 100으로 하였을 때 전남은 2000년에 107.4이고, 2005년에는 128.6으로 나타나 전국 평균보다 높은 수준을 보이고 있다. 이처럼 1인당 생산액이 전국 평균보다 높은 원인은 생산액 증가도 있지만 더 근본적인 원인은 지속적으로 인구가 감소하기 때문이다. 그렇지만, 아직까지 절대적인 비중에 있어서는 지역내 총생산이 2005년 말 현재 전국 대비 5.0%, 인구는 3.9%를 점유하고 있어 타 지역에 비해 점유율이 낮은 편이다.

또한 동 기간의 인구 증가를 보면, 전남지역은 2005년에 181만 5천명으로 2000년 199만 4천 명에 비해 연평균 1.9%씩 감소하고 있는 반면에 전국인구는 2000년에 45,985천명에서 2005년에는 47,041천명으로 연평균 0.5%씩 증가하고 있다. 이처럼 전남지역의 인구가 감소한 원인은 자녀들의 교육문제, 일자리 창출이 부족하여 수도권이나 광주지역으로 인구가 이동하는 것에서 찾아볼 수 있다.

전남지역의 사업체 수는 2005년 말 현재 12만 5,074개로 2000년 13만 2,905개에 비하여 7,831개 업체가 감소하여 연평균 1.2%씩 감소하고 있다. 그러나 전국은 동 기간에 191,392업체가 증가하여 연평균 1.2%씩 증가하고 있다. 그리고 전국에서 차지하는 비중 역시 2000년에는 4.4%였으나 2005년에는 3.9%로 감소하고 있다. 그러나 전남지역의 수출액을 보면, 2005년에 162억 5,200만 달러로서 2000년 58억 300만 달러에 비해 104억 4,900만 달러가 증가하여 연평균 22.9%씩 증가하였다. 반면에 전국은 동 기간에 10.5%씩 증가하여 전남지역의 증가율이 높게 나타나고 있다. 전국 수출액 중에서 전남지역이 차지하는 비중을 보면, 2000년에는 3.4%였던 것이 2005년에는 5.7%로 증가하고 있다.

한편, 전남지역의 인구 가운데 15세 이상 인구는 2000년에 158만 3천 명으로 전체인구의 79.4%이던 것이 2005년에는 146만 3천 명으로 80.6%를 차지하고 있다. 이처럼 전남지역의 15세 이상 인구는 절대적인 숫자는 감소하고 있지만 점유비율은 높은 수준을 보이고 있다. 그러나 2005년도 전국평균인 81.4%보다는 낮은 수준을 보이고 있다.

전남지역의 경제활동인구를 보면, 2000년에 50.9%인 101만 4천 명에서 2005년에는 52.5%인 95만 3천 명으로 절대적인 숫자는 감소하고 있다. 반면에 전국의 경제활동인구는 2000년에 48.1%였던 것이 2005년에는 50.4%로 증가하고 있다. 따라서, 2005년 말 현재 전남지역의 경제활동인구비율은 전국평균비율보다 2.1% 높은 수준을 보이고 있다. 그러나 전국의 경제활동인구에서 전남지역이 차지하는 비중은 2000년에는 4.6%에서 2005년에는 4.0%로 감소하고 있다. 아울러 취업자 수도 전체적인 인구감소로 인하여 감소하고 있는데 2000년 98만 1천명에서 2005년에는 93만 1천명으로 5만 명이 감소하고 있다.

지방재정자립도는 2000년에 22.0%에서 2005년에는 19.9%로 감소하고 있는 반면에 전국은 49.8%에서 56.2%로 증가하고 있다. 이처럼 전남지역의 재정자립도는 16개 시·도 중에서 최하위 수준을 보이고 있다. 그러나 최근 지역경제에 활력을 줄 수 있는 조선산업과 생물산업관련 기업체를 유치하고 있으며, 기존 사업체의 생산규모도 확대되면서 향후 지역경제 성장에 크게 기여할 것으로 기대된다.

또한 정부차원에서 서남권 종합발전 구상과 무안산업형 기업도시와 해남·영암의 관광레저형 기업도시 개발 추진, 광주·전남 공동혁신도시 개발 등으로 대규모 투자가 집중될 것으로 예상되며 이들에 동반한 간접적인 투자도 활기를 띨 전망이다. 특히 2012여수세계박람회가 유치된다면 서남해안 관광레저도시개발과 함께 관광산업의 집적화가 이루어질 것으로 기대하고 있다. 아울러 기업하기 좋은 여건 조성과 첨단산업 지원 등 지역경제 살리기에 중점 투자도 이루어지고 있다.

[표 2-49] 전라남도의 경제 일반현황

구 분	전국		전남	
	2000년	2005년	2000년	2005년
지역내총생산(십억원)	577,970	815,289	26,907	40,490
인구(천명)	45,985	47,041	1,994	1,815
1인당GRDP(만원)	1,256	1,733	1,349	2,230
사업체 수(개)	3,013,417	3,204,809	132,905	125,074
수출액(백만달러)	172,267	284,418	5,803	16,252
15세 이상 인구(천명)	36,186	38,300	1,583	1,463
경제활동인구(천명)	22,134	23,743	1,014	953
취업자(천명)	21,156	22,856	981	931
재정자립도(%)	49.8	56.2	22.0	19.9

자료: 통계청, 「지역내총생산」, 각 연도

나. 지역 산업구조

전남지역의 산업구조를 부가가치 기준으로 보면, 2005년 현재 농림어업 8.7%, 광업 0.3%, 제조업 42%, 서비스업 49%를 차지하였다. 농림어업의 비중이 크게 감소하고 있는 반면, 제조업은 크게 증가하고 있어 전남의 산업구조가 제조업 비중이 높아지는 방향으로 변화하고 있음을 알 수 있다.

1996~2005년 사이 전남의 농림어업 부가가치는 3조 2,020억 원에서 3조 5,260억 원으로 증가하였으며, 전남 내에서의 비중은 계속 감소하여 21.9%에서 8.7%로 크게 감소하였다. 제조업은 4조 6,020억 원에서 17조 110억원으로 부가가치 절대액이 크게 증가하였으며, 제조업의 전남 내 비중은 31.5%에서 42.0%로 증가하였다.

서비스업은 6조 7,090억 원에서 19조 8,010억 원으로 절대액은 크게 증가하였으며, 전남 내에서의 비중은 2002년을 정점으로 하락할 것으로 예상되고 있다. 소비지역이 아닌 생산지역으로 바뀜으로 인하여 좀 더 나은 부가가치를 창출하여 지역경제 활성화가 이루어질 것으로 기대된다. 서비스업은 도소매업, 음식숙박업 등 소비자서비스업이 큰 비중을 차지하며, 지역경제 성장에 중요한 생산자서비스업의 발달은 매우 부진하다.

[표 2-50] 전남지역 산업구조 추이(부가가치 기준)

(단위: 십억원, %)

연도	계	농림어업	광업	제조업	서비스업
1996년	14,595 (100.0)	3,202 (21.9)	82 (0.6)	4,602 (31.5)	6,709 (46.0)
2001년	23,524 (100.0)	3,874 (16.5)	128 (0.5)	5,489 (23.3)	14,033 (59.7)
2002년	25,945 (100.0)	3,537 (13.6)	108 (0.4)	6,894 (26.6)	15,406 (59.4)
2003년	28,264 (100.0)	3,792 (13.4)	100 (0.4)	7,772 (27.5)	16,600 (58.7)
2004년	31,442 (100.0)	4,073 (13.0)	115 (0.4)	9,828 (31.3)	17,426 (55.4)
2005년	40,490 (100.0)	3,526 (8.7)	144 (0.3)	17,011 (42.0)	19,809 (49.0)

자료: 통계청, 「지역내 총생산」, 각 연도

다. 산업별 집적 현황

전남 제조업의 업종별 구성비를 살펴보면, 2005년 기준으로 사업체수는 음식료품 제조업(41.0%)이 가장 높게 나타나며, 다음으로 조립금속제품 제조업(9.0%)과 기타 기계 및 장비제조업(5.0%)이 높게 나타나, 이들 제조업이 전체의 55.0%를 차지하고 있다. 이 외에 섬유제품 제조업(3.0%)이 3% 이상을 점하고 있다.

한편, 종사자 수를 기준으로 보면, 음식료품제조업(20.0%), 조립금속제품 제조업(4.0%), 기타 기계 및 장비제조업(4.0%)이 높게 나타나며 전체의 28.0%를 차지하고 있다. 그 외에 섬유제품 제조업이 2.0%, 기타 제조업이 66.0%를 점하고 있다.

[표 2-51] 전남지역 제조업의 주요 업종별 비중 추이

(단위: %)

구 분	사업체 수			종사자 수			생산액			부가가치		
	'96	'01	'05	'96	'01	'05	'96	'01	'05	'96	'01	'05
제조업 전체	100	100	100	100	100	100	100	100	100	100	100	100
음·식료품 제조업	46.1	42.9	41.1	24.1	21.6	20.3	7.4	5.9	4.0	6.7	5.8	4.7
섬유제품 제조업; 봉제의복 제외	2.8	3.2	2.6	3.2	3.5	2.5	0.6	0.5	0.3	0.8	10.7	0.5
의복 및 모피제품 제조업	0.8	0.3	0.3	1.3	0.3	0.2	0.2	0.0	0.0	0.3	0.0	0.0
목재 및 나무제품 제조업	4.5	4.0	3.0	1.7	1.4	1.0	0.4	0.2	0.1	0.4	0.3	0.2
펄프, 종이 및 종이제품	1.5	2.3	1.6	1.2	1.5	1.0	0.6	0.9	0.5	0.7	1.3	0.6
화합물 및 화학제품제조업	3.3	4.6	5.8	15.4	16.0	15.9	32.6	34.2	37.2	28.0	32.6	33.4
고무 및 플라스틱 제조업	4.5	5.6	6.1	5.4	6.4	3.8	3.1	2.5	1.9	3.8	3.1	3.3
비금속 광물재품 제조업	12.9	11.7	11.6	12.5	10.1	7.6	5.8	4.0	2.6	7.0	6.5	4.3
제1차 금속 산업	1.5	1.5	1.7	12.1	12.1	12.5	22.0	17.7	21.4	28.8	26.4	32.1
조립금속제품 제조업	7.9	7.2	8.8	5.6	4.9	7.3	1.6	1.1	1.4	1.9	1.6	2.2
기타 기계 및 장비제조업	4.4	4.0	4.5	3.7	3.5	4.1	1.0	0.7	0.8	1.1	1.0	1.0
영상, 음향 및 통신장비제조업	0.3	0.3	0.2	0.5	0.6	1.4	0.1	0.1	0.0	0.1	0.1	0.0
자동차 및 트레일러제조업	0.5	0.5	0.8	0.4	0.4	0.8	0.1	0.4	0.1	0.1	0.1	0.2
기 타	5.2	11.7	7.9	12.9	17.8	19.9	24.4	31.8	4.4	20.2	20.4	15.8

자료: 통계청, 「광업·제조업통계조사보고서」, 각 연도

또한 생산액을 기준으로 보면, 자동차 및 트레일러 제조업(26.7%)과 음식료품제조업(20.3%), 화합물 및 화학제품 제조업(16.3%)이 높게 나타나며 이들 업종이 전체의

63.3%를 차지한다. 다음으로 비금속 광물제품 제조업(5.6%)과 펄프, 종이 및 종이제품 제조업(5.4%), 제1차 금속 산업(6.3%)의 순으로 높게 나타난다.

부가가치 기준으로는 자동차 및 트레일러 제조업(20.0%)과 화합물 및 화학제품 제조업(17.2%), 음식료품제조업(23.1%)이 높게 나타나며, 이들 업종이 전체의 60.3% 를 차지한다. 다음으로 비금속 광물제품 제조업(8.0%)과 펄프, 종이 및 종이제품 제조업(4.9%) 순으로 높게 나타난다.

1996～2006년간 사업체 수의 비중이 지속적으로 증가한 업종은 음식료품제조업 (15.9% →19.9%), 화합물 및 화학제품 제조업(3.7% →5.5%), 고무 및 플라스틱 제조업(4.1% →5.5%), 조립금속제품 제조업(5.5% →7.2%), 기타 기계 및 장비제조업 (3.9% →5.6%), 자동차 및 트레일러 제조업(2.9% →6.1%) 등으로 주로 중화학공업 에 속하는 부문이며, 반대로 감소한 업종은 의복 및 모피제품 제조업(15.0% → 8.1%), 섬유제품제조업(6.4% →4.9%), 목재 및 나무제품 제조업(7.9% →5.5%), 비금속 광물제품 제조업(16.2% →11.9%), 기타 제조업(12.5% →11.9%) 등으로 주로 노동집약적 산업이다.

한편, 2005년 전남지역의 서비스산업 업종별 사업체 수를 살펴보면, 도매 및 음식숙박업(56.0%)이 절반을 차지하고 있으며, 건설업(3.3%), 금융보험·부동산 및 사업서비스업(3.1%) 순으로 비중이 높게 나타난다. 종사자 수를 기준으로 보면, 도매 및 음식숙박업(35.2%), 건설업(7.5%), 금융보험·부동산 및 사업서비스업(6.8%)이 전체의 49.5% 이상을 차지하고 있다. 생산액을 살펴보면, 부동산 및 사업서비스업 (27.0%), 금융 및 보험업(16.7%)이 전체의 44%를 차지하고 있으며 도매 및 소매업 (14.8%), 건설업(7.8%) 순으로 비중이 높게 나타나고 있다.

[표 2-52] 전남지역 서비스산업의 주요 업종별 비중 추이

(단위: %)

구 분	사업체 수			종사자 수			생산액		
	'96	'01	'05	'96	'01	'05	'96	'01	'05
서비스산업 전체	100	100	100	100	100	100	100	100	100
전기·가스 및 수도사업	0.1	0.1	0.2	1.2	1.1	1.1	11.1	11.8	
건설업	2.8	2.8	3.3	10.6	7.1	7.5	30.7	23.1	
도소매 및 음식숙박업	65.0	58.5	56.0	41.8	37.8	35.2	9.4	16.6	
금융보험·부동산 및 사업서비스업	5.4	3.4	3.1	13.0	8.4	6.8	12.6	13.4	
기타	26.7	35.1	37.4	33.4	45.6	49.3	36.2	35.1	

자료: 통계청, 「사업체기초통계조사보고서」, 「지역내총생산」, 각 연도

라. 연구개발 및 혁신활동 동향

전남의 공공연구기관 연구개발활동 현황을 살펴보면, 연구기관 수는 2003년 13개에서 2005년에는 12개로 1개가 감소하고 있다. 그리고 전국 대비 비중도 감소하고 있다. 또한 연구인력도 계속해서 감소('00년 545명 → '03년 361명 → '05년 354명)하고 있다. 연구개발비는 감소하다가 다시 증가하고('00년 193억 → '03년 188억 → '05년 201억) 있으며 전국 대비 비율은 감소 추세를 보이고 있다.

[표 2-53] 전남 공공연구기관의 연구개발활동 현황

(단위: 개, 명, 백만원, %)

구 분	2000년	2003년	2005년
연구기관	11 (4.8)	13 (5.4)	12 (5.3)
연구인력	545 (2.5)	361 (1.6)	354 (1.6)
연구개발비	19,324 (1.0)	18,881 (0.7)	20,191 (0.6)

자료: 과학기술부, 과학기술연구활동조사보고서, 각연도
주: ( )는 전국 대비 비율임.

한편 전남 대학의 연구개발활동 현황을 보면, 연구기관의 수는 2000년부터 2003년까지 증가하다가('00년 14개 → '03년 18개) 2005년에는 15개로 감소했다. 그리고 연구인력 역시 2000년 2,028명에서 2003년 2,500명으로 증가하였다가 2005년에는 2,402명으로 감소하고 있다. 반면에 연구개발비는 2000년 182억원에서 2005년 424억원으로 증가했으며 전국 대비는 1.2%에서 1,8%로 증가했다.

[표 2-54] 전남 대학의 연구활동 현황

(단위: 개, 명, 백만원, %)

구분	2000년	2003년	2005년
연구기관	14 (3.8)	18 (4.5)	15 (4.5)
연구인력	2,028 (2.0)	2,500 (2.1)	2,402 (1.9)
연구개발비	18,244 (1.2)	37,912 (2.0)	42,494 (1.8)

자료: 과학기술부, 과학기술연구활동조사보고서, 각년도
주: ( )는 전국 대비 비율임.

한편, 기업체 연구조직을 보면, 2000년 50개에서 2005년 111개로 증가하였다. 전국 대비 비율에서도 증가하고 있다('00년 1.2% → '05년 1.3%). 연구인력은 2000년 775명에서 2003년 1,149명으로 증가하다가 2005년에는 1,105명으로 감소하였으며, 연구개발비도 2003년까지 증가하다가 2005년에는 감소하고 있다('00년 808억원 → '03년 1,228억원 → '05년 1,097억원). 전국 대비 전남의 연구인력 비율('00년 0.7% → '03년 0.7% → '05년 0.6%) 및 연구개발비 비율('00년 0.8% → '03년 0.8% → '05년 0.6%)은 감소하고 있다.

[표 2-55] 전남 기업체의 연구활동 현황

(단위: 개, 명, 백만원, %)

구 분	2000년	2003년	2005년
연구조직	50 (1.1)	87 (1.2)	111 (1.3)
연구인력	775 (0.7)	1,149 (0.7)	1,105 (0.6)
연구개발비	80,853 (0.8)	122,843 (0.8)	109,753 (0.6)

자료: 과학기술부, 과학기술연구활동조사보고서, 각년도
주: ( )는 전국 대비 비율임.

마. 향후 발전과제

전남지역은 주력 업종의 부가가치가 낮을 뿐만 아니라 대체로 산업기반이 허약하다. 따라서 전남지역만이 갖는 국내외적으로 양호한 입지적 여건을 최대한 활용하여 지역경제의 활성화는 물론 국내경제 전반의 경쟁력강화에 기여하기 위해 중장기적 산업발전 비전 아래 전남의 산업구조를 고도화하고, 기존 특화산업을 집중 육성하는 한편, 지역실정에 맞는 신산업을 도입·발전시켜야 하는 과제를 안고 있다.

전남지역 산업의 재생을 위한 기본방향은, 첫째, 전남지역산업구조의 고도화를 위한 첨단기술의 접목이다. 국내외 투자유치 촉진을 통한 경제 활성화 및 일자리 창출을 위해 매력 있는 투자환경조성과 Project를 발굴, 적극적인 홍보활동을 전개해야 한다. 중화학, 조선, 자동차, 철강산업 등 기존 산업과 생물, 신소재, 우주항공산업 등 미래전략산업의 조화로운 육성 및 연관 산업, 지역 간 클러스터 등을 전개해야 한다.

둘째, 생산자 서비스업의 집적지 조성과 국제적인 비즈니스 환경이 조성되어야할 뿐 아니라 물류산업과 관광산업을 연계한 서비스업 정책을 수립해야 한다.

셋째, 동북아 관광중심지로 육성한다. 서남해안의 다도해, 리아스식해안 관광지의 접근성 제고를 통해 동북아 해양관광중심지로 육성하기 위한 국도 77호선을 개설할 계획이다. 「남해안관광벨트」와 관련하여 「국제해양 리조트단지」등 중심관광지 육성 전략이 필요하다. 「2012 세계인정박람회」여수 유치로 전남, 경남, 제주를 연계하는

「광역 해양관광클러스터화」를 추진해야 한다.

넷째, 동북아 물류 교역의 중심지를 구축한다. 무안국제공항과 광양항·목포신외항을 연계하고 육·해·공 중심의 물류전진기지로 육성한다. 이를 위해 공항과 항만을 연계한 주변지역을 자유무역지역으로 지정하여 새로운 물류전진기지로 육성한다.

다섯째, 기술혁신 클러스터 형성을 위한 기술혁신 환경을 구축한다. 이는 전략산업별 전문연구센터를 육성하여 기술혁신을 창출하도록 하며, 혁신을 촉진하고 그 결과를 확산하고 활용할 수 있는 전문 인력을 양성하여, 이러한 기능들이 효율적이고 효과적으로 수행될 수 있도록 연계체제를 구축해야 한다.

여섯째, 산·학·연 등 지역혁신주체의 자발적 참여를 유도하기 위하여 기존의 대학·연구기관 중심의 체제에서 핵심적 혁신주체인 기업의 참여를 활성화하여 민간 중심의 자율성을 확보하는 것이 무엇보다 중요한 과제이다.

마지막으로 전략산업별 클러스터를 구축하기 위해서 우선 기업유치 관련 입지환경을 개선한다.

10. 부산광역시

가. 지역경제 일반현황

최근의 부산경제는 고유가 및 원화의 지속적 강세, 원자재 가격상승 등 3고와 더불어 내수부진, 투자위축 등 대내외적인 요인으로 지역경제가 어려워지고 있으며, 이러한 영향으로 내수경기 부진이 지속되어 전체적으로 산업생산 활동의 회복이 지연되고 있다. 그러나 조선·기자재 및 전기전자기기 산업은 꾸준한 조업물량 확보와 수출 호조로 안정적인 생산활동이 전망된다.

부산지역 주요 경제지표를 살펴보면 다음과 같다. 2005년 부산지역의 지역내총생산(GRDP)은 46조 790억원으로 전국대비 약 5.7% 수준으로 2000년 대비 0.1%p 하락하였다. 부산지역 경제활동인구는 2005년 약 170만명으로 전국대비 7.2%이며, 경제활동 참가율은 약 58.3%의 수준으로 전년도보다 0.2%p 상승하였다. 취업자 수는 2005년 현재 1,624천명으로서 전국대비 7.1%를 차지하고 있으며 전년과 동일한 추세를 보이고 있다.

수출액은 2005년 6,763백만 달러로서 전국대비 2.4%를 차지하고 있으며, 전국과 비교했을 때 전년과 비슷한 수준을 유지하였다. 또한, 과거 2000년과 비교할 때 전국의 수출액은 5년 전보다 39.4% 상승하였으나, 부산지역의 경우 19.5% 상승으로 부산지역의 수출액 성장률은 전국에 비해 미흡한 것으로 나타났다.

[표 2-56] 부산지역의 경제 일반현황

구 분	전국		부산	
	2000년	2005년	2000년	2005년
지역내총생산(십억원)	577,971	815,289	33,840	46,079
인구(천명)	47,008	48,138	3,733	3,586
1인당GRDP(만원)	1,230	1,694	907	1,285
사업체 수(개)	3,013,417	3,204,809	261,480	263,638
수출액(백만달러)	172,268	284,419	5,444	6,763
15세 이상 인구(천명)	36,186	38,300	2,949	2,914
경제활동인구(천명)	22,134	23,743	1,757	1,698
취업자(천명)	21,156	22,856	1,632	1,624
재정자립도(%)	64.2	65.3	78.6	74.4

자료: 통계청, 「지역내총생산」, 「광공업통계조사보고서」, 「사업체기초통계조사보고서」, 각 연도.

나. 지역 산업구조

2005년 기준 사업체 수 기준으로 부산의 산업구조는 서비스업이 235천개(89.3%)로 가장 큰 비중을 차지하고 있고, 광업 및 제조업이 28천개(10.7%), 농림어업이 95개(0.04%)를 차지하고 있다. 서비스업의 경우 지난 1996년부터 2003년까지 계속적인 상승세를 보이다가 2004년부터 점차 하락하였다. 반면, 제조업의 비중은 2000년대 들어서 지속적으로 하락하다가 2005년에 상승했음을 알 수 있다.

표에서 보면 1996년부터 2005년까지 종사자 수 기준으로 부산지역 제조업의 하락 비중(5.46%p)보다 서비스업의 상승 비중(5.52%p)이 더 큰 것을 알 수 있다. 이는 부산지역 산업이 제조업 중심에서 서비스업 위주로 변화되고 있음을 반영하고 있다. 부산지역은 서비스업 중 특히 음식 및 숙박업과 운수·창고통신업의 비중이 매우 높다.

[표 2-57] 부산지역의 산업구조 추이(사업체 수, 종사자 수 기준)

(단위: 개, 명, %)

	연도	전산업	농림어업	광업	제조업	서비스업
사업 체수	1996년	253,355 (100.0)	112 (0.04)	20 (0.01)	29,372 (11.59)	223,851 (88.35)
	2001년	262,579 (100.0)	102 (0.04)	14 (0.01)	29,372 (11.19)	233,091 (88.77)
	2002년	268,784 (100.0)	102 (0.04)	13 (0.00)	29,233 (10.88)	239,436 (89.08)
	2003년	268,339 (100.0)	100 (0.04)	9 (0.00)	28,113 (10.48)	240,117 (89.48)
	2004년	267,478 (100.0)	91 (0.03)	11 (0.00)	27,898 (10.43)	239,478 (89.53)
	2005년	263,638 (100.0)	95 (0.04)	9 (0.00)	28,062 (10.64)	235,472 (89.32)
종사 자수	1996년	1,137,990 (100.0)	3,760 (0.33)	173 (0.02)	267,322 (23.49)	866,735 (76.16)
	2001년	1,106,917 (100.0)	3,666 (0.33)	119 (0.01)	232,454 (21.00)	870,678 (78.66)
	2002년	1,145,605 (100.0)	3,575 (0.31)	119 (0.01)	222,221 (19.40)	919,690 (80.28)
	2003년	1,130,189 (100.0)	3,619 (0.32)	100 (0.01)	214,132 (18.95)	912,338 (80.72)
	2004년	1,144,196 (100.0)	3,286 (0.29)	94 (0.01)	211,951 (18.52)	928,865 (81.18)
	2005년	1,114,403 (100.0)	3,252 (0.29)	54 (0.00)	200,895 (18.03)	910,202 (81.68)

자료: 통계청, 「지역내총생산」, 「사업체기초통계조사보고서」, 각 연도.
　주: 부가가치 기준으로는 지역내총생산 데이터가 2004년까지 사용가능.

다. 산업별 집적 현황

(1) 제조업 집적현황

부산지역 제조업 중 높은 비중을 차지하고 있는 업종은 기계, 자동차, 조립금속, 1차 금속, 신발, 의복 등이다. 생산액을 기준으로 제조업의 업종 구성을 보면 1차 금속(17.9%), 자동차 및 트레일러(12.7%), 기계 및 장비(11.9%) 등의 순으로 큰 비중을 차지하고 있다. 부산지역의 전통적 주력산업인 신발산업과 섬유·의류산업은 그 비중이 과거에 비해 크게 줄어들었으나 사업체 수나 종사자 수 부분에서는 여전히 상당한 비중을 차지하고 있다. 한편 제조업의 사업체 수 기준으로 산업구조의 변화추이를 살펴보면, 지난 1999년부터 2005년까지 음식료, 고무 및 플라스틱, 1차 금속, 조립금속, 기타 기계 및 장비제조업의 비중은 꾸준히 상승한 반면, 섬유(봉제의복 제외), 가죽·가방 및 신발, 자동차 및 트레일러의 비중은 낮아지고 있다.

[표 2-58] 부산지역 제조업의 주요 업종별 비중 추이

(단위: %)

구분	사업체 수			종사자 수			생산액			부가가치		
	1999	2001	2005	1999	2001	2005	1999	2001	2005	1999	2001	2005
제조업	100	100	100	100	100	100	100	100	100	100	100	100
음·식료품 제조업	5.2	5.0	6.0	6.5	6.5	6.5	7.8	7.9	5.9	7.9	7.7	6.2
섬유제품 제조업; 봉제의복 제외	7.3	7.2	6.7	10.4	9.4	7.1	9.8	8.3	5.5	11.2	9.4	5.7
봉제의복 및 모피제품 제조업	9.1	9.3	7.1	12.6	12.1	7.8	4.0	5.0	2.5	5.2	6.7	3.3
가죽, 가방 및 신발 제조업	11.2	10.4	7.3	11.9	10.0	5.8	7.8	6.1	3.0	7.0	6.0	3.0
고무 및 플라스틱 제품 제조업	7.0	7.1	7.7	4.7	5.0	6.1	3.9	3.7	4.3	3.8	3.8	4.6
제1차 금속산업	4.1	3.7	4.4	5.7	5.7	6.8	13.9	12.9	17.9	11.6	9.9	12.4
조립금속제품 제조업	13.2	13.8	16.8	8.8	9.3	12.5	7.9	7.5	10.6	8.3	8.6	11.9

구분	사업체 수			종사자 수			생산액			부가가치		
	1999	2001	2005	1999	2001	2005	1999	2001	2005	1999	2001	2005
기타 기계 및 장비 제조업	16.6	15.9	17.6	11.3	12.4	13.9	10.4	11.9	11.9	11.4	12.7	13.2
자동차 및 트레일러 제조업	2.8	3.2	2.7	4.2	5.8	6.2	4.2	10.8	12.7	3.4	8.3	12.0
기타 운송장비 제조업	1.8	1.5	1.5	4.9	4.0	4.6	9.3	6.6	6.2	8.8	5.8	5.2
가구 및 기타 제품 제조업	5.4	5.4	4.8	3.6	3.5	3.0	2.3	1.9	1.6	2.6	2.4	1.8
기타	16.3	17.4	17.5	15.5	16.4	19.6	18.5	17.3	17.9	18.9	18.6	20.9

자료: 통계청, 「지역내총생산」, 「광공업통계조사보고서」, 「사업체기초통계조사보고서」, 각 연도

부산지역 서비스산업의 업종별 비중을 살펴보면, 사업체 수와 종사자 수 기준으로 도소매업, 숙박 및 음식점업 및 운수업 등의 비중이 큰 것으로 나타났다.

[표 2-59] 부산지역 서비스산업의 주요 업종별 비중 추이

(단위: %)

업 종	사업체 수			종사자 수		
	1996년	2001년	2005년	1996년	2001년	2005년
건설업	2.1	2.2	2.5	7.1	4.9	5.6
도매 및 소매업	38.5	34.6	32.5	25.8	25.3	22.8
숙박 및 음식점업	22.2	22.4	21.4	14.0	15.6	14.5
운수업	9.8	11.8	12.7	11.1	10.6	10.9
금융 및 보험업	1.7	1.3	1.2	8.8	5.6	4.9
부동산 및 임대업	3.2	3.0	3.5	2.7	3.0	3.1
교육 서비스업	3.9	3.6	4.0	7.7	8.8	9.5
기타 서비스	18.6	21.2	22.3	22.8	26.2	28.7
서비스업 계	100.0	100.0	100.0	100.0	100.0	100.0

자료: 통계청, 「지역내총생산」, 「사업체기초통계조사보고서」, 각 연도

라. 연구개발 및 혁신활동 동향

부산지역의 연구개발 및 혁신활동 동향을 살펴보면 연구개발수행조직, 연구개발인력 등의 투입지표는 2002년 이후 꾸준히 증가추세에 있지만 연구개발비는 2005년에 다소 하락추세이다. 또한, 성과지표인 실용신안등록건수 역시 하락세를 보이고 있음을 알 수 있다. 반면, 벤처기업 수 및 특허등록건수는 2003년부터 현재까지 꾸준히 증가하였음을 알 수 있다.

지역경제 침체로 인해 혁신활동이 위축되고 있지만, R&D분야 투자의 필요성이 대두되면서 인프라구축 및 연구인력 양성에 대한 투자가 활발히 이루어지고 있다. 하지만, 부산은 대부분 규모가 영세한 중·소기업 및 벤처기업 등으로 단기간의 성과를 나타내지 못한 것이 아쉽지만, 향후 지속적인 연구개발자금의 투자로 장기적인 성과가 극대화될 것으로 기대된다.

[표 2-60] 부산지역의 연구개발 관련 투입지표 및 성과지표

구분	투입지표			성과지표		
	연구소 수	연구인력	연구개발비 (백만원)	벤처기업 수	특허 등록건수	실용신안 등록건수
2002	297	11,934	252,348	353	585	2,118
2003	300	13,610	332,322	329	512	2,140
2004	345	11,667	372,485	346	589	2,111
2005	371	12,026	352,474	394	994	1,969
2006	-	-	-	567	1,638	1,736

자료: www.most.go.kr, www.kipo.go.kr, bu.smba.go.kr

반면, 부산지역에서 시행 중인 R&D사업의 총규모는 2007년 1월 말 현재 144건, 1조 5,950억원에 달하며, 이 중 연구개발 부분이 42건(3,820억원), 인프라구축이 34건(6,797억원), 인력양성이 44건(4,160억원), 기타 부분이 24건(1,173억원)을 차지하고 있다. 향후 산학연관을 통해 실질적인 연구개발 및 산업화가 이루어질 수 있도록

체제정비가 필요하다.

[표 2-61] 부산광역시의 연구개발사업 예산총계

구 분	계	연구개발	인프라구축	인력양성	기 타
건 수	144	42	34	44	24
총사업비(백만원)	1,595,032	381,915	679,781	416,046	117,290
2007년 총사업비 (시비)	266,623 (45,699)	57,051 (5,420)	105,187 (28,188)	85,980 (6,029)	18,405 (6,062)

자료: 부산광역시, 「내부자료」, 2007년 1월

마. 향후 발전과제

부산의 2005년 산업구조 추이를 살펴보면, 사업체 수 기준 제조업 및 광공업의 비중은 10.6%인 반면 서비스업의 비중은 89.3%로서 서비스산업에 편중된 산업구조를 갖고 있다. 그러나 서비스산업도 생산자 서비스업보다는 음식숙박업 등 소비형 서비스업의 비중이 높아 산업간 연관효과에 의한 산업발전의 효과를 기대하기가 어려운 실정이다.

제조업의 경우에도 부산지역의 전통적인 주력산업이었던 신발, 섬유 등의 경공업의 생산기반은 매우 취약한 실정이다. 이는 개도국과의 가격경쟁 격화에 따른 채산성 악화, 지가상승 등으로 해외나 국내 주변지역으로의 생산공장 이전 등에 기인한다.

또한 1990년대 이후 우리나라 경제성장을 주도하고 있는 정보통신산업 등 새로운 성장산업이 지역내에 뿌리내리지 못하여 지역경제를 이끌어갈 새로운 성장동력군이 형성되어 있지 못하다.

앞서 살펴보았듯이 연구개발 및 혁신활동 역시 산학연 연계체제가 미흡한 편이며, 수도권에 버금가는 대학, 기업체 등이 지역내에 소재하고 있음에도 불구하고 정부출연연구기관의 부재 등 체계적인 지역혁신체제가 구축되지 않아 네트워킹의 시너지효과가 충분히 나타나지 않고 있다.

부산지역의 산업경쟁력을 높이고, 고부가가치 신산업을 창출해 나가기 위해서는 지역혁신체계 구축과 전략산업의 육성이 주요 과제가 되고 있다. 뿐만 아니라 향후 지식기반사회로의 전환을 위해 신성장 동력을 창출할 수 있는 차세대 성장동력산업의 발굴 및 추진이 절실하다.

또한, 부산지역 3단계 지역산업진흥사업의 성공적인 추진을 통한 지역의 성장잠재력을 극대화해야 한다. 국가균형발전정책의 일환인 수도권소재 공공기관의 지방이전도 조속히 추진하여 지역의 혁신자원을 확충하는 것도 시급하다.

지역산업의 단위사업 평가·분석으로 인한 효율성 극대화를 위한 성과평가 및 모니터링 강화를 위한 시스템 구축, 경쟁력 있는 중견기업으로서 지역산업발전을 견인할 수 있는 선도기업 선정·육성, 산업별 사업체 수, 종사자 수, 매출액 추이분석을 통한 사업체 실질경기 현황파악, 지역 소상공인 지원·육성 및 활성화를 위한 서비스산업 육성정책수립 등 각종 기업지원정책 사업들의 효율성을 극대화시켜야 한다.

또한 지역기업의 자금·판로 등 애로사항 해결과 청년실업해소 대책 등 구체적이고 실질적인 대안이 필요하다. 침체된 부산경제 활력 회복을 위해서 기업하기 좋은 환경조성 및 서민 경제생활 안정 등 보다 내실 있는 경제시책을 개발하여 지역산업의 비교우위 확보를 위해 적극 추진해 나가야 할 것이다.

11. 울산광역시

가. 지역경제 일반현황

지역경제표상의 울산은 지난 5년간 안정적인 성장을 지속하고 있는 것으로 나타나고 있다. 울산의 지역내총생산은 2000년 28조 3,550억원에서 2005년 40조 1,420억원으로 증가하여 70.6%의 성장률을 보였고, 같은 기간 인구는 2005년 109만 5천명으로 전국의 2.2%에 불과하나, 울산지역의 인구대비 1인당 지역내총생산은 2005년 말 기준 3,666만원으로 전국 평균 1,655만원의 2배를 넘는 수준을 보이고 있다.

또한 2005년 말 현재 울산지역 사업체 총수는 65,309개로서 2000년 58,044개 업체보다 12.5% 증가하여 동 기간 전국 평균 8.9% 증가율을 훨씬 앞지르고 있어 활발한 경제활동이 이루어지고 있다. 2005년 수출액은 전국의 15.9%를 차지하여 전년 대비 약 1%p로 증가하였고, 국가 산업에서의 역할 비중이 역시 매우 높음을 알 수 있다.

울산지역 2005년 15세 이상 인구는 84만 2천명이며, 그 중 경제활동인구는 51만 1천명으로 60.7%의 경제활동 참가율을 보이고 있다. 취업자 수는 49만 3천명으로 경제활동인구 대비 취업률은 96.5% 수준으로 전국평균과 비슷한 수준이다. 아울러 울산의 재정자립도는 약 74.5% 수준으로 전국 평균보다 13%p 정도 높게 나타나고 있으나, 전반적인 재정여건은 소폭이나마 매년 다소 악화되고 있다.

[표 2-62] 울산지역의 경제 일반현황

구 분	전국		울산	
	2000년	2005년	2000년	2005년
지역내총생산(십억원)	577,970	815,289	28,355	40,142
인구(천명)	47,977	49,268	1,044	1,095
1인당GRDP(만원)	1,205	1,655	2,716	3,666
사업체수(개)	3,013,417	3,204,809	58,044	65,309
수출액(백만달러)	172,268	284,419	19,972	45,181
15세 이상 인구(천명)	36,186	38,300	759	842
경제활동인구(천명)	22,134	23,743	456	511
취업자(천명)	21,156	22,856	437	493
재정자립도(%)	64.2	65.3	74.9	74.5

자료: 통계청, 「지역내총생산」, 각 연도, 행정자치부 지방재정세제본부
주: ①당해년가격기준 ②재정자립도=(지방세수입+세외수입) / 일반회계세입(순계 규모) × 100

나. 지역 산업구조

지역 내 총부가가치를 기준으로 울산의 산업구조를 살펴보면, 2005년 제조업 비중은 67.9%로 울산의 산업구조는 제조업 비중이 매우 높음을 알 수 있다. 서비스업은 1999년부터 2005년까지 30% 초반 수준을 유지하며 제조업 다음으로 울산지역의 산업구조에서 높은 비중을 차지하고 있다.

2005년 농림어업은 0.5%로서 매우 낮은 비중을 차지하고 있으며 지속적인 감소 추세에 있다고 할 수 있다. 광업의 경우는 0.1% 수준으로 극히 미미한 상태이며, 울산지역 산업구조에서 가장 낮은 비중을 차지하고 있다. 한편, 울산지역 산업의 부가가치의 총량은 1998년 18조3,700억원에서 30조 3,280억원으로 60.6%나 증가하였다.

[표 2-63] 울산지역의 산업구조 추이(부가가치 기준)

(단위: 십억원, %)

연도	계	농림어업	광업	제조업	서비스업
1998년	18,370 (100.0)	168 (0.9)	17 (0.1)	12,455 (67.8)	5,730 (31.2)
2000년	20,715 (100.0)	152 (0.7)	13 (0.1)	13,880 (67.0)	6,670 (32.2)
2001년	22,048 (100.0)	158 (0.7)	23 (0.1)	14,621 (66.3)	7,246 (32.9)
2002년	23,118 (100.0)	163 (0.7)	21 (0.1)	14,990 (64.8)	7,944 (34.4)
2003년	25,748 (100.0)	112 (0.4)	31 (0.1)	16,910 (65.7)	8,695 (33.8)
2004년	29,671 (100.0)	147 (0.5)	33 (0.1)	20,269 (68.3)	9,222 (31.1)
2005년	30,328 (100.0)	138 (0.5)	24 (0.1)	20,607 (67.9)	9,559 (31.5)

자료: 통계청, 「지역내총생산」, 각 연도
주: 1997년 울산광역시의 신설로 인해 해당 연도의 통계가 없음.

다. 산업별 집적 현황

2005년 기준으로 울산지역에서 제조업 중 사업체가 많은 업종은 조립금속제품 제조업으로 14.9%를 차지하고 있으며, 그 다음으로 기타 기계 및 장비 제조업이 8.9%를 나타내고 있다. 울산의 주요 3대 업종인 자동차 및 트레일러 제조업이 5.6%, 화합물 및 화학제품 제조업이 4.2%, 기타 운송장비 제조업은 3.2%를 나타내고 있다. 이들 주요 3대 업종은 대기업의 비중이 높은 업종으로, 타 업종에 비해 사업체 수는 상대적으로 적을 수밖에 없다는 점을 감안할 때 매우 높은 비중을 차지하고 있음을 짐작할 수 있다.

종사자수에서는 자동차 및 트레일러 제조업 27.9%, 기타 운송장비 제조업 25.4%, 화합물 및 화학제품 제조업 11.5% 등의 순으로 주요 3대 업종이 가장 많은 고용률을 보이고 있다. 이들 주요 3대 업종의 종사자 비중은 64%를 넘고 있어 이들 업종의 높은 고용 기여도를 알 수 있다. 그 밖에 전자부품, 영상, 음향 및 통신장비가 4.7%, 기타 기계 및 장비 제조업이 5.2%, 기타가 7.6%의 점유 비중을 보이고 있다.

생산액 측면에서는 코크스, 석유정제품 및 핵연료 분야가 29.3%로 수위를 보이고 있으며, 자동차 및 트레일러 제조업 24.7%, 화합물 및 화학제품 제조업 17.9%, 기타 운송장비 제조업 11.2%의 순으로 높게 나타나고 있다. 석유정제 부문을 포함한 울산의 주요 3대 업종의 비중은 83.1%로 매우 높게 나타난다.[37] 이 밖에 제1차 금속산업 7.8%, 전자부품, 영상, 음향 및 통신장비 3.3% 등을 제외한 나머지 업종의 생산액 비중은 극히 미미한 수준이다.

부가가치 측면에서 보면 자동차 및 트레일러 제조업 33.8%, 화합물 및 화학제품 제조업 16.5%, 기타 운송장비 제조업 15.3%, 코크스, 석유정제품 및 핵연료 14.2%의 순으로 높게 나타난다. 그 밖에 전자부품, 영상, 음향 및 통신장비 8.6%는 생산액에 비해 부가가치의 비중이 특히 높게 나타나는 특징을 보여주고 있다.

특징적인 것은 코크스, 석유정제품 및 핵연료, 화합물 및 화학제품 제조업 등은 점차 생산액 및 부가가치의 비중이 줄어들고 있는 데 반해, 자동차 및 트레일러 제조업, 전자부품, 영상, 음향 및 통신장비 등은 생산액 및 부가가치 비중이 지속적으로 늘어나고 있다.

전반적으로 울산지역의 3대 주요업종인 자동차 및 트레일러 제조업, 기타 운송장비 제조업, 화합물 및 화학제품 제조업에서 사업체 수, 종사자 수, 생산액, 부가가치의 높은 집적도가 나타나고 있다.

2005년을 기준으로 서비스산업의 사업체 수는 도소매업(25.6%), 숙박 및 음식점업(22.9%), 기타 서비스업(11.6%) 등 3개 업종이 대부분을 차지하고 있다. 그러나

---

37) '코크스, 석유정제품 및 핵연료'에서 울산은 코크스와 핵연료를 생산하지 않고 있어, 이를 '석유정제'만으로 볼 수 있다. 여기서 언급하는 석유화학산업은 석유정제와 화학 산업을 모두 포함한다.

울산지역의 경우, 도소매업과 기타 서비스업 등의 사업체 수 비중은 1998년부터 지속적으로 감소하고 있는 추세로 서비스업종의 다양화가 진행되고 있음을 알 수 있다.

종사자 수의 측면에서도 도소매업(18.5%)의 비중이 가장 높고 다음으로 숙박 및 음식점업(15.3%), 부동산 및 사업서비스업(12.4%)의 순으로 비중을 차지하고 있다. 도소매업과 숙박 및 음식점업은 사업체 수 비중이 높은 만큼 종사자 수의 비중도 높은 것으로 보인다.

[표 2-64] 울산지역 제조업의 주요 업종별 비중 추이

(단위: %)

구 분	사업체 수			종사자 수			생산액			부가가치		
	'98	'00	'05	'98	'00	'05	'98	'00	'05	'98	'00	'05
제조업 전체	100.0	100.0	100.0	100.0	100.0	100.0	100.0	100.0	100.0	100.0	100.0	100.0
섬유제품 제조업; 봉제의복 제외	4.4	5.2	4.7	1.8	1.9	2.1	0.4	0.4	0.2	0.3	0.5	0.3
코크스, 석유정제품 및 핵연료	1.4	1.2	0.4	4.2	3.7	1.4	33.5	38.4	29.3	22.4	16.9	14.2
화합물 및 화학제품 제조업	11.5	11.1	4.2	13.8	13.1	11.5	18.5	18.5	17.9	18.4	17.9	16.5
고무 및 플라스틱제품 제조업	4.5	5.4	2.9	2.4	2.8	2.7	1.4	1.2	1.5	1.5	1.0	1.6
제 1차 금속산업	3.2	2.7	1.8	4.5	4.4	4.0	10.2	8.1	7.8	5.0	4.9	4.2
조립금속제품 제조업	16.5	15.6	14.9	4.5	5.3	5.1	0.6	0.8	0.7	0.9	1.3	1.0
기타 기계 및 장비 제조업	12.4	12.1	8.9	3.4	3.2	5.2	0.6	0.6	1.1	1.0	1.0	1.6
기타 전기기계 및 전기 변환장치	4.2	5.1	6.0	0.9	1.2	2.4	0.1	0.2	0.3	0.2	0.3	0.4

구 분	사업체 수			종사자 수			생산액			부가가치		
	'98	'00	'05	'98	'00	'05	'98	'00	'05	'98	'00	'05
전자부품, 영상, 음향 및 통신장비	2.4	2.0	0.9	5.6	5.5	4.7	2.7	2.3	3.3	6.3	8.2	8.6
자동차 및 트레일러 제조업	11.7	12.1	5.6	28.5	28.2	27.9	19.8	18.5	24.7	25.2	29.2	33.8
기타 운송장비 제조업	8.7	9.5	3.2	26.3	27.0	25.4	9.7	9.1	11.2	16.6	16.2	15.3
기타	19.1	18.0	46.5	4.1	3.7	7.6	2.5	1.9	2.0	2.2	2.6	2.5

자료: 통계청, 「광공업통계조사보고서」, 각 연도.

부가가치 기준으로 울산의 서비스업 가운데 가장 높은 비중을 차지하고 있는 업종은 건설업(16.4%)이며, 부동산 및 사업서비스업(14.4%), 운수업(13.0%), 금융보험업(9.0%) 등의 순서로 나타나고 있다. 건설업은 사업체 수와 종사자 수의 비중에 비해 울산지역의 서비스산업에서 높은 부가가치를 창출하는 경쟁력 있는 산업임을 알수 있다.

라. 연구개발 및 혁신활동 동향

연구개발의 투입 정도를 알아보기 위해서 연구개발비, 연구개발인력, 연구원 수, 연구개발조직의 수를 지표로 사용하였다. 각각은 연구개발주체별로 나누어 살펴볼수 있는데 크게 국공립연구기관, 대학, 기업체 등으로 대별된다. 그러나 울산지역의 경우 국공립연구기관에 대한 연구개발 투입은 극히 미미한 수준으로 논의를 생략한다.

또한 전반적으로 울산지역은 연구개발의 투입 비중이 대체적으로 낮고, 공공연구기관에서의 연구개발보다 기업체 자체적으로 필요한 연구개발이 이루어지는 경향이 강하다는 것을 확인할 수 있다. 또한 일정 부분 대학에서 연구개발 부문에 투자가 이루어지고 있음을 알 수 있다.

[표 2-65] 울산지역 연구개발의 투입지수

구 분	연구개발비(백만원)	연구개발인력(명)	연구원(명)	연구개발조직(개)
합 계	372,078	5,308	3,158	123
	(1.54)	(1.58)	(1.35)	(1.37)
국 공 립 연구기관	26	3	3	1
	(0.00)	(0.01)	(0.02)	(0.44)
대 학	28,802	824	446	5
	(1.20)	(0.66)	(0.69)	(1.51)
국·공립	-	1	1	1
	(0.00)	(0.00)	(0.00)	(1.43)
사립	28,802	823	445	4
	(1.96)	(1.01)	(1.14)	(1.53)
기업체	343,250	4,481	2,709	117
	(1.85)	(2.39)	(1.76)	(1.39)
정부투자기관	-	-	-	-
	(0.00)	(0.00)	(0.00)	(0.00)
민간기업	343,250	4,481	2,709	117
	(1.89)	(2.42)	(1.78)	(1.39)

자료: 과학기술연구활동조사결과 2005년
주: ( ) 안의 수치는 백분율(%)을 나타냄.

마. 향후 발전과제 및 문제점

울산지역은 대한민국의 대표적 산업집적지로 제조업의 비중이 매우 높고 상대적으로 서비스업의 비중이 낮은 구조를 지니고 있다. 특히 법률, 세무, 금융, 광고 등 생산자서비스업은 더욱 취약한 실태를 보이고 있으며, 제조업 역시 자동차, 조선, 석유화학 등 대규모 설비를 갖춘 3대 업종 의존도가 매우 높은 실정이다. 이에 따라 지역경제가 이들 제조업의 경기에 지나치게 연동되는 불안정성을 노출하고 있다.

울산은 제조업 부가가치의 80%가 소수의 대기업에서 대부분 창출되고 있으며, 중소기업에 의한 부가가치는 20%에 불과한 전형적인 대기업 중심의 도시이다. 중소기업의 경우에도 대부분이 이들 대기업의 계열 하청기업으로 존재하고 있는 등 대기업 의존적인 형태를 보이고 있다.

그 밖에도 지식을 산업화하여 새로운 부가가치를 창출할 수 있는 지식기반산업이 미약하고, 이러한 지식기반을 제공해 줄 수 있는 연구개발분야의 제반 여건도 취약하다. 그나마 미미한 수준의 민간기업 연구소 및 대학에 있는 연구개발 인력도 기업혁신과 지식기반 산업화를 위한 체계적인 네트워크로 조직되어 있지 않다. 또한 지역의 연구개발 인력을 유인할 수 있는 교육, 문화 등 여러 기반여건도 부족한 실정이다.

울산지역 산업의 지속적인 발전을 위해서는, 제조업의 기능을 지원해 줄 수 있는 생산자 서비스를 강화시켜 나가야 할 것이며, 중소제조업의 자생력을 길러낼 수 있는 기반을 갖추도록 중점 지원할 필요가 있다. 이를 위해서는 무엇보다도 중소제조업의 기술력에 대한 지원이 중요하며, 기술력 향상을 위해 다각도의 지원이 요구된다.

그리고 울산의 기존 3대 주력산업인 자동차, 조선, 석유화학산업을 대신할 새로운 산업으로서 미래형 지식기반 산업을 발굴, 육성할 필요가 있다. 이를 위해서는 무엇보다도 울산에 부족한 연구개발 기반을 강화해야 한다. 또한 연구인력 등을 포함하는 고급인력의 유치 및 확보, 각종 연구기관 유치 및 설립 등의 노력이 필요하며, 아울러 고급인력이 지역에 지속적으로 거주할 수 있도록 교육, 문화, 환경 등 주거환경의 개선노력이 필요하다.

12. 경상남도

가. 지역경제 일반현황

경남의 인구는 2005년 현재 약 318.7만명으로 2000년 이후 연평균 약 0.5%의 증가율을 보이고 있다. 이는 전국 평균 증가율과 유사한 수치이다.

경남의 지역내총생산(GRDP)은 2005년 현재 54조 2,529억원으로서 전국대비 약 6.7% 수준이며, 2000년 이후 연평균 7.5%의 성장률을 기록하여 전국 평균 성장률인 7.1%보다 다소 높은 수준을 기록하였다. 또한, 2005년 현재 경남의 1인당 GRDP는 1,702만원으로 전국 평균인 1,655만원을 상회하는 것으로 나타났다.

2006년 경남의 15세 이상 인구는 약 245.9만명으로 나타났으며, 경제활동인구는 약 151.9만명으로 전국대비 6.3%이며, 경제활동참가율은 약 61.8%의 수준이다. 경남의 실업률은 2006년 말 현재 전국 평균인 3.5% 보다 낮은 2.3%를 기록하고 있다.

[표 2-66] 경남지역 경제 일반현황

구 분	전 국		경 남	
	2000년	2005년	2000년	2005년
지역내총생산(십억원)	577,970.9	815,289.3	37,728.4	54,252.9
인구(천명)	47,976.7	49,276.8	3,108.7	3,187.1
1인당GRDP(만원)	1,205	1,655	1,214	1,702
사업체 수(개)	3,013,417	3,204,809	199,462	211,230
수출액(백만달러)	172,268	284,419	16,651	26,685
15세 이상 인구(천명)	36,186	38,300	2,310	2,431
경제활동인구(천명)	22,134	23,743	1,408	1,511
취업자(천명)	21,156	22,856	1,360	1,471
재정자립도(%)	59.4	56.2	42.3	37.5

자료: 통계청, "KOSIS 통계정보시스템", 각년도

경남의 2006년도 총 수출액은 313억 3,800만 달러로서 전국 수출액의 9.6%를 차지하는 것으로 나타났다. 2000년에 비해 연평균 약 11.1%의 성장을 기록하여 전국 평균 성장률과 유사한 성장률을 기록하였다. 경남의 2005년도 재정자립도는 37.5%로 전국 평균인 56.2%에 비해 상당히 낮은 것으로 나타났다.

나. 지역 산업구조

2005년 기준 경남의 산업구조는 부가가치 기준으로 서비스업이 56.2%로 가장 큰 비중을 차지하고 있고, 제조업이 37.8%, 농림어업이 6.1%를 차지하고 있다. 경남지역의 산업구조 특징은 전국 산업구조와 비교할 때, 서비스업의 비중은 낮으나 제조업의 비중은 높게 나타나 제조업 중심의 산업구조를 가지고 있는 것으로 나타나고 있다.

[표 2-67] 경남지역의 산업구조 추이(부가가치 기준)

(단위: 십억원, %)

연도	계	농림어업	광업	제조업	서비스업
1996	50,234.0(100.0)	2,755.3(5.5)	177.3(0.4)	20,881.2(41.6)	26,420.2(52.5)
2001	37,434.5(100.0)	2,966.0(7.9)	89.0(0.2)	15,286.3(40.8)	19,093.2(51.0)
2002	39,081.7(100.0)	2,764.0(7.1)	96.3(0.2)	15,426.9(39.5)	20,794.4(53.2)
2003	41,222.8(100.0)	2,537.7(6.2)	134.7(0.3)	16,669.5(40.4)	21,880.9(53.1)
2004	42,878.9(100.0)	2,722.8(6.4)	151.5(0.4)	17,922.3(41.8)	22,082.3(51.5)
2005	48,962.4(100.0)	2,853.0(5.8)	127.2(0.3)	18,488.0(37.8)	27,494.2(56.2)

자료: 통계청, 「지역내총생산」, 각 연도
주: 1996년은 울산광역시 분리 이전임.

다. 산업별 집적 현황

2005년 경남지역 5인 이상 제조업체 수는 9,143개로 2004년 대비 6.8%p 증가하였으며, 종사자 수는 307,346명으로 전년대비 3.5%p 증가하였다.

2005년 기준 경남지역에서 사업체 수가 가장 많은 업종은 '기타 기계 및 장비 제조업'(23.6%)이며, 그 다음으로 '조립금속제품 제조업'(14.8%)으로 나타나고 있다. '자동차 및 트레일러 제조업'(8.1%), '음·식료품 제조업'(7.8%)도 타 산업에 비해 사업체 수의 비중이 높은 업종이다.

종사자 수를 기준으로 보면 '기타 기계 및 장비 제조업'이 20.1%, '기타 운송장비 제조업'이 16.1%, '조립금속제품 제조업'이 12.3%로 높은 비중을 차지하고 있는 것으로 나타났다. 생산액 측면에서는 '기타 기계 및 장비 제조업' 24.9%, '기타 운송 장비 제조업' 18.5%, '조립금속제품 제조업' 8.8% 순으로 나타났다.

부가가치를 기준으로 경남의 제조업 집적 현황을 살펴보면, 역시 '기타 기계 및 장비 제조업'이 가장 높은 26.2%를 차지하는 것으로 나타났으며, 그 다음으로 '기타 운송장비 및 제조업'이 18.0%, '조립금속제품 제조업'이 9.1%를 차지하고 있는 것으로 나타났다.

경남의 제조업 집적 현황을 살펴본 결과 경남은 기존의 주력산업인 기계산업의 각 부문별 비중이 가장 높게 나타났다. 특징적인 것은 기존의 저부가가치 단순 조립금속 제조업 중심의 기계산업에서 전자, 통신 등이 결합된 메카트로닉스산업 중심의 산업 비중이 점차 높은 비중을 차지하고 있는 것으로 나타났다.

[표 2-68] 경남 제조업의 주요 업종별 비중 추이

(단위: %)

구 분	사업체 수			종사자 수			생산액			부가가치		
	'96	'01	'05	'96	'01	'05	'96	'01	'05	'96	'01	'05
제조업 전체	100	100	100	100	100	100	100	100	100	100	100	100
음·식료품 제조업	9.8	9.5	7.8	8.7	8.7	6.1	7.8	6.9	5.4	7.7	7.7	6.5
고무 및 플라스틱제품 제조업	6.3	7.1	7.7	6.3	6.9	7.8	4.9	4.7	5.2	5.2	5.2	5.6
제1차 금속산업	3.1	3.7	4.3	4.9	4.5	5.1	7.7	6.8	8.5	5.5	5.8	6.7
조립금속제품 제조업	10.6	12.2	14.8	9.8	10.0	12.3	11.4	6.8	8.8	14.7	7.5	9.1

구 분	사업체 수			종사자 수			생산액			부가가치		
	'96	'01	'05	'96	'01	'05	'96	'01	'05	'96	'01	'05
기타 기계 및 장비 제조업	21.5	21.8	23.6	19.4	19.7	20.1	24.1	22.4	24.9	23.9	22.6	26.2
전자부품, 영상, 음향 및 통신장비	2.4	2.2	2.2	4.0	6.3	5.7	3.7	12.2	8.0	3.3	8.1	5.1
자동차 및 트레일러 제조업	7.4	7.8	8.1	7.3	7.2	8.4	7.9	7.1	7.3	6.8	7.0	7.0
기타 운송장비 제조업	6.0	6.3	5.0	13.1	14.9	16.1	12.5	17.5	18.5	13.0	18.4	18.0
기타	32.9	29.4	26.5	26.5	21.8	18.4	20.0	15.6	13.4	19.9	17.7	15.8

자료: 통계청, 「광업·제조업통계조사보고서」, 각년도

지역내총생산(GRDP) 기준으로, 경남의 서비스업 가운데 가장 높은 비중을 차지하고 있는 업종은 '건설업'(15.0%), '공공행정, 국방 및 사회보장'(12.8%), '부동산 및 사업서비스업'(11.2%) 등의 순서로 나타나고 있다.

사업체 수 기준으로는 '도소매업'(28.7%), '숙박 및 음식점업'(26.0%)으로 가장 높게 나타났으며, '전기·가스 및 수도사업'(0.1%), 공공행정, 국방 및 사회보장'(0.6%) 등이 상대적으로 낮게 나타났다. 종사자 수 측면에서는 '도소매업'(19.6%), '숙박 및 음식점업'(17.6%), '교육서비스업'(11.8%)이 높은 비중을 차지하는 것으로 나타났으며, '전기·가스 및 수도사업'(0.7%)이 낮은 비중을 차지하는 것으로 나타났다.

경남의 서비스산업은 '건설업'과 '부동산 및 사업서비스업'이 사업체수 및 종사자수 대비 가장 높은 생산성을 기록하고 있는 것으로 나타났다.

[표 2-69] 경남 서비스산업의 주요 업종별 비중 추이

(단위: %)

구 분	사업체 수			종사자 수			생산액		
	'96	'01	'05	'96	'01	'05	'96	'01	'05
서비스산업 전체	100	100	100	100	100	100	100	100	100
전기·가스 및 수도사업	0.1	0.1	0.1	0.8	0.7	0.7	3.3	6.1	5.1
건설업	3.0	2.8	3.4	10.5	6.9	8.3	12.4	13.1	15.0
도소매업	37.4	31.9	28.7	24.5	22.0	19.6	7.4	7.3	6.2
숙박 및 음식점업	24.8	26.1	26.0	15.5	18.2	17.6	2.7	3.5	3.3
운수업	6.2	8.9	9.4	6.3	7.3	6.6	5.9	5.0	4.1
금융보험업	1.6	1.4	1.3	6.9	5.8	4.9	5.8	6.9	7.7
부동산 및 사업서비스업	2.9	2.5	3.1	2.2	2.4	2.4	10.2	12.2	11.2
공공행정, 국방 및 사회보장	0.7	0.6	0.6	6.7	5.7	5.6	8.4	12.0	12.8
교육서비스업	4.6	4.4	5.1	9.2	10.8	11.8	6.9	7.6	8.1
보건 및 사회복지사업	1.9	2.3	2.6	3.8	4.9	5.9	2.0	3.3	3.7
기타	16.8	19.0	19.7	13.6	15.3	16.6	35.0	23.0	22.8

자료: 통계청, 「사업체기초통계조사보고서」, 「지역내총생산」, 각 연도

라. 연구개발 및 혁신활동 동향

2005년 현재 경남의 공공연구기관 수는 총 17개로서 전국공공연구기관 수의 7.6%를 차지하고 있으며, 국공립연구기관이 9개, 정부출연연구기관이 5개, 병원 및 기타 비영리연구기관은 3개로 나타났다.

공공연구기관의 연구인력은 총 1,185명으로 전국대비 5.2%이며 주로 국공립연구기관과 정부출연연구기관에 집중되어 있다.

[표 2-70] 경상남도 공공기관 연구활동 현황

(단위: 개, 명, 백만원, %)

구 분	2002년		2003년		2004년		2005년	
연구기관	18	8.5	18	7.5	20	8.1	17	7.6
연구개발인력	1,360	6.3	1,334	6.1	1,237	5.1	1,185	5.2
연구개발비	174,352	6.8	171,721	6.5	173,618	5.9	159,187	5.0

자료: 과학기술부, 「과학기술연구활동조사보고서」, 각 연도

연구개발비의 전국 대비 비중은 연구인력의 비중보다 조금 낮은 5.0% 정도를 차지하고 있으며, 경남도내 금액 대비 비중으로는 국공립기관의 연구개발비가 가장 많은 것으로 나타났다.

[표 2-71] 경상남도 대학의 연구활동 현황

(단위: 개, 명, 백만원, %)

구 분	2002년		2003년		2004년		2005년	
연구기관	18	4.6	20	5.0	21	5.2	18	5.4
연구개발인력	3,277	3.0	3,019	2.5	4,805	3.9	6,246	5.0
연구개발비	44,233	2.5	54,416	2.8	74,200	3.4	106,656	4.4

자료: 과학기술부, 「과학기술연구활동조사보고서」, 각년도

경남의 대학 수는 총 18개로서 전국 대학 수의 5.4%를 차지하고 있으며, 국공립대학이 8개, 사립대학이 10개로 전국대비 각각 11.4%, 3.8%를 차지하고 있다.

대학의 연구개발인력은 총 6,248명으로 전국대비 5.0%이며, 국공립 대학의 경우 전국대비 비중이 7.3%, 사립대학의 경우 3.3%를 나타내 전국 대비 비중으로는 국공립 대학의 비중이 높게 나타났다.

연구개발비의 전국 대비 비중은 연구인력의 비중보다 조금 낮은 4.4% 정도를 차지하고 있으며, 경남도내 금액 대비 비중으로는 국공립대학의 연구개발비가 사립대학의 연구개발비를 상회하는 것으로 나타나고 있다.

[표 2-72] 경상남도 기업체 연구활동 현황

(단위: 개, 명, 백만원, %)

구 분	2002년		2003년		2004년		2005년	
연구기관	332	4.8	347	4.8	369	5.0	422	5.0
연구개발인력	7,579	5.2	7,217	4.7	8,806	5.3	9,009	4.8
연구개발비	697,940	5.4	640,757	4.4	850,723	5.0	696,890	3.8

자료: 과학기술부, 「과학기술연구활동조사보고서」, 각년도

경남에서 연구개발활동을 하고 있는 기업연구소 수는 2005년를 기준으로 총 422개가 있으며 전국대비 5.0%의 비율을 차지하고 있는 것으로 나타났다. 연구인력과 연구개발비의 지출은 전국대비 비중이 각각 4.8%와 3.8%를 차지하고 있는 것으로 나타났다.

마. 향후 발전과제 및 문제점

(1) 발전과제

경상남도는 21세기 경제·사회변화에 능동적으로 대응하며 지역혁신발전계획의 비전인 "과학·기술·정보 거점의 첨단경남 실현"을 위해 경상남도의 핵심산업의 고부가가치화 달성을 위해 노력할 것이다. 이를 위해 경남의 주력산업인 기계산업의 사양화를 방지하기 위한 기술 고도화 및 IT, NT 등을 접목하여 이른바 융합산업을 창출하여 고부가가치화를 추구해야 할 것이다. 또한 이러한 전통산업 육성과 더불어 전략산업으로 추진하고 있는 로봇, 지능형 홈, 바이오 분야의 집중 육성도 지역의 산업구조를 첨단화, 고부가가치화하는 데 필요한 계획 중의 하나이다.

더불어 지역 제조업을 지원할 수 있는 생산자서비스 부문의 역량 강화도 시급하다. 또한 중소제조업의 자금 공급원인 지역금융업에 있어서도 중소제조업과 동반성장을 유지할 수 있도록 방안을 강구해야 할 것이다.

최근 경남은 남해안시대의 개막을 알리며, 국가균형발전을 위한 수도권의 새로운 대응축으로 환남해권 기능 강화에 노력하고 있다. 남해안을 동북아의 물류, 산업, 관광, 문화 중심지로 육성하기 위해 교통인프라 확충 및 관광자원개발, 차세대 성장 동력산업의 집적화 등을 추진하며 부산, 전남과의 협력을 증진하며 공동발전 방안을 수립하고 있다.

부산·진해 경제자유구역 및 광양만권 경제자유구역(하동군)의 성공적인 개발을 위해 대규모 외자 유치에 노력하며, 신항의 개항으로 경남 항만·물류 산업의 발전을 위해서도 다각적인 발전계획을 수립하고 추진해 나가야 할 것이다. 또한, 경남도는 이러한 산업발전과 더불어 2008년 세계람사총회를 유치하여 산업과 환경이 공존하는 전국 최고의 산업수도로 발전해 나가기 위해 지대한 노력을 기울이고 있다.

(2) 문제점

지역산업의 문제점으로는 장기적 사업지원 체계의 부재, 사업기획 및 선정의 불합리성, 산학연의 실질적 연계 메커니즘 미흡, 지원성과 확산 시스템의 미흡, 첨단(기술)산업의 상대적 열세 등을 들 수 있다.

먼저 장기적 사업지원 체계의 부재의 경우 지역산업이 전반적으로 5년 단위사업 진행으로 장기적 관점에서 사업추진의 한계가 있으며, 또한 사업수행 중간 연도(3~4년) 예산 배분에 어려움이 있다.

사업기획 및 선정의 불합리성으로는 지역간 자원 배분시 지역전략산업 선정 이전의 사업과 중복되는 경우 선 투자 지역 우선 지원의 경향이 강하여, 상대적 역량이 부족한 지역에 자원이 배분되어 국가 전체의 경쟁력 제고에 장애가 되고 있으며, 중앙의 사업선정·예산 배분 시 지역별 상황을 고려한 탄력적 대응이 미흡하다.

산학연의 실질적 연계 메커니즘 미흡으로 인해 사업과 산업별 네트워크 사업이 교차하는 지점에서 중복성이 발생하고 정책 반영의 미흡으로 인해 형식적인 형태로 운영되고 있다. 기술력 차이, 협력체계 미흡으로 인해 대기업과 중소기업 간 연계성이 부족하여 다수의 중소기업은 단순 임가공 생산에 치중하고 있는 실정이다. 또한 특성화 대학·우수 국가 출연연구소 등 다양한 혁신지원기관의 상대적 경쟁력 열세 또는 분원 형태에 따른 역량 부족으로 지역산업 선도기능이 미약한 실정이다.

다음으로는 지원성과 확산 시스템의 미흡을 들 수 있다. 다양한 산학연 연계 정책이 추진되고 있으나 실질적 혜택을 누리는 기업은 직접사업에 참여한 기업 또는 개인적인 친분 등에 따른 일부 기업 등에만 국한되어 실절적 산업경쟁력 제고에 장애 요인이 되고 있다. 우수성과에 대한 축적 및 사후관리 체계 구축이 이루어져야 할 것이다.

또 하나의 문제점으로는 첨단(기술)산업의 상대적 열세를 들 수 있다. 첨단(기술)산업은 기존 제조업 중 항공·우주, 의약, 컴퓨터, 정보통신기기산업과 생명공학, 메카트로닉스 등 기술융합화나 새로운 과학기술적 발전 또는 연구성과의 상업화 가능성이 클 것으로 예상되는 산업발전 비전 차원에서 제시되는 산업을 말하는데, 경남도의 경우 항공우주산업, 생명공학 분야 등에 상대적으로 적은 지원이 되고 있다.

지역 경제의 공통적인 문제 중의 하나가 지역금융의 취약성이다. 지방금융이 안고 있는 가장 큰 문제는 실물자본에 비해 금융자본의 비중이 지나치게 낮다는 점이다. 그 중요한 요인은 지역자금의 역외유출로, 현재 지방소재 기업들의 자금사정이 갈수록 악화되고 있는 실정이다. 또한 구조조정에 따른 흡수합병과 경영악화 등으로 경남지역 저축기관의 점포가 크게 감소하여 영세한 중소기업들은 자금조달의 기회가 더욱 줄어들고 있는 실정이다.

13. 대구광역시

가. 지역경제 일반현황

2000~2005년의 인구추이를 살펴보면, 전국인구는 2.7% 증가하였으나 대구지역은 0.5% 감소하였다. 15세 이상 전국인구는 5.8% 증가한 데 비해 대구지역은 3.7% 증가하였다. 경제활동인구 증가율은 전국 7.3%, 대구 7.4%로서 비슷한 양상을 보이고 있다. 취업자 수 증가율도 전국, 대구 모두 8% 정도 증가율을 보이고 있고, 재정자립도는 73.9%로서 2000년보다는 낮아졌으나 여전히 전국 평균보다는 높은 편이다.

대구의 2005년 지역내총생산은 26조 9,594억 원으로 전국의 3.3%를 차지하고 있다. 이는 대구의 전국대비 인구비중 5.1%에 비해 현저히 낮은 수치이며, 이에 따라 1인당 GRDP는 전국평균의 62.6%에 불과하다. 대구의 전국 대비 GRDP 비중은 2000년 3.6%에서 2005년 3.3%로 더욱 낮아졌는데, 이는 같은 기간 대구의 GRDP 연평균성장률(6.0%)이 전국평균(8.2%)에 비해 현저히 낮아진 데 기인한다.

2005년 대구지역 총 사업체 수는 17만 9,780개로 전국의 5.6%를 점유하였는데 이는 2000년에 비해 5.8%나 낮아진 수치이다. 2005년의 수출액은 33억 3,300만 달러로서 전국의 1.2% 수준에 불과하다. 이러한 현실은 그동안 지역경제를 이끌어 온 전통산업의 구조조정 지연, 선도산업 부재, 첨단산업의 취약성 등의 결과로 분석된다. 침체된 지역경제 활성화를 위해서는 지역의 여건과 특성, 발전잠재력 등을 최대한 활용하여 지역경제를 이끌어 갈 새로운 신성장 동력을 창출하는 데 역점을 두어야 할 것이다.

[표 2-73] 대구시의 경제 일반현황

구 분	전 국		대 구	
	2000년	2005년	2000년	2005년
지역내총생산(십억원)	577,971	815,289	20,776	26,959
인구(천명)	47,977	49,268	2,538	2,526
1인당GRDP(만원)	1,230	1,688	822	1,057
사업체 수(개)	3,013,417	3,204,809	174,760	179,780
수출액(백만달러)	172,268	284,419	2,849	3,333
15세 이상 인구(천명)	36,186	38,300	1,951	2,023
경제활동인구(천명)	22,134	23,743	1,148	1,233
취업자(천명)	21,156	22,856	1,092	1,181
재정자립도(%)	59.4	56.2	78.6	73.9

자료: 통계청, 「지역내총생산」, 「통계연보」, 「사업체기초통계조사보고서」, 각 연도

나. 지역 산업구조

2005년 말 기준 GRDP로 본 대구의 산업구조는 1차 산업(농림어업) 0.53%, 2차 산업(광업, 제조업) 21.79%, 3차 산업(건설업, 유통 등) 77.68%로 구성되어 있다. 타 대도시와 마찬가지로 인구의 도시 집중화, 지가상승, 산업용지 부족 등으로 제조업의 비중은 점차 감소하고 있는 반면, 서비스업 등 3차 산업의 비중이 확대되고 있는 추세이다. 구체적으로 농림어업의 구성비는 1996년 0.94%에서 2001년 0.8%, 2002년 0.75%, 2003년 0.58%, 2004년 0.57%, 2005년 0.53%로 낮아졌고, 제조업은 같은 기간 동안 27.25%에서 22.55%, 21.84%, 20.0%, 21.2%, 21.74%로 낮아진 반면 서비스업의 비중은 71.76%에서 76.62%, 77.37%, 79.39%, 78.2%, 77.68%로 높아졌다.

업종별 구성에서 알 수 있듯이, 대구의 산업은 제조업의 비중이 낮고 서비스업의 비중이 높게 구성되어 있다. 그러나 혁신역량의 산업화를 위해서는 지역의 특성에 적합하도록 기존 제조업의 지식화를 통한 지식기반제조업의 지속적인 육성이 필요하다. 특히 달성군 일원을 중심으로 미개발 산업용지가 상당량 존재하고 있어, 향후

지식기반서비스업의 육성과 함께 지식기반제조업 중심의 발전전략이 주효하다고 할
수 있다.

[표 2-74] 대구지역의 산업구조 추이(부가가치 기준)

(단위: 십억원, %)

연 도	계	농림어업	광업	제조업	기 타 서비스업
1996년	15,862 (100.0)	150 (0.94)	8 (0.05)	4,322 (27.25)	11,382 (71.76)
2001년	19,801 (100.0)	159 (0.8)	5 (0.03)	4,466 (22.55)	15,171 (76.62)
2002년	21,054 (100.0)	157 (0.75)	9 (0.04)	4,599 (21.84)	16,289 (77.37)
2003년	21,990 (100.0)	128 (0.58)	7 (0.03)	4,397 (20.0)	17,458 (79.39)
2004년	22,828 (100.0)	130 (0.57)	7 (0.03)	4,840 (21.2)	17,851 (78.2)
2005년	23,951 (100.0)	128 (0.53)	11 (0.05)	5,208 (21.74)	18,604 (77.68)

자료: 통계청, 「지역내총생산」, 각 연도 (2005년도: 잠정치)

다. 산업별 집적 현황

대구지역 5인 이상 제조업체 현황을 살펴보면, 섬유제품제조업이 차지하는 비중
이 가장 높으나 매년 비중이 감소하고 있으며, 조립금속제품제조업과 기계 및 장비
제조업이 차지하는 비중은 증가하고 있다.

제조업체 수는 1996년 7,105개에서 2001년 6,767개로 감소하였다가 2005년 6,921개
로 다소 증가추세에 있다. 2005년 업종별 사업체 수의 비중은 섬유제품제조업(23.7%),
조립금속제품제조업(19.3%), 기타 기계 및 장비제조업(14.6%) 순으로 나타났으며, 섬
유제품제조업은 비중이 점차 낮아지고 있는 반면 조립금속제품제조업은 비중이 다소

높아지고 있다. 한편 제조업체 종사자 수는 1996년 154,327명, 2001년 126,478명, 2005년 121,698명으로 각각 18%, 3.8% 정도 감소하고 있는 추세이다. 2005년 업종별 종사자 수의 비중은 섬유제품제조업(22%), 조립금속제품제조업(15.2%), 기타 기계 및 장비제조업(13.1%) 순이며, 섬유제품제조업은 매년 비중이 낮아지고 있는 반면 조립 금속제품제조업과 기타 기계 및 장비제조업은 비중이 증가하고 있다.

제조업 생산액은 1996년 13조 1,625억 원, 2001년 14조 9,033억 원, 2005년 20조 867억 원으로 증가하고 있다. 2005년 업종별 생산액의 비중은 섬유제품제조업 (14.8%), 기타 기계 및 장비제조업(13.9%), 조립금속제품제조업(11.8%) 순이며, 섬유 제품제조업의 비중은 감소하고 있고, 조립금속제품제조업은 증가추세에 있다. 그리 고 제조업 부가가치는 1996년 5조 9,424억 원, 2001년 5조 9,742억 원, 2005년 7조 4,904억 원으로 증가하였다. 2005년도 업종별 부가가치의 비중은 섬유제품제조업 (16.1%), 기타 기계 및 장비제조업(13.9%), 조립금속제품제조업(13.7%) 순이며, 섬유 제품제조업은 매년 비중이 낮아지고 있는 반면 기타 기계 및 장비제조업과 조립금 속제품제조업은 비중이 증가하고 있다.

[표 2-75] 대구지역 제조업의 주요 업종별 비중 추이

(단위: %)

구 분	사업체수			종사자수			생산액			부가가치		
	'96	'01	'05	'96	'01	'05	'96	'01	'05	'96	'01	'05
제조업 전체	100	100	100	100	100	100	100	100	100	100	100	100
음·식료품 제조업	1.9	2.6	3.5	3.2	3.3	3.9	4.8	5.4	5.5	4.6	4.6	5.5
섬유제품제조업 ; 봉제의복 제외	30.8	30.3	23.7	36.1	34.0	22.0	31.2	28.0	14.8	31.8	29.2	16.1
봉제의복 및 모피제품제조업	4.6	5.3	4.7	3.9	4.1	3.5	1.7	1.7	1.1	2.1	2.1	1.5
조립금속제품 제조업	11.5	12.9	19.3	8.2	9.6	15.2	6.8	7.7	11.8	7.4	8.5	13.7
기타 기계 및 장비제조업	15.2	14.2	14.6	12.4	11.7	13.1	13.9	12.1	13.9	13.1	12.5	13.9
기 타	36.0	34.7	34.2	36.2	37.3	42.3	41.6	45.1	52.9	41.0	43.1	49.3

자료: 통계청, 「광업제조업통계조사보고서」, 각 연도

대구지역 서비스산업에 있어서는, 사업체와 종사자 수는 도소매 및 음식숙박업의 비중이 절대적으로 높으나, 부가가치에 있어서는 금융 · 보험업 · 부동산 · 임대업 및 사업서비스업 분야의 비중이 가장 높다

사업체 수는 1996년 143,698개, 2001년 154,091개, 2005년 155,809개로 증가하고 있으며, 2005년도 업종별 비중을 살펴보면 도소매 및 음식숙박업이 52.1%로 주종을 이루고 있다. 종사자 수는 1996년 538,372명에서 2001년 529,050명으로 조금 감소하였다가 2006년 558,782명으로 증가세에 있으며, 2005년도 업종별 비중은 도소매 및 음식숙박업이 38%, 금융 · 보험업 · 부동산 · 임대업 및 사업서비스업이 15.4%를 차지하고 있다. 부가가치에 있어서는 1996년 11조 3,818억 원, 2001년 15조 1,710억 원, 2005년 18조 6,047억 원으로 높은 증가세를 유지하고 있다. 2005년도 업종별 비중에 있어서는 금융 · 보험업 · 부동산 · 임대업 및 사업서비스업이 29.3%이며, 도소매 및 음식숙박업은 16.2%, 건설업이 11.6%를 차지하고 있다.

[표 2-76] 대구지역 서비스산업의 주요 업종별 비중 추이

(단위: %)

구 분	사업체 수			종사자 수			부가가치		
	'96	'01	'05	'96	'01	'05	'96	'01	'05
서비스산업 전체	100	100	100	100	100	100	100	100	100
전기 · 가스 및 수도사업	0.1	0.1	0.1	0.3	0.4	0.4	1.7	2.6	2.0
건 설 업	2.5	2.5	2.9	10.3	4.7	5.5	13.9	11.4	11.6
도소매 및 음식숙박업	59.5	56.0	52.1	39.9	41.7	38.0	15.9	17.1	16.2
금융 · 보험업, 부동산 · 임대업 및 사업서비스업	7.2	6.6	7.3	14.7	13.5	15.4	30.9	29.2	29.3
기 타	30.7	34.8	37.6	34.8	39.7	40.7	37.6	39.7	40.9

자료: 통계청, 「사업체기초통계조사보고서」, 「지역내 총생산」, 각 연도

라. 연구개발 및 혁신활동 동향

대구지역의 연구개발 현황을 살펴보면, 연구개발비는 2004년 2,582억원에서 2005년 3,755억원으로 45.4% 증가하였으나 전국의 1.6%에 불과하여 아직도 지역의 연구개발비용이 상대적으로 저조함을 알 수 있다. 대구의 연구기관은 총 295개소로 전국대비 비율이 전체적으로 약 3.3%를 차지하고 있어 매우 열악한 상황이라 할 수 있다. 또한 2005년 기준 대구지역의 연구원 수는 총 5,494명으로 전국 234,702명 대비 2.3%이며 1인당 연구개발비도 6,835만원으로 전국평균인 10,292만원의 66% 수준을 나타내고 있다

[표 2-77] 대구지역 연구개발비 현황

(단위: 억, %)

구분	2004년		2005년		증감	증감률
	연구개발비(A)	비율	연구개발비(B)	비율	증감액(B - A)	
전국	221,853	100%	241,554	100%	19,701	8.9%
대구	2,582	1.2%	3,755	1.6%	1,173	45.4%

자료: 과학기술부, 「과학기술연구개발활동 조사보고서」, 2006년

[표 2-78] 대구지역 2005년 연구기관 현황

(단위: 개소, %)

지역	공공 연구기관				대학부설 연구소			기업체 연구소			총계
	소계	국·공립	정부출연	기타	소계	국·공립	사립	소계	정부투자	민간기업	
전국	225	90	60	75	332	70	262	8,422	23	8,399	8,979
대구	10 (4.4)	2 (2.2)	3 (5)	5 (6.7)	14 (4.2)	3 (4.3)	11 (4.2)	271 (3.2)	-	271 (3.2)	295 (3.3)

자료: 과학기술부, 「과학기술연구개발활동 조사보고서」, 2006년

마. 문제점과 향후 발전과제

(1) 문제점

① 산업계의 연구개발(R&D) 및 중추관리기능 취약

대구시는 섬유산업을 중심으로 한 경공업 중심의 산업구조와 더불어 연구개발 역량이 부족한 종업원 50인 미만 소기업의 비중이 높다. 이를 반영해 주듯 대구의 연구개발비중은 2005년 기준으로 전국의 1.6%로 전국 9위를 차지하고 있다. 또한 지역 대학의 연구개발 역량과 혁신 잠재력은 상대적으로 양호하지만, 이러한 능력이 산업화로 충분히 연결되지 못하고 있는 실정에 있다.

② 전통 주력산업의 구조조정 부진

지역내 임금상승, 지가 및 임대료 상승 등으로 기업의 비용인상 요인이 심화되고 있는 가운데 중국, 동남아시아 국가들의 급속한 추격으로 지역의 일부 주력산업의 국제 경쟁력이 위협받고 있다. 기존 주력산업인 섬유, 기계금속산업은 선진국의 기술혁신을 따라 잡지 못하고 있으므로 기술집약도가 높은 고부가가치형 산업구조로의 구조조정 또한 기대에 미치지 못하고 있다

③ 지식기반 신성장 동력산업의 육성 미흡

향후 지역의 성장을 이끌어갈 차세대 지식기반 전략산업으로 지능형자동차부품, 모바일 및 임베디드, 한방바이오 등을 채택하여 육성하고 있으나, 이들 대부분의 신규 전략산업들은 대구지역에 확고한 기반을 마련하지 못하고 있어 지역경제를 선도하기에는 부족한 상황이다. 대구지역에 이들 분야의 고급인력이 풍부함에도 불구하고 이를 흡수할 수 있는 기업과 연구소의 부족으로 인해 우수인재의 역외 유출 현상이 지속적으로 나타나고 있다.

④ 산업용지 및 재원 부족에 따른 기업 유치 애로

대구지역에는 현재 4개의 지방산업단지와 2개의 농공단지, 3개의 일반공단이 조성되어 있으며, 2007년 3월 현재 대구지역의 산업단지는 총 20,720천㎡에 입주업체는 약 5,043개 업체 정도이다. 따라서 첨단산업 유치에 필요한 산업용지가 부족하며 국가산업단지가 없다는 취약점을 안고 있다. 또한 기존 산업단지는 기성 시가지내에 입지하고 있어 지가상승 및 주거지역 확대 등으로 인해 외곽지역으로 이전 압력을 받고 있는 실정이므로 신규업체의 창업과 입주, 기존업체의 확장 등에 있어서 어려움이 많다.

(2) 향후 발전과제

향후 지역경제를 이끌어갈 새로운 성장동력 산업의 발굴 및 기존 주력산업의 첨단화는 지역경제 성장을 위한 중요한 관건이라 할 수 있다. 따라서, 지역산업의 경쟁력 강화를 위해 산학연 협력체제 강화 등을 통하여 연구개발에 총력을 기울여야 할 것이며, 첨단산업이 입주할 수 있는 산업용지를 지속적으로 확대해 나가야 할 것이다.

또한 앞으로는 지식이 경쟁력의 원천이 될 것으로 예상됨에 따라, 지식의 창출·활용 정도가 개인과 조직, 국가의 운명을 좌우할 것으로 전망된다. 이에 대구는 우수한 교육인프라 및 인적자원, 그리고 문화예술 인프라 등 지식기반환경을 잘 갖추고 있을 뿐만 아니라, 다수의 지식기반제조업이 집중되어 있고, 교육·학술 관련 공공기관 중심으로 혁신도시가 건설될 예정이어서, 지식과 정보라는 무형자산가치를 활용할 수 있는 최적의 조건을 보유하고 있다. 따라서 우수한 지식관련 인프라를 적극 활용하여 「국제지식산업도시」로 육성해 나가야 할 것이다.

14. 경상북도

가. 지역경제 일반현황

2005년 현재 경북의 지역내 총생산은 57조 638억원으로 2000년의 38조 446억원에 비해 50%의 증가를 보였으며, 이는 동 기간 전국의 41%의 증가에 비해 높은 수준이다. 경북의 GRDP는 전국 16개 시·도 중 서울, 경기 다음으로 3위를 차지하고 있으며, 전국대비 GRDP 비중은 당해 연도 가격기준 2000년 6.7%에서 2005년 7.1%로 증가하였다. 전국의 인구는 2000년에 비해 2005년 현재 2.7%p의 증가를 보이나, 경북의 경우 오히려 감소(-4.5%)함으로써 인구유출이 일어나고 있다. 이처럼 경북지역의 인구는 감소하는 데 반해 지역내 총생산은 증가하여 경북의 1인당 GRDP는 2005년 현재 2,175만원으로 2000년의 1,386만원에 비해 57%의 증가를 보이고 있다. 이는 전국의 1999년 대비 평균 증가율이 45%인 것에 비하면 높은 수치이다. 한편 전국의 사업체 수는 2005년 현재 3,204,809개로 2000년 대비 증가율이 6.4%인 것에 비해, 2005년 현재 경북의 사업체 수는 181,069개로 2000년에 비해 1.8%가 증가하는 데 그쳤다. 기업의 창업 및 이전이 전국에 비해 미진함을 보여주고 있으며, 기업하기 좋은 환경구축이 요구되고 있다. 경북의 2005년 현재 경제활동인구는 1,397천명으로 2000년 대비 1.3%p가 감소하였으며, 취업자는 1,364천명으로 2000년 대비 0.2%p가 감소하였다.

경북의 2005년 현재 수출액은 38,709백만 달러로 2000년 대비 147.3%의 매우 급격한 증가를 보이고 있으며, 이는 전국의 증가율(65%)에 비해 2배 이상 높은 수치이다. 인구 및 업체 수의 감소에도 불구하고 지역내 총생산이 증가한 것은 수출 호조에 힘입은 바 크다고 할 수 있다. 전국의 재정자립도는 2000년 64.2%에서 2005년 56.2%로 낮아졌으며 경북의 경우에도 2000년 56.2%에서 2005년 29.6%로 감소하였다.

[표 2-79] 경상북도의 경제 일반현황

구 분	전국		경상북도	
	2000년	2005년	2000년	2005년
지역내총생산(십억원)	577,970	815,289	38,446	57,638
인구(천명)	47,028	48,299	2,774	2,650
1인당 GRDP(만원)	1,229	1,688	1,386	2,175
사업체 수(개)	3,013,417	3,204,809	177,916	181,069
수출액(백만달러)	172,268	284,419	15,653	38,709
15세 이상 인구(천명)	36,186	38,300	2,172	2,142
경제활동인구(천명)	22,134	23,743	1,415	1,397
취업자(천명)	21,156	22,856	1,367	1,364
재정자립도(%)	64.2	56.2	45.0	29.6

자료: 통계청, 「지역내총생산」, 각 연도, 관세청 홈페이지(수출입통계) / 경북도청홈페이지(경북통계 DB)

경북지역은 국내 최대의 원사생산업체인 한국합섬의 도산('07년 4월)으로 인한 지역 섬유업체의 원자재 수급불능과 단가하락, 채산성 악화, 보유설비의 비효율적 운영 등으로 섬유 및 비금속광물의 부진이 지속되었으나, 전자·통신, 제1차 금속 등을 중심으로 증가세가 확대되고 있으며 휴대폰은 지역 완제품 생산업체의 중저가 폰 시장 점유 확대에 힘입어 생산이 증가되었다.

2006년도 경북지역의 제조업 생산은 전년대비 10.5%p 증가로 꾸준한 증가추세에 있으며 제조업 출하는 전년대비 7.9%p 증가되었다.

업종별로는 전기전자가 반도체, LCD 패널 등을 중심으로 호조를 지속하였으나 1차 금속은 중국산 저가 철강제품에 대응한 자율적인 감산 등으로 부진하였다. 디스플레이는 가격하락에 따른 수요증가, 윈도비스타 출시에 따른 와이드 모니터용 패널수요 증가 등의 영향으로 신장세가 지속되고 있다.

[표 2-80] 경북지역 산업생산 추세(2000년=100)

구 분	2000	2001	2002	2003	2004	2005	2006
생 산	100	109.1	122.2	135.8	155.9	168.9	186.6
출 하	100	109.3	120.5	131.8	153.6	165.1	178.2

자료: 대구경북지방통계청

나. 지역 산업구조

경북지역의 지역내총부가가치(기초가격)는 1996년 26조 5,351억원에서 지속적으로 증가추세를 보여 2005년에는 53조 63억원을 기록하였으며, 이는 1995년에 비해 2배 증가한 것이다.

한편, 지역내 총생산을 기준으로 한 지역산업구조 추이를 살펴보면, 1996년 농림어업 13.0%, 광업 0.6%, 제조업 36.6%, 서비스업 49.9%로 서비스업과 제조업의 비중이 가장 크게 나타나고 있다. 2005년 현재 경북지역의 산업구조는 제조업(47.6%), 서비스업(45.6%), 농림어업(6.4%) 순으로 나타났다. 경북지역의 경우, 제조업의 비중이 증가추세를 보이고 있으며 서비스업의 비중도 높게 나타나고 있다. 반면, 농림어업의 비중은 계속 감소추세를 보이고 있다.

2005년 현재 제조업의 지역내 총생산은 25조 2,700억원으로 1995년 대비 2.5배 이상의 증가를 보였다. 서비스업의 경우 24조 2,076억원으로 1995년 대비 83%의 증가를 보이고 있다. 반면, 농림어업과 광업의 지역내 총생산은 절대적 감소를 보이고 있다. 따라서 경북지역은 제조업과 서비스업이 그 성장을 주도하고 있다고 할 수 있다.

[표 2-81] 경상북도 지역의 산업구조 추이(부가가치 기준)

(단위: 십억원, %)

연도	계	농림어업	광업	제조업	서비스업
1996	26,535 (100.0)	3,438 (13.0)	157 (0.6)	9,701 (36.6)	13,239 (49.9)
2001	37,591 (100.0)	3,099 (8.2)	104 (0.3)	15,213 (40.5)	19,175 (51.0)
2002	40,450 (100.0)	3,383 (8.4)	142 (0.4)	16,501 (40.8)	20,425 (50.5)
2003	45,458 (100.0)	2,955 (6.5)	93 (0.2)	19,772 (43.5)	22,639 (49.8)
2004	52,070 (100.0)	3,611 (6.9)	166 (0.3)	24,928 (47.9)	23,364 (44.9)
2005	53,063 (100.0)	3,414 (6.4)	172 (0.3)	25,270 (47.6)	24,208 (45.6)

자료: 통계청, 「지역내총생산」, 각 연도

다. 산업별 집적 현황

경북지역 제조업의 업종별 비중을 사업체 수, 종사자 수, 생산액 및 부가가치로 살펴보면, 우선 사업체 수에 있어서 1995년 대비 2005년 현재 그 비중이 높아진 업종은 음식료품, 화합물 및 화학제품, 고무 및 플라스틱제품, 제1차 금속, 조립금속제품, 기타 전기기계 및 장비제조업, 컴퓨터 및 사무용 기기 제조업, 자동차 및 트레일러 제조업으로 나타나 기계금속산업에서의 증가가 두드러지게 나타나고 있다.

종사자 수에 있어서는 경북 제조업 중 전자부품, 영상, 음향 및 통신장비 제조업이 2005년 현재 21.4%로 가장 높은 비중을 차지하고 있으며, 1995년 15.6%에서 2005년 21.4%로 증가하여 비약적인 성장세를 보이는 것으로 나타나고 있다. 그 외에 고무 및 플라스틱제품과 조립금속제품, 기타 기계 및 장비, 자동차 및 트레일러 제조업의 종사자 수 비중이 증가한 것으로 나타났다. 특히 고무 및 플라스틱제품,

조립금속제품 제조업, 기타 기계 및 장비제조업은 사업체 수와 종사자 수의 비중이 모두 증가하였다.

생산액에 있어서는 2005년 현재 전자부품, 영상, 음향 및 통신장비 제조업생산이 경북 전체 제조업의 39%로 가장 높게 나타났으며, 다음으로 제1차 금속산업(23.6%)이 높은 비중을 차지하고 있다. 가장 비약적인 성장세를 보이는 업종은 1995년 19.7%에서 2004년 39%로 증가한 전자부품·영상·음향·통신장비 제조업이며, 그 외에 고무 및 플라스틱제품 제조업이 증가추세를 보이고 있으며 두 업종을 제외한 나머지 업종의 생산액 비중은 모두 감소세를 보이고 있다.

부가가치에 있어서도 생산액과 마찬가지로 전자부품·영상·음향·통신장비 제조업이 1995년 19.6%에서 2005년 45.1%로 2배 이상 비중이 증가하였으며, 고무 및 플라스틱제품 제조업은 2005년 3.3%로 증가하였다. 그 외 업종은 모두 감소세를 보이고 있다. 특히 경북 제조업 생산액 2위를 차지하는 제1차 금속산업 비중도 10년 전에 비해 산업비중이 다소 감소되었음을 알 수 있다.

따라서 경북지역의 산업은 전자·통신산업 집적지인 구미지역과 철강산업 집적지인 포항지역 등 전자, 철강 제조업의 단선적인 산업구조를 형성하고 있으며, 지역경제는 전자·통신산업의 수출 증가와 기계부품산업의 성장에 힘입은 바가 크다고 할 수 있다.

[표 2-82] 경상북도 지역 제조업의 주요 업종별 비중 추이

(단위: %)

구분	사업체수			월평균종사자수			생산액			부가가치		
	'95	'01	'05	'95	'01	'05	'95	'01	'05	'95	'01	'05
제조업(15~37)	100	100	100	100	100	100	100	100	100	100	100	100
음·식료품 제조업	9.4	9.0	11.3	5.8	5.2	5.8	4.5	3.1	2.7	4.0	2.8	2.3
섬유제품 제조업; 봉제의복 제외	26.3	22.5	15.1	21.3	16.1	8.9	10.7	7.4	3.5	12.3	8.2	3.8
봉제의복 및 모피제품 제조업	0.6	0.6	0.5	0.5	0.4	0.3	0.1	0.1	0.0	0.2	0.1	0.1
화합물 및 화학 제품 제조업	4.2	4.5	5.7	5.8	5.4	4.7	8.3	7.0	4.9	9.6	6.7	5.2
고무 및 플라스틱제품 제조업	5.8	8.0	8.5	4.5	5.5	7.8	0.3	2.5	3.5	2.9	2.6	3.3
비금속광물제품 제조업	9.1	7.2	6.7	7.2	5.8	5.3	5.6	4.9	3.4	7.6	7.6	3.8
제1차 금속산업	3.1	3.9	4.2	10.4	11.2	10.6	24.0	21.2	23.6	21.6	19.7	18.8
조립금속제품 제조업	6.6	8.3	10.3	4.6	5.1	7.3	3.7	2.2	2.8	3.5	2.3	2.6
기타 기계 및 장비 제조업	6.6	8.1	10.5	4.8	4.6	6.7	2.8	1.9	2.7	3.2	2.3	2.8
컴퓨터 및 사무용 기기 제조업	0.7	1.4	1.2	3.1	3.2	1.9	5.6	5.0	2.6	3.9	3.4	2.6
전자부품, 영상, 음향 및 통신장비	7.6	6.1	5.9	15.6	18.4	21.4	19.7	32.3	39.0	19.6	32.5	45.1
자동차 및 트레일러 제조업	4.7	5.0	5.2	6.1	7.0	7.3	4.2	4.1	3.9	4.2	4.3	3.4
기타	15.5	15.4	15.1	10.4	11.9	11.8	8.1	7.4	6.7	7.4	6.8	5.5

자료: 통계청, 「광업·제조업통계조사보고서」, 각 연도

한편, 제조업 업종별 현황을 시·군별로 살펴보면, 경북 총사업체 기준으로 구미시(17.4%), 경산시(15.4%), 칠곡군(13.7%), 경주시(11.1%)에 집중적으로 분포하고 있으며, 이들 4개 시의 사업체 수가 경북 전체 제조업의 57.6%를 차지한다.

경북의 제조업체 수 중 가장 높은 비중을 차지하는 구미시의 경우, 구미시 전체 제조업체 중 전자부품·영상·음향·통신장비(22.9%)제조업체 수가 가장 많으며 그 외 기타 전기기계 및 변환장치(17.8%), 고무 및 플라스틱제품(10.7%) 제조업이 집적하고 있다. 경산시의 경우, 섬유제품(30.6%), 조립금속제품(11.0%)이 집적하고 있고, 칠곡군은 기타 기계 및 장비제조(15.6%), 섬유제품 제조업(14.3%), 경주시는 자동차 및 트레일러제조(21.1%), 조립금속제품(14.1%), 포항시는 제1차 금속산업(16.7%), 조립금속제품(14.6%), 기타 기계 및 장비제조(12.5%)가 주요 업종으로 집중되어 있음을 알 수 있다.

2005년 현재 경북지역의 전략산업을 비롯한 주요 산업 집적지를 살펴보면, 전자·정보기기산업은 구미에 사업체 수가 집중되어 있으며, 자동차산업은 경주, 경산, 칠곡, 영천에 사업체가 분포되어 있는 것으로 나타났다. 기계 부품산업의 경우 포항, 경주, 경산, 구미, 칠곡 등 경북 남부지역에 넓게 분포되어 있으며 섬유 및 의류산업은 경산, 칠곡에 집중되어 있는 것으로 나타났다.

한편, 경북의 서비스산업 업종별 비중을 살펴보면, 사업체 수에 있어서 2005년 현재 서비스산업 중 가장 큰 비중을 차지하는 업종은 도소매업(28.8%)이며, 다음으로 숙박 및 음식점업(26.1%)으로 나타났다. 1995년 대비 2005년 현재 그 비중이 높아진 업종은 숙박 및 음식점업, 운수업, 통신업, 부동산 및 사업서비스업, 교육서비스업, 보건 및 사회복지사업 등이며, 금융보험업의 사업체 수 비중이 계속 감소추세를 보이고 있어 경북지역의 서비스업은 소비자서비스업에 치중되어 있음을 알 수 있다.

종사자 수에 있어서는 2005년 현재 도소매(19%), 숙박 및 음식점업(17.5%), 교육서비스업(12.5%), 기타 서비스업(11.1%) 순으로 나타났으며, 1995년 대비 2005년 현재 비중이 높아진 업종은 전기·가스·수도사업, 숙박 및 음식점업, 운수업, 부동산 및 사업서비스업, 교육서비스업, 기타 서비스업으로 나타났다.

생산액에 있어서는 2005년 현재 건설업(16.7%)이 가장 높은 비중을 차지하고 있으며 행정·국방 및 사회보장업(13.2%), 부동산 및 사업서비스업(12.9%), 전기·가스·수도사업(12.6%)이 높은 비중을 차지하였다. 생산자서비스업에 속하는 금융보험업의 생산액이 증가하고 있어 앞으로 경북의 생산자서비스업의 성장을 기대할 수 있을 것이다.

[표 2-83] 경북지역 서비스산업의 주요 업종별 비중 추이

(단위: %)

구 분	사업체 수			종사자 수			생산액		
	'95	'01	'05	'95	'01	'05	'95	'01	'05
서비스업 전체	100	100	100	100	100	100	100	100	100
전기, 가스 및 수도사업	0.1	0.1	0.1	0.7	1.1	1.1	4.1	10.6	12.6
건설업	3.1	3.1	3.5	10.9	6.6	7.4	20.7	18.0	16.7
도소매업	37.4	31.5	28.8	21.1	21.7	19.0	7.3	6.7	6.4
숙박및음식점업	24.0	27.0	26.1	15.5	18.7	17.5	5.1	4.8	4.1
운수업	6.6	8.0	9.5	6.6	6.5	6.7	5.9	6.0	6.2
통신업	0.3	0.3	0.4	1.2	1.2	1.0	2.0	3.5	4.4
금융보험업	1.5	1.5	1.3	6.3	5.6	4.7	6.2	6.2	6.9
부동산 및 사업서비스업	3.9	3.6	4.0	5.6	5.3	6.7	15.0	13.7	12.9
행정, 국방 및 사회보장	1.0	0.8	0.8	8.0	6.7	6.5	13.0	13.1	13.2
교육서비스업	4.2	4.0	4.8	10.3	11.3	12.5	12.1	10.0	9.6
보건 및 사회복지사업	1.8	2.2	2.5	3.5	4.6	5.6	4.2	2.9	3.1
기타 서비스업	16.1	17.8	18.3	10.1	10.7	11.1	4.4	4.5	4.0

자료: 통계청, 「사업체기초통계조사보고서」, 「지역내총생산」, 각 연도

라. 연구개발 및 혁신활동 동향

연구개발의 투입지표들을 살펴보면, 2005년 현재 연구개발비는 1조 2,881억원, 연구인력은 15,006명, 연구개발조직은 312개로 2001년에 비해 연구개발 투입지표가 모두 증가하였으며 전국비중도 증가세를 보이고 있다. 연구개발 주체별로는 공공연구기관과 대학의 연구개발비중이 상대적으로 감소세를 보이는 반면, 기업체의 비중은 계속 증가세를 보이고 있다.

[표 2-84] 경북의 연구개발 현황

구분\연도\연구개발주체	연구개발비(백만원)			연구인력(명)			연구개발조직(개)		
	2001년	2003년	2005년	2001년	2003년	2005년	2001년	2003년	2005년
공공 연구기관	90,990 (4.21)	77,475 (2.95)	73,390 (2.30)	784 (3.74)	576 (2.62)	459 (2.03)	13 (5.51)	12 (4.98)	8 (3.56)
대학	237,952 (14.19)	153,011 (7.92)	141,403 (5.90)	4,534 (4.42)	6,630 (5.48)	5,877 (4.70)	35 (9.80)	34 (8.54)	28 (8.43)
기업체	479,056 (3.90)	633,567 (4.40)	1,073,340 (5.78)	4,642 (3.36)	7,182 (4.66)	8,670 (4.62)	191 (2.84)	232 (3.23)	276 (3.28)
총계	807,998 (5.02)	869,053 (4.56)	1,288,133 (5.33)	9,960 (3.80)	14,388 (4.84)	15,006 (4.47)	239 (3.26)	278 (3.55)	312 (3.47)

자료: 과학기술부, 과학기술연구활동조사보고서, 2001~2005년
주: ( )는 전국 비중임.

마. 향후 발전과제

2000년 이후 경북경제가 기타 지역에 비해 상대적으로 호조를 보인 것은 구미와 포항의 전자, 철강산업의 호경기에 크게 의존한 결과라 할 수 있다. 그러나 이러한 전자, 철강 제조업 중심의 단선적인 산업구조와 함께 산업의 두뇌부분, 즉 본사기능과 연구개발 기능의 취약, 수도권 규제완화에 따른 수도권 집중의 가속화, 그리고 중국의 급추격에 대한 대응이 필요하다. 따라서 기존 산업단지의 재구조화와 혁신 클러스터화로 지역산업의 경쟁력을 제고해야 한다.

경북의 경우 세계적 전자산업 집적지 구미지역과 철강산업 집적지 포항지역, 대구 주변의 경산지역 등 남부지역 일원에 산업활동이 집중되어 있으며, 북부지역의

산업기반은 매우 취약하다. 또한 차세대 성장동력산업과 같은 첨단산업분야의 지식 집약적 생산기반이 취약하다. 따라서 차세대 성장동력산업의 발굴과 북부 낙후지역에 지역혁신기반을 점진적으로 확충하고, 대학의 연구개발 기능 및 현장중심의 인력양성기능 강화와 함께 산학연관 지역 혁신주체들 간의 유기적 연계를 통해 지식기반경제에의 적극적 대응이 요구되고 있다.

15. 강원도

가. 지역경제 일반현황

2005년 강원도의 지역내총생산(GDRP)은 22조 650억원 수준으로서, 이는 전국과 비교할 때 2000년 2.8%에서 2005년 2.7%로 약간 감소하는 경향을 보이고 있다. 1인당 GRDP는 1,510만원이며 전국평균 1,733만원의 87.1%의 수준에 머무르고 있으며, 수출액 비중이 전국의 0.3%에 불과하여 대부분 내수중심의 생산구조로 되어 있다. 또한 재정자립도는 매년 감소경향에 있어 2000년 32.4%에서 2005년 27.5%로 최근 5년간 매년 1%씩 감소하고 있다.

2005년 강원도의 인구는 152만명이며, 이 중 경제활동인구는 65만 8천명(전체인구의 43%)으로 2000년에 비해 1천명이 증가하였다. 강원도의 경제활동 참가율은 56.1%로 전국평균 60.5%에 비해 약간 낮은 수준이나, 실업률은 1.8%로서 전국 평균 4.4%에 비해 매우 낮아 전국 1위를 나타내고 있다. 그러나 강원도는 취업기회가 많지 않아 낮은 실업률에도 불구하고 인력이 타 지역으로 유출되는 경향이 있어 경제활동 인구의 비율이 다소 낮게 나타나고 있다.

[표 2-85] 강원지역의 일반경제 현황

구분	전국		강원	
	2000년	2005년	2000년	2005년
지역내총생산(십억원)	577,971	815,289	16,462	22,065
인구(천명)	45,985	47,041	1,485	1,461
1인당GRDP(만원)	1,257	1,733	1,109	1,510
사업체 수(개)	3,013,417	3,204,809	110,065	116,163
수출액(백만달러)	172,267	284,418	798	856
15세 이상 인구(천명)	36,345	38,055	1,189	1,194

구분	전국		강원	
	2000년	2005년	2000년	2005년
경제활동인구(천명)	22,016	23,526	657	658
취업자(천명)	21,042	22,699	639	646
재정자립도(%)	59.4	56.2	32.4	27.5

자료: 통계청, KOSIS 통계정보시스템

나. 지역산업 구조

강원지역의 산업구조를 보면 서비스업의 비중은 지속적으로 증가하고 있지만 농림어업, 제조업, 광업의 비중은 계속 감소하고 있어 소비지향적인 산업구조를 보이고 있다. 지역내 총부가가치 기준으로 살펴보면, 1996년에는 서비스업이 75.4%로 가장 큰 비중을 차지하고, 제조업 13.2%, 농림어업 9.1%, 광업 2.3% 순으로 나타났다. 그러나 2005년의 경우 농림어업 및 광업, 제조업은 지속적으로 감소하고 있는 반면 서비스업은 계속해서 증가하여 서비스업이 82.0%로 가장 큰 비중을 차지하고 있으며, 제조업 10.4%, 농림어업 6.1%, 광업 1.5% 순의 비중을 차지하고 있다.

한편, 전국 대비 강원지역의 산업구조를 살펴보면, 전반적인 산업구조는 비슷한 구조를 보이고 있지만 업종별로 차지하는 비중은 강원지역의 지역적 특성상 제조업의 비중은 낮은 반면 농림어업 및 광업, 서비스업이 차지하는 비중은 높은 구조를 보이고 있다.

[표 2-86] 강원지역의 산업구조 추이(부가가치 기준)

(단위: 십억원, %)

연도	계	농림어업	광업	제조업	서비스업
1996년	1,201 (100.0)	1,023 (9.1)	256 (2.3)	1,481 (13.2)	8,441 (75.4)
2001년	15,516 (100.0)	1,158 (7.5)	241 (1.6)	1,813 (11,7)	12,304 (79.3)
2002년	16,705 (100.0)	1,289 (7.7)	305 (1.8)	1,727 (10.3)	13,384 (80.1)
2003년	18,576 (100.0)	1,272 (6.9)	314 (1.7)	1,886 (10.3)	14,854 (81.1)
2004년	19,673 (100.0)	1,314 (6.7)	348 (1.8)	2,127 (10.8)	15,884 (80.7)
2005년	20,873 (100.0)	1,273 (6.1)	313 (1.5)	2,170 (10.4)	17,117 (82.0)

자료: 통계청, 「지역내총생산」, 각 연도
주: ( )는 연도 내 업종별 비율임.

다. 산업별 집적 현황

강원지역의 산업별 집적 현황을 2005년을 기준으로 살펴보면, 제조업 부분에서는 지역적 특성상 농림수산물의 음·식료품 제조업과 시멘트 등의 비금속광물제품 제조업이 사업체 수, 종사자 수, 생산액, 부가가치 기준으로 큰 비중을 차지하고 있다. 그러나 제조업체의 90% 이상이 종업원 50인 미만인 영세기업이 대부분을 차지하고 있다.

[표 2-87] 강원지역 제조업의 업종별 비중 추이

(단위: %)

	사업체 수			종사자 수			생산액			부가가치		
	'96	'01	'05	'96	'01	'05	'96	'01	'05	'96	'01	'05
○ 제조업	100	100	100	100	100	100	100	100	100	100	100	100
-음·식료품제조업	36.3	37.5	37.1	30.0	31.7	31.2	23.3	23.2	25.9	18.7	18.5	23.5
-목재 및 나무제품제조업	6.3	4.4	3.5	2.2	1.5	1.4	1.0	0.6	0.6	0.8	0.5	0.5
-고무 및 플라스틱제조업	5.1	5.6	4.9	4.7	5.6	4.6	2.4	3.0	2.7	2.0	2.5	2.6
-비금속광물제품제조업	16.3	13.8	14.8	20.8	15.9	15.3	32.1	32.6	28.6	31.3	40.2	32.4
-조립금속제품제조업	8.2	6.6	5.9	3.8	3.2	3.5	2.3	1.7	2.5	1.6	1.3	1.9
-기타 기계 및 장비제조업	3.7	4.8	5.0	3.9	6.0	5.7	2.2	3.0	3.5	1.8	2.6	2.9
-기타 전기기계 및 전기변환장치	3.5	4.3	3.5	3.7	6.2	4.5	1.7	4.0	3.7	1.2	3.4	2.9
-의료, 정밀, 광학기기 및 시계	0.5	2.3	3.8	1.2	2.2	4.3	1.4	4.1	3.9	1.2	5.3	4.1
-자동차 및 트레일러제조업	0.6	1.2	1.7	4.5	6.7	9.1	5.1	9.5	10.9	5.0	6.8	9.5
-기타	19.6	19.6	19.8	25.3	21.1	20.5	28.6	18.3	17.7	36.4	18.7	19.8

자료: 통계청, 「광공업통계조사보고서」, 각 연도

서비스 부분에서는 사업체 수·종사자 수에서 관광산업의 비중이 높기 때문에 도·소매 및 음식·숙박업이 가장 큰 비중을 차지하고 있으며, 생산액에서는 사업 규모가 큰 건설업이 18.5%로 가장 높게 나타나고 있다. 그러나 1996년과 비교하여 이 두 산업의 비중은 감소하고 있으며, 금융보험업, 교육서비스업, 기타 산업이 증가하고 있다. 기타 산업이 증가하는 이유는 지역여건상 공공행정, 국방 및 사회보장의 비중이 높게 나타나고 있기 때문이다.

[표 2-88] 강원지역 서비스 산업의 업종별 비중 추이

(단위: %)

구 분	사업체 수			종사자 수			생산액		
	'96	'01	'05	'96	'01	'05	'96	'01	'05
전기, 가스 및 수도사업	0.1	0.1	0.1	0.9	0.9	0.8	2.7	3.2	2.6
건설업	2.9	3.0	3.7	7.1	6.8	7.9	24.7	15.8	18.5
도·소매 및 음식·숙박업	66.9	60.3	57.1	42.1	41.0	38.2	16.9	12.3	12.3
운수 및 통신업	5.9	8.4	9.4	7.2	7.9	7.4	9.2	8.3	7.1
금융보험업	1.6	1.5	1.2	7.1	5.4	4.5	6.7	6.3	7.1
부동산 및 사업서비스업	3.9	4.1	5.0	4.1	4.7	6.5	8.9	10.4	9.1
교육서비스업	3.9	3.7	4.1	9.4	10.1	11.2	5.7	9.6	9.4
기타	14.8	18.9	19.3	22.0	23.3	23.5	25.2	34.1	33.9
계	100	100	100	100	100	100	100	100	100

자료: 통계청, 「사업체기초통계조사보고서」, 각 연도
　　　통계청, 「지역내총생산」, 각 연도

라. 연구개발 및 혁신활동 동향

강원도의 2005년 예산은 약 2조 1,003억원이며, 2006년 예산은 이보다 6.29% 증가한 2조 2,296억원이다. 이 중 2006년의 연구개발예산은 전체 예산의 3.2%를 차지하는 약 717억원이다. 한편 연구개발예산의 사업별 현황을 살펴보면, 강원 방재산업 테크노밸리 인프라 구축 5억원, 강릉 R&D혁신지원센터 건립 10억원, 강원발전연구원 운영 39억원, 강원전략산업기획단 운영 10.8억원, 춘천바이오타운 조성 31.6억원, 원주 의료기기테크노밸리 조성 10.8억원, 강릉 해양수산자원 산업화지원센터 건립 53.9억원, 산·학·연 공동기술개발 컨소시엄 사업 8억원, 강원권 세라믹 신소재산업 클러스터 조성 28.5억원, IT협동연구센터 강원분소 육성 2.5억원, 지역혁신센터 (RIC) 7.6억원 등에 활용되고 있다.

(1) 강원도의 과학기술 관련 하부기반구조 현황

① 강원도 국·공립 및 출연연구기관

우리나라 이공계 국·공립 연구기관 및 정부출연 연구기관은 수도권과 대전지역에 집중되어 있으며, 농·수산 연구기관들은 자치단체의 성격에 따라 분소와 시험장이 지역별로 분포되어 있어 과학기술관련 연구기관의 지역간 편중으로 불균형이 심화되어 있다.

강원도의 정부출연 연구기관은 KIST강릉분원, 한국기초과학지원연구원의 춘천분소(강원대)와 강릉출장소(강릉대), 농촌진흥청 산하 고령지농업연구소(평창)와 축산연구소 한우시험장(대관령)이 유일한 실정으로 본원은 하나도 없으며, 모두 분소형태로 운영 중에 있다. 현재 이미 구축된 10여개의 R&D기반을 중심으로 R&D 혁신지원센터('06～'11년, 291억) 건립과 국립·정부출연 연구기관, 기업연구소 등을 유치하여 강릉 광역권의 R&D 특구 지정과 국제적인 사이언스 파크를 조성해 나가고 있다.

[표 2-89] 강원도 기업의 연구개발활동 현황

(단위: 개, 명, 백만원, %)

연구주체 \ 연도	2001년	2002년	2003년	2004년	2005년
연구조직	57 (0.9)	53 (0.8)	70 (0.98)	87 (1.17)	105(1.24)
연구인력	591 (0.4)	589 (0.4)	731 (0.49)	812 (0.49)	948(0.5)
연구개발비	37,548 (0.3)	38,319 (0.3)	53,165 (0.37)	55,074 (0.32)	63,913(0.34)

자료: 과학기술부, 〈 과학기술연구활동조사보고 〉, 각 연도
주: ( )는 전국대비 비율임.

② 강원도 산하시험연구기관 현황

강원도의 과학기술활동 관련 기관으로는 농업기술원과 그 직속기관으로 6개 특화작목시험장(농산물이용, 옥수수, 산채, 해안농업, 북부농업, 고원농업시험장), 농산물

원종장, 감자원종장이 있으며, 보건환경연구원, 해양수산출장소 등의 직속기관과 축산기술연구센터, 가축위생시험소, 산림개발연구원, 수산양식시험장, 내수면개발시험장 등의 사업소가 있다.

[표 2-90] 강원도 공공연구소의 연구개발활동 현황

(단위: 개, 명, 백만원, %)

연도 연구주체	2001년	2002년	2003년	2004년	2005년
연구기관	9 (3.8)	10 (4.7)	12 (4.98)	9 (3.95)	9(4)
연구인력	346 (1.7)	357 (1.7)	351 (1.59)	381 (1.58)	432(1.9)
연구개발비	18,444 (0.9)	15,808 (0.6)	23,547 (0.90)	23,886 (0.81)	23,642(0.74)

자료: 한국과학기술기획평가원, 「과학기술연구활동조사보고」, 각 연도
주: ( )는 전국대비 비율임.

③ 대학과학기술 연구기반 현황

강원도는 농업분야와 종합산업지원분야의 연구소가 많아 지역특성을 살리고 있는 긍정적인 측면이 있으나, 연구소 수에서 전국의 5.1% 수준에 불과하며, 강원도 과학기술의 거점 역할을 할 수 있는 연구소가 미약하다.

강원도 대학의 연구활동 현황을 보면, 2005년 현재 연구기관은 17개, 연구인력은 8,543명, 연구개발비는 약 687억원을 보이고 있다. 대학 연구기관의 절대수는 IMF 외환위기를 거치면서 줄어들었다가 사립연구기관을 중심으로 점차 증가하고 있다. 연구인력 또한 전국 비중은 매년 6.8% 내외로 큰 차이는 없지만 절대인력은 점차 증가하고 있는 추세이다.

[표 2-91] 강원도 대학의 연구활동 현황

(단위: 개, 명, 백만원, %)

연구주체 \ 연도	2001년	2002년	2003년	2004년	2005년
연구기관	16 (4.5)	17 (4.4)	18(4.52)	19(5.48)	17(5.12)
연구인력	5,381 (5.3)	5,525 (5.0)	5,932(4.90)	6,353(5.21)	8,543(6.83)
연구개발비	39,667 (2.4)	34,738 (1.9)	38,143(1.97)	58,308(2.65)	68,747(2.86)

자료: 한국과학기술기획평가원, 「과학기술연구활동조사보고」, 각 연도
주: ( )는 전국대비 비율임.

마. 문제점과 향후 발전과제

(1) 문제점

강원지역은 오랫동안 주력산업이었던 석탄산업이 쇠퇴하고, 입지 여건상 부가가치 창출과 인구 흡인력이 높은 제조업의 기반이 매우 취약하여 성장이 더디고 활력도 떨어진다. 전국과 대비하여 볼 때 제조업 체 수의 상대적 비중이 낮고 제조업의 성장률도 낮게 나타나고 있다.

도내 제조업체의 절반 이상이 음·식료품 제조 부분과 비금속광물제품 제조 부분이며, 도내 제조업체의 90% 이상이 종사자 수가 50인 미만인 노동집약형 영세한 소규모 기업 구조를 보이고 있다.

(2) 향후 발전과제

강원지역의 산업을 지식기반산업 위주로, 그리고 고부가가치형 산업으로 구조를 개편하는 것이 시급하다. 이를 위해서는 강원도의 핵심 개발전략인 "강원 7+6플랜"과 연계하여 강원지역을 지식기반산업의 핵심거점으로 육성하는 것이 중요하다. "강원 7+6플랜"은 동서남북 격자망으로 구축되는 국가기간교통망을 기반으로 하여 동

서 3개, 남북 4개 등 7개의 성장축과 호반권, 내륙권, 대관령권, 남부고원해양권, 설악권, 중앙접경권의 6대 생활권 중심으로 특성화도시, 뉴타운프로젝트, 3각 테크노밸리 등을 철도, 고속도로, 항만, 공항과 연계하여 구축하는 것을 말한다.

구조개편과 관련하여 강원도가 역점으로 추진해야 할 과제는 외부 기업의 도내 유치이다. 창업기반이 취약한 강원도로서는 외부 기업, 특히 수도권 기업의 도내 유치가 지역경제 활성화를 위한 가장 효과적인 방법이기 때문이다. 수도권 기업의 도내 유치를 원활히 하기 위해서는 무엇보다 편리한 지역에 저렴한 가격으로 공장용지를 제공할 수 있는 여건을 조성해야 한다.

따라서 유망한 지역에 산업단지를 확대 조성하고, 기업들의 입지비용을 최소화하는 방안 마련이 매우 중요할 것으로 보인다. 입지조건과 더불어 원활한 물류 인프라도 중요한데, 도내 업체의 물류 및 유통비용 개선을 위해 대규모 집단화·자동화된 종합물류유통단지의 조기 조성이 필요하다.

16. 제주특별자치도

가. 지역경제 일반현황

2005년도 제주특별자치도의 지역내총생산(2000년 기준가격)은 6조 5,872억원으로 전국대비 0.9%를 차지하고 있다. 1인당 GRDP는 1,468만원으로 전국 평균 1,688만원의 87.0% 수준이다. 2000년~2005년 중 지역내총생산의 연평균 성장률은 전국의 4.8%보다 다소 낮은 4.5%를 보이고 있다. 이처럼 지역경제 성장률이 전국평균에 비해 낮은 것은 제주지역경제의 경우 육지부의 영향을 받는 특성을 갖고 있는데, 최근 국내경기침체로 인한 부정적 영향이 있었으며, 또한 이 기간 동안 1차산업 및 건설 등 일부 산업이 크게 위축되었기 때문인 것으로 분석된다.

2005년 말 현재 제주특별자치도의 추계인구는 54만명으로 전년에 비해 0.9% 증가하였으며, 전국 인구 4,814만명의 1.1%를 차지하고 있다. 제주의 경제활동가능인구(15세 이상 인구)는 41.5만명이며, 그 중 경제활동인구는 29.1만명으로서 70.1%의 경제활동참가율을 보이고 있다. 이는 전국 경제활동참가율 62.0%보다 8.1% 높은 수준이다. 제주의 취업자 수는 284천명이며, 실업률은 2.5%로 전국평균 3.7%보다 낮은 것으로 나타났다.

제주지역의 산업별 취업비율을 살펴보면, 2005년 말 현재 1차 산업 종사자는 전체 취업자 중 23.6%를 차지하고 있으며, 2차 산업 종사자는 4.2%, 3차 산업 종사자는 72.2%를 차지하고 있다. 이는 동 기간 전국 전체 취업자 중 1차 산업 종사자의 비율 7.9%, 2차 산업 종사자 18.6%, 3차 산업 종사자 73.5%와 비교할 때 그 구조가 다름을 알 수 있는데, 이를 통해 제주지역의 1차 산업은 산업적 측면뿐만 아니라 고용측면에서도 매우 중요함을 알 수 있다. 또한 실업률 중 청년실업률은 6.1%로 전국의 8.0%보다 낮은 것으로 나타났다.

사업체수는 총 43천여개로 전국 320만여개 업체의 1.4%에 불과한 것으로 나타나,

취약한 제조업 경제기반을 단적으로 보여주고 있다. 또한, 제주의 재정자립도는 46.4%로 전국평균 65.3%보다 18.9%p 낮게 나타났다.

[표 2-92] 제주특별자치도의 경제 일반현황

구 분	전국		제주	
	2000년	2005년	2000년	2005년
지역내총생산(십억원)	577,971	729,241	5,289	6,587
인구(천명)	47,008	48,138	524	542
1인당GRDP(만원)	1,230	1,688	1,009	1,468
사업체 수(개)	3,013,417	3,204,809	38,847	43,305
수출액(백만달러)	172,268	284,419	40	63
15세 이상 인구(천명)	36,186	38,300	395	415
경제활동인구(천명)	22,134	23,743	268	291
취업자(천명)	21,156	22,856	261	284
재정자립도(%)	64.2	65.3	42.4	46.4

자료: 통계청, 「지역내총생산」, 각 연도

나. 지역 산업구조

제주지역의 2005년도 산업구조를 보면 제조업은 3.1%에 불과한 반면, 농림어업은 18.3%, 서비스산업이 78.2%를 점유하고 있다. 이처럼 제주특별자치도는 제조업의 비중이 낮은 대신 관광관련 서비스업의 비중이 매우 높고, 농림어업도 대체로 높은 비중을 차지하고 있다. 이는 동 기간 전국의 산업구조인 농림어업 3.3%, 제조업 28.8%, 서비스산업 67.9%와 비교할 때 구조적 차이가 큼을 알 수 있는데, 특히 제주지역의 경우 전국에 비해 1차 산업 비중이 약 5.6배 높음을 알 수 있다.

1996~2005년 기간 동안의 산업구조를 살펴보면, 광업과 제조업의 2차 산업 비중은 3%대로 유지되고 있음을 알 수 있다. 반면, 농림어업의 비중은 2000년대 초반 20%대를 유지하다가 2004년 17.3%로 비교적 크게 감소하였으며, 2005년 현재 전년

대비 1.0%p 상승하였다. 그러나 향후 농림어업의 산업구조 비중은 감소할 것으로 보인다. 반면, 서비스업은 점차 증가하고 있는 추세를 나타냄으로써 3차 산업 중심의 산업재편이 가시화되고 있음을 보여주고 있다. 앞으로도 제주특별자치도는 국제자유도시 추진을 통해 관광 및 서비스 중심의 산업구조 재편이 가속화될 것으로 전망된다.

지역의 자체 수요기반이 취약하여 지역경제는 전반적으로 육지부 의존적인 구조를 보이고 있다.

[표 2-93] 제주지역의 산업구조 추이(부가가치 기준)

(단위: 십억원, %)

연도	계	농림어업	광업	제조업	서비스업
1996년	4,691 (100.0)	926 (19.7)	17 (0.4)	135 (2.9)	3,613 (77.0)
2001년	5,187 (100.0)	1,092 (21.1)	14 (0.3)	152 (2.9)	3,929 (75.7)
2002년	5,450 (100.0)	1,107 (20.3)	17 (0.3)	154 (2.8)	4,172 (76.6)
2003년	5,618 (100.0)	1,124 (20.0)	28 (0.5)	170 (3.0)	4,296 (76.5)
2004년	5,674 (100.0)	983 (17.3)	21 (0.4)	181 (3.2)	4,489 (79.1)
2005년	5,943 (100.0)	1,091 (18.3)	22 (0.4)	182 (3.1)	4,648 (78.2)

자료: 통계청, 「지역내 총생산」, 각 연도

다. 산업별 집적 현황

제주지역 제조업의 업종별 구성비를 살펴보면, 2005년 현재 음·식료품 제조업(34.2%), 비금속 광물제품 제조업(17.1%), 조립금속제품 제조업(8.9%) 및 출판·인쇄 및 기록 매체 복제업(6.8%) 순으로 높은 비중을 차지하고 있다.

제조업 중에서는 특히 음·식료품 제조업의 비중이 크게 나타나고 있는데, 종사자 수의 경우 42.6%, 생산액은 51.9%를 차지하고 있다. 또한, 비금속광물제품제조업의 종사자 수는 15.4%, 생산액은 17.5%를 차지하고 있는 등 전반적으로 제주지역의 제조업은 음·식료품 제조업과 비금속광물제품이 사업체 수, 종사자 수, 생산액, 부가가치에서 높은 집적도를 보이고 있다.

[표 2-94] 제주지역 제조업의 주요 업종별 비중 추이

(단위: %)

구 분	사업체수			종사자수			생산액			부가가치		
	'96	'01	'05	'96	'01	'05	'96	'01	'05	'96	'01	'05
제조업 전체	100	100	100	100	100	100	100	100	100	100	100	100
음·식료품 제조업	31.9	31.0	34.2	39.8	39.1	42.6	45.2	46.1	51.9	39.9	44.4	50.2
비금속광물제품 제조업	18.8	18.4	17.1	19.1	17.0	15.4	30.1	26.4	17.5	30.7	25.2	19.0
조립금속제품 제조업	11.7	8.7	8.9	7.5	4.7	5.0	4.9	3.1	2.8	5.2	3.3	2.7
출판인쇄 및 기록매체복제업	7.1	8.1	6.8	11.0	13.8	10.0	5.3	5.8	3.8	10.3	8.9	6.6
기타	30.5	33.8	33.0	22.6	25.4	27.0	14.5	18.6	24.0	13.9	18.2	21.5

자료: 통계청, 「광업·제조업통계조사보고서」, 각 연도

제주지역 서비스산업에서 높은 비중을 차지하고 있는 업종별 사업체수를 살펴보면, 2005년 현재 도소매 및 음식숙박업(53.5%)이 주를 이룬 가운데 금융보험·부동산 및 사업서비스업(5.6%), 건설업(2.8%) 순으로 나타나고 있다.

이들 업종들의 종사자 수를 살펴보면, 서비스산업 전체의 종사자 중 도소매 및 음식숙박업 종사자가 40.1%를 차지하고 있으며, 그 뒤를 금융보험·부동산 및 사업서비스업(11.4%), 건설업(5.7%) 등이 차지하고 있다.

지역내총생산(GRDP) 기준으로 살펴보면, 금융보험·부동산 및 사업서비스업(21.9%), 도소매 및 음식숙박업(18.7%), 건설업(14.2%) 등의 순으로 높은 비중을 차지하고 있다.

관광산업, 친환경농업생명산업, 건강뷰티생물산업, 디지털콘텐츠산업 등의 4대 전략

산업을 집중적으로 육성함으로써 관련산업이 점차 활성화되고 있는 것으로 분석된다.

[표 2-95] 제주지역 서비스산업의 주요 업종별 비중 추이

(단위: %)

구 분	사업체 수			종사자 수			생산액		
	'96	'01	'05	'96	'01	'05	'96	'01	'05
서비스산업 전체	100	100	100	100	100	100	100	100	100
전기·가스 및 수도사업	0.1	0.1	0.1	0.6	0.5	0.7	1.0	1.9	2.1
건설업	2.8	2.6	2.8	7.0	6.4	5.7	15.0	15.4	14.2
도소매 및 음식숙박업	60.3	56.9	53.5	40.5	42.4	40.1	20.8	19.2	18.7
금융보험·부동산 및 사업서비스업	6.3	5.4	5.6	12.8	10.9	11.4	20.6	21.4	21.9
기타	30.5	35.0	38.0	39.1	39.8	42.1	42.6	42.1	43.1

자료: 통계청, 「사업체기초통계조사보고서」, 「지역내총생산」, 각 연도

라. 연구개발 및 혁신활동 동향

「과학기술연구개발합동조사보고서」에 따르면 2005년 말 현재 연구개발 조직은 공공연구기관 6개소, 대학 6개소, 기업체 24개소 등 총 36개소로서 전국 8,979개소의 0.4%이다.

연구 인력은 공공연구기관에 219명, 대학 348명, 기업체 114명 등 총 681명으로서 전국 33만 여명의 0.2%이며, 연구개발비도 공공연구기관 175억원, 대학 91억원, 기업체 64억원 등 총 330억원으로 전국 24조 1,554억원의 0.14% 수준에 지나지 않아 연구개발 기반이 수도권에 비해 매우 열악한 실정이다.

과학기술 인력 양성을 위해 초·중·고교에 청소년 과학탐구반 설치 운영과 생활과학교실을 읍·면·동에서 운영하고 있다. 지방대학 혁신역량 강화사업(NURI사업)으로 총 사업비 82억원을 투자하여 우수한 과학기술인력 양성 및 국내외 교류 활성화를 위해 지원하고 있으며, 첨단산업 육성을 위한 과학기술 인력 네트워크를 통해 도내 대학과 연구기관 등에 안정적인 우수 과학기술 인력을 배정하고 있다. 또한,

제주대학교 내에 청소년 과학탐구반 멘토링센터를 설치하여 전문 과학기술 정보를 제공하였다.

마. 향후 발전과제

관광산업은 국제자유도시 실현을 위한 가장 핵심적인 산업으로 동북아 관광·휴양중심지로 육성하기 위해, 국내외 관광시장의 변화에 대응한 시의적절한 관광정책 개발이 요구된다. '세계 평화의 섬' 브랜드화 전략, 컨벤션리조트 발전전략, 제주 화산섬과 용암동굴의 세계 자연유산 등재에 따른 브랜드화 전략, 타 전략산업과 지연산업과의 연계·육성 등과 관련하여 기존 추진사업에 대한 재평가와 함께 이를 토대로 세부적인 실천전략 마련이 필요하다.

농업은 1960년대까지 식량 위주의 자급영농체제에서 1970~1980년대 정부의 보호정책 아래 감귤산업을 중심으로 발전하면서 지역경제를 지탱하여 왔으나, 1990년대 WTO / UR, 2004년 이후 DDA / FTA 수입개방시대를 맞아 외국산 농산물 수입이 급증하면서 매우 어려운 상황에 직면하고 있다.

이를 극복하기 위해 향후 농수축산업은 ZERO관세에 대비한 대응능력 강화와 청정 농수축산업 육성이 시급하며, 중장기적으로는 감귤일변도의 농업구조 탈피 등 농수축산업 구조개혁 및 체질개선을 통한 경쟁력 강화가 필요하다. 이에 따라 관행 농수축산업에서 기술·지식 농수축산업으로 전환, 양 위주에서 품질 위주의 생산체제 구축 등 고품질 안전 농수축산물 생산체제를 구축해 나가야 한다. 또한 유통시스템의 규모화·조직화의 강력 추진과 국가인증 품질관리시스템 도입, 세계적 수준의 TOP브랜드 개발 등 차별화된 유통전략을 추진하면서 농수축산물 수급안정지원 등의 농어촌경제 안정대책이 필요하다.

제주특별자치도는 IT / CT, BT의 신기술 집약화로 지역산업 고도화비전 실현을 위해 다음과 같은 사업에 역점을 두고자 한다.

첫째, 과학기술 혁신역량 강화를 위한 제주특별자치도 「과학문화의도」지정 육성으로 국제자유도시에 걸맞은 과학기술 혁신거점 확충과 도민 과학문화 향유권을 신장하여 미래 지능지식기반 시대의 선도적 과학기술 문화환경을 조성해 나가야 한다.

둘째, 통방융합 실증적 테스트베드 구축과 u-IT 신기술의 연구개발 거점으로 도약하기 위해 제주텔레매틱스 시범도시 구축과 택시텔레매틱스 시범사업, 1차 산업과 연계한 IT 신기술 기반 수산양식 지능화 시스템, 양돈 HACCP 시스템, USN 기반 지하수 모니터링 시스템, 어린이 환우를 위한 RFID/USN 기반 원격강의 시스템 구축 등의 사업을 추진하고 있으며, 향후 통방융합 글로벌 모바일 테스트베드화 및 IT 신기술과 타 산업과의 융합을 통해 새로운 부가가치를 창출해 나가야 할 것이다.

셋째, 신성장 동력산업인 첨단 바이오산업 육성기반 구축으로 제주생물자원 산업화 지원센터, 제주바이오산업센터, 제주생물종 다양성 연구소를 건립 하였고, 행정과 산·학·연을 중심으로 감귤을 활용한 기능성물질 산업화, 제주지역의 부존자원인 용암해수를 이용한 고부가가치 산업화 연구가 본격적으로 추진되고 있어 제주특별자치도의 미래산업을 견인해 나갈 것으로 기대된다.

지속적인 기술개발과 과학인력 양성, 관련 기반시설 확충과 기술개발 협력체제를 체계적으로 갖춰 기술혁신을 촉진하고, 나아가 비교우위를 지닌 첨단산업으로 특화·육성하는 전략적인 접근 방안 모색과 집적화된 산·학·연 공동 연구 클러스터 구축을 바탕으로 각종 지역혁신주체 간 체계적인 연계 시스템을 조성하여 제주특별자치도를 고부가가치산업의 메카로 육성, 발전시켜 나가야 할 매우 중요한 시점에 있다.

또한, 제주경제의 활력 회복을 위하여 실제적인 저해요인 해소와 과감한 지원으로 기업하기 좋은 여건 조성과 함께 추진 중이거나 계획된 정책에 대한 구체적인 일정을 조기 제시하고, 성장 소외부문에 대한 정책적 지원을 보다 강화함으로써 도민들의 경제심리 안정을 도모해 나가고자 한다. 한편, 자주재원 확보를 위해 적극적인 세원 발굴에 적극 나서야 하며, 기업은 기술개발과 마케팅 능력 제고를 통하여 역외의 새로운 시장개척 노력을 배가하여야 할 것이다.

색 인

박 추 환

- The Western Illinois University, MA in Economics(1995)
- The Pennsylvania State University, Ph.D in Economics(1999)
- 한국전자통신연구원 선임연구원(00. 05 ~ 03. 10)
- 국회예산정책처 경제사업평가팀장(04. 07. ~ 06. 09)
- 현재 영남대학교 경제금융학부 조교수(06. 09. ~)

주요저서

「경제정책론」(한국학술정보(주), 2008)

「경제자유구역의 추진현황 평가」(국회예산정책처, 2006)

「IT839추진정책 평가」(국회예산정책처, 2005)외 다수

주요게재논문

『Searching, Matching, and Migration』, The Annals of Regional Science(SSCI), Volume 41, Number 1, pp. 105~124, March/2007

『Unemployment Compensation and Migration in the Search Equilibrium Model』, The Annals of Regional Science(SSCI), forthcoming(online published date: 2008.5.4) 외

▶ 37편의 국내외 논문게재

지역경제학

• 초판 인쇄   2008년 8월 20일
• 초판 발행   2008년 8월 20일

• 지 은 이   박추환
• 펴 낸 이   채종준
• 펴 낸 곳   한국학술정보㈜
             경기도 파주시 교하읍 문발리 513-5
             파주출판문화정보산업단지
             전화   031) 908-3181(대표) · 팩스   031) 908-3189
             홈페이지   http://www.kstudy.com
             e-mail(출판사업부)   publish@kstudy.com
• 등 록
• 가 격   35,000원

ISBN   978-89-534-9916-4 93320 (Paper Book)
            978-89-534-9917-1 98320 (e-Book)